언어유형론과 한국어문법연구

언어유형론과 한국어문법연구

초판 인쇄 2020년 11월 23일
초판 발행 2020년 11월 30일

지은이 金忠實 · 岳逸飛
펴낸이 박찬익
펴낸곳 ㈜박이정
주 소 경기도 하남시 조정대로45 미사센텀비즈 7층 F749호
전 화 031) 792-1193
팩 스 02) 928-4683
홈페이지 www.pjbook.com
이메일 pijbook@naver.com
등 록 2014년 8월 22일 제2020-000029호

ISBN 979-11-5848-592-4 93710

언어유형론을 통하여 인간 언어의 보편성을 탐구

언어유형론과
한국어문법연구

金忠實 · 岳逸飛 著

(주)박이정

　　김충실 선생께서 한국 도서출판 박이정으로부터 『언어유형론과 한국어 문법연구』를 출간한다는 기쁜 소식을 전해왔다. 독서하기 좋은 계절인 가을에 접어들어 들은 희소식인지라 더욱 반갑고 하루라도 빨리 이 책을 읽고 싶어진다.

　　같은 동료로서 꼭 축하라도 해야 하겠다는 생각에 사로잡혀 몇 글자 적어 본다.

　　김충실 선생은 중국에서 대학입시가 회복된 첫해인 1977년에 연변대학교 조문학부에 입학하였다. 하지만 여의치 못한 사정으로 대학원 공부는 뒤늦게야 상해사범대학에서 시작했다. 상해사범대학교 현대한어전공 석사시험을 합격하고 1995년 9월부터 상해에서 대학원공부를 시작하였다. 때마침 중국 강남의 최고학부에 한국어학과가 신설되면서 나는 연변대학교로부터 복단대학교에 교수로 인재 영입되었다. 김충실 선생과의 인연도 그쯤으로부터 시작되었다. 나는 그래도 박사까지 마치고 왔지만 3년이나 선배인 김충실 선생은 그때에야 석사공부가 시작이 아닌가?! 곁에서 봐도 측은하고 까마득했다. 그러나 기어이 이겨냈다. 늦깍이로 시작한 학위공부는 석사학위는 물론 몇 년 후 부산외국어대학교에서 교환교수로 있으면서 박사학위까지 마쳤다. 김충실 선생은 흘러가버린 세월을 주워 담으면서 악착스레 학문의 페이지를 차곡차곡 쌓아 갔다. 그것이 바로 오늘의 『언어유형론과 한국어문법연구』가 아닌가 싶다. 진심으로 축하드리고 출간의 기쁨 함께하고 싶다.

　　김충실 선생은 언어학의 최신 이론을 거의 다 탐독할 만큼 학문 열정이 높았다. 그녀는 한국의 한국어교육학회 뿐만 아니라 한국의 언어학회, 텍스트 언어학회, 응용언어학회, 중국어 교육학회, 그리고 국내에서도 언어유형론 학회, 텍스트 언어학회 등 학회에 다니면서 열심히 발표도 하고 국내외에서 조직하는 언어학 연수회에도 열심히 참가하여 피타는 노력으로 학문연구에 정진했다. 항상 새로움을 추구하고 변화에 민감함으로써 스피드하게 학문에 과감히 도전했다. 생명도, 의미지도, 유표성, 언어목록 등 언어유형론 이론을 한국어문법연구에 접목하려는 탐구열은 이 책의 구절구절을 통해 역력히 보인다.

다양한 언어에 기반한 연구를 갈망하는 언어유형론은 언어의 보편성과 다양성을 깅조하고 있다. 이 책에서는 언어의 보편성보나도 언어의 다양성 시각에서 한국어와 한어를 많이 대조 분석하고 있었다. 그런 의미에서 이 책은 유형론적 시각에서 한어와의 대조 속에서 한국어문법연구를 재조명하고자 했다고 볼 수 있다.

이 책에는 김충실 선생의 학문하는 노력과 정열 그리고 용기가 담겨 있고 새로운 학술관점이 담겨있는 좋은 안내서가 될 줄로 믿고 한국어문법연구를 갈망하는 대학원생이나 한국어교육을 사랑하는 젊은 교사들에게 본서를 적극 추천하고 싶은 마음이다.

2020년 가을의 끝자락에서
한국어 학회 회장 강보유 씀

我与金忠实教授共事于上海外国语大学，我们经常有机会在一起学术交流，尤其是语言类型学方面的问题。之前也拜读过金老师的大作。金老师的研究令我印象深刻，每次拜读其最新研究成果我都会受到启发。其专注于学术的精神令我钦佩。

在我开设的语言类型学研究博士生专业课上，外系专业前来旁听的博士生人数最多的应该是东亚语言文学系的韩国语专业(近年来我提议废弃使用"韩国语"这个术语，使用"高丽语"，这不仅是与国际语言学界的Korean相对应，而且也避免了区分"朝鲜语"和"韩国语"的尴尬——这是政治对学术研究干扰的典型案例)的博士生。除了金忠实老师的博士生外，还有金基石老师的博士生。经过十多年来的努力钻研，金忠实老师团队在语言类型学领域中取得了丰硕的成果。他们在生命度、语义图、标记理论以及语言库藏等方面有独到深入的具体个案研究值得同道参考。

语言中的生命度概念几乎无所不在，这不仅体现在名词与动词之间的句法关系或语义角色等方面，也体现在动词的论元组配模式上。例如在汉语的通格结构中，明显表现出低生命度的名词更容易充当动词的通语，其句法位置在动词前后更为自由。而高生命度的名词要构成通语，需要特定的动词。例如"死了父亲"这种特殊的动词以及"张三打败了"这种VR类动词。普通动词的高生命度内论元要在动词前，通常情况下需要用宾格结构，携带被动标记(例如：张三被批评了)。从这里我们也可以看到，不仅是汉语中，很多语言中都有类似动词的高生命度内论元，如果充当结构的主语，通常要做被动化操作，否则句子不自然。因为一种普遍的结构倾向是高生命度

名词比低生命度名词更适合充当主语，相反低生命名词比高生命度名词更适合充当句子的宾语。这是人类对世界认知的价值观在句法结构上的投射。金老师在生命度原则的研究方面取得了令人瞩目的成果。令我欣慰！

语义图(semantic map)是语言类型学研究中呈现跨语言异同并从这些异同中发现类型学蕴含共性的一个重要手段和方法。尽管语义图在处理跨语言大数据方面已经发展出了多维多尺度的新方法，但其基本理念和基本原则依然不变，它让语言类型学家们从纷繁复杂的语言数据中发现隐藏在数据背后的蕴含共性。传统的语义图不仅能让读者直观地解读到不同语言之间的差异与相同，而且也能更迅速地从中解读到不同范畴或形式之间存在的从中心到边缘的分布模式，也能从中理解语义图呈现的蕴含共性。没有了语义图，我们很难想象语言类型学的众多跨语言数据如何处理，如何能从中发现数据背后隐藏的人类语言共性。金老师与其弟子们在该领域的研究不仅为我们提供了新鲜的样本，而且也丰富了语义图理论，为我们提供了更多更具体的语言材料，为我们在今后相关的研究中提供了宝贵的素材和前期研究。

有标记与无标记不仅是功能语义学中常用的工具性概念，也是语言类型学研究中常用的工具，我们可以用它来解释某些范畴或形式为什么更为常见更为普遍，而与此相对的范畴或形式相对少见，也可以用来解释范畴或形式在发生学上的先后顺序。例如在主宾格语言中，宾格通常需要标记，其蕴含共性为，如果一种主宾格语言，主格有标记，则其宾格一定有标记。与此相对的是施通格语言，通格(通语)成分一般无标记，而施格则一定是有标记的。因此其蕴含共性为：若一种施通格语言，其通格有标记，则其施格一定有标记。由此我们可以推导，在主宾格语言中主格是最早出现的，宾格是在有了主格的基础上产生的；而在施通格语言中，通格是最早出现的，施格是在通格出现的基础上产生的。标记理论还可以解释很多在

句法关系上结合得很紧密，无需标记来表明，但在某种条件下却一定需要标记的现象，表面看起来似乎不太合理，但实际上它却是不可或缺的。这也是标记原则在人类语言在线处理认知策略方面的一个体现——标记本质上是在帮助人脑处理信息，减轻信息处理的难度。用形式上极小的心理操作的代价获取更大的减轻语义处理难度的收益。金老师的团队在标记理论方面的研究贡献有目共睹，我们期待她们有更多的研究成果。

金忠实教授嘱我为他们的研究成果作序，我自然不敢怠慢，奉上拙见以为序。

金立鑫，2020.10.23. 于上海寓所

본서는 최근 20년간 중국에서 언어유형론 시각에서 전개된 제2언어습득 연구들을 검토해 봄으로써 한국어 교육 및 습득 연구에서 대조분석가설, 오류분석, 중간언어 등 이론에 국한되지 않고 언어유형론의 시각을 도입해 볼 필요가 있음을 제기하고 언어유형론에 기초한 한국어 연구에서 새로운 시각을 모색해 보려는 인식에서 시작되었다. 이러한 시각은 언어유형론 이론이 다른 이론에 비해 더 과학적이라기보다는 새로운 시각에서 한국어를 바라봄으로써 한국어의 본질에 한걸음 더 가까이 접근해 보려고 한 필자의 욕심이고 노력이다.

언어유형론의 발전 흐름은 크게 전통 언어유형론 시기와 현대 언어유형론 시기 두 단계로 나누었다. 전통 언어유형론 연구는 주로 형태론 영역에서 이루어졌다. 이 이론의 창시자는 19세기의 독일 언어학자 Schlegel 형제이다. 그들은 형태적 변화 특징에 따라 세계 언어를 무변화형 언어(无结构语), 부가형 언어(附加语)와 굴절형 언어(屈折语) 등 세 가지로 분류했다. 그 뒤에 역사언어학자 Schleicher은 상술한 세 가지 언어 유형을 각각 고립어(孤立语), 교착어(黏着语)와 굴절어(屈折语)로 개칭하였다. Schlegel 형제와 Schleicher의 성과를 바탕으로 Humboldt는 포합어(多式综合语)라는 언어 유형을 제시했다. 북미주 에스키모어(爱斯基摩语)를 비롯한 포합어는 하나의 동사 어근에 시제, 양태, 인칭 등 여러 가지 형태소를 함께 붙여 복잡한 의미를 나타낼 수 있고 목적어와 서술어를 하나의 단어로 통합할 수 있었다. 그리고 명사 뒤에도 수량, 격 등을 표현하는 형태소를 붙일 수 있다. '고립어, 교착어, 굴절어와 포합어'라는 언어 분류법은 지금까지 사용되어 왔고 전통 언어유형론의 중요한 성과이다.

미국 언어학자 Greenberg가 제시한 현대 언어유형론은 전통 언어유형론과는 달리 통사론 영역에서 각 언어 현상 사이의 연관성에 관심을 두었다. 소련 언어학자 Jakobson은 언어 현상 사이에 존재할 수 있는 세 가지 관계를 아래와 같이 제시한 바가 있다. 첫째, 언어 현상 A와 언어 현상 B는 서로의 존재 조건이 된다. 즉 양방향 함축(双向蘊含)이다. 둘째, 언어 현상 A의 존재는 언어 현상 B가 존재하는 조건이다. 즉 단방향 함축(单项蘊含)이다. 셋째, 언어 현상 A와 언어 현상 B는 관계가 없다. Greenberg는 두 번째 상황, 즉 단방향 함축을 중요시하고 이를 현대 언어유형론의 함축적 보편성(蘊含共性)으로 발전시켰다.

현대 언어유형론의 기초가 된 성과는 Greenberg(1954)와 Greenberg(1963)이다. Greenberg(1954)는 언어학자의 관찰과 직관으로 했던 연구에서 벗어나 정량화 유형론 연구의 첫걸음을 내딛었다. Greenberg(1963)은 45개의 함축적 보편성을 제시하여 현대 언어유형론의 연구 패러다임에 깊은 영향을 주었다.[1] 초창기에 어순 연구를 많이 했기 때문에 현대 언어유형론은 '어순 유형론(语序类型学)'이라고도 하였다. 그러나 지금 현대 언어유형론 연구는 어순뿐만 아니라 음운, 형태, 통사와 의미 등 여러 영역으로 확장하였다.

현대 언어유형론의 관점에 따르면 언어 간의 차이는 임의적으로 나타나지 않고 일정한 패턴에 의해 결정된다. 그 패턴들은 논리적 사고력과 인지적 요인 등이 종합적으로 적용하는 결과이고 명제 'p이면 q이다'로 요약할 수 있다. 이 명제를 연역하면 'p, q', '-p, q', '-p, -q'와 'p, -q' 모두 네 가지

---

1 Greenberg(1954)에 관한 내용은 Whaley(2010: 30)을 참고했고 Greenberg(1963)에 관한 내용은 金立鑫(2006: 35)를 참고했다.

상황이 있는데 'p, -q'를 제외한 세 가지만 논리에 맞다.[2] 이로써 현대 언어유형론은 '다양성 속에서 보편성을 찾는 언어학 이론'이라고 할 수 있다. 그러므로 유형론의 시각으로 보면 언어 간의 함축적 보편성은 다양성의 출현 전제이자 제약 기제이다. 현대 언어유형론은 두 가지의 연구 방법이 있다. 첫째는 대규모 범언어적 자료를 수집, 분석한 후 함축적 보편성을 제시하고 이를 해석하는 것이다. 둘째는 소규모 언어 자료를 수집, 분석한 후 가설을 세우고 범언어적 검증, 해석을 하는 것이다. 함축적 보편성을 해석할 때 언어유형론은 도상성과 경제성 등 언어 내적 요인과 지리, 사회 환경 등 언어 외적 요인을 모두 중요시하였다.

최근 몇 십 년 동안 언어유형론의 이론은 빠르게 발전해 왔고 생명도와 의미지도, 유표성이론 등 새로운 개념과 새로운 방법들이 속출하였고 중국에서는 '언어목록유형론(语言库藏类型学)'이라는 하위 이론이 새로 등장하였다.

한 마디로 우리는 언어유형론을 통하여 인간 언어의 보편성을 탐구하여 그 보편성을 바탕으로 특정한 언어가 나타내는 본질을 해명하려는 것이 주 목적이다. 언어 유형론에서 제시된 범언어적 보편성은 제2언어습득에서의 어려움 및 습득 순서를 예측할 수 있고 교육 현장에 참고할 수 있는 이론적 근거가 된다. 다른 한편 제2언어습득 연구에서 학습자의 중간언어가 언어유형론 연구의 표본을 제공해 주며 언어 유형론적 보편성의 적용 범위를 확대시켜 줌으로써 우리가 인간 언어의 본질을 깊이 이해하는데 길잡이가 되어 준다. 언어유형론과 제2언어습득 연구는 상호작용을 하면서 서로 간의 연구를 촉진시켜 주는 역할을 해왔다. 1970년대부터 학자들은 언어유형

---

2 여기서 'p이면 q이다'는 절대적인 규칙이 아니라 일종의 경향성이다. 대량의 범언어적 자료를 분석하면 가끔 논리적이지 않은 상황도 발견할 수 있지만 그러한 상황의 출현빈도가 다른 상황에 비해 현저히 낮으면 명제의 정확성에 큰 영향을 끼치지 않는다.

론을 제2언어습득과 외국어교육 연구에 도입시켜 괄목할 만한 연구 성과들을 거두었다. 서양에서 언어유형론을 제2언어습득 연구에 적용한 성과는 Eckman(1977&1991), Comrie(1984)와 Greenberg(1991) 등이 있었는데 이 성과들은 언어 보편성과 제2언어습득 간의 관련성에 대해 많은 이론적 탐구를 했다. 중국의 관련 연구를 보면 주로 유형론과 유표성 이론, 명사구 접근성 등급, 생명도 등급, 의미지도, 언어목록유형론 등 언어 공통성 및 차이성 등을 둘러싸고 논의되어 왔다. 최근 들어 학계는 연구 시야가 점차 넓어지고 연구 범위도 확장되고 있다.

이러한 학계의 동향에 힘입어 2016년 우리는 "생명도와 한국어문법연구"라는 제목으로 학교에서 프로젝트를 따 내기도 하고 학생들이 석박사 논문을 쓰도록 독려하기도 했다. 원래는 2019년 겨울에 "생명도와 한국어문법연구"라는 이름으로 책을 내겠다고 박이정 출판사와 계약을 했었는데 출판사 사장님께서도 생명도라는 개념이 생소함을 나타낸다고 하셨고 또 우리도 생명도 하나의 개념만으로 쓴 논문들이 내용 면에서 너무 빈약하다는 판단을 하게 되었다. 고심하던 끝에 본서는 그 동안 언어유형론과 한국어문법에 관련하여 써 놓은 단편적인 글들을 주제별로 묶어 보았다. 이렇게 하나씩 하나씩 정리한 글들을 모으다 보니 한 권의 책을 낼 만큼의 분량이 되었다. 단행본의 완성도를 높이기 위해 불가피한 경우에만 원래 논문에 약간의 수정을 했다. 특히 같은 이론을 배경으로 하여 쓴 논문에서는 이론적 배경을 삭제하거나 개괄적으로 스케치하는 것으로 수정을 했고 나머지는 그대로 유지했다. 구체적으로 본서의 구성은 다음과 같다.

본서는 크게 네 개 부분으로 구성된다. 제1부는 생명도 이론과 한국어 연구, 제2부는 의미지도 이론과 한국어 연구, 제3부는 유표성 이론과 한국어 연구, 제4부는 언어목록유형론과 한국어 연구이다.

제1부에서는 생명도와 관련해 썼던 논문을 정리하여 생명도와 형태론,

생명도와 통사론 등 두 개의 분야로 나뉜다. 우선 생명도 이론을 소개하고 그 동안 문법 연구에 적용된 현황을 스케치했다. 언어학에서 말하는 생명도는 다만 의미 자질 [±생명도]로서 논의되는 것이 아니라 한정성, 주제 가치(topic worthiness), 성(性), 격(格) 등 변수와 상호작용하여 언어의 형태, 통사적 구조나 어순을 결정한다. 생명도 등급 이론을 제2언어습득 연구에 접목시킨 연구들은 주로 격조사, 생략, 어순, 습득 등에서 논의되었는데 여기에 소개된 논문은 학교 프로젝트에서 완성된 논문 중의 일부와 그 외의 세 편이다.

첫 번째 논문인 '한국어 격조사 분류와 생명도'에서는 중세와 현대한국어 격조사에 빈영된 생명도를 고찰하였나, 중세 한국어 소사 체계에서는 생명도를 기준으로 조사를 분류한 흔적을 볼 수 있었으나 현대에 와서는 많이 사라지고 그 사용이 생명도로 구별되는 것이 아니라 화자의 심리에 따라 선택된다는 실례를 보임으로써 한국어도 생명도가 높은 언어라는 것을 증명하였다. 두 번째 논문 '중국어와 한국어 재귀대명사의 기능적 특징 및 검증'에서는 생명도라는 새로운 시각으로 기존 연구에서 간과된 재귀대명사의 강조, 보편적 지시, 3인칭 지시와 존경 정도 표현 등 기능을 살펴보았다. 세 번째는 '생명도 확대 등급과 중한 복수 표기'이다. 이 논문에서는 생명도 이론이 복수 표기에 어떻게 반영되는지에 대해 논의했다. 논의에서는 우선 인칭대명사가 사회적 범주임을 주장하였고 각 언어에서 인칭대명사는 신분, 위치, 연령, 성별 등에 따라 서로 다른 복수 표기를 사용하는데 중국어와 한국어는 1인칭 복수에 예의 기능이 있다고 제시했다. 그리고 3인칭은 일반적으로 현장에 나타나지 않으므로 예의 원칙의 제약이 약하다는 것을 밝혔다.

생명도와 통사론 부분에서는 '생명도와 한국어 어순', '생명도와 한국어 격조사의 생략 현상' 그리고 '한국어, 일본어와 터키어 격조사 생략 현상의 생명도와 한정성 요인' 등 세 편의 논문을 소개했다. '생명도와 한국어 어순'은 주로 명사구 병렬문의 선, 후행절 우선 순위를 연구했다. 명사구 병렬문에서 선행절과 후행절은 생명도에 따라 우선 순위가 정해지며 일부분 경우에 '나먼저 원칙'이 아니라 '힘의 원칙'과 문화 인지의 생명도 의미 자질에 따라 정해진다는 것을 제시하고 주술(主述) 구문과 목적어 구문에서는 생명도의 제약을 받을 뿐만 아니라 생명도에 따른 변수인 한정성에 근거하여 순위가 결정되며 생명도가 높을수록 한정도가 높고 한정도가 높은 성분이 목적어의 자리에 오는 것은 적합하지 않다는 것을 증명하였다. '생명도와 한국어 격조사의 생략 현상'에서는 기존의 언어 내적 설명에서 벗어나 외적인 개념을 도입해서 주격, 부사격, 목적격 조사의 생략 현상이 생명도 등급의 제약을 받는다는 것을 밝혔다. 마지막으로 "한국어, 일본어와 터키어 격조사 생략 현상의 생명도와 한정성 요인"에서는 생명도와 한정성이 다른 개념이지만 긴밀한 연관성을 갖는다는 것을 밝혔다. 이를 기초로 생명도와 한정성으로 인한 통사적 차이는 거의 모든 언어에서 발견할 수 있고 이것은 언어 보편성 중의 하나지만 각 언어에서 생명도와 한정성이 반영되는 방식과 측면이 다르다는 점을 밝혔다.

제2부에서는 먼저 문법 의미 연구에서 의미지도의 적용 현황을 살펴보았다. 그 다음에 의미지도와 형태론, 의미지도와 통사론 등 두 개의 연구 영역을 설정하고 세 편의 논문을 실었다. 이와 동시에 습득 순서 예측에서 의미지도의 가치도 제시했다. 의미지도(semantic map)는 개념공간(conceptual space)에 기초하여 다기능(多功能) 문법 형식 및 문법 의미 간의 관련성을 분석하는 방법으로 언어 내부와 범언어적인 의미-형식 대응 관계를 분석할 수 있다. 뿐만 아니라 서로 다른 언어끼리의 의미-형식적 차이성과 보편성을 분석할 수도 있다. 범언어적 비교를 통해 구축된 의미지도는 제2언어습득 연구에 새로운 시각과 방법을 제공해 준다. 林华勇, 吳雪钰(2013)은 의미지

도를 이용해 중국어 다기능 동사 '到'의 습득 과정에서 일본, 한국과 베트남 학습자들의 습득 순서를 비교했다. 의미지도를 다기능 어휘 습득 연구에도 적용할 수 있다는 것을 증명하였다. 의미지도 이론과 형태론에서는 다기능 여격조사 '에'에 관한 연구를 소개하겠다. 의미지도 이론과 통사론에서는 중국어 전치사 '把'와 한국어 후치사 '를'의 의미 기능을 대조하겠고 한국어, 중국어, 일본어와 베트남어 고 빈도 재귀대명사의 의미 특징을 연구하겠다.

'다기능 여격조사 '에'의 의미지도와 습득 순서"는 지금까지 제2언어습득 연구에서 대조분석가설로 차이점을 찾아 해결을 시도해 왔던 방법에서 벗어나 언어 유형론에서 제기된 새로운 연구 방법인 의미지도 모형을 도입하였다. 여격조사 '에'의 의미 기능을 고찰하고 일본어, 영어 그리고 중국어와의 대조를 통해 여격조사 '에'의 의미지도를 작성하고 각 언어에서 '에'와 대응된 문법 요소의 의미 기능을 살펴봤다. 이 기초 위에 의미론 층위에서 여격 문법 요소의 범언어적인 보편성과 특수성을 제시했다. 그 다음에 한국어 교과서에서 '에'의 각 기능이 어떤 순서로 입력되고 있는지를 살펴보고 의미지도에 따라 개선된 교육 방안을 내세웠다.

'한, 중, 일, 베트남어 고 빈도 재귀대명사 의미지도 연구'는 결속 특징을 중심으로 연구했다는 기존 연구의 한계점을 지적하고 간과되었던 재귀대명사의 보편적 지시, 강조, 문맥에서의 3인칭 지시 등 기능을 중심으로 생명도 이론과 의미지도 모형으로 한국어, 중국어, 일본어와 베트남어 재귀대명사의 의미적 기능을 연구했다. 범언어적인 고찰을 통해 각 언어에서 재귀대명사의 의미 기능 분포 양상을 살펴보았고 재귀대명사의 개념공간을 구축하고 의미지도를 만들었다. 이를 통해 재귀대명사와 관련된 몇 가지 함축적 보편성을 제시, 증명하였다.

'중국어 '把'와 한국어 '를'의 의미 기능 대조와 습득 순서'는 양소열과 김영실의 논문인데 이론 배경을 개괄하여 소개하고 거의 그대로 넣었다. 논의에서는 의미지도 이론에 근거하여 張敏(2012)에서 구축한 교차 영역 (cross-domain) 3차원 의미역할 개념공간을 바탕으로 '把'와 '를'의 의미 기능을 살펴보았고 의미지도를 만들었다. 이를 기초로 두 문법 형식의 의미 기능을 대조했다. 더 나아가 이 논문은 의미지도로 '把'와 '를'의 의미 기능 유표성을 살피고 각 의미 기능의 습득 순서를 예측하였다.

제3부에서는 우선 유표성 이론의 탄생과 발전 과정을 살펴보고 여러 이론에서 표기에 대한 인식의 차이점을 제시했다. 제2언어 습득 연구에서 유표성 이론은 난이도 예측, 모국어 전이 양상 및 습득 순서 예측 등 세 개의 측면에서 학술적 가치가 있고 한국어 교육에서도 그대로 응용될 수 있다. 이점을 보여주기 위하여 우리는 2017년 중국 한국(조선)교육연구학회 연례 학술대회에서 주제 강연을 했고 강연 내용을 바탕으로 '한국어교육연구'라는 학술지에 논문을 실었다. 그 논문은 본서에 그대로 넣었다. 제3부는 두 부분으로 구성되는데 각각 유표성과 음운론 연구, 유표성과 통사론 연구이다.

음운론 부분에서는 한국어와 중국어, 한국어와 내몽골어의 음운 체계를 대조하여 습득 순서를 예측하였다.

한국어와 내몽골어 대조는 상해외국어대학교 석사생 수홍의 연구성과이다. 수홍이 쓴 세 편의 논문을 하나의 논문으로 묶을 수 있도록 약간 수정하고 내용은 거의 그대로 실었다. 그는 金立鑫, 陸丙甫(2015: 28)에서 제시된 언어 유형론적 음운 함축 관계에 근거하여 한국어와 내몽골어 음운 체계의 공통성과 특수성을 제시하였다. 이 기초에서 허용(2010: 313-314)에서 제시된 "자연성 여부, 빈도성 여부, 복합성 여부, 습득의 용이성 여부" 등 네 가지의 기준 중에서 "빈도성 여부"를 이용하여 한국어와 내몽골어 음운적 유표성을 제시하고 Eckman(1977)에서 제시된 '유표성 차이 가설(Markedness Differential Hypothesis)'과 '구조 일치성 가설'(Structural Conformity Hypothesis)'에 근거하여 내몽골인 학습자의 한국어 음운 습득 순서를 예측하였다.

유표성과 통사론 연구에서는 '중한 목적어 구문 습득에서의 모국어 간섭 현상' 한 편 만을 넣었다. 논문은 목적어 구문의 습득 양상을 파악하기 위해 중국인 한국어 학습자 50명과 한국인 중국어 학습자 54명에게 번역 문제로 된 설문조사를 했다. 이 기초에서 중국어 타동사 목적어 구문, 자동사 목적어 구문, 파자구문(把字句), 형용사 목적어 구문과 이에 대응된 한국어 구문을 습득할 때 학습자의 오류 양상을 예측하고 분석하였다. 전체적으로 보면 유표성과 표기량의 차이 때문에 목적어 구문을 습득할 때 한국인 중국어 학습자는 중국인 한국어 학습자보다 더 많은 어려움을 겪고 화석화 현상도 더 두드러진다. 그리고 유표성 외에 습득 대상의 출현 빈도와 순서, 학습자의 심리적 요인도 습득에 일정한 영향을 준다.

제4부에서 언어목록유형론과 관련된 연구를 했다. 먼저 언어목록유형론 이론의 체계와 문법 연구에서의 적용 현황을 소개했다. 언어목록유형론은 언어유형론의 한 갈래로 刘丹青(2011)에 의하여 처음으로 제기되었는데 범언어적인 언어 형식-기능 연구에 초점을 둔다. 언어목록유형론은 언어습득 이론에 새로운 견해를 제기했으며 언어습득 연구를 통해 현저성 범주가 존재한다는 실증적인 근거를 제공해 주었다. 언어목록유형론 부분에서 '언어목록유형론과 중한 명사 분류사', '언어목록유형론과 중한 복수 표기' 등 두 편의 논문을 넣었다.

"언어목록유형론과 명사 분류사" 이 논의에서는 언어목록유형론의 시각으로 상하이 방언, 표준 중국어와 한국어에서 명사 분류사의 의미적 기능을 고찰하고 현저성 차이를 제시하였다. 그리고 "언어목록유형론과 복수 표지" 이 논의에서는 언어목록유형론의 시각으로 상하이 방언, 표준중국어와 한국어에서 복수 표지의 의미적 기능을 고찰하고 현저성 차이를 살펴봤다. 이를 바탕으로 한 언어/방언에 명사 분류사와 복수 표지가 모두 있을 때 이 두 언어 수단의 상호작용 양상을 분석하고 이와 관련된 함축적 보편성을 도출하였다.

은퇴를 눈앞에 둔 필자와 박사 졸업을 눈앞에 둔 필자로서 이 책의 출판을 두고 감회가 깊다. 여기저기 성긴 부분이 보이고 출간에 대한 성급함도 보여 부끄럽다. 그런 대로 우리의 어설픈 경험과 옅은 인식이지만 새우로 잉어를 낚으려는 욕심으로 한국어를 연구하는 후학들과 공유하면서 한국어를 연구하는 많은 사람들에게 조금이라도 밑거름이 되기를 기대한다.

끝으로 코로나19로 어려운 상황에서도 이 책의 출간을 선뜻 허락해주신 박찬익 사장님과 편집부 관계자분들께 고마운 마음을 전한다.

2020. 11.

김 충 실

语言类型学与韩国语研究

22

제1부
생명도와 한국어문법연구

제1부 생명도와 한국어문법연구

이 장에서는 생명도의 이론을 소개하고 이 이론이 한국어 문법연구와 제2언어습득에 어떤 영향을 주는지에 대하여 논의하였다. 구체적으로 생명도와 형태론, 생명도와 통사론으로 나누어서 논의하였다. 우선 생명도 이론을 소개한 다음 생명도 이론이 문법연구의 적용 현황에 대한 소개에서는 국내 석, 박사 논문과 CSSCI간행물 논문을 위주로 최근까지 논문을 수집하여 연도, 유형별로 소개하고 언어단계와 연구대상별로 통계를 하였다.

생명도와 형태론에서는 한국어 격조사 분류와 생명도, 한중 재귀대명사의 기능적 특성 및 검증, 확대생명도 등급과 한국어 복수표기 등 3편의 논문을 소개하였다. 생명도와 격조사 분류에서는 생명도의 등급과 변인에 기초하여 한국어 격조사의 생명도를 통시적으로 살펴보고 한국어가 생명도가 높은 언어라는 것을 증명해 보였다. 지시어 체계 등급의 유형과 보편성 토론에서는 범언어적인 지시어 고찰을 통하여 공통조어가 아닌 다섯 개 언어의 지시어 체계 등급에는 거리, 인칭 기능 등 공통적인 변수가 작용한다는 것을 증명해 보이고, 생명도의 새로운 시각으로 한중 재귀대명사의 지시 특성을 고찰하였다. 그리고 복수표기 토론에서는 확대 생명도의 이론에 근거하여 생명도가 복수표기에 주는 영향에 대해 논의하였다.

생명도와 통사론 장에서는 "생명도와 한국어 어순", "한국어 격조사 생략과 생명도", 그리고 범언어적인 측면에서 "격조사 생략의 생명도와 한정성 요인" 등 세편의 논문을 소개하였다. 어순의 토론에서는 생명도의 힘의 원칙 외에 문화 인지에 따라 우선 순위가 정해진다는 것을 제시하고 생명도 뿐만 아니라 생명도에 따른 변수 한정도에 따라 순위가 결정된다는 것을 한국어와 범언어적인 대조를 통하여 증명해 보였다.

1.1. 생명도 이론 소개와 연구 현황

언어 생명도에 대한 체계적인 연구는 Comrie(1981)에서 시작된다. 그 후 Croft(1990)과 Whaley(2010) 등 논저도 생명도 주제를 다루고 각각의 생명도 등급을 제시했다. 이 절에서 먼저 생명도의 개념을 밝히고 실례를 통해 의미, 통사 등 측면에서 생명도의 작용 양상을 소개하겠다. 그 다음에 지금까지 제시된 생명도 등급을 정리, 분석하고 이를 바탕으로 1990년대 이래 중한 양국 학계의 생명도 연구 현황을 파악하고자 한다.

1) 생명도 이론 소개

생명도는 원래 생물학적인 개념이었다. 자연계에서 인간과 다른 생물, 고등 생물과 하등 생물, 유생물과 무생물 간의 구별은 보편적인 현상이다. 이 현상이 언어에 투사되고 언어학적인 생명도 개념을 탄생시켰다. 吉洁 (2014: 7)에 따르면 생명도는 의미적 속성이자 화용적 지식이다. 문법적 규정이자 인지적 변수이다.[1]

먼저, 단어의 의미 분석에 있어서 생명도는 중요한 자질이다.

(1) 남자: [+생명도], [+인간], [+다리 있음]

　　타조: [+생명도], [-인간], [+다리 있음]

　　식탁: [-생명도], [-인간], [+다리 있음]

위 예를 보면 생명도의 유무와 강약은 단어 의미를 식별, 분류하는 기준이 된다. 이 기준은 문장 이해 과정에서 은유와 환유의 기초가 되고 인지적 측면에서도 중요한 역할을 한다.

(2) <u>청와대①</u>는 매년 5월 5일이면 어린이들을 <u>청와대②</u>로 초청해 선물을...

예문 (2)에서 주어인 '청와대'는 [-생명도]이고 이론적으로 '초청하다'라는 동작을 할 수 없다. 그러나 이 문장을 보는 사람들이 특별한 설명이 필요없이 '청와대①'를 [+생명도]인 '청와대 직원'으로 이해하고 '청와대②'를 [-생명도]인 '청와대 건물'으로 이해한다. 이 경우에 생명도는 환유의 전제이자 문장 이해를 돕는 배경적 화용 지식이다.

생명도의 차이는 문법 측면에서도 체계적으로 나타난다. 한국어에서 여격 의미를 표현할 때 대상의 생명도에 따라 '에'와 '에게'를 구별해서 쓰는 것은 바로 전형적인 예이다.

(3) 가. <u>회사에</u> 이력서를 보낸다.

　　나. <u>친구에게</u> 선물을 보낸다.

---

1 吉洁(2014: 7)에서의 원문은 아래와 같다.

　'生命度是一种语义属性, 是一种语用知识, 是一种语法规定, 是一种认知参数'.

위 예문에서 볼 수 있듯이 [-생명되인 '회사'는 조사 '에'와 결합하고 [+생명되인 '친구'는 조사 '에게'와 결합하는 것이 자연스럽다. 그러나 생명도 정도에 따라 '회사'처럼 인간으로 구성된 [-생명되 집합명사 뒤에도 '에게'를 붙일 수 있다. 아래는 인터넷에서 수집된 예문이다.

(4) 퇴사한 <u>회사에게</u> 직무발명 승계포기서를 요구할 수 있나요?

무정명사 내부에서 '회사'는 '책, 사상' 같은 전형적 무정명사보다 생명도가 강하다. 여격 표지뿐만 아니라 일부분 언어에서 존재동사, 복수 표지와 소유격 표지 등도 대상의 생명도 차이에 따라 나르게 써야 한다. 생념도의 영향은 형태, 통사, 의미 등 여러 측면에서 확인할 수 있고 현저성 등급(凸顯度等級), 동작주 등급(施事等級) 등을 도출할 때도 중요한 변수이다. Langacker(1993)과 Dixon(1994)는 각각 현저성 등급과 동작주 등급을 제시했다. 이 두 등급은 모두 인간명사 또는 인간대명사부터 무정명사로 배열되는데 생명도 등급과 비슷하다.[2]

생명도와 관련된 언어 현상은 위에서 논의된 것보다 더 많고 복잡하다. 실제 언어생활에서 생명도는 경제성, 도상성 등 변수와 상호작용하고 경쟁하기도 한다. 이로 인해 각종 언어 현상들이 다양하게 나타난다. 그러나 경제성, 도상성 등에 비해 생명도에 관한 연구는 아직 많지 않다. 이 부분에서는 지금까지 언어학계에서 제시된 생명도 등급을 정리, 분석하겠다. 이를 기초로 1990년대부터 현재까지 중한 양국 학계의 생명도 연구 현황을 파악하고자 한다.

杨海明(2007: 13)에 의하면 생명도라는 개념은 Sweet(1913)에서 처음

---

2 현저성 등급과 동작주 등급에 관한 내용은 青洁(2014: 11-13)를 참고했다.

제시되었다. 그러나 생명도에 대한 본격적인 연구는 Comrie(1981)에서 시작된다. 그 연구에서 Comrie는 생명도 개념을 체계적으로 논의하고 기본 생명도 등급(基本生命度层级)을 아래와 같이 제시했다.

인간>동물>무생물

기본 생명도 등급의 큰 틀에서 인간명사는 세분될 수 있다. 예를 들면, 대부분 경우에 고유명사와 친족명사의 생명도는 기타 인간명사보다 강하다. 남성 명사의 생명도는 여성 명사보다 강하다. 일부분 언어에서 동물명사와 무정명사도 화자의 생활 경험 및 신앙에 따라 생명도가 세분되어 있다.

언어학 층위의 생명도 등급은 단순히 대상의 생명력 강약에 의해 결정되지 않는다. 여러 가지 언어학적 변수가 종합적으로 작용한 결과이다. 高莉萍(2005: 6-8)은 생명도와 관련된 변수가 친숙도(熟悉度), 한정성(定指度), 명사로서의 전형성(作为名词的典型性), 접근성(可及性)과 인지적 현저성(认知显著性) 등 다섯 가지가 있다고 주장하였다. 이와 비슷하게 谭茜君(2014: 43)도 한정성, 친숙도, 명사로서의 전형성과 접근성이 생명도 등급의 형성에 영향을 준다고 했다. 이들 변수는 생명도와 정비례한다. Croft(1990)은 Comrie(1981)의 논의를 바탕으로 확장된 생명도 등급(扩展生命度序列)을 아래와 같이 제시했다.

1, 2인칭대명사>3인칭대명사>고유명사>보통 인간명사>비인간 [+생명도]
보통명사>[-생명도] 보통명사

위 생명도 등급에서 친숙도, 한정성, 명사로서의 전형성 등 변수가 모두 반영되었다. 담화 상황에서 화자가 가장 잘 아는 대상은 화자 자신이다. 따라서 친숙도와 접근성 등급에서 1인칭대명사는 가장 높은 위치를 차지한다. 인칭대명사와 고유명사의 한정성이 다른 인간명사보다 강하고 인칭대명사 내부에서 1, 2인칭은 3인칭보다 지시 대상이 더 명확하다. Taylor(1989: 45-47)에 따르면 전형적인 명사는 이산적이고 3차원의 공간을 차지하는 인간명사이다. 이와 반대된 추사명사는 가장 전형적이지 않다. 이러한 점들은 Croft(1990)의 생명도 등급에서 모두 찾을 수 있다. 자세히 분석하면 확장된 생명도 등급은 서로 독립되지만 연관성이 있는 세 개의 측면으로 구성된다.

　가. 인칭 측면: 1, 2인칭>3인칭
　나. 한정성 측면: 대명사>고유명사>보통명사
　다. 생명력 측면: 인간>유정물>무정물

　　Comrie(1981)과 Croft(1990) 외에 Sliverstein(1976), Hopper & Thompson (1980), Yamamoto(1998), Corbett(2000)과 Whaley(2010) 등 논저에서도 생명도를 논의했다. 서양 언어학계에서 제시된 대표적인 생명도 등급은 〈표 1〉과 같다.

〈표 1〉 서양 언어학계에서 제시된 대표적인 생명도 등급

출처	생명도 등급
Comrie(1981)	인간>동물>무생물
Croft(1990)	1, 2인칭대명사>3인칭대명사>고유명사>보통 인간명사>비인간 [+생명도] 보통명사>[-생명도] 보통명사
Silverstein(1976)[3]	포괄적 복수 1인칭대명사>단수 1인칭대명사/배타적 1인칭대명사>2인칭대명사>3인칭대명사>고유명사> 친족명사>지위를 나타내는 명사>생명도 명사> 기타 이산적 실체를 가리키는 명사>추상명사

Hopper& Thompson(1980)[4]	1인칭대명사>2인칭대명사>3인칭대명사>고유명사> 인간명사>동물명사>무정명사
Yamamoto(1998)[5]	인간>동물>무생물 1, 2인칭대명사>3인칭대명사 개성이 강한 것>개성이 약한 것 단수>복수
Corbett(2000)	화자/1인칭대명사>청자/2인칭대명사>3인칭대명사> 친족명사>보통 인간명사>비인간 [+생명도] 보통명사> [-생명도] 보통명사
Whaley(2010)	1, 2인칭대명사>3인칭대명사>고유명사/친족명사> 인간명사>동물명사>무정명사

중국 언어학계의 생명도 연구는 1990년대 후반부터 시작되었다. 연구 과정에서 张伯江(1996), 张国宪(1997), 沈家煊(1998), 杜道流(1998)과 王珏(2004) 등 성과는 중국어의 특성에 따라 서양 언어학계의 생명도 등급을 보완하였다. 중국 학계에서 제시된 대표적인 생명도 등급은 〈표 2〉를 통해 확인할 수 있다.

〈표 2〉 중국 언어학계에서 제시된 대표적인 생명도 등급

출처	생명도 등급
张伯江(1996)	화자/청자>인간 고유명사>사물 고유명사>보통 인간명사>보통 사물명사>추상명사
张国宪(1997)	인간 고유명사>사물 고유명사>보통 인간명사> 보통 사물명사>추상명사

---

3 延俊荣(2003: 60)에 따르면 Silverstein(1976)은 명사가 생명도, 화제성, 현저성 그리고 동작주 정도 등 측면에 강약 정도 차이가 있다고 주장하고 이 등급을 제시했다. 이 등급은 실제 연구에서 검증된 것이고 '생명도'와도 관련된다. 그러나 단순한 생명도 등급이 아니다. 수집된 논문에서 严敏芬(2004), 李卫荣(2008), 鹿荣(2010)과 黄成龙(2013)은 이 등급으로 생명도 문제를 연구했다.

4 罗艺雪(2015: 464)에 따르면 Hopper&Thompson(1980)은 타동성(及物性)에 관한 논저이고 이 등급은 타동성 정도 등급이다. 수집된 논문에서 刘贯鹏(2010)만 이 등급으로 생명도 문제를 연구했다. 논의의 전면성을 고려하여 이 등급을 〈표 1〉에서 제시하기로 했다.

5 Yamamoto(1998)에서 제시된 생명도 등급은 刘倖倖(2015: 9)에서 재인용한 것이다.

沈家煊(1998)[6]	인간>유생물>무생물>추상한 것
杜道流(1998)	1, 2인칭대명사>3인칭대명사>인간 고유명사> 사물 고유명사>보통 인간명사>보통 사물명사>추상명사
王珏(2004)	1인칭대명사>2인칭대명사>3인칭대명사>고유명사> 호칭명사>인간>동물>미생물>식물>무생물

기존 성과를 보면, 일부분 논문은 가장 간단한 이분법을 이용하였다. 즉 연구 대상을 [+생명도]와 [-생명도] 두 가지만 분류했다. 이를 제외한 대부분 논문은 주로 Comrie(1981), Croft(1990)과 王珏(2004)에서 제시된 생명도 등급을 이론 배경으로 했다. Comrie의 기본 생명도 등급에서 인간명사, 동물명사와 무정명사 세 부분은 모두 세분될 수 있다. 기존 성과 중에 연구 수요와 연구 대상의 특성에 따라 기본 생명도 등급의 일부를 세밀하게 나누는 성과가 많다. 예를 들면 刘成章(2005)는 '무정 명사'를 세분하였다. 그 논문에 따르면 '회의, 노력'을 비롯한 사건명사(事件名词)는 생명도가 가장 낮고 0에 가깝다. '폭풍, 홍수' 등 자연동력 명사(自然动力名词)는 일반 무정명사보다 생명도가 높다. 张伯江(2007)은 기본 생명도 등급의 '인간' 부분을 '이성적인 인간'과 '비이성적인 인간'으로 나누고 '동물'을 '자기 행동의 목적을 아는 동물'과 '본능으로만 행동하는 동물'로 나누었다. 그리고 '무정물'도 '구체적인 것'과 '추상적인 것'으로 세분하였다. 许秋莲(2007)은 '인간 명사' 부분에서 '악칭명사(恶称名词)'라는 개념을 도입하고 '깡패, 나쁜 놈'을 비롯한 악칭명사는 보통 인간명사보다 생명도가 낮고 일부분 중국어 방언에서 인간류 단위명사와 결합하지 못한다고 지적하였다. 孙钰婷(2018)은 영유아의 생명도가 성인보다 낮다고 했다.

王珏(2004)는 중국어 생명도를 체계적으로 연구하는 논저인데 생명도 연구의 대상을 명사, 대명사에서 동사, 형용사, 부사 그리고 문장까지 확대

---

6 沈家煊(1998)에서 제시된 생명도 등급은 李淑珍(2003: 31)에서 재인용한 것이다.

시켰다. 생명도의 시각으로 중국어 형태, 의미와 통사적 문제를 깊이 있게 연구하고 제시된 체언 생명도 등급이 비교적 상세하여 王珏(2004)를 기초로 한 기존 성과도 적지 않다.

최근 들어 생명도 등급의 범위가 동사로 확대되었고 생명도 정도의 판정 방법도 다양해졌다. 기존 연구를 보면 생명도 등급에서 배열된 대상은 모두 명사와 대명사이지만 张寒冰(2019: 91)은 영어 동사의 생명도 등급을 제시했다. 그 논문은 영어 동사의 생명도를 다섯 개의 등급으로 나눴는데 생명도가 가장 높은 동사는 'know(알다), tell(알리다)' 등 인간만이 동작주가 될 수 있는 동사이다. 'include(포함하다), form(형성하다)' 등 동사의 동작주는 대부분 경우에 [-생명되] 심지어 추상명사이기 때문에 생명도가 가장 낮다. 吳秀菊(2017: 92)는 의미역할(语义角色)에 입각하여 문장에서 전형적인 주체 논항(主体论元)과 객체 논항(客体论元)의 생명도 등급을 제시했다. 기존의 생명도 등급은 연구자의 어감이나 직관으로 배열된 경우가 많다. 이와 달리 吉洁(2014)는 이성(理性), 능동성(能动性)과 사회성(社会性) 등 기준을 세우고 Word Net와 SPSS 등 컴퓨터 프로그램으로 대규모 영어 코퍼스를 구축하고 명사, 동사, 형용사 그리고 텍스트의 생명도를 계산하였다. 연구 범위를 텍스트로 확대시키고 생명도를 객관화, 수치화 하는 데 창의성이 있다.

생명도 등급은 비교적 열린 것이고 세분할 공간도 많다. 연구자는 Comrie(1981), Croft(1990)과 王珏(2004) 등 대표적인 생명도 등급을 참고할 수 있고 이를 바탕으로 연구 대상의 특성에 따라 맞춤형 생명도 등급을 제시할 수도 있다.

2) 중국 학계의 생명도 연구 현황

중국 언어학계는 1990년대 후반부터 생명도 연구 성과가 나타나기 시작하였다. 중국 학계의 생명도 연구 현황을 파악하기 위해 학술정보 사이트 CNKI에서 '生命度(생명도)'를 키워드로 논문을 검색하였다. 검색된 결과에서 석박사 학위논문과 CSSCI 학술지 등재논문을 위주로 성과 167편을 수집하였다. 아래 부분에서 이 성과들의 기본 정보, 연구 대상 언어 및 연구 영역을 살펴보고자 한다.

(1) 논문의 기본 정보

수집된 논문에서 학술지 논문, 석사 논문과 박사 논문은 각각 97편, 56편과 14편이 있다. 이 결과를 보면 지금까지 중국의 생명도 연구는 주로 학자들에 의해 진행되었고 대학원생들의 참여가 아직 많지 않다는 사실을 알 수 있다.

논문의 발표 연도를 보면 1996년부터 2000년까지의 5년 사이에 중국 학계에서 발표된 생명도 논문은 3편에 불과했다. 그 후 생명도 성과의 수량이 현저히 많아졌는데 2001년부터 2005년까지는 16편, 2006년부터 2010년까지는 35편, 2011년부터 2015년까지는 49편이 발표되었다. 2016년부터 2020년 8월 현재까지 64편의 생명도 논문이 발표되었고 그 전 어느 시기보다도 많다. 위 통계에서 볼 수 있듯이 2005년 이후 중국 학계의 생명도 연구 성과는 급격히 증가했고 최근 10년 동안 발표된 성과는 전체 성과의 70% 가까이를 차지했다. 앞으로도 이런 연구 추세가 지속될 것이라고 예상된다. 그 이유는 다음과 같은 두 가지이다.

첫째, 생명도는 언어유형론의 중요한 개념이다. 중국 학계의 언어유형론 도입은 1980년대였다. 그 당시에 陆丙甫, 沈家煊을 비롯한 일부분 학자는 이미 서양 학계의 유형론 성과를 중국 학계에 소개했고 유형론으로 언어 현상을 분석하기 시작하였다. 그러나 언어 유형론에 대한 중국 학계의 관심은 2000년대에 들어서야 비로소 높아지기 시작하였다.

둘째, 1990년대 후반에 생명도 영역에서 张国宪(1997), 沈家煊(1998)과 杜道流(1998) 등 성과가 나타나기 시작하였다. 이 연구 성과들은 Comrie(1981)과 Croft(1990)을 기초로 중국어 품사와 의미 등 여러 문제를 다루었다. 2000년대 초반에 중국어 생명도 범주를 전문적으로 연구한 王珏(2004)도 발표되었다. 그 책은 중국어에서 생명도의 표현 방식, 생명도 차이를 일으키는 문화적 요인과 생명도 측면의 언어 공통성 등 주제를 전면적으로 논의했다. 1990년대 후반과 2000년대 초반에 발표된 이 성과들은 중국 생명도 연구의 이론적 기반을 튼튼히 마련하였다.[7]

요약하자면 언어 유형론에 대한 관심과 이론 체계의 성숙은 중국 학계에서 생명도 연구가 주목되는 주요 원인이다.

(2) 논문의 연구 형식과 대상 언어

수집된 논문에서 중국어 생명도를 연구하는 논문은 131편이 있고 절대다수를 차지한다.[8] 이 131편의 논문에서 표준 중국어 연구는 100편이고 중국어 방언 연구는 13편이다. 이 외에 중국어-외국어 대조연구와 중국어-소수민족 언어 대조연구는 각각 16편과 2편이 있다. 표준 중국어를 대상으로 한 생명도 연구에서 周有斌(2005), 宋苗境(2008), 崔山佳(2013), 渠默熙(2018) 등은 통시적인 연구 성과이고 张娇(2017), 谷峰(2019)와 刘海波(2019) 등은 고대 중국어를 고찰하였다. 나머지는 모두 공시적 현대 중국

---

8 대조연구 논문이 있으므로 대상 언어에 관한 통계에서 논문 편수를 합계하면 167보다 많다. 아래 연구 영역에 관한 통계도 다영역 연구 논문 때문에 이와 같은 상황이다.

어 연구이다.

소수민족 언어의 생명도를 연구한 성과는 20편이 있다. 그 중 王津京(2018)은 중국어와 내몽골어 복수 표지 사용의 생명도 제약을 고찰하였다, 张玲(2013), 姚桂林(2020) 등은 알타이어족에 속하는 위구르어(维吾尔语), 예벤커어(鄂温克语) 등을 연구 범위로 삼고 알타이 제어에서 생명도가 격 표지 사용에 준 영향을 살펴봤다. 나머지 논문에서의 대부분은 쓰촨(四川), 윈난(云南) 등 중국 서남지역의 소수민족 언어를 연구했다. 대표적인 성과는 李泽然(2005), 田静(2006)과 罗天华(2007) 등이다. 그 지역에 다양한 소수민족들이 살고 있는데 그들이 사용하는 언어 중의 대부분은 티베트버마이족(藏缅语族)에 속한다. 티베트버마어족 세어에서 바이어(白语)와 카인어(克伦语)를 제외한 거의 모든 언어는 SOV 어순이다.[9] SOV 언어에서 목적격 표지가 매우 중요한데 생명도 강약은 목적격 표지의 의미 기능 분할과 생략에 영향을 준다. 같은 민족이라고 해도 사는 지역에 따라 생명도 등급의 세분 양상이 다르다. 이 논문들은 여러 티베트버마어족 언어의 목적격 표지, 어순 등을 연구해서 이론적 가치가 있다. 이 외에 唐均(2015)는 이미 사라진 시샤어(西夏语)에서 생명도의 작용 양상을 연구했다.[10]

외국어 연구에서 대상 언어는 영어, 한국어와 일본어 세 가지만 있다. 영어 성과는 22편이 있고 한국어, 일본어 성과는 각각 6편과 4편이 있다. 이 성과들 중의 대부분은 중국어-외국어 대조연구이다. 한국어와 관련된 연구

---

9 여기서 田智(2005: 10)을 참고하였다. 바이어(白语)는 중국 윈난성에 거주하는 바이족(白族) 사람들이 쓰는 언어이다. 카인어(克伦语)는 미얀마에 거주하는 카인족(克伦族) 사람들이 쓰는 언어이다.

10 시샤어(西夏语)는 서기 11~13세기에 존재했던 시샤왕조(西夏王朝)에서 쓰인 언어이고 티베트버마어족에 속한다. 시샤왕조는 중국 서부지방에 있었는데 왕조의 멸망에 따라 시샤어도 더 이상 쓰이지 않게 되었다. 지금 일부 학자는 출토된 서면 자료로 시샤어를 연구하고 있다.

성과는 金莲花(2007), 李知恩(2011), 金贤姬(2014), 姚凤霞(2017), 岳逸飞(2017)과 杨素悦(2018)이다. 이 논문들의 연구 대상과 사용된 생명도 등급은 〈표 3〉에서 확인할 수 있다.

〈표 3〉 한국어와 관련된 생명도 연구 성과의 기본 정보

논문	연구 형식	연구 대상	생명도 등급
金莲花(2007)	중한대조	피동문	Croft(1990)
李知恩(2011)	범언어적 시각에서의 중한대조	복수 표지	Corbett(2000)
金贤姬(2014)	중한대조	피동문, 사동문과 텍스트에서의 인지적 시점	이분적 등급
姚凤霞(2017)	중한대조	사동문	Croft(1990)
岳逸飞(2017)	중한대조	재귀대명사	王珏(2004)
杨素悦(2018)	중한대조	병렬구조 NP의 어순	Corbett(2000)

〈표 3〉을 보면 한국어와 관련된 생명도 연구는 아직 많지 않고 대부분은 형태, 통사적 측면에 집중되어 있다. 그리고 李知恩(2011)를 제외한 성과는 모두 단순한 중국어-한국어 대조연구이다. 한국어의 유형론적 특징을 파악하기 위해 앞으로 한국어학 연구 또는 중한 대조연구를 할 때 생명도 이론을 많이 도입하고 연구 영역을 의미, 화용과 텍스트 등으로 확대시켜야 한다. 그리고 범언어적 생명도 연구도 보완할 수 있는 과제이다.

전체적으로 보면 중국 학계의 생명도 연구는 수량이 많지만 다양성 측면에 보완할 공간이 있다. 특히 외국어 연구, 중국어-외국어 대조연구와 범언어적인 연구는 향후 생명도 영역의 중요한 주제가 되어야 한다. 그리고 통시적 연구도 더 많이 나타나야 한다. 이를 통해 언어 간의 유형론적 보편성을 더 전면적으로 파악할 수 있고 생명도 연구의 시야도 더 넓힐 수 있다.

(3) 논문의 연구 영역

수집된 논문을 보면 통사 영역의 논문이 104편으로 가장 많다. 어휘와 의미 영역의 논문은 각각 25편과 27편이 있다. 화용 영역에 논문 2편이 있고 텍스트 영역에 논문 10편이 있다. 이 외에 언어습득에 생명도를 접목시키는 논문은 11편이 있고 이론 소개류 논문 4편이 있다.

어휘 영역의 대부분 성과는 명사를 연구했다. 기존의 생명도 등급에서 배열된 대상은 명사와 대명사이고 명사 생명도는 동사, 형용사 생명도를 결정하는 기초가 되기 때문이다. 杨海明(2007: 97)에 따르면 동사, 형용사의 생명도 강약은 결합하는 명사를 통해 확인할 수 있다. 생명도가 강한 명사와 무조건 결합할 수 있으면 그 동사, 형용사의 생명도도 강하고 이와 반대로 되면 해당 동사, 형용사의 생명도가 약하다. 그러므로 생명도와 관련된 기초 연구에서 명사는 항상 연구 초점이다.

최근 들어 어휘 생명도의 연구 대상은 다양해지는 추세를 보인다. 李彩红(2017)과 宁欣(2017)은 중국어 방언에서 명사 분류사의 생명도 제약을 고찰하였다. 张四红(2017)과 姜静(2019)는 소수민족 언어에서 존재동사의 생명도 차이를 연구했다. 이 외에 童芳华(2019)는 중국 남부지역 소수민족 언어에서 생명도에 따른 접두사 용법 차이를 살펴봤다.

연구 범위를 보면 杨海明(2007), 吉洁(2014)는 각각 중국어와 영어 어휘 체계의 전반적인 생명도를 연구했다. 赵瑞兰(2007), 周作明(2007) 등 성과는 현대중국어 명사, 고대중국어 동사 등 작은 범위의 주제를 선택하였다. 그리고 徐峰(2002), 龙涛(2007)을 비롯한 일부분 논문은 '중국어 생물류 명사'와 '중국어 수여류 동사' 등 특정한 대상의 생명도를 연구했다.

전체적으로 보면 어휘 부분에서 중국어 명사에 관한 성과는 비교적 성숙되고 동사, 형용사와 대명사는 아직 연구 공간이 많다. 외국어 성과는 严敏芬(2004), 吉洁(2014)와 岳逸飞(2017) 등 몇 편밖에 없는데 중국어-외국어 어휘 생명도 대조연구는 향후의 연구 과제가 될 수 있다.

통사 영역은 다른 영역에 비해 성과가 현저히 많다. 단어 자체의 생명도보다 학자들은 문장 성분의 생명도 차이가 통사적 구조에 준 영향을 더 주목하기 때문이다. 통사 영역에서 생명도 논문은 연구 대상이 다양하지만 몇 가지 초점이 있다.

첫 번째 초점은 특정한 구조(构式)에서 각 성분 사이의 생명도 결합 제약이다. 예를 들면, 李淑珍(2003)은 중국어 'V的是N' 구조에서 명사 생명도로 인한 V-N 결합 제약을 연구했다. 李卫荣(2008), 蔡雅思(2010)과 葛娜娜(2018)은 각각 영어와 중국어 소유 구조에서 두 명사의 생명도가 구조 문법성에 준 영향을 고찰하였다.

두 번째 초점은 피동문이다. 金贤姬(2014: 29-30)에 따르면 생명도 등급(生命度等级)과 의미역할 등급(语义角色等级)은 문장에서 화제 선택과 피동화를 결정하는 중요한 기제이다. 피동문에서 피동작주(受事者)의 생명도가 강하면 화제가 될 경향도 강하게 드러난다. 이 경우에 피동작주는 피동화를 통해 화제화를 이룬다.[11] 중한 대조연구인 金贤姬(2014) 외에 崔山佳(2013), 王静(2014) 등 성과도 각각 중국어와 영어 피동문에서 나타난 생명도 요인을 연구했다. 李彦(2009)와 刘春(2014)는 제2언어에서 피동문의 습득 양상을 살펴봤다.

세 번째 초점은 어순인데 대표적인 성과는 吴秀菊(2017)과 毛燕芳(2018)이다. 전자는 묘족어(苗语)에서 생명도가 논항의 통사적 위치에 준 제약을 연구했고 후자는 쫭족어(壮语)에서 생명도 정도에 따른 '형용사-명사' 어순 차이를 연구했다.[12]

---

11 金贤姬(2014: 29-30)의 원문은 아래와 같다.
　'话题选择以及进行被动化的关键机制就是生命度等级和语义角色等级,句子中生命度相对高的受事成分在被动句中做话题,对这个受事成分而言,是通过被动化来话题化了.'

이 외에 이중목적어구문, 사동문과 격 표지 생략 현상도 통사적 연구의 초점이다.

의미 영역의 생명도 연구는 두 개의 단계로 나눠서 살펴볼 수 있다. 첫 번째 단계는 2016년 이전이다. 그 단계에서 연구의 초점은 중의적 구조 해석 과정에서 생명도의 역할이었다. 대부분 경우에 NP의 생명도 정도는 중의적 구조의 전환 및 해석에 영향을 준다. 예를 들어, 姚益龙(2007: 21)에 따르면 중국어 'VP+NP1+的+NP2'는 중의성을 가진 구조인데 NP2의 생명도가 높을수록 이 구조는 'NP2+V+NP1'로 전환하기가 쉽다. NP2의 생명도가 낮은 경우에 전환이 자연스럽지 않거나 비문법적이다. 따라서 중의성도 약하다. 이 외에 '동작주-피동작주' 의미 관계와 이의 통사적 실현 양상도 주목되었다.

두 번째 단계는 2016년 이후이고 연구 초점은 동사의 '의미 진폭(语义摆度)'이다. 이와 관련된 성과는 焦艳(2016), 吴敏(2017)과 杨海明(2017) 등이다. 진폭은 물리학에서 차용된 개념이다. 생명도 연구에서 진폭은 동사의 의미 변화 범위를 가리킨다. 杨海明(2017)은 '기준 위치(基准定位)'와 '변위 진폭(位移振幅)'이라는 두 가지 물리학 개념을 생명도 연구에 도입하였다. 이 두 개념은 인지언어학에서 언급되는 원형 의미, 확장 의미와 비슷하다. 杨海明(2017: 553)에 따르면 동사의 의미 확장은 세 가지의 상황에서 이루어진다. 첫 번째는 S와 O가 모두 비 전형적인 상황인데 두 번째는 S가 전형적이고 O가 전형적이지 않은 상황이다. 마지막은 S가 비 전형적이고 O가 전형적인 상황이다. 여기서 S와 O의 전형성을 판정할 때 생명도는 중요한 기준이다. 어떤 동사는 주어, 목적어 생명도에 대해 큰 제약이 없고

---

12 묘족어(苗语)는 중국 서남지역과 동남아에 거주하는 묘족(苗族) 사람들의 언어이고 몽몐어족(苗瑤语族)에 속한다. 좡족어는 중국 광시에 거주하는 좡족 사람들의 언어이고 따이까따이어족(壮侗语族)에 속한다.

여러 가지 명사와 결합해서 다양한 의미를 나타낼 수 있다. 이런 동사는 '의미 진폭'이 크다. 이와 반대로 특정한 명사와만 결합하고 진폭이 작은 동사도 있다. 진폭이 클수록 실질적 의미가 희미해지고 문법적 의미가 강해진다. '의미 진폭'이라는 개념이 제시된 후 관련 논문이 지속적으로 증가하고 있는데 지금 의미론적 생명도 연구 성과에서 삼분의 일 정도를 차지하고 있다.

화용 영역의 논문은 杨海明(2016)과 孙钰婷(2018) 두 편이다. 각각 '吃(먹다)류 명사구'의 화용적 특징과 문장에서 목적격 성분의 화제성 정도를 연구했다.

텍스트 영역에서 생명도 논문은 8편을 수집하였다. 연구 주제는 주로 대용(回指) 현상이다. 예를 들면, 汪威(2019)는 중국어 언어 자료에서 나타난 화제를 생명도정도에 따라 분류했다. 이를 기초로 텍스트에서 생명도가 화제 연속성과 유표성에 준 영향을 고찰하였다. 이 외에 吉洁(2014)는 '문체의 생명도'라는 개념을 제시하고 컴퓨터 프로그램으로 소설, 뉴스와 학술 논문의 생명도를 계산하였다.

언어습득 연구에 생명도 이론을 접목시키는 논문은 11편이 있다. 李汝亚(2017)을 제외한 논문은 모두 제2언어습득을 연구했고 그 중의 대부분은 외국인 학습자의 중국어 통사 구조 습득에서 생명도의 영향을 고찰하였다. 연구에서 쓰인 주요 이론은 오류분석과 중간언어이다. 한국인 중국어 학습자나 중국인 한국어 학습자를 위한 연구가 없다는 점과 유표성 차이 가설 등 새로운 습득이론이 도입되지 못했다는 점은 아쉬운 부분이다. 향후 이 분야의 다양한 주제 연구는 기대가 된다.

전체적으로 보면 중국 언어학계의 생명도 연구는 비교적 성숙된 이론 기초가 있고 학계의 주목도 지속적으로 받고 있다. 지난 이십 여 년 동안 중국 학계는 중국어학, 특히 중국어 통사 영역에서 수많은 생명도 연구 성과

를 축적하였다. 그러나 중국어-외국어 대조연구 영역은 아직 보완할 공간
이 많다. 생명도가 언어 사용에 준 영향은 한국어에서도 쉽게 발견할 수
있는데 이에 대한 연구, 특히 의미, 화용과 텍스트적 연구는 앞으로의 과제
가 될 수 있고 제2언어습득 및 번역 연구에 생명도의 도입도 바람직하다.

3) 한국 학계의 생명도 연구 현황

중국 학계처럼 한국 학계도 1990년대 후반부터 생명도와 관련된 논문이
나타나기 시작하였다. 생명도를 다룬 최초의 논문은 연재훈(1995)이다. 한
국 학계의 생명도 연구 성과는 중국 학계에 비해 적은 편이고 생명도 이론
은 한국 학계에 아직 널리 알려지지 않는 상태이다. 이 부분에서 연재훈
(1995), 김은일(2000), 유현경(2007), 주향아(2013)과 김충실(2014) 등 대표
적인 생명도 연구 성과 5편을 소개하고자 한다.

연재훈(1995)는 기능-유형 문법의 관점에서 생명도의 정도 차이는 여러
언어에서 형태, 통사적 차이를 일으키는 경우가 발견된다고 했다. 그리고
한국어에서 생명도는 피동문 주어화 과정의 제약 조건이고 특정한 명사구
논항이 주어 위치에 나타날 수 있는지를 결정하는 중요한 변수라고 주장하
였다.

김은일(2000)은 영어에 비해 한국어의 생명도가 더 높다고 지적하였다.
그 논문은 영어 동사는 생명도와 상관없이 사용될 수 있다고 지적하고 무
생물 주어 구문도 생명도의 문제로 해석하였다. 그 논문에 따르면 영어는
타동성이 높은 동사도 무생물 주어를 허용하는 반면 한국어는 타동성이 높
은 동사는 무생물이 주어가 될 수 없다. 예를 보면, 'drink'는 주어의 생명도
와 상관없이 쓰일 수 있지만 '마시다'는 주어가 반드시 유정물이어야 한다.
한국어에서 목적어의 유정물 여부도 동사의 선택에 영향을 주는데 목적어

가 사람이면 '데리다'나 '모시다'가 사용되고 목적어가 무정물인 경우는 '가지다'가 사용된다는 것도 밝혔다.

유현경(2007)에 따르면 한국어에서 [+생명도] 명사는 무조건 조사 '에게'가 선택되는 것이 아니다. 조사의 선택은 서술어의 종류나 화자의 판단에 따라 이루어진다. 그리고 생명도가 조사 '에게'의 선택에 주는 영향은 주로 화자의 심리적 판단에 있다고 지적하였다. 이와 같은 분석은 생명도 등급이 단일한 개념에 바탕을 두고 있는 것이 아니라 정보가 조직되는 방식에 영향을 미치는 여러 가지 의미적 특질의 상호작용을 통해 이루어진다는 것을 증명하였다.

주향아(2013)은 생명도의 시각으로 '와/과' 등위 접속 명사구의 형성과 어순을 연구했다. 그 논문에 따르면 선후행 명사구가 생명도 등급에서 동일한 위치에 있을 때 '와/과' 등위 접속 명사구가 가장 자연스럽다. 선후행 명사구가 생명도 정도 차이가 있으면 생명도가 강한 명사구는 선행하고, 생명도가 약한 명사구는 후행하는 것이 일반적인 경향이라고 지적하였다.

김충실(2014)는 확대된 생명도 등급을 기초로 생명도가 복수 표기 '들'에 주는 영향을 알아봤다. 논문에서는 2인칭, 3인칭과 재귀대명사는 수의 대립이 있고 1인칭대명사는 수의 대립이 없다고 지적하였다. 그리고 명사와 대명사의 제약을 참조하여 유형론적인 조사를 바탕으로 제시된 Croft의 네 개 유형 중에 중국어는 제3유형에 속하고 한국어는 이 네 가지 유형에 모두 속하지 않는 다른 유형이라는 것을 밝혔다. 이 외에 인칭대명사는 사회적 범주에 속하므로 신분, 연령, 성별 등에 따라 같지 않은 인칭 복수 표기가 사용된다는 것을 밝히고 중국어와 한국어는 1인칭 복수 표기에 존대 기능이 있고 3인칭은 일반적으로 현장에 없기 때문에 경어를 사용하지 않는다는 것을 밝혔다.

요약하자면 연재훈(1995)와 김은일(2000)은 통사 영역에서 한국어의 생명도를 제시하려고 했고 김충실(2014)은 형태 영역에서 생명도를 살펴봤다. 유현경(2007)은 개별 조사의 생명도 확대 사용 현상을 연구했고 주향아(2013)은 어순과 생명도의 관계를 고찰하였다. 이 5편의 논문은 모두 한국어를 깊이 있게 연구했는데 전체적으로 보면 한국 학계의 생명도 연구 성과는 아직도 많지 않고 연구 주제는 형태와 통사 영역에 집중되어 있다. 앞으로 생명도와 관련된 성과가 더 많이, 더 다양하게 나타나기를 기대한다.

1.2. 생명도와 형태론 연구

생명도와 한국어 격조사 분류

1) 머리말

생명도(生命度)는 언어유형론의 주요한 개념 중의 하나이다. 생명도가 통사현상의 어떤 측면에 영향을 미치는지, 구체적으로 언어마다 어떻게 부호화되는지에 대해 학계에서는 많은 논의를 해왔다. 선행 연구를 살펴보면 생명도는 격 표시, 주어 선택, 어순 등 형태와 통사, 그리고 의미, 담화 등 여러 방면으로 부호화 된다. 본고는 Comrie(1986)와 Croft(1990), Whaley(2010)의 생명도의 등급과 생명도 변인에 기초하여 한국어 격조사의 생명도를 통시적으로 살펴보고 한국어가 생명도가 높은 언어라는 것을 증명해 보임으로써 한국어의 언어보편성과 언어 본질을 깊이 있게 이해하는 데 기여하고자 한다.

2) 생명도와 그와 관련되는 변인

(1) 생명도 개념

언어유형론의 중요한 개념인 '생명도'는 생물학적 의미와 언어학적 의미 두 가지로 정의될 수 있다.(Kittila, Seppo 외: 2011: 5) 언어학적 의미에서의 생명도는 개체가 자발적으로 움직이는 힘이나 사건을 발생하게 하는 힘에 기초하여 정리된다. 생명도의 연구에서 가장 선구적이라고 할 수 있는 학자는 Bernard Comrie이다. 그는 일찍 생명도는 형태론과 통사론을 이해하는데 중요한 변수라고 주장하여 왔다. 그의 뒤를 이어 Croft(2009)에서는 확대생명도의 등급을 논하였고, Whaley(2010)에서는 생명도의 변인에 대해서 논하였다. 생명도 등급이 언어 조직화에서 인간 정신의 중대한 특질을 드러낼 것이라고 가정하는 언어유형론의 주장은 그것이 세계 언어의 여기저기에서 산발적으로 나타나기 때문이다. 그렇다면 생명도가 많은 언어에서 역할을 하는 것은 명확하다. 여기서는 이들의 논의를 개괄적으로 소개하여 본고의 논의에 근거로 삼고자 한다.

Comrie는 자연 언어의 형태론과 통사론을 이해하는데 생명도의 중요성이 분명히 나타난다는 것을 지적하였다. 그는 연구에서 인간은 동물보다 더 유정적이고 고유명사는 보통명사보다 더 유정적이며 1인칭과 2인칭 대명사에서 1인칭 대명사는 2인칭 대명사보다 더 유정적인 것으로 등급이 정해진다고 하였다. 그의 논의를 도식으로 제시하면 아래와 같다.

Comrie 도식1. 생명도의 등급
1, 2인칭>3인칭 대명사>고유명사>친족어>인간 명사구>동물 명사구>무정명사구

이와 같이 생명도 등급을 설정함으로써 더 유정적인 명사어가 덜 유정적인 명사의 앞에 위치하고 동사 일치는 더 높은 생명도를 가진 명사어와 일치한다고 서술했다. 그의 뒤를 이어 Croft(1990)은 생명도 등급을 인칭등급, 명사구 유형 등급, 고유의 등급 등 세 가지로 하위 분류하여 제시했다.(Lindsay J.Whaley(2010: 226)을 참조)

Croft(1990)의 도식2. 생명도 등급
① 인칭 등급 - 1인칭, 2인칭>3인칭
② 명사구 유형(NP-type) 등급 - 대명사>일반명사
③ 생명도 고유의 등급 - 인산>비인산 유성물>무성물

이에 대해 Yamamoto(1999)는 Croft(1990)의 초기 생명도 등급은 순수하게 언어적 접근에서 정리하였으며, 세 가지 하위 등급의 정신적인 배경은 고려하지 않았다고 지적하였다. Corbett(2001)는 생명도 등급에 친족어까지 포함하여 확장된 생명도 등급을 다시 제시했는데 도식으로 제시하면 아래와 같다.

Corbett(2001)의 도식3. 생명도 등급 :
화자(1인칭 대명사)>수신인(2인칭 대명사)>3인칭>친족>인간>유정물>무정물

위의 세 학자가 제시한 등급은 본고의 논의에서 한국어 격조사의 생명도를 살펴보는데 이론적 근거가 될 것이다.

(2) 생명도와 관련되는 변수

생명도는 등급성 외에도 사회중심적 유인, 친숙도, 한정성 등 여러 가지 변수가 작용한다. 이러한 변수가 어떻게 생명도에 작용하는지 알아보자.

가. 사회중심적 유인

생명도의 등급은 또 사회 중심적 유인에 의해 구조화 된다. 이것은 화자나 저자들이 그들 자신과 그들의 말을 듣는 이에게 가장 큰 중요성을 두는 경향이 있다는 점을 포착한다. 그래서 비록 인간 유정명사구로 지시되는 실체가 1인칭이나 2인칭의 대명사의 지시물만큼 유정적이더라도 담화 구성에서 후자 쪽에 어떤 우선권이 부여된다는 것이다. 이는 '에'의 생명도가 확대되는 상황을 설명하는 데 근거를 제공할 것이다.

나. 한정성

한정성이 생명도 등급 구조 내에서 역할을 한다. 대명사와 고유명사는 언제나 한정적이다. 인간명사구가 비인간 명사구보다 담화에서 더 쉽게 중심적이기 때문에 역시 더 한정적이기 쉽다. 이것은 유정명사들도 마찬가지이다. 생명도 등급에 작용하는 한정성으로 목적격 조사의 생략을 설명해 볼 수 있을 것이다.

다. 친숙도

친숙도 등급은 화자나 저자들과 친밀하거나 공감을 가지고 있는 명사구에 우선권을 준다. 담화를 형성하는 동안, 참여자들은 그들 자신과 서로를 알고 있다. 그러므로 직접적인 발화행위에서 1인칭과 2인칭이 변인에서 가장 높은 자리를 갖는다. 3인칭 대명사는 화자나 청자가 둘 다 그들의 마음 안에 특별히 확인 가능한 실체를 나타내고 또 그러한 실체들에 대한 인식이나 공감이 있다. 이와 유사하게 고유명사들은 대화 참여자 사이에서 더 높은 친밀도를 필요로 하고 따라서 인간을 지시하는 다른 명사구들에 대해 하는 것보다 더 큰 친숙함이 필요하다. 중국어에서는 아래와 같은 예문을 들어 친숙도를 설명하였다. 아래 예문은 高莉萍(2005) 석사논문 "생명도가 한어 통사 및 의미에 대한 제약과 영향(生命度对汉语句法语义的制约和影响)"이란 논문에서 인용한 것인데 "这台电脑"는 필자가 보충한 것이다.

> (1) 这台电脑, 我买了。
> (2) 这电脑, 他买了。

예문 (1)은 중의성을 띤 문장으로서 하나는 "내가 이미 샀다."는 뜻과 또 하나는 "내가 살 것이다."라는 두 가지 뜻으로 해석될 수 있다. 반면에 예문 (2)는 다만 그가 이미 샀다는 뜻만 갖고 있다. 이는 한국어에서도 마찬가지이다. 이 문장에 대응하는 한국어 문장은 아래와 같다.

> (3) 이 노트북, 내가 샀다.
> (4) 이 노트북, 그가 샀다.

위의 두 예문은 중국어와 같은 맥락에서 해석을 할 수 있다. 예문 (3)은 중의성 문장이고 (4)는 중의성이 없는 문장이다. 이는 1인칭의 친숙도가 3인칭 친숙도보다 높기 때문이다. 일반적으로 친숙도가 높을수록 생명도가 높다. 생명도는 이같이 사회 중심적, 한정성, 친숙도 등 변인들이 서로 작용하면서 통사구조에 영향을 준다는 것을 볼 수 있다. 이러한 견해는 다음에 연구되는 격조사의 생략 현상에 근거를 제시해 줄 것이다.

3) 한국어 격조사분류에서 생명도의 기준

격이란 영어의 case의 번역이며, 영어의 case는 라틴어의 casus에서 온 것이고 이것은 다시 희랍어로 번역된 것이다. 그리고 이 희랍어는 체언이 문장 안에서 쓰일 때 다른 말과 관계를 맺게 되는데, 이때 어형이 변하게 되며 이 변화된 어형이 기본형이고 본 주격형으로부터 벗어난 꼴이라는 뜻으로 쓴 것이었다. 이 정의에 따르면 한국어는 체언의 어형 변화도 없고 이른바, 격 표시를 위한 어순도 고정되어 있지 않다. 그 대신 독립된 조사가 있어서 인구어의 격에 해당하는 역할을 나타낼 수 있다. 여러 언어 이론들에서 격을 형태론적으로 의미적으로, 또는 구조격으로 분류하여 왔다. 그렇다면 기능으로도 분류가 가능하다는 가설도 할 수 있을 것 같지만 아직 여기에 대한 체계적인 연구는 없다.

생명도는 여러 언어 격표시에도 나타났는데 말라얄람어에서도 볼 수 있었다. Mohanan(1982)에 따르면 말라얄람어의 직접 목적어는 유정일 경우에는 대격이 표시되고 무정일 경우에는 주격이 표시된다고 하였다. 한국어의 경우에도 중세기로 거슬러 올라가면 격조사에 반영된 생명도의 흔적을 많이 볼 수 있다. 중세기 한국어의 격 체계 분류는 의미와 기능, 성조, 그리고 음운, 존칭 등 여러 조건을 기준으로 한 것 외에 생명도를 기준으로 한 것도 있었다. 의미적 기준에 의해 분류된 격 체계는 속격, 대격, 처격, 여격, 방향격 등을 들 수 있고 기능을 기준으로 한 격 체계는 주격, 관형격 목적격 서술격 등으로 분류할 수 있었다.

성조를 기준으로 분류한 것을 보면, 중세국어의 1인칭 대명사는 '나'였으며, 주격형과 관형격 형은 '내'였는데, 성조에 차이가 있었다. 주격형은 거성 '내'었고, 관형격 형은 평성의 '내'었다. 이 주격형은 현대 한국어와는 달리 낮춤말(현대어의 '저')이 없었다. 1인칭 대명사 복수는 고대어와 같이

'우리'였다. 그리고 이 복수형도 낮춤말(현대어의 '저희')이 없었다. 예를 보이면 아래와 같다.

(5) 내 이를 爲ᄒ야 스믈여듧 字를 밍ᄀ노니 〈훈언〉.

(6) 大王하 엇더 나를 모ᄅ시ᄂ니잇고 〈월석 8: 92〉.

(7) 부톄 우리의 ᄆᅀᆞ매 小法 즐기ᄂ 들 아ᄅ샤 〈법화 2: 231〉.

(8) 우리ᄂ 다 부텻 아ᄃᆞ 곧ᄒ오니 〈월석 13: 32〉.

2인칭 단수 '너'의 주격형은 상성의 ': 네', 관형격형은 평성의 '네'이었다. 그리고 복수형은 '너희'였다. '너'보다 약간 대우하는 2인칭으로 '그듸/그디/그디'가 있었으며 그 관형격형은 '그듼'이었다. 이 '그듸'는 현대 한국어의 '자네, 당신'의 의미에 해당하여, 오늘날의 '그대'와는 의미가 달랐다. 예를 들면 다음과 같다.

(9) 네 네 고홀 마ᄐ라 〈능엄 3: 45〉.

(10) 長者ㅣ 네 아비라 〈월석 8: 98〉.

(11) 너희 디마니 혼 일이 잇ᄂ니 샐리 나가라 〈월석 2: 6〉.

(12) 그듼 아바니미 잇ᄂ닛가 〈석보 6: 14〉.

인칭대명사 미지칭 '누'(誰)의 주격형은 거성의 '뉘'였으며, 관형격형은 상성의 ': 뉘'였다. 생명도가 사용된 격조사를 보기로 하자. 관형격에는 생명도 기준이 사용되었는데 관형격조사는 평칭의 유정명사에 붙는 '의/의'가 있었고 특수한 명사나 대명사 뒤에 붙는 'ㅣ', 무정명사나 존칭의 유정명사에 붙는 'ㅅ'이 있었다. 예를 들면 다음과 같다.

(13) 사ᄉ미 둥과 도ᄌ기 입과 눈 〈용가 88장〉.

(14) 거부븨 터리와 톳긔 쓸 ᄀ더니 〈능엄 1: 74〉.

(15) 牛頭ᄂ 쇠 머리라 〈월 1: 27〉, 나랏 小民 〈용가 52장〉.

(16) 부텻 모미 여러 가짓 相이 ᄀᄌ샤 〈석보 6: 41〉.

이외 또 존칭 기준과 생명도 기준이 함께 쓰인 것이 있었다. 속격 '의'는 유정물 평칭에 쓰고 속격 'ㅅ'은 존칭과 무정물에 쓰이었다. 속격조사 '익/와 'ㅅ'(소위 사이시옷)이 있었는데 '익/의'는 사람, 동물과 같은 유정물의 평칭에, 'ㅅ'은 유정물의 존칭과 무정물에 사용되었다. 'ㅅ/의'는 속격과 처격에 쓰였으나 생명도에 쓰이면 속격, 무정물에 쓰이면 처격이 되어 구별되었다. 그리고 호격에는 존칭의 구별이 있었다. '하'는 아랫사람이 윗사람을 부를 때 사용하고 '아'는 윗사람이 아랫사람을 부를 때 사용했다. 예를들면 다음과 같은 예문이다.

(17) 世尊하/ 임금하

(18) 大王아

'세존'은 최상의 대상이므로 언제나 '하'를 붙이지만 세존이 대왕을 부를 때는 대왕이 세존의 아래이므로 "대왕아"라고 불렀다. 그리고 '의'와 여격의 '에게'는 생명도 명사에만 연결되어 왔다. 근래 특히 '의'는 무정물의 명사에도 광범하게 연결되고 있다. 위의 논의를 도식으로 제시하면 아래와 같다.

도식3. 기준

의미기준: 속격, 대격, 처격, 여격, 방향격

기능기준: 주격, 관형격, 목적격, 서술격

성조기준: 인칭 대명사: 1인칭 주격형은 거성 속격형은 평성, 2인칭 주격형
은 상성 속격형은 평성미지칭 주격형은 거성 속격형은 상성.

생명도기준: 유정: '이/의', '에게' 무정: 에, 의
존칭기준: 'ㅅ'은 유정물의 존칭과 무정물/의는 동물과 사람의 평칭, 호격
'하'는 존칭, '아'는 평칭
음운기준: 모음조화 규칙에 따라 달라지는 조사, 자음과 모음에 따라 달라
지는 조사 중세기 격조사의 생명도는 현대 한국어에도 남아 있는
것이 있다.

즉 한국어에서 조사 '에게'는 주로 [생명도] 자질을 가지는 명사와 결합하
고 '에'는 주로 무정물에 결합하지만 명사의 [생명도] 자질과 상관없이 조사
'에'만 출현하는 경우도 있었다. Yamamoto(1999: 38)에는 생명도와 관련한
것으로 가장 전형적인 것은 화자 자신과 청자를 들 수 있고 제3자(3인칭),
국외자(局外者, bystander) 등도 이에 포함된다. 지역 사회, 기관 등도 생
명도와 관련이 있으며 추상적 개체, 초자연적 존재, 인간과 유사한 기계,
의인화된 동물 등도 생명도를 가진 부류에 포함되어 있다. 여격 '에'는 무정
물에만 쓰이고 '에게'는 유정물에만 쓰인다고 정의되어 있으나 유현경
(2007)에서는 아래의 예문을 들어 언어생활에서는 유정물에도 '에'를 쓰는
경우가 있고 무정물에도 '에게'를 쓰는 경우가 있었다고 설명한다.

(19) 은행이 그 돈을 맡아서 기업에게 빌려주는 거죠.
(20) 그는 팀에게 기념비적인 우승을 안겨주었습니다.
(21) 인질극을 벌인 10대 강도가 오늘 경찰에 붙잡혔습니다.
(22) 지하철을 타고 있던 경찰에게 그 사람이 붙잡혀서 위기를 모면했다.

의 예문에서 "기업, 팀"은 생명도 명사가 아니지만 '에게'가 사용되었고 반면에 "경찰"은 비록 인칭에 비해 생명도 등급이 낮지만 생명도가 반영된 직업으로서 "경찰"에는 '에'와 '에게'가 모두 쓰일 수 있었다.

이상의 논의에서 보면 한국어는 중세기에 일부 조사에만 한하여 나타나던 생명도 흔적이 점점 적어지나 현대에 와서 생명도의 사용 범위는 점점 확대되고 있음을 알 수 있다.

이 논의에서는 언어 유형론의 주요 개념인 생명도와 그와 관련되는 변수를 살펴보고 생명도 등급이론으로 중세기와 현대 한국어 격조사에 반영된 생명도를 고찰하였다. 한국어는 중세기 조사 체계에서도 생명도를 기준으로 조사를 분류한 흔적을 볼 수 있었으나 현대에 와서는 많이 줄어들었다. 평칭의 유정명사에 붙는 관형격 조사 '익/의', 그리고 특수한 명사나 대명사 뒤에 붙는 'ㅣ', 무정명사나 존칭의 유정명사에 붙는 'ㅅ'이 사라지고 사람과 동물 등 유정물의 평칭에만 쓰이던 '익/의'와 유정물의 존칭에 쓰이던 'ㅅ'은 사라졌다. 그리고 유정물과 무정물로 구별되던 속격과 처격 '/의'도 사라졌다. 반면에 생명도로만 구별하던 조사 '에'와 '에게'는 현대에 내려오면서 그 사용이 항상 생명도로 구별되는 것이 아니라 화자의 심리에 따라 선택된다는 실례를 보임으로써 한국어가 생명도가 높은 언어라는 것을 증명하고자 하였다.

한중 재귀대명사의 기능적 특징 및 검증

1) 서론

재귀대명사는 인칭대명사의 하위 범주로서 문장에서 나온 선행사의 중복을 피할 때 쓰이는 특수한 대명사이다. 한중 재귀대명사가 선행사 지시 기능을 할 때 Chomsky의 결속이론을 위반하는데 과거 몇 십 년 동안 양국 언어학계는 이 현상을 해석하기 위해 수많은 연구를 했다. 연구 과정에서 한중 재귀대명사의 보편적 지시, 강조, 존경정도 표현 등 기능에 대한 연구는 소홀해졌다. 재귀대명사가 선행사 지시 기능을 할 때, 생명도가 지시대상 선택에 영향을 주지만 기존 연구의 이론은 주로 생성문법과 기능문법 영역에서 집중되어 있어서 이 부분에 대한 연구는 별로 많지 않았다.

우리는 기존 연구의 한계점에서 출발하여 한중 재귀대명사의 기능적 특징을 살펴보고 검증하겠다. 연구 범위에 넣은 한국어 재귀대명사는 '자기', '자신', '당신'과 '저(저희)'이고 중국어 재귀대명사는 '自己'이다. 우선 한중 소설 자료로 평행 텍스트를 구축하고 재귀대명사의 실제 기능 분포 양상을 고찰하겠다. 이를 기초로 한중 재귀대명사의 여러 가지 기능을 검증하고 대조분석을 하겠다. 언어 사실을 기술하는 동시에 생명도, 통시언어학과 텍스트언어학의 시각을 도입하여 일부분 언어현상에 대한 해석도 시도하였다. 예문의 설득력을 향상시키기 위해 본 논문은 소설과 말뭉치에서 추출된 문장을 예문으로 했다.

2) 한중 재귀대명사의 기능 분포 양상

한중 재귀대명사의 실제 기능 분포를 고찰하기 위해 한국어, 중국어 소설 각 2권과 이들의 평행 텍스트를 고찰하였다. 작가와 번역자의 언어 특징이 통계에 영향을 주지 않도록 작가와 번역자가 서로 다른 소설의 평행 텍스트 자료를 선택했다.

평행 텍스트는 아래와 같은 소설로 구성되고 평행 텍스트에서 나타난 재귀대명사를 대상으로 재귀대명사 기능에 대한 통계를 하였다.

(1) 위화 〈살아간다는 것〉　　　　(2) 모옌 〈개구리〉

(3) 공지영 〈우리들의 행복한 시간〉　　(4) 신경숙 〈엄마를 부탁해〉

(5) 余华 《活着》　　　　　　　　(6) 莫言 《蛙》

(7) 孔枝泳 《我们的幸福时光》　　(8) 申京淑 《妈妈你在哪里》

한국어 소설 4권에서 재귀대명사 용례 376개를 찾았다. 작품별로 위화 〈살아간다는 것〉에서 120개, 모옌 〈개구리〉에서 77개, 공지영 〈우리들의 행복한 시간〉에서 128개, 신경숙 〈엄마를 부탁해〉에서 51개가 확인되었다.

중국어 소설 4권에서 재귀대명사 용례 495개를 찾았다. 작품별로 余华 《活着》에서 117개, 莫言 《蛙》에서 73개, 孔枝泳 《我们的幸福时光》에서 154개, 申京淑 《妈妈你在哪里》에서 151개가 확인되었다.

이들의 기능분포는 아래 [그림 1], [그림 2]로 표기하였다.

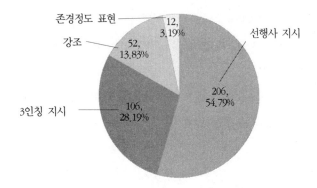

[그림 1] 한국어 소설 4권에서의 재귀대명사 기능 분포

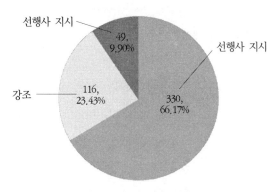

[그림 2] 중국어 소설 4권에서의 재귀대명사 기능 분포

한국어 재귀대명사의 기능이 상대적으로 다양하다. 강조와 문장에서의 선행사 지시뿐 만 아니라 문맥 또는 화맥에서의 3인칭 지시 그리고 존경정도의 표현도 한국어 재귀대명사의 기능이다. 평행테스트를 대상으로 통계한 결과, 문장에서의 선행사 지시, 문맥 또는 화맥에서의 3인칭 지시, 강조와 존경정도 표현 기능을 하는 재귀대명사는 각각 206개, 106개, 52개와 12개가 있고 54.79%, 28.19%, 13.83%와 3.19%를 차지한다. 모든 작품에서 각 기능이 차지하는 비례는 '문장에서의 선행사 지시>문맥 또는 화맥에

서 3인칭 지시>강조>존경' 순서로 나타난다. 공지영 〈우리들의 행복한 시간〉에서 존경정도 차이를 표현할 수 있는 재귀대명사 '당신'을 발견하지 못했다.

중국어 재귀대명사는 선행사 지시, 보편적 지시 및 강조 등 세 가지 기능이 있다. 평행 텍스트에 선행사 지시, 강조와 보편적 지시 기능을 하는 재귀대명사는 각각 330개, 116개와 49개가 있고 66.67%, 23.43%와 9.90%를 차지한다. 작가의 창작 스타일 그리고 번역자의 번역 책략에 따라 작품 별 기능 분포 양상이 차이는 있지만 모든 작품에서 재귀대명사의 가장 중요한 기능이 선행사 지시라는 사실이 확인되었다. 孔枝泳《我们的幸福时光》에서 보편적 지시 용례(29개)가 강조 용례(24개)보다 조금 많지만 나머지 작품 3권에서 강조 용례가 보편적 지시 용례보다 현저히 많이 나타난다. 余华《活着》에서 강조 용례와 보편적 지시 용례는 25: 6비례로 나오고 莫言《蛙》와 申京淑《妈妈你在哪里》에서 각각 29: 9와 38: 5로 나왔다.

분포 양상을 보면 '문장에서의 선행사 지시'는 한중 재귀대명사의 가장 전형적이고 중요한 기능이지만 실제 용례에서 다른 기능도 상당한 비례를 차지한다. 따라서 다른 기능에 대한 고찰도 필요하다.

3) 한국어 재귀대명사의 기능 검증

(1) 선행사 지시

가. 선행사 생명도의 제약

한국어 재귀대명사의 선행사가 반드시 [+생명도]이어야 하지만 각 재귀대명사가 지시대상 생명도에 대한 요구는 다르다.

생명도 등급은 실제 연구 수요와 연구대상의 특성에 따라 다시 세분할 수 있다.

한국어 재귀대명사에서 '당신'이 지시대상의 생명도에 대한 요구가 가장 엄격하다. '당신'의 지시대상은 고유명사와 호칭명사에 한정되어 있고 그 대상이 사람들의 보편적인 인지에서 존경해야 하는 대상이어야 한다.

'자기'와 '자신'은 지시대상 생명도에 대한 요구는 엄격하지 않다. 인칭명사, 고유명사, 호칭명사와 인간을 가리키는 보통명사 모두 '자기', '자신'의 선행대상이 될 수 있다. 일부분 문학 작품에서 소와 개 같은 생명도가 비교적으로 높은 동물명사도 '자기'와 '자신'의 선행사가 될 수 있다.

'저'는 일반적으로 동물, 식물 혹은 생명도가 낮은 인간명사를 지시할 때만 쓰이고 속담과 고정된 표현에서 많이 나타난다.

(1) 호랑이도 제 새끼를 귀여워할 줄 안다.

(2) 풀 한 포기도 제 자리가 있다.

(3) 중이 제 머리를 못 깎는다.

예문 (1)과 (2)에서 '저'의 선행사는 각각 동물인 호랑이와 식물인 풀이어서 생명도가 낮다. 예문 (3)에서의 주어인 '중'이 스님을 비하하는 말이다. 王珏(2004)의 생명도 등급에 따르면 인간명사의 생명도가 호칭명사와 동물명사 사이에 있는데 사실 인간명사 내부에도 생명도 차이가 있다. 비하된 대상을 가리키는 명사와 '깡패', '나쁜 놈' 같은 악칭 명사(惡称名词)의 생명도가 일반 인간명사보다 낮다. 따라서 예문 (3)에서 '자기' 혹은 '자신'이 아닌 '저'로 '중'을 다시 지시했다.

한국어 소설 4권에서 재귀대명사의 선행사가 [-생명도]인 예문을 단 한 문장만 발견했다.

(4) 강물이 내 동생을 삼킨 건 다른 생명으로 자기 생명을 보충해야 하기 때문이다.

예문 (4)에서 작가가 의인화 수법으로 '강물'에게 생명을 부여해서 문장은 문법적이다. 단순한 무정명사는 한국어 재귀대명사의 지시대상이 될 수 없고 '자체'와 공기해야 한다.

나. 선행사 결속의 특성

한국어에서 가장 자주 쓰이는 재귀대명사는 '자기'와 '자신'이다. '자기'와 '자신'이 선행사 지시 기능을 할 때 가장 큰 특징은 선행사 인칭에 대한 제약이다. '자기'는 3인칭 선행사만 지시할 수 있는 반면에 '자신'은 1, 2, 3인칭 선행사를 모두 지시할 수 있다.

(5) 나의 동생은 자기가 지금 함정에 빠져들고 있다는 것을 모르고...
(6) *나는 자기가 지금 함정에 빠져들고 있다는 것을 모르고...

예문 (5)에서 '자기'의 선행사가 3인칭인 '나의 동생'이어서 문법적이다. 그러나 (6)에서 1인칭 주어 '나'는 '자기'와 공기할 수 없기 때문에 문장이 비문이 된다. 이 경우에 '자신'으로 대체해야 한다. '자신'은 선행사 인칭에 대한 한계가 별로 없고 실제 언어자료에서 '자신'의 지시대상이 1, 2, 3인칭 NP인 예문을 모두 쉽게 찾을 수 있었다.

(7) 나중에 나는 생각했네, 스스로 자신을 위협할 필요는 없다.
(8) 당신은 아내를 잃고 자신의 빠른 걸음걸이를 생각할 때마다 가슴이 터질 듯했다.

(9) 외삼촌은 자신을 손가락으로 가리키며 농담처럼 말했다.

'자기'가 왜 3인칭 선행사만을 지시할 수 있는 문제에 대해서는 아래와 같은 두 가지 해석이 있다.

통시적으로 보면 중세한국어에 존경, 강조와 선행사 지시 기능을 가진 3인칭대명사 '자갸'가 존재했다. 16세기에 '자기'와 '당신'이 한자어로서 한 국어에 도입되었다. '자갸'의 존경 기능이 먼저 '당신'에 의해 대체되고 일반 대명사가 되었다. '자갸'와 '자기'는 한 동안 혼용되다가 '자기'에 완전히 대 체되었다. '자갸'가 원래 3인칭대명사 성격이 있는 단어이어서 '자갸'를 대 체하는 '자기'에도 3인칭대명사 특징이 어느 정도 보류되어 있다. 따라서 재귀대명사 '자기'는 3인칭 선행사만 지시할 수 있다.[13]

박진호(2007)은 재귀대명사의 생성동기 특징을 근거로 '자기'의 선행사 제약 특징을 살펴보았다. 그 논문에 따르면 재귀대명사의 생성동기는 재귀 적 상황 기술과 3인칭 중의성 해소 두 가지가 있다. '자기'의 생성동기가 3인칭 중의성 해소이기 때문에 1, 2인칭 선행사를 지시할 수 없다.

'당신'과 '저(저희)'는 사용빈도가 낮고 대부분 상황에서 '자기'처럼 3인칭 선행사만 지시할 수 있다.

(10) 회원들은 저희들끼리 뭉치기로 굳게 다짐하였다.

(11) ?우리들은 저희들끼리 뭉치기로 굳게 다짐하였다.

(12) 할아버지께서 당신의 장서를 소중히 다루셨다.

(13) *너희들은 당신의 장서를 소중히 다루었다.

---

13 이 부분은 양영희(2004)과 全东元(2007)를 참고했다.

예문 (10), (12)의 3인칭 선행사를 1, 2인칭 대명사로 바꾸면 문장이 어색해 지거나 비문이 된다.

주어와 다른 문장성분을 모두 지시할 수 있는 경우에 한국어 재귀대명사는 주어를 지시하는 경향을 보인다.

(14) 쑨광밍$_i$은 할아버지$_j$에게 자기$_i$가 식탁 다리를 잘라낼 수 있다는 걸 증명해 보이기 위해 마을의 목수를 찾아갔다.

예문 (14)에서 '자기'의 지시대상이 될 수 있는 성분은 주어 '쑨광밍'과 부사어 '할아버지' 두 개가 있다. 실제 언어자료를 보면 '자기'는 주어를 선행사로 선택했다.

문장에서 두 개 이상의 주어가 있는 경우에 '자기'와 '자신'의 결속 양상이 복잡하다. 장거리 결속과 국부 결속이 모두 가능해서 결속원칙 A를 위반한다.

(15) 녀석$_i$은 쑨유위엔$_j$이 자기$_{i/j}$ 힘을 의심하자 진짜 행동에 옮겨야겠다고 생각했다.

孙有元对他力气的怀疑，使他必须拿出真正的行动来了。

중국어 원작에서의 '他'는 한국어 번역본에서 '자기'로 번역되어 문장 주어인 '녀석'과 장거리 결속을 이룬다. 그러나 문맥이 없으면 '자기'와 내포문 주어인 '쑨유위엔'도 결속을 이룰 수 있다.

실제 언어자료에서 '자신'이 장거리 결속과 국부 결속을 이루는 예문도 모두 발견되었다.

(16) 엄마ᵢ는 내ⱼ가 어떻게 자신ᵢ의 생일을 망쳤는지 오빠들에게 설명하였다.

妈妈向哥哥们控诉我如何搞砸了她的生日。

(17) 나ᵢ는 물쇠ⱼ가 자신ⱼ에게 닥쳐올 운명을 모른다고 생각했다.

我认为水牛不知道自己的命运。

예문 (16)에서 '자신'은 '엄마'와 장거리 결속을 이루는데 중국어로 번역할 때 번역자는 중의성을 해소하기 위해 '자기'를 '她'로 번역했다. 예문 (17)을 보면 한국어 번역문과 중국어 원작에서 재귀대명사가 모두 국부 결속을 이룬다.

'자기'와 '자신'의 결속 경향에 대한 분석이 많지만 의견이 일치하지 않다. 한송화(2013)과 이은수(2015)는 '자기'가 장거리 결속을 선호하고 '자신'이 장거리와 국부 결속 모두 가능하지만 국부 결속을 더 선호한다고 주장한다. 정연창(2003)은 재귀대명사의 결속대상이 화용적 요건에 따라 결정된 것이라고 주장한다. 강범모(1998)에서 저자가 말뭉치에서 '자기를'와 '자신을'의 용례를 검색했는데 '자기'의 선행사가 장거리와 국부 어느 쪽으로 치우쳐서 사용되지 않고 '자신을'은 국부 결속을 더욱 선호한다는 결론을 내렸다.

'당신'과 '저(저희)'는 특수한 의미자질 때문에 문장에서 중의성이 거의 없다.

수집된 한국어 언어자료에서도 역행 재귀대명사를 발견했는데 대표적인 예문은 다음과 같다.

(18) 자신까지 다섯 식구의 밥상 차리는 일이 여동생의 손에 달려 있었다.

예문에서 재귀대명사 '자신'이 지시대상인 '여동생'보다 먼저 나오고 문맥이 없으면 중의성도 보인다. 한국어 소설에 이런 역행 재귀대명사가 존재하지만 많지 않다.

(2) 3인칭 지시

일부 상황에서 '자기'와 '자신'의 지시대상이 문장 안에 없고 문맥 또는 화맥에서 찾아야 한다. 이런 문맥 또는 화맥에 있는 지시대상은 다시 특정한 지시대상과 부정(不定)한 지시대상으로 나눌 수 있다.

우선 재귀대명사 지시대상이 문맥 또는 화맥에 있는 특정한 대상인 경우를 살펴보겠다.

(19) 직접 물어보세요! 자기가 무슨 일을 했는지!

(20) 자기가 뭔데 나서?

(21) 도대체 자신이 이야기를 건네는 사람이 누구인지, 그 대상이 지금 자기와 말하고 싶어하는지 그런 건 안중에 없는 것 같았다.

예문 (19)와 (20)은 화맥에서 추출된 문장이다. 재귀대명사 '자기'의 지시대상은 문장 밖에 있을 뿐만 아니라 화자와 청자가 아닌 화맥에서 이미 언급된 제3자이다. 예문 (21)이 소설 문맥에서 추출된 문장인데 문맥을 보면 소설 주인공이 혼잣말을 계속 하는 한 여자의 모습을 기술하고 있었다. '자신'의 지시대상은 소설 앞부분에서 이미 언급된 한 여자이다.

아래와 같은 두 가지 시각으로 이런 현상을 해석할 수 있다.

첫째는 텍스트언어학 시각이다. 지시대상이 문맥 또는 화맥에 있다는 현상은 원래 문장에서 나타나야 하는 지시대상이 생략되었다고 이해할 수 있다. 이런 상황은 영형 대명사(零型回指)를 사용했다는 것으로 간주할 수 있는데 屈承熹(2006)에 따르면 텍스트에서 영형 대명사를 사용하는 원인 중의 하나는 추정하기 쉬운 지시대상을 도입하기 위해서이다. 문맥 또는 화맥에서 이미 언급된 대상이 추정하기 쉽다는 요구에 부합되고 한국어는 주어 생략 현상이 활발히 이루어지는 언어이어서 지시대상이 문맥 또는 화맥에 있는 이미 언급된 제3자인 재귀대명사 용례가 나타난 것이다.

둘째는 통시언어학 시각이다. 양영희(2004)에 따르면 중세한국어에 지시대상이 문맥 또는 화맥에 있는 재귀대명사 용례가 많았다. 그 당시에 재귀대명사는 단독적으로 문장 주어 위치에 나타날 수 있고 지시대상이 문맥에서 이미 나타난 제3자인 경우가 대부분이었다. 이런 특성이 현대한국어에 남아 있어서 위에서 논의된 예문이 나타났다. 양영희를 비롯한 일부 학자는 이 사실을 근거로 중세한국어에서 재귀대명사로 인식되어 온 '자갸' 등 일부 단어가 재귀적 기능을 가진 3인칭대명사에 불과하다고 주장한다.

다음에 재귀대명사 지시대상이 문맥 또는 화맥에 있는 부정(不定)한 대상인 경우를 살펴보겠다. 지시대상이 문맥 또는 화맥에 있는 부정(不定)한 대상인 경우에 재귀대명사는 사실상 보편적 지시 기능을 한다.

(22) 자기 일은 스스로 하자.

(23) 자기에 대한 확신이 있는 사람은 성공하기 마련이다. (모두 양영희 (2004)에서 인용)

예문 (22)와 (23)에서 '자기'의 지시대상은 세상 모든 사람이니까 문맥에서의 부정(不定)한 3인칭이라고 간주할 수 있다.

문맥 또는 화맥에서의 3인칭을 지시하는 경우에 '자기'와 '자신'의 용례만이 발견되고 '당신'과 '저(저희)'는 이런 기능이 없다고 판단된다.

(3) 강조

일부분 언어에서 재귀대명사는 강조 기능도 있다. Konig & Siemund (2013)에서의 조사 결과에 따르면 조사된 언어에서 재귀대명사와 강조대명사가 같은 형태인 언어가 56% 정도를 차지한다고 보고되었다(168가지 언어 중에서 94가지). 한국어, 중국어, 영어는 재귀대명사와 강조대명사가 형태를 공유하는 대표적인 언어이고 독일어에서 재귀대명사와 강조대명사는 각각 'sich'와 'selbst'이기 때문에 양자 형태가 다른 대표적인 언어이다.

재귀대명사의 강조 기능은 중세한국어에서 이미 나타났다. 일부 예문을 현대한국어로 번역하면 다음과 같다.

(24) 미륵 자신도 그것을 몰랐다.

(25) 미륵보살 자기도 모르셔서…

(26) 부처가 자기 할 일이 없으시니라.

위 예문에서 '자기'와 '자신'이 주어인 '미륵보살'을 강조하는데 이 경우에 재귀대명사를 생략해도 의미 변화가 없다. 현대한국어의 재귀대명사에서 '자신'만이 'NP+자신' 형식으로 강조 기능을 할 수 있다. 실제 언어자료에서 '나 자신'뿐만 아니라 '저 자신', '우리 자신', '당신 자신', '엄마 자신' 등 표현도 발견되었다. 일부 학자가 '자기 자신'을 재귀대명사의 한 가지로 간주하지만 우리는 그 표현을 '자기'의 강조된 형식이라고 주장한다.

(27) 내가 사랑하는 건 나 자신이라고요.

(28) 남이든 자기 자신이든 바라봐야 하고, 느껴야 하고, 이해해야 한다.

(29) 엄마는 그가 하고 싶은 것을 하지 못하게 한 게 엄마 자신이라고 여기며…

예문 (27)-(29)을 보면 인칭대명사, 재귀대명사 '자기'와 '엄마' 같은 호칭명사 모두 '자신'과의 공기를 통해 강조될 수 있다.

강조 기능을 하는 '자신'의 생략은 수의적인 것이 아니다. 강조된 대상이 앞부분에서 이미 나타났으면 '자신'의 생략은 불가능하다.

　　*내가 사랑하는 건 나라고요.
　　남이든 자기든 바라봐야 하고, 느껴야 하고, 이해해야 한다.

예문 (30)에서 강조된 대상인 '나'는 문장 앞부분에서 이미 나타나서 '자신'이 생략되면 비문이 된다. 예문 (31)에서 강조된 '자기'는 문장 앞부분에서 나타나지 않기 때문에 '자신'이 생략되어도 문법에 맞는 문장이다.

'자기', '당신'과 '저(저희)'는 강조 기능이 없다. '할아버지' 같이 존경해야 하는 대상을 강조할 때도 '할아버지 자신'이라는 표현을 사용해야 하고 '할아버지 당신'이 문법에 맞지 않는 표현이다.

(4) 존경정도 표현

한국어의 재귀대명사의 존경정도 표현은 다른 언어에서 보기 드문 기능이다. '당신'이 존경 정도가 가장 높은 재귀대명사이다. '자기'와 '자신'은 존경해야 하는 대상과 보통 대상을 두루 지시할 수 있다. '저(저희)'는 존경정도가 낮거나 경시된 선행대상을 지시할 때 더 많이 쓰인다.

　　(32) 고모는 당신이 신던 구두 한 켤레를 룸메이에게 빌려 주었어요.
　　(33) 아버지는 당신 방에서 손님을 맞으셨다.
　　(34) 어머니는 그 순간까지도 당신 자식에 가슴 아파하면서...

위 예문처럼 '당신'은 '고모', '아버지'와 '어머니' 같은 존경해야 하는 선행 대상을 지시할 때만 쓰이는 재귀대명사이다. 그러나 '당신'의 사용은 수의 적이고 존경해야 하는 선행대상을 지시할 때 반드시 '당신'을 사용하지 않는다. 실제 언어자료에서 '자기'와 '자신'으로 존경해야 하는 대상을 지시하는 용례를 많이 발견했다. 신경숙의 〈엄마를 부탁해〉에서 '아버지'를 '당신'으로, '어머니'를 '자신'으로 지시하는 문장이 나타나고 공지영의 〈우리들의 행복한 시간〉에서 '엄마'와 '고모' 같이 존경해야 하는 선행사를 지시할 때 작가는 '당신'을 하나도 사용하지 않았고 작품에서 재귀 대명사로서의 '당신' 용례를 발견하지 못했다.

(35) 할아버지는 자신을 세상에서 완전히 사라지게 할 방법을 찾지 못했다.
(36) 아버지가 당신이 서울에 있다 한들 아무 도움이 되지 않는다고 했다.
(37) 엄마는 자꾸 자신의 국밥에 든 쇠고기를 떠 옮겼다.

위 예문에서 '할아버지'와 '엄마'는 존경해야 하는 대상이지만 '자신'으로 지시되었다. '당신'의 사용 여부는 선행대상에 대한 화자의 감정과 태도 그리고 개인적인 언어 습관에 달려 있다. 공지영의 〈우리들의 행복한 시간〉에 '당신'의 존경 용례가 하나도 발견되지 않은 반면에 백원담이 번역한 〈살아간다는 것〉에서 '당신'의 존경 용례가 많이 확인되었다.
'제 갈 길', '제 입으로', '제멋대로'와 '제 몸' 같은 고정된 형식을 제외한 경우에 '저'와 '저희'는 존경정도가 낮거나 경시된 대상을 지시하는 데 더 많이 쓰인다.

(38) 도둑이 제 발 저리다.
(39) 중이 제 머리를 못 깎는다.

예문 (38)과 (39)을 다시 살펴보면 '저'의 선행사인 '도둑'과 '중'은 존경정도가 낮은 악칭 명사와 비속어이다.

그러므로 한국어 재귀대명사의 존경정도는 '당신>자기/자신>저(저희)'로 배열할 수 있다.

4) 중국어 재귀대명사의 기능 검증

(1) 선행사 지시

가. 선행사 생명도의 제약

여러 문장성분을 담당할 때 중국어 재귀대명사 '自己'는 선행 지시대상에 대한 큰 제약이 없다. [+생명도] NP와 [-생명도] NP는 모두 '自己'의 선행사가 될 수 있다. 북경대학교 CCL 말뭉치에서 찾은 선행사가 [-생명도]인 예문은 아래와 같다.

    (40) 有泥也不擦，等泥片自己掉下去。
    (41) 每门学科都有自己的研究对象。
    (42) 导致经济欠发达地区脱离自己的特点和需求。

'自己'의 선행사가 [-생명도] 대상인 문장을 살펴보면 문체에 대한 선호가 보인다. 한국어 소설 자료에서 예문 (40)-(42) 같은 문장을 발견하지 못했다. 북경대학교 CCL말뭉치에서 검색한 결과 '自己'의 선행사가 [-생명도] 대상인 예문이 있지만 수량 면에서 선행사가 [+생명도] 대상인 예문보다 적고 대부분은 신문기사, 교과서 혹은 보고서 등 문어체 성격이 강한 자료에서 추출된 문장이다. 그리고 지시대상이 [-생명도]일 때 '自己'는 문장에서 대체적으로 관형어와 부사어 역할을 한다.

나. 선행사 결속의 특성

선행사 지시는 '自己'를 포함한 모든 재귀대명사의 가장 중요한 기능이다. 재귀대명사가 단일문 목적어 위치에서 나타날 때 가장 전형적인 선행사 지시 기능을 한다.

(43) 家珍还是常常宽慰自己。

예문 (43)에서 재귀대명사 '自己'의 지시대상은 앞에서 나온 주어 '家珍'이다. 문장에서 지시가 가능한 대상이 두 개 이상이 있을 때 "自己"는 주어를 지시하는 경향이 있다.[14] 程工(1994) 등 논문에서 이런 경향은 주어지향성(主语倾向性)이라고 한다.

(44) 孙光明i为了向祖父j证明自己i/j能锯掉桌子腿, 向村里的木匠走去.

예문 (44)에서 '自己'는 주어 '孙光明'을 지시할 수 있고 '祖父'를 지시할 수도 있다. 그러나 '孙光明'이 주어이어서 '祖父'보다 '自己'와 결속하는 경향이 더 강하게 나타난다. 실제 작품에서도 '自己'의 지시대상이 주어 '孙光明'이다.

주어가 두 개 이상이 있을 때 '自己'는 장거리 결속과 국부 결속이 모두

---

14 程工(1994)에서 중국어 재귀대명사 "自己"의 지시특성에 대해 아래와 같이 지적했다.
영어 재귀대명사가 선행사 지시 기능을 할 때 선행사의 문법적인 위치는 영향을 주지 않는다. 그러나 중국어 재귀대명사 "自己"는 주어를 선행사로 선택하는 경향이 있다. 문헌에서 이것은 주어지향성(subject orientation)이라고 한다.

가능하다.

(45) 他i说当时阿姨j哭着喊着求他们放了自己i/j。

문맥이 없는 경우에 위 문장에서 '自己'의 지시 대상이 '他'인지 '阿姨'인지 알 수 없다. 어감으로 판단하면 '自己'는 '阿姨'를 지시해서 국부결속을 하는 경향이 더 강한 것 같지만 실제 작품에서 '自己'는 '他'와 장거리 결속을 이룬다. 예문 (45)는 중국어에서 문법에 맞는 문장이지만 Chomsky 결속이론에 따르면 잘못된 문장이다.

결속원칙A: 조응사(재귀대명사, 상호대명사 등)는 관할 영역에서 결속을 받는다.

결속원칙A에 따르면 예문 (45)에서 '自己'는 '阿姨'와의 국부결속만 할 수 있다. 이 원칙은 영어 -self류 재귀대명사에 잘 적용되지만 중국어 재귀대명사의 결속 양상을 설명하는 데 한계가 있다. 그 원인은 '自己'가 -self류처럼 단순한 재귀대명사가 아니기 때문이다.

자료에 따르면 고대중국어에서 '自'와 '己'는 다른 단어였고 삼국시기부터 융합되기 시작했다고 했다. 처음에 '自己'와 '己自' 두 가지 형식이 존재했지만 나중에 '自己'만 남았다. 董秀芳(2002)에 따르면 고대중국어에서 '自'는 조응과 강조 두 가지 용법이 있었다. 강조 기능을 하는 경우에 '自'는 부사어 위치에 나타나고 조응 기능을 할 때 목적어 위치에서 나타난다. 董秀芳(2002)에서의 예문은 아래와 같다.

(46) 我将自往请之。

(47) 夫久结难连兵,中外之国将何以自宁?

예문 (46)에서 '自'는 동사 '往' 앞에서 나타나 강조 기능을 하는 부사어에 해당한다. 뜻은 '스스로' 혹은 '몸소'이다. 예문 (47)에서 '宁'은 사동용법인 데 '안정시키다'라는 뜻이다. '自'는 목적어로서 선행사 '中外之国'와 조응하여 '自宁'은 '자기를 진정시키다'로 해석된다.

'己'도 목적어 위치에서 나타날 수 있는데 이때는 조응사가 아니라 대명사이다. 예문은 다음과 같다.

(48) 陈余怨项羽弗王己也。

예문 (48)에서 '己'의 선행사는 '陈余'인데 이 문장은 조응사에 적용된 Chomsky 결속원칙A를 위반하고 오히려 대명사에 적용된 결속원칙B와 일치한다. 결속이론B에 의하면 대명사의 결속 양상이 자유스럽고 장거리 결속도 가능하다.

결속원칙B: 대명사는 관할 영역에서 자유스럽다.

동사와 결합할 때 '自己'가 나타나는 위치와 결속범위에 근거해서 董秀芳 (2002)는 '自己'의 융합이 '己'를 중심으로 진행된 것이라고 추정했다.
程工(1994)에서 영어 -self류 재귀대명사는 강조대명사에서 기원되어서 어원과 기능이 비교적 단순하고 명확한 반면에 대명사 '己'의 영향을 받아서 중국어 재귀대명사 '自己'는 일정한 대명사 성격이 있다고 지적했다. 程工(1999)도 같은 맥락에서 '自己'의 대명사 성격을 다시 한 번 강조했다.
'自己'는 조응사와 대명사가 융합된 결과이어서 결속이론A와 결속이론B

의 이중적 영향을 받고 장거리 결속과 국부 결속이 모두 가능하다.

대부분 예문에서의 '自己'는 순행 재귀대명사인데 실제 언어자료에서 역행 재귀대명사 용례도 발견되었다.

(49) 想想自己也是过分，我儿子的心叫我给伤透了。
(50) 每当自己有这种念头的时候，我就会想起妈妈。

예문 (49), (50)에서의 '自己'는 역행 재귀대명사이다. 지시대상인 '我'는 오히려 재귀대명사 '自己'의 뒤에 나타난다. 순행 재귀대명사보다 역행 재귀대명사는 유표적이고 출현빈도가 낮다.

실제 언어자료에서 선행사가 문장 안에 없고 문맥에 있는 예문을 발견했지만 수량이 아주 적고 비전형적인 용법이다.

(51) 别管别人了，想想自己的事情吧。
(52) 现在回想起来，再说自己当时有多愚蠢又有什么用。

앞부분에서 언급했듯이 한국어 소설에서도 지시대상이 문맥 혹은 화맥에 있는 용례를 발견했다. 그러나 여기서 논의되는 용례는 좀 다르다. 우선 한국어 언어자료에서 지시대상을 문맥 또는 화맥에서 찾아야 하는 재귀대명사 용례는 상당히 많은 반면에 중국어 자료에서 이런 용례는 아주 적고 비전형적이다. 그리고 한국어에서 문맥 또는 화맥에 있는 지시대상은 대부분 경우에 화자, 청자 혹은 서술자가 아닌 제3자이다. 이와 달리 예문 (51), (52)처럼 중국어에서의 이런 용례는 지시대상이 화맥에서의 청자, 즉 2인칭인 경우가 많다. 예문 (51), (52)는 소설 대화 부분에서 나온 문장이다. 여기서 '自己'는 보편적 지시 용법이 아니고 여전히 선행사 지시 용법이다.

다만 지시대상이 문장 밖에서의 화맥에서 나타난다.

다. 강조

'自己'는 선행사를 지시하는 기능 외에 강조 기능도 있다. '自己'는 '自'와 '己'가 융합되어서 나타난 단어인데 董秀芳(2002)에 따르면 고대중국어에서 '自'는 강조와 조응 두 가지 기능이 있고 '己'는 대명사였다. 따라서 '自己'의 강조적 기능은 고대중국어의 '自'에서 계승된 것이다.

'自己'는 강조될 NP와 결합해서 'NP+自己' 같은 형식으로 강조 기능을 할 수 있다.

    (53) 你问问她自己, 她干了些什么事？

    (54) 你问问她, 她干了些什么事？

    (55) 我失望, 不是因为那个人, 而是因为我自己。

    (56) *我失望, 不是因为那个人, 而是因为我。

    (57) 我失望, 不是因为那个人, 而是因为自己。

예문 (53)과 (55)에서 '她自己'와 '我自己' 모두 재귀대명사가 강조적 기능을 하는 예문인데 차이가 좀 있다. '她自己'에서 '自己'가 생략되어도 예문 (54)가 문법적인 문장이지만 '我自己'에서 '自己'의 생략이 불가능하고 오히려 '我'가 생략될 수 있다. 한국어 재귀대명사 '자신'처럼 강조된 대상이 이미 나왔는지에 따라 강조 기능을 하는 '自己'의 생략 가능 여부가 결정된다.

    (58) 她想想她自己, 又想想别人……

    (59) 她想想自己, 又想想别人……

    (60) *她想想她, 又想想别人……

예문 (53)과 똑같은 '她自己'이지만 예문 (58)에서 '她'가 이미 주어 위치에서 나타나서 '自己'의 생략이 불가능하다.

일부분 경우에 '自己'가 부사어 위치에 단독적으로 나타나서 강조적 기능을 할 수 있다. 아래의 예문에서 볼 수 있다.

(61) 妈妈为什么把我们丢在这里自己跑掉。

(62) 妈妈为什么把我们丢在这里跑掉。

예문 (61)에서의 '自己'가 생략되어도 문장이 문법적이다. 여기서 '自己'는 '다른 사람 없이 혼자'라는 의미를 강조하기 위해 첨가된 부사어인데 생략이 문법적으로는 수의적이고 화용적으로는 차이가 좀 있다.

'自己'가 강조 기능을 할 때 [-생명도] NP와 공기할 수 없고 [-생명도] NP의 강조는 보통 '本身'으로 실현된다.

(63) 这些要素本身是随着历史条件和现实选择而变化的。

(64) *这些要素自己是随着历史条件和现实选择而变化的。

위 예문에서 '要素'가 [-생명도]이기 때문에 강조될 때 '自己'와 공기하지 못하고 '本身'와 공기해야 한다.

라. 보편적 지시

선행사 지시와 강조 기능 외에 중국어 재귀대명사는 보편적 지시 기능도 있다. 보편적 지시는 중국어 재귀대명사의 세 가지 기능에서 출현빈도가 가장 낮은 기능이고 실현 양상도 간단하다.

(65) 人都是一样的, 轮到自己掏钱了就……

(39) 每门学科都有自己的研究对象。

예문 (65)에서 '自己'는 세상 모든 인간을 두루 가리키는 역할을 한다. 그리고 앞부분에서 이미 나타난 예문 (39)를 보면 [-생명도] 명사도 '自己'로 보편적인 지시를 받을 수 있다. 보편적 지시 기능을 할 때 '自己'는 보통 단독적으로 쓰이거나 '自己+NP' 명사구로 나타난다.

중국어에 '自己的NP自己V'라는 고정된 문형이 있는데 이 문형에서 관형어와 부사어로서의 '自己'도 보편적 지시 기능을 한다.

(66) 自己的事情自己做。

위 예문은 대중에게 호소하는 말투이기 때문에 '自己'가 모든 사람을 보편적으로 가리키는 기능을 한다.

지금까지 논의를 정리하면 아래와 같다.

한국어 재귀대명사의 기능은 문장에서의 선행사 지시, 문맥 또는 화맥에서의 3인칭 지시, 강조와 존경정도 표현 네 가지로 나눌 수 있고 중국어 재귀대명사의 기능은 선행사 지시, 강조와 보편적 지시 세 가지로 나눌 수 있다. 평행 텍스트에서 나타난 재귀대명사 용례를 대상으로 통계한 결과, 문장에서의 선행사 지시는 한중 재귀대명사의 가장 중요한 기능이다. 그러나 다른 기능도 30~40% 정도 차지해서 연구할 필요가 있다.

NP가 [-생명도]인지 [+생명도]인지 상관없이 '自己'의 선행사가 될 수 있다. [-생명도] 선행사는 신문기사와 교과서 같은 문어체 성격이 강한 문체에서 더 많고 자연스럽게 나타난다. 한국어 재귀대명사의 선행사는 반드시

[+생명도]이어야 한다. 각 재귀대명사마다 선행사 생명도 강약에 대한 요구가 다르다. [-생명도] 선행사는 의인화 수법으로 처리되지 않으면 '자체'로만 다시 지시할 수 있다.

한국어 재귀대명사가 문장에서 선행사 지시를 할 때 가장 큰 특징은 선행사 인칭에 대한 제약이다. '자기'는 3인칭 선행사만 지시할 수 있고 '당신'과 '저(저희)'도 각자의 의미자질 때문에 일반적으로 3인칭 선행사와 결속한다. '자신'은 선행사에 대한 특별한 제약이 없다. '자기'가 3인칭 대상만 선행사로 선택한다는 현상은 통시적인 시각으로 해석할 수 있다. 한국어 재귀대명사는 주어지향성을 보이고 장거리 결속과 국부 결속이 모두 가능하다. 기존연구에 따르면 '자신'은 장거리 결속보다 국부 결속을 더 선호하고 '자기'는 두 가지 결속 형식에 대한 특별한 선호를 보이지 않고 굳이 따지자면 장거리 결속 용례가 미약해 보인다. 그리고 '自己'처럼 한국어 언어자료에서도 많지 않은 역행 재귀대명사 용례가 발견되었다.

문맥 또는 화맥에 있는 특정한 3인칭 지시는 한국어 재귀대명사의 특수한 기능이고 실제 언어자료에서 용례가 많이 나타난다. 텍스트언어학 시각으로 보면 이런 현상을 영형 대명사(零型回指) 사용으로 볼 수 있는데 선행사를 추정하기 쉬우므로 생략되었다고 해석할 수 있다. 통시적인 시각으로도 이 현상을 해석할 수 있다. 문맥 또는 화맥에 있는 부정한 3인칭 지시는 '自己'의 보편적 지시와 비슷한데 이 기능을 할 때 보통 '자기'와 '자신'을 사용하고 '당신'과 '저(저희)'를 사용하기 어렵다.

중세한국어에서 '자갸', '자기'와 '자신' 등이 강조 기능이 있지만 현대한국어 재귀대명사에서 '자신'만이 강조 기능이 있다. 강조 기능을 할 때 '자신'이 항상 'NP+자신'이라는 형식으로 나타나는데 인칭대명사, 호칭명사, 보통인간명사와 '자기' 등이 그 구조의 NP 위치에 나타날 수 있다. 우리는 '자기자신'을 재귀대명사로 보지 않고 '자기'의 강조된 형식으로 본다.

존경정도 차이의 표현도 한국어 재귀대명사의 특수한 기능이다. 한국어 재귀대명사를 존경정도의 높낮음에 따라 배열하면 '당신>자기/자신>저(저희)'라는 순서이다. '당신'의 존경정도가 가장 높다. 실제 언어자료에서의 용례를 확인한 결과, 존경해야 하는 대상을 지시할 때 반드시 '당신'을 사용하는 것이 아니다. '당신'의 사용 여부는 지시대상에 대한 화자/서술자의 감정과 태도에 달려 있고 개인적인 언어 습관도 이에 영향을 준다. '자기'와 '자신'은 존경해야 하는 대상과 일반적인 대상을 두루 지시할 수 있고 '저(저희)'는 존경정도가 낮거나 경시된 대상을 지시할 때 더 많이 쓰인다.

　선행사를 지시할 때 중국어 재귀대명사 '自己'는 한국어 재귀대명사와 마찬가지로 주어지향성이 있고 장거리 결속과 국부 결속이 모두 가능하다. 이런 결속 특성이 Chomsky 결속원칙A에 어긋나지만 고대중국어 단어 '己'의 대명사 성격이 '自己'에 남아 있기 때문이다. '自己'의 예문에서 재귀대명사가 지시대상보다 먼저 나타나는 역행 재귀대명사 용법을 발견했지만 수량이 많지 않다.

　'自己'는 보통 'NP+自己'라는 형식으로 강조 기능을 하는데 인칭대명사, 호칭명사, 고유명사와 사람을 가리키는 보통명사 모두 이 형식에서의 NP위치에 나타날 수 있고 강조가 될 수 있다. 강조될 대상이 문장 앞부분에서 이미 나왔는지에 따라 'NP+自己'에서 '自己' 생략의 가능 여부가 결정된다. 강조될 대상이 문장 내부에서 이미 나왔으면 '自己'의 생략이 불가하고 나오지 않으면 '自己'의 생략이 가능하다. 경우에 따라 '自己'가 단독적으로 문장의 부사어 위치에 나타나서 강조 기능을 하기도 한다. [-생명되] 대상은 '自己'로 강조하기 어렵고 '本身' 같은 단어를 사용해야 한다.

　보편적 지시 기능은 '自己'의 세 가지에서 사용빈도가 가장 낮은 기능이다. 보편적 지시를 할 때 '自己'는 보통 단독적으로 쓰이거나 '自己+NP' 명사구로 나타난다. [-생명되] 대상도 '自己'의 보편적 지시 대상이 될 수 있다.

생명도 확대 등급과 한국어 복수 표지

1) 서론

복수 표시에 대한 연구는 언어 본체론에서는 풍부하게 이루어졌지만, 범언어 간 대조 연구는 최근 중한, 영한, 한영의 대조가 몇 편 있을 뿐 많지 않았다. 예를 들면, Cui Jian(2009)는 구문 위치, 진실 의미 체계, 복수 표시 자체의 기능 등의 관점에서 중국어와 한국어 수 표기의 차이를 관찰하고 중국어 복수 표기의 사용은 구문 위치와 진리값 의미 조건의 교차 영향을 받으며 한국어는 주요하게 후자의 영향을 받는다는 것을 지적하였다. 方喜玉(2010)에서는 중국어의 접미사 "们"과 한국어의 접미사 "들"의 음절, 의미, 구문, 단어형성 등 네 개 측면에서 대조하였다. 金忠实(2011)에서는 중국어 복수표기를 인칭대명사 뒤에 붙는 접미사 복수표기 '们 1'과 한국어 복수 표기 '들[deul]1' 명사 뒤에 붙는 복수표기를 '们 2'와 '들[deul] 2'로 나누고 한정을 나타내는 복수표기를 '们 3'으로 하였다. 그리고 두 언어에서 복수표기가 구문과 화용상에서 기능의 같은 점과 다른 점을 제시하였다. 扬石乔(2009)에서는 화용적 측면에서 영어와 중국어의 1인칭 지시어 복수 표기성의 사용법이 나타나는 화용적 기능에 대해 탐색을 하였다. 이상의 범언어적인 복수표기의 대조 연구를 살펴보면 아래와 같은 세 가지 경향을 보였다.

첫째는 연구의 내용면에서 통사, 의미 등 언어의 특정된 구조 혹은 형식에만 집중되었고 화용적 측면에서의 연구는 적었다.

둘째는 연구범위에서 인칭대명사의 연구와 수범주에 교차적인 연구에 무게를 두었고 명사의 복수표기 연구는 가볍게 다루어졌고 독립된 범주로 다루지 않았다.

셋째는 연구방법에서 공시적인 연구에만 집중되었다.

본문은 앞선 연구를 바탕으로 확대 생명도 등급의 이론을 배경으로 하여 말뭉치에 대해 공시적인 시각에서 분석을 할 것이며 또한 생명과 언어의 변화와 상관되는 통시적인 관찰도 하여 생명도가 복수표기에 어떻게 반영되는지에 대해 살펴볼 것이며 복수표기 체계의 전반적인 특징 및 복수표기가 언어 유형론상에서의 보편성과 특수성을 제시할 것이다.

2) 생명도 변인이 복수표기에 주는 영향

Croft(2009)는 확대생명도 등급은 인칭, 한정, 그리고 엄격한 의미에서는 생명도를 포함하고 있다고 지적하였다. 언어학 개념의 인칭 등급은 1, 2<3 이다. 즉 생명도 등급의 서열은 화자/청자>3인칭 대명사>사람을 가리키는 고유명사>사람을 나타내는 보통명사>기타 생명도 명사>무생명사이다. 그러나 수범주의 시각에서 말하면 1인칭<2인칭<3인칭이다. 그리고 예의원칙 등급은 2<3<1의 등급이다. 복수 표기는 일반적으로 인칭대명사와 명사에 나타난다. 아래 우리는 중국어 인칭의 복수표기와 한국어 인칭의 복수표기 그리고 중국어와 한국어의 명사 복수표기에 대하여 나누어 토론하겠다.

(1) 인칭대명사의 복수 표기

인칭 대명사는 기본 어휘에 속하며 개방 체계가 아니라 닫힌 체계의 어휘이다. 중국어 인칭 대명사에는 1인칭대명사 我, 2인칭 대명사 你, 그리고 2인칭 대명사의 존칭 您이 있다. 3인칭 대명사에는 他가 있고 재귀대명사에는 自己[15]가 있다. 한국어의 인칭대명사에는 네 가지가 있다. 즉 1인칭대명사(나[nal), 2인칭 대명사(너[nə]/당신[taŋsin]), 3인칭대명사(그[kil) 및 재귀대명사(자신/자기[casin/zagi][16])와 존경을 나타내는 3인칭 재귀대명사(당신[taŋsin])이 있었다. 중국어와 한국어 인칭 대명사의 복수표기는 '们'과 '들[deul]'이 있는데 아래와 같다.

중국어: 我-们, 他-们, 你-们, 您-们, 自己-们

한국어: 우리[uri](我们), 그들[geudeul](他们), 너들[neodeul](你们)

자신들[jasindeul], 당신들[dangsindeul]

중국어는 인칭대명사 '我, 他, 你'뒤에 복수표기 '们'을 붙여서 복수를 나타낸다. '您'뒤에 '们'을 써서 복수를 나타내는 문제에 대하여 杜永道(2009)에서는 인터넷검색을 통하여 "您们"을 쓴 용례 300만 넘게 집계하였다. 이러한 언어 사실은 "您们"의 사용은 상당히 많이 나타나는 현상이라고 보았다. 하지만 재귀대명사 '自己'는 복수표기를 쓰면 자연스럽지 못하였다. 재귀대명사 '自己'의 지시대상은 때로는 '나'도 되고, 또 때로는 '그'도 되고 '너'도 될 수 있는데 이 때는 '나 자신, 너 자신, 그 자신'으로 말할 수 있고 복수표기를 써서 '他们自己' 또는 '你们自己'로도 쓸 수 있다. '我'를 지칭할 때는 '我自己'라고 말하고 "他自己们, 你自己们, 我自己们"이라고 말하지 않는다. 한국어의 인칭대명사는 1인칭을 제외하고 모두 뒤에 복수표기를 쓸 수 있다. 예를 들면 '너들[neodeul]', '그들[geudeul]', '당신들[taŋsintil]', '자신들[jasindeul]' 등이다. 1인칭 '나[na]' 뒤에 복수표기 '들[deul]'을 쓰지 않는다.(*나들[natil]), 1인칭의 복수 표기는 단어의 형식으로 복수의 의미를 나타낸다.(우리[uri](我们)) 李基文(2006: 156-157)에서는 이러한 방법을

---

15 维基백과서에는 '자기'를 '自己'라 하고 한국어에서는 '자기'를 재귀대명사로고 하였다. 우리는 대조의 편리를 위하여 중국어의 '自己'를 단독으로 재귀인칭대명사로 하겠다.

16 자신/자기의 한자어는 自身/自己이다.

"보충법"이라고 하였다. 이외 존경을 나타내는 3인칭의 재귀대명사 '당신 [taŋsin]'뒤에도 복수표기를 쓸 수 있었다. 한국어의 복수표기는 "들[deul]" 외에도 '희[hui]', '네[ne]' 등이 있다. '네[ne]'는 복수의미를 나타낼 뿐만 아 니라 무리, 단체 또는 집 등 여러 의미를 나타내기도 하였다. '네[ne]', '희 [hui]'는 '들[deul]'과 함께 쓸 수 있다. 그러나 모든 '네[ne]', '희[hui]'가 '들 [deul]'과 함께 쓰이는 것은 아니다. 왜냐하면 그것들이 소유격의 기능을 갖고 있기 때문이다. 세종21세기 계획 말뭉치를 보면 "저희[jeohui]" 354개 예문에서 복수의 의미와 속격의 의미를 나타낸 예문이 161개로서 45.48% 를 점했고 "너희[neohui]" 예문 621개 중에서 복수 의미와 속격의 의미를 나타낸 예문이 199개로서 32.04%[17]를 차지했다. 그러므로 소속관계를 나 타내는 것에는 함께 쓸 수 없음을 볼 수 있다. 인칭대명사의 복수 표기 '희 [neohui]'의 사용범위는 오직 1인칭 겸칭에만 쓴다는 제약이 있다. 예를 들 면 '제[jeo]'와 2인칭 '너[na]'는 '저희[jeohui], 너희[neohui]'로 쓸 수 있으나 '나[na]' 뒤에(*나희)는 안된다. 이상으로 우리는 중국어와 한국어의 인칭대 명사의 복수표기에 대해 개략적인 기술을 하였는데 이를 표로 제시하면 다음과 같다.

〈표 1〉 중국어와 한국어 인칭대명사 복수표기 대조표

중국어와 한국어 복수표기 대명사 종류	们 (중)	들[deul](한)	네[ne](한)	희[hui](한)
1인칭(我)나[na]	我们	우리 [uri](* 나들)	우리네[urine]	저희(들) [jeohuideul]
2인칭(你)너[nə]	你们	너들[neodeul]		너네 [neone](단 체의미, 소유격

---

17 한국어에서 "그"는 인칭대명사와 관형사 두개의 기능을 갖고 있다.

3인칭(他)그[ki]	他们	그들[geudeul]	그네[geune](단체의미, 소유격)	*그희
재귀대명사(自己)자신[jasin]자기[jagi]	*自己们	자신들/자기들 [jasindeul/jagideul]	자기네(들) *자신네	*자신/자기희

이상에서 논의한 바와 같이 중국어의 인칭대명사는 수의 대칭이 있었다. 예를 들면 다음과 같다. "我/我们", "你/你们", "他/他们"

반면에 한국어 1인칭에는 수의 대칭이 없었다. 중국어 재귀대명사는 수의 대칭이 없었다. 예를 들면 다음과 같다. "自己/*自己们"이와 반면에 한국어 재귀대명사는 수의 대칭이 있었다. 예를 들면 "자기[jagi], 자신[jasin]/자기들, 자신들[jagideul, jasindeul]" 등과 같다.

한국어 3인칭복수는 3인칭단수가 함축하고 있는 생명도 등급보다 높다. 왜냐하면 3인칭복수 "그들[geudeul]"은 항상 사람을 지시하고 단수 "그[geu]"는 생물을 가리키기도 하고 무생물을 지시하기도 하기 때문이다. 다시 말하면 한국어 3인칭 단수는 지시기능을 갖고 있기 때문이다.[18] 그러나 중국어는 다르다. 중국어는 1인칭 또는 2인칭, 3인칭 그리고 단수는 항상 사람을 지시하고 무생물을 지시할 때는 "它/它们"로서 나타낸다. 그러나 陆丙甫(2009: 260)의 범언어 대조에서 3인칭이 가장 쉽게 무부호화 되는 원인은 3인칭이 기타 세 개 인칭보다 늦게 나타났기 때문이라는 것을 발견하였다. 허다한 언어의 3인칭은 항상 지시어와 함께 구성된다. 예를 들면 고대중국어의 "彼"가 그렇다. 한국어의 언어 사실도 陆先生의 관점을 증명하였다.

---

18 한국어에서 '그'는 인칭대명사에 속하기도 하고 관형사에 속하기도 한다. 따라서 인칭과 지시 두 가지 기능을 다 갖고 있다.

(2) 명사의 복수표기

중국어 명사의 복수표기는 일반적으로 무표기이다. 명사 뒤에 '们'을 쓰면 복수의 표기가 되는데 유표기 현상이다.

아래 우리는 중국어와 한국어 복수표기에 생명도가 어떻게 반영되는지에 대해 토론하겠다. 중국어 복수표기 '们'은 인칭대명사에만 쓰이는데 이 문제에 대해서 Norman(1988: 120)은 통시적 시각에서 분석을 하였다. 그는 접미사 '们'이 인칭에 대한 제약은 역사적 변화에서부터 살펴봐야 한다고 하였다. '们'은 '每'와 '人'이라는 두 글자가 융합되어 이루어진 것이다. 그러므로 '每'의 전칭 의미(全称义)와 '人'의 인성의(人性义)가 합쳐진 것으로, 복수표기 '们'은 자연적으로 오로지 인칭대명사의 복수와만 함께 쓰인다.[19] 吕叔湘(1979: 79)에서도 '们'은 복수표기이지만 오로지 사람을 나타내는 명사에만 '们'이 붙을 수 있다고 하였다. 그런데 侯精一(1999)[20]에서는 중국 평요 방언의 접미사와 중국 표준어와 비교하면 복수표기의 문법 기능이 많이 강하다는 것을 주목하였다. 이 방언의 복수표기는 사람을 나타내는 명사 뒤에 붙어 복수를 나타내기도 하고 비인간명사의 뒤에 붙어서 복수를 나타내기도 한다. 심지어 추상명사와 동사 뒤에 붙어서 "류 및 복수"를 나타낸다는 언어현실을 주목하였다. 이런 점은 한국어와 비슷하였다. 한국의 복수표기는 사람을 나타내는 명사에 붙을 뿐만 아니라 비 인류 명사 뒤에 붙기도 하고 또 수식어 동사 뒤에도 붙을 수도 있다. 예를 들면 다음과 같다.

(1) 학생들이 와요.(인간명사)haksaengdeuri I wayo.[21]

---

19 陈俊光(2006: 420)에서 재인용.
20 彭晓辉(2009: 229)에서 재인용.
21 한국어의 발음 규칙 연음 규칙에 따라 표기하였다.

学生们来了。

(2) 어서들 와요.(부사)

eoseodeul wayo. (여러분)快点来。(이 문장의 주어는 복수이다.

(3) 요구들이 많아요.(非人类名词)

yogudeuri manayo.(그들/우리)要求很多呀。(이 문장의 주어 역시 복수
그들, 우리)

(4) 먹어들 봐요.(动词)

meogeodeul bwayo. 大家/你们请尝尝吧。(이 문장의 주어 역시 복수이
다.

Croft(2009: 150)에서는 명사와 대명사를 제약하는 유형론조사에서는 네
가지 유형이 있다고 제시하였다.

(一) 1인칭, 2인칭대명사에는 수의 구별이 있고 3인칭대명사와 보통명사
에는 수의 구별이 없다.

(二) 대명사(3인칭을 포함)는 수의 구별이 있고 보통명사는 없다.

(三) 사람을 나타내는 대명사와 명사는 수의 구별이 있고 비인간류의 보
통명사는 그런 구별이 없다.

(四) 유생동물을 나타내는 대명사와 명사는 수의 구별이 있고 무생물을
나타내는 보통명사는 그런 구별이 없다. 언어유형론은 많은 물체를 지시할
때 복수표기를 사용한다. 굴절어는 굴절의 방식으로 구별한다. 그러나 고
립어에 속하는 중국어나 교착어에 속하는 한국어는 그런 굴절의 변화가 없
으므로 복수표기로 표현한다. 위의 서술에서 볼 수 있듯이 중국어는 제3류
에 속한다. 즉 중국어에서 사람을 나타내는 대명사와 명사는 수의 구별이
있었고 무생명 물체를 나타내는 보통명사에는 수의 구별이 없었다.

예를 들면 다음과 같은 것들이다.

我们(우리), 你们(너들, 他们(그들), 学生们(학생들) * 桌子们 책상들)

한국어는 위의 네 부류에 속하지 않는다. 한국어의 복수 표기는 2인칭, 3인칭 대명사에는 반드시 필요하지만 1인칭에는 사용하지 않고 우리[uri]/우리들[urideull]로 표현한다. 한국어의 보통명사와 비인류 보통명사 그리고 무생명 물체의 보통명사에는 복수표기를 사용한다. 예를 들면, 나무들 [namudeull] (树), 술병들[sulbyeongdeull](酒瓶)인데 위에서 든 네 가지 유형에 반례가 되는 예이다. 인류 범주와 비 인류 범주의 성원들은 구별이 있는데 생명도가 강한 데서부터 약한 데로 또는 많게 또는 적게 일정한 연속성을 가진다.(Croft, 2009: 153)다시 말하면 인칭대명사는(1인칭을 제외)>인류보통명사>비인류 유생 보통명사>무생 보통명사. 이외, 한국어 복수표기의 사용은 셀 수 있는 사물과 셀 수 없는 사물의 구분이 있었다. 예를 들면 *물들[muldeull](水), *비들[bideull](雨), *감정들[gamjeongdeull](感情)이다. 물이나 비, 그리고 감정 같은 것들은 가산할 수 있는 사물이 아니다. 이러한 예들은 유형의 비대칭을 증명하게 되므로 우리는 다른 한 유형을 가설할 수 있다. 즉 유생(사람 포함)의 대명사와 명사에는 수의 구별이 있고 무생명체의 보통명사도 수의 구별이 있다고 가설을 세울 수 있다.

(3) 예의 변인과 인칭 복수표기

인칭대명사는 생명도가 높은 명사절에 속한다. 따라서 인칭은 사회 범주라고 할 수 있다. 때문에 어떤 언어에서는 신분, 위치 연령, 성별 등에 따라 같지 않은 인칭 복수표기를 사용한다. 중세기 한국어에서 복수표기는 겸칭과 평칭 구별만이 있었다. 15~16세기에는 한국어의 복수표기에는 두 가지가 있었다. 평칭의 복수표기는 "듫[22]"이다. 예를 들면 "강아지듫[gangajideull], 송아지듫[songajideull]" 등이다. 존칭을 나타내는 복수표기는 "내[nae]"이다.

예를 들면, 어마님내[eomanimnae](妈妈们), 누의님내[nuuinimnae](姐姐们) 이런 언어 사실에서 중세기에는 복수를 나타내는 어휘소가 유생성에만 쓰였고 아직 무생성에는 쓰이지 않았다는 사실을 증명해 준다. 현대 한국어에는 복수를 나타내는 표기가 네 개 있다. '들[deul], 네[ne], 희[hui]'. 겸칭을 나타내는 1인칭 "제[jeo]"와 평칭을 나타내는 2인칭 "너[neo]" 그리고 복수 표기 "희[hui]"가 있다. 예를 들면 "저희[jeohui], 너희[neohui]", 그리고 그 뒤에 다시 복수표기 "들"[deul]이 붙는 것이다. "너희들 [neohuideul](你们), 저희들[jeohuideul](我们)". 그러나 이런 복수표기에는 겸칭의 1인칭과 평칭의 2인칭에만 쓰였고 3인칭을 나타내는 "그[geu]"와 1인칭 '나'[na]에는 "희[hui]"를 쓰지 않았다. *그희, *나희. 왜냐하면 3인칭의 "그"는 지시성과 대용성을 가지고 있기 때문이다. 그리고 1인칭 "나[na]"는 겸칭이 아니다. "너[neo]"는 2인칭대명사로서 생명도가 높은 원인이다. 일본어는 중국어와 한국어에 비하여 그 특징이 더 뚜렷하다. 많이 쓰는 1인칭에 "わたくし, わたし(私), あたくし, あたし, ぼく(僕), おれ(俺)" 등이 있고 2인칭에는 "あなた, きみ(君), おまえ(お前), あんた. おたく(お宅), きさま(貴様)"가 있고 3인칭에는 오직 "彼(그)와 彼女(그녀)"만 있다. 따라서 일본어의 인칭 복수 표현은 더 복잡하다. 일본어의 인칭 복수 표기는 평칭과 존칭 두 가지로 분류된다. 그 외에 또 남녀 성의 구별이 있었다. 쓰이는 대상에 따라 "がた", "たち(達)", "ら(等)" 구별하여 쓴다. 일본어의 한자에서도 볼 수 있듯이 2인칭 한자는 모두 君, 宅, 貴, 様 등 모두 존경을 나타내는 한자를 쓴다. 그러나 3인칭 복수 표기에는 이런 존경의 뜻이 없었다. 이러한 언어 사실은 Croft의 예의 원칙의 등급 2<3<1의 사실을 뒷받침해 준다. "-がた"는 사람을 나타내는 명사 뒤에 붙어서 존경의 뜻을 나타낸다. 따라서 "あなた-がた"는 "あなた-たち"

---

22 중세기 조선어의 복수 표기의 맞춤법은 현대의 표기와 달랐다.

비하여 더 정중한 표현이 된다. 예를 들면 아래와 같다.

　　先生がた(先生们) あなたがた(各位).

원래 존경을 나타내는 접미사였는데 지금은 앞에 지시했던 것을 다시 지시할 수 도 있고 의인화 된 동물을 지시할 수도 있었다. 예를 들면 다음과 같은 것이다.

　　子供(こども)たち(어린이들), 学生(がくせい)たち(학생들)ぼくたち・わたし
　　たち(우리들), 君(きみ)たち・あなたたち(그대들) , 鳥(とり)たち(새들).

복수표기 "ら"의 사용범위는 더 넓다. 하지만 존칭을 나타내지 않고 다른 사람을 경시하거나 또는 겸칭을 나타낼 때 쓴다. 예를 들면, 彼(から)ら(그들), 子供(こども)ら(어린이들), お前(まえ)ら(너희들), 熊(くま)ら(곰들). 이외 다른 사람을 경시하거나 또는 겸칭의 "ども"가 있다. 존경을 나타내는 정도는 がた>たち(達)>ら(等)순이다. 이것은 2인칭이 발화현장에 있으므로 예의 원칙에 따라 경어를 써야 하기 때문이다. 하지만 3인칭은 발화현장에 없으므로 존경 표현을 쓰지 않아도 되기 때문이다.[23] 한국어는 1인칭은 복수표기 "들[deul], 희[hui], 네[ne]"을 쓰지 않고 "우리[uri]"를 쓴다. 이것은 인칭 복수표기의 비대칭을 제시한다. 통계에서 볼 수 있듯이 복수표기 "희[hui]"는 복수기능과 격기능을 겸하고 있다. 만약 겸칭을 나타낸다면 중

---

23 이 관점은 陆丙甫 교수가 제기한 것이다. 그는 필자에게 주는 서신에서 보귀한 의견을 제기해 주셨는데 일본어의 재귀대명사 "自分, 自身", 그리고 복수표기 "達" 등은 중구의 한자와 관련이 있다고 제기해 주셨다. 그리고 3인칭의 존칭은 간단하다, 왜냐하면 3인칭이 현장에 없기 때문에 존칭을 사용할 필요성이 많지 않다고 하였다. 。

세기 조선어의 복수 표기 맞춤법은 현대의 복수표기와 맞춤법이 달랐다. "저[jeo]" 뒤에 복수표기 "희[hui]"를 쓰지 않고 직접 복수표기 "들[deul]"을 쓰며 3인칭 복수를 지시하는 "他们"을 쓴다.

(5) 저들을 절대 용서하지 않겠다. Jeudeureul jeoldae yongseohaji anketda. 绝对不饶恕他们。

(6) 저들도 생명인데… jeodeuldo saengmyeonginde… 它们也是生命啊。

(7) 저들끼리 말한다. Jeodeulggiri malhanda. 他们自己说话。

이때 "그들[geudeull]"과 "저들[jeodeull]"은 별구별이 없다. 때로는 앞에 제기된 사람의 3인칭을 도로 가리킨다. "자기[jagi]"에 비해서 自己가 불경하다.

(8) 저 갈 길을 간다. Jeogalgireul ganda. 他们走自己的路。

(9) 저하고 싶은대로 하라고 해. Jeohagosipdaero haragohae. 让他随便吧。

(10) 그는 저도 모르게 웃었다. Geuneun jeodomoreuge useotda. 他不知不觉地笑了。

한국어의 1인칭 복수의미를 나타내는 "우리[uri]"의 함의는 포용성과 배척성을 포함한다. 포용성은 화자와 청자를 포함하고 배척성은 화자만 포함하고 청자는 포함하지 않는다. 하지만 "저희들[jeohuideull]"은 배척의 의미만 가진다. 이 점은 중국어와 비슷하다. 중국어에서 "我们"와 "咱们" 구별이 있는데 의사소통 중에서 자기의 목적을 달성하기 위해 사람들은 항상 포용성을 가지는 "我们(우리)"를 사용하여 단수 혹은 복수를 나타낸다.

Iljic(2004)에서는 명사 뒤에 쓰인 접미사 '们'은 일반적으로 '선의' '동정'

'익숙함' 등 함의를 나타낸다고 했다. 때문에 정서적인 것과 비슷한 정태적 화용 기능을 갖고 있으므로 소극적인 면에는 잘 쓰이지 않는다.[24] '们'은 발화에서 '我' 뒤에 붙어 화용적 표기로 쓰여서 겸손함을 나타냈다. 화자는 자기의 관점을 말하면서도 일반적으로 '내 생각에는(我认为)'을 쓰지 않고 "우리(我们认为)"를 써서 주관성을 약화시키고 겸손의 뜻을 표현하였다.[25] 반대로 '你们'과 '他们'의 지시하는 대상은 '你'거나 '他'가 아닐 수도 있다. 실제언어에서 '你'가 '你们'를 지시하는 경우도 있다. 그러나 한국어는 단수 '나'를 쓰지 않고 복수를 나타내는 어휘 '우리[uri]' 혹은 1인칭대명사 '저[jeo]'를 써서 겸손함을 나타냈다.

4) 결론

본문의 관점을 요약하면 아래와 같다.

본문은 확대 생명도 등급의 이론을 바탕으로 중국어와 한국어의 인칭 복수표기, 명사 복수표기 및 복수표기의 예의기능 등 세 개 측면에서 토론하였다.

(1) 중국어의 1인칭, 2인칭, 3인칭 대명사는 수의 대립이 있었지만 재귀 인칭대명사는 수의 대립이 없었다. 이와 달리 한국어는 2, 3인칭과 재귀대

---

24 陈俊光(2006: 435)에서는 "歹徒们, 赌徒们, 那些长舌妇们 등과 같은 반례를 들어서 그와 다른 관점을 제시하였다. '们'은 적극적으로 상대를 관심하는 긍정적인 기능이 있고 또한 적극적으로 상대를 책망하는 부정적인 기능도 있다고 하였다. 한국어의 언어현실도 이러한 관점의 정확성을 증명하였다. 한국어의 복수표기도 이런 긍정적인 기능과 부정적인 기능의 구분이 없다. 예를 들면 도적패들[dojeokpaedeum](小偷)들, 깡패들[ggangpaedeum](歹徒), 사채업자들[sacaeeopjadeum](高利贷者), 폭도들[vokdodeull](暴徒)

25 沈阳(2008) "语义所指理论与汉语句法成分的语义指向研究"글에서는 '我们'라는 단어를 十五번이나 사용하였다.

명사는 수의 대립이 있었지만 1인칭 대명사에는 수의 대립이 없었다. 이외 한국어 3인칭 복수의 지위가 3인칭 단수가 함축하고 있는 생명도의 등급보다 높다는 것을 제시하였다. 3인칭 복수 "그들[geudeul]"은 인류를 가리킨다. 그러나 단수 "그[geu]"는 사물을 지시하는데 생명이 있는 생물도 지시하고 또 무생물도 지시한다. 한국어 3인칭 단수는 수의 지시 기능이 있다. 하지만 중국어는 1인칭이거나 혹은 2인칭 3인칭이거나를 막론하고 3인칭 복수와 단수는 인류만 지시한다. 무생물을 지시할 때는 "它/它们"로 표현한다.

(2) Croft는 명사와 대명사의 제한되는 수를 유형론적으로 조사하여 네 가지 유형을 제시하였는데 중국어는 세 번째 유형에 속한다고 하였다. 즉 중국어는 사람을 나타내는 대명사와 보통명사는 수의 구별이 있는데 무생 명물체를 가리키는 보통명사에는 수의 구별이 없었다. 반면에 한국어는 그 네 부류에 속하지 않는 다른 하나의 종류였다. 대신 한국어는 셀 수 있는 사물과 셀 수 없는 사물의 대립이 있었다.

(3) 인칭대명사는 사회적 범주에 속하는 것으로 어떤 언어(如日语)에는 인칭에 신분차이, 직위, 연령, 성별 등에 따라 다른 인칭 복수 표기를 사용하게 된다. 하지만 중국어와 한국어에는 오직 1인칭복수에만 예의기능을 갖고 있었다. 중국어의 1인칭에는 我/鄙人/我们의 대립이 있다. 2인칭에는 你/您의 대립이 있고 3인칭에는 이런 대립이 없다. 한국어는 1인칭에 나[na]/제[zeo]/우리[uri]의 대립이 있고 2인칭에는 너[neo]/당신[dangsin]의 대립이 있고 3인칭에는 이러한 대립이 없다. 왜냐하면 3인칭은 발화현장에 없기 때문에 존경을 나타내는 정도가 1인칭이나 2인칭보다 낮기 때문이다.

1.3. 생명도와 한국어 통사론 연구

생명도와 한국어 어순

1) 문제제기

한국어는 격 표지가 발달한 언어로서 어순에 있어서 상당한 자유를 갖는 다. 하지만 한국어 어순은 언제나 자유로운 것은 아니다. 등위접속에서 선 행절과 후행절의 이동, 주술어구문과 목적어구문의 전환, 그리고 전이된 이 중목적어구문에서 성분의 이동은 여러 가지 통사적, 의미적 제약을 받는다. 제2언어교육의 현장에서 가르치다 보면 교육문법에서 제시한 규칙들의 해 석이 미비한 부분들을 만나게 된다. 이는 교육문법이 외국인 학습자들을 위한 교재가 아니라 모국인 화자들을 위한 교재이기 때문이 아닐까 하는 생각을 하게 된다. 그 예로 아래와 같은 실례를 들 수 있다.

첫째, 등위 접속문은 선행문의 명사구와 후행문의 명사구를 바꾸어 놓아 도 의미가 변하지 않는다는 것이 전제가 된다. 하지만 언어생활에서 명사 구 병렬문은 선행절과 후행절을 바꾸면 부자연스러운 문장이 되는 경우가 많은데 중국어 경우에도 마찬가지이다. 중국어에는 幷列连词로 '和'와 '同' 이 있다.

    (1) 사장님과 직원　?직원과 사장님 (社长和职员, ?职员和社长)

    (2) 부모님과 자식　자식과 부모　　(父母和子女　?子女和父母)

둘째, 이중 목적어 구문에서는 직접 목적어와 간접목적어의 위치를 바꾸 어도 적격문이 되지만 전이된 이중목적어구문은 직접 목적어와 간접 목적어 두 성분의 자리를 바꿀 수 없다.

(3) 나는 동생에게 선물을 주었다.

(4) 나는 선물을 동생에게 주었다.

전이된 이중목적어구문

(5) 나는 동생을 선물을 주었다.

(6) ?나는 선물을 동생을 주었다.

셋째, 한국어 학습자들이 OV언어인 중국어를 학습할 때 아래와 같은 비문을 만든다.

(7) 나는 돈을 있다.

(8) 오늘 비를 내린다.

(9) 손님을 오셨다.

반면에 중국어 학습자들이 목적어 구문 습득에서 VO규칙에 따라 문장을 만들 때 아래와 같은 비문을 만든다.

(10) 吃饭了。

(11) 看电视了。

(12) 来客人了。

(13) 快递来了。

(14) *来妈妈了。

(15) *来我了。

위의 예문에서 (10)~(13)은 적격 문이지만 (14)와 (15)는 비문이다. 위에서 제기된 문제들에 대하여 구조주의 언어학이나 변형 생성문법이론으로는 해석해 왔지만 만족할 만한 해답은 얻지 못하고 있다. 이러한 문제에 대해서 많은 학자들이 인지언어학과 언어유형론이라는 새로운 시각에서 바라보고 해석을 시도해 왔다. 인지언어학 접근으로서는 전만수(2009: 89-105)의 "영어 등위접속 어구의 도상적 순서"와 성창섭(2008: 71-82), "영어 등위접속의 제약", 윤희수(2009: 157-174), "의미자질 [HUMAN]이 일부 어휘구조와 문장구조에 미치는 영향, 그리고 장기성(2012: 233-258), "독어에서 유표성과 병렬적 명사구의 어순 제약"을 들 수 있다. 이러한 연구는 영어나 독일어에 제한되어 연구되었다.

우리는 언어유형론의 이론에 기대어 [생명도]의미자질로 이 문제에 접근해보고자 한다.

[생명도]라는 의미자질은 언어의 문법 현상에 영향을 미치며 언어에 따라 격 표시, 주어 선택, 어순 등 통사적 측면에서 여러 가지 방식으로 부호화된다. 많은 학자들이 [생명도]가 통사적으로 부호화 되는 것에 관심을 가지고 [생명도]가 통사현상의 어떤 측면에 영향을 미치는지, 구체적으로 언어마다 어떻게 부호화 되는지에 대해 논의해 왔다. 이 절에서는 Croft(1990)의 [생명도] 등급에 따라 [생명도]가 한국어 어순에 어떤 영향을 미치는지를 고찰하며 위에 제기된 문제를 풀어갈 것이다. 분석의 편리를 위해 어순에 영향을 주는 격 표시, 주어선택과 인칭선택에 관하여서도 주목할 것이다. 그리고 중국어와 대조를 통하여 [생명도]가 한국어 구문의 어순에 미치는 영향이 한국어의 고유 특징인지 아니면 언어의 공통적인 특징인지도 살펴볼 것이다. 이 연구는 기존의 한국어 어순에 대한 논의가 Joseph Harold

Greenberg(1963)의 유형론 함축규칙에 대한 논의에 국한되었던 것에서 벗어나 유형론의 [생명도]라는 새로운 시각에서 이들을 바라본다는 점, [생명도] 등급이 한 언어를 사용하는 사람들의 사회, 문화적인 특성에 많은 영향을 받는 만큼 언어적 현상을 언어 외적인 시각에서 해석해 볼 수 있다는 점에서 그 의의를 찾을 수 있다.

2) [생명도]와 언어 현상

[생명도]는 언어유형론의 중요한 개념이다. [생명도]는 등급을 설정함으로써 더 유정직인 명사어가 덜 유정적인 명사에 앞에 위치하고 동사 일치는 더 높은 [생명도]를 가진 명사어와 일치한다고 서술했다. Yamamoto (1999)는 Croft(1990)의 초기 [생명도] 등급은 순수하게 언어적 접근에서 정리하였으며, 세 가지 하위 등급의 정신적인 배경은 고려하지 않았다고 지적하고 [생명도]는 '사람에서부터 시작하여 동물, 무생물에 이르기까지 확장되어 나가는 인지적 척도'라고 말했다. 또한 [생명도]는 단선적인 척도가 아니라 여러 가지 다른 변수들 안에서의 인간의 자연적 상호작용을 반영하는 것이라고 했다. Yamamoto(1999)의 설명에 따르면 [생명도]라는 것이 어느 한 기준으로 나누어질 수 있는 것이 아니며, 인간의 인지와 깊은 연관이 있는 만큼 [생명도]의 정도를 나누는 기제가 복잡하다는 것을 제시하였다. 이러한 논의에 이어 Corbett(2001)는 [생명도] 등급에 친족어까지 포함하여 확장된 [생명도] 등급을 다시 제시했는데 도식으로 제시하면 아래와 같다.[26]

---

26 有는 '소유'와 '존재'의 의미외에도 발견, 비교, 크다, 비한정(无定) 등 여덟 가지 뜻을 갖고 있는데 본고에서는 '존재'의 의미는 토론에서 제외한다.

도식 3. Corbett(2001)의 [생명도] 등급 :

화자(1인칭대명사)>수신인(2인칭대명사)>3인칭>친족>인간>유정물>무정물

김은일(2000: 72)은 [생명도]를 '생명을 가진 생물과 생명이 없는 무생물을 통칭하는 용어'라고 정의했다. 그리고 [생명도] 현상이 개별 언어의 다양한 문법 층위에서 나타나며, 언어유형론적으로도 체계적으로 부호화되어 나타남을 보았다. 이런 현상은 몇 개 언어의 존재사(存在词)를 예로 들어 보일 수 있다.

중국어 존재사는 '有, 在' 두 가지로 표현되는데 주어의 [생명도]가 높을수록 소유의 의미를 가지며 [생명도]가 낮을수록 존재의 의미를 가진다. 그리고 주어의 [생명도]가 목적어보다 높으면 '在'를 쓰고 주어의 [생명도]가 목적어 [생명도]보다 낮으면 '有'를 쓴다.

중국어: (25) 教室里有篮球。(교실: 무생명-有)

(26) 我在教室里。(나 [생명도]-在)

한국어에 있는 의미가 중국어에서는 두 가지로 표현되기 때문에 한국인 학습자들이 곤혹을 겪는다. 학습자들은 "사랑이 있기 때문이 모든 어려움을 극복할 수 있었다."를 번역할 때 '在'를 써야 하는지 아니면 '有'를 써야 하는지 잘 모른다.

그리하여 "因为有爱，我们就能克服一切困难。"를 "因为爱情在，就能克服一切困难。"이라고 번역하여 오류문을 만든다. 다른 언어들의 존재사를 보기로 하자.

일본어에서 존재사는 무정물에는 ある가 쓰이고 유정물에는 いる가 쓰

인다. 아랍어도 주어의 [생명도]에 따라 동사의 굴절이 다르게 나타남을 보여주었다. 주어가 [+생명도]일 때는 동사의 굴절이 나타나지만 주어가 [+생명도] 일 때는 무표지로 나타나거나 동사의 굴절이 다르게 나타난다고 하였다. 한국어 존재사는 '있다'/'계시다'이다. 이는 Corbett(2001)의 등급과 그에 영향을 주는 '현저성'의 원리에 맞는 것이다. 그에 따르면 나이가 더 많은 쪽이 나이가 적은 쪽보다, 직위가 높은 쪽이 직위가 낮은 쪽보다, 신분이 높은 쪽이 신분이 낮은 쪽보다 두드러진다. 한국어에서 직위가 높거나 나이가 많은 대상에 대해서는 '계시다'를 쓰고 그 외에는 '있다'를 쓴다. 같은 맥락에서 페르샤어에도 두 가지 존재 표현이 있는데 존경 대상인 신에 한해서만 쓰는 존재가 있다고 한다. 터키어 존재사는 중국어처럼 소유와 존재를 나타내는데 소유를 나타낼 때는 주어의 격으로 소유를 나타내고 존재를 나타낼 때는 소유의 격표지와 다른 격표시를 쓴다고 한다.

언어에서 [생명도]의 영향은 여러 언어의 복수표지로서도 설명할 수 있다.

(27) 너희들 모두 학생이야? (你们)
     학생들은 다 왔다. (学生们)

(28) 양들이 초원에서 풀을 먹고 있었다. (羊们＊)
(29) 술병들이 지저분하게 널려 있었다. (酒瓶们＊)

한국어의 복수표지는 거의 모든 보통명사에 다 붙을 수 있지만 중국어는 인칭명사에만 붙는다. 이런 현상은 터키어나 베트남어에서도 중국어와 같은 양상을 보인다. 태국어는 규칙 복수표지는 사람과 동물, 식물 그리고 기구, 집단 명사 등에도 쓰인다고 한다.[27]

이상에서 보면 언어적인 [생명도]란 단순히 유정물과 무정물을 구분하는 [±animate]의 자질에만 따라 구분되는 것이 아니라 보다 복잡한 요인들이 얽혀 이루어지는 개념임을 알 수 있다. 인간의 인지 과정에 따라 때로는 무정물이라도 [생명도]를 가질 수 있으며, 유정물이라도 [생명도]가 거의 인지되지 않는 경우도 있다. [생명도]에는 정도에 따라 등급이 존재하며, 이 등급이 통사적으로도 드러난다. [생명도]가 언어적으로 부호화 될 때는 언어에 따라 여러 요인들과 상호작용하며 다양하게 나타난다.

Whaley(2010)는 [생명도]는 등급 외에도 사회중심적 여러 가지 변수가 작용하는데 사회 중심적인 요인으로 친숙도, 현저성, 전형성 등 변수가 작용한다고 하였다. 그리고 한정성(定指度)도 [생명도] 등급구조 내에서 역할을 한다. 대명사와 고유명사는 언제나 한정적이다. 인간명사구가 비인간 명사구보다 담화에서 더 중심이 되기 때문에 역시 더 한정적이다. 이것은 유정명사들도 마찬가지이다. 이는 4장에서 목적격의 어순을 설명할 때 상세히 설명하겠다. 그리고 친숙도 정도 역시 어순에 작용하는데 화자나 저자들과 친밀하거나 공감을 가지고 있는 명사구에 우선권을 준다. 담화를 형성하는 동안, 참여자들은 그들 자신과 서로를 알고 있다. 그러므로 직접적인 발화행위에 참여하나 이들이 1인칭과 2인칭 이 변인에서 가장 높은 자리를 갖는다. 3인칭 대명사는 화자나 청자가 둘 다 그들의 마음 안에 특별히 확인 가능한 실체를 나타내고 또 그러한 실체들에 대한 인식이나 공감이 있다. 이와 유사하게 고유명사들은 대화 참여자 사이에서 더 높은 친밀도를 필요로 하고 따라서 인간을 지시하는 다른 명사구들에 대해 하는 것보다 더 큰 친숙함이 필요하다. 친숙도에 대해 아래 중국어 예문을 들어

---

27 아랍어, 태국어, 페르시아어, 터키어, 베트남어 그리고 히브리어의 복수표지와 존재사에 대한 설명은 陈杰, 朱蒙, 刘慧, 韩智敏, 卢珏璇, 杨阳 등 교수님들께서 도와주셨다. 이 자리를 빌려 감사를 드린다.

설명할 수 있다.

    (30) 这台电脑, 我买了。

    (31) 这台电脑, 他买了。

  (30)은 중의성을 띤 문장으로서 하나는 "내가 이미 샀다."는 뜻과 또 하나는 "내가 살 것이다."라는 두 가지 뜻으로 해석될 수 있고 (31)는 다만 그가 이미 샀다는 뜻만 갖고 있다. 이는 한국어에서도 마찬가지이다. 이 문장에 대응하는 한국어 문장은 아래와 같다.[28]

    (32) 이 노트북, 내가 샀다.

    (33) 이 노트북, 그가 샀다.

  위의 두 예문은 중국어와 같은 해석을 할 수 있다. (32)는 중의성 문장이고 (33)은 중의성이 없는 문장이다. 이는 1인칭의 친숙도가 3인칭 친숙도보다 높기 때문이다. 일반적으로 친숙도가 높을수록 [생명도]가 높다. 화자가 '그'가 생각하는 정도까지는 알 수 없기 때문에 그가 살 것이라는 주관적 생각은 할 수 없다.

  Croft(1990)의 '인칭 등급'은 '[생명도] 등급'을 발화 역할에 따라 좀 더 세

---

28 유현경(2007)조사 '에게'의 결합 양상을 통해서 한국어에서의 생명도는 다른 언어와 공통점을 가지고 있는 동시에 차이점을 드러낸다고 제시하였다. 조사 '에게'는 '결합하는 명사의 [생명도] 자질에 대한 화자의 판단을 나타내는 표지'로 볼 수 있다고 하여 이는 지금까지 조사 '에게'는 [+animate] 자질을 가진 명사에 무조건적으로 결합한다고 본 기존의 논의와 차별된다. 하지만 말뭉치 예문에 나타난 조사 '에게'의 결합에 대해 유현경(2007)에서는 언어규칙을 찾은 것이 아니라 조사 '에게'의 문제가 명사의 의미가 아닌 화자의 판단에 의해 좌우된다고 하여 아쉬움을 느끼게 한다.

밀하게 분류한 것이다. 인칭 등급을 나타내는 것으로, 1인칭 화자가 가장 높은 층위이고, 다음으로 2인칭 청자, 3인칭의 순이다. '명사구 유형 등급'은 개체의 식별 가능성과 한정성의 정도에 따라 구분된다. 개체의 식별 가능성과 한정성이 높은 대명사 층위와 그에 비해 개체의 식별 가능성과 한정성이 낮은 명사 층위로 이루어진다. '[생명도] 고유의 등급'은 인간이 가장 우선이고 다음으로 비인간 유정물이고 그 다음으로 무정물 순으로 이루어진다. [생명도]는 많은 언어에서 부호화 되어 나타나는데 생명의 유무에 따라 다른 형식을 쓴다. 어떤 개체가 가지는 [생명도]가 단순히 [±animate]의 자질로 이분되는 것이 아닌 만큼, 무정물과 유정물 사이의 [생명도] 정도는 점진적으로 증가한다. 한국어의 '에'의 [생명도]가 확대되는 상황으로 설명할 수 있다. 한국어는 조사나 동사 선택에서도 [생명도]에 따라 달리 선택되었다. 사람에게는 '에게'가 선택되고 [-생명도] 사물에는 '에'가 선택되었다.[29] 동사 선택 역시 사람이면 '모시다. 데리다'를 쓰고 [생명도]가 사람에 비해 약하면 '데리다'를 쓰고 [-생명도]면 '가지다'를 썼다. 중국어에서 복수 표기는 [+생명도]에만 썼고 한국어는 이런 제약이 없이 무생물에도 썼다. 이상에서 [생명도]가 언어에 미치는 영향을 살펴보았다. 이 절에서는 한국어 어순에 관한 [생명도]의 영향을 주로 살펴보고자 한다.

3) 한국어 어순과 [생명도]

(1) 명사구 병렬문의 어순과 생명도

명사구 병렬문과 어순의 관계에 대한 연구는 김성주(1995: 283-297), "접

---

29 주향아(2013)에서는 [생명도]이라고 기술하였는데 본고에서 서술의 통일성을 기하기 위해 모두 [생명도]라고 하였다.

속의 구조와 절차", 박호관(2001: 25-48), "국어 명사구의 유형과 통사 구조", 박호관(2002: 23-40), "국어 접속 명사구의 통사 구조와 의미", 임홍빈(1972: 141-164) "NP-병렬의 {와/과}에 대하여", 장태진(2008: 86-261), "국어 병렬 어순의 기초적 유형과 어순삼각도의 제안"그리고 채완(1985: 463-477), "병렬의 어순과 사고방식", 최재희(1985: 91-115), "국어 명사구 접속의 연구" 등을 들 수 있다. 채완(1985: 468)에서도 병렬의 어순에 대해 다루면서 [+사람과 [-사람], [+유정]과 [-유정]의 자질을 가진 단어가 병렬될 때는 [+사람], [+유정]이 앞선다는 사실을 언급했는데, 그 이유로 화자는 [+유정]이고 [+사람]인 것이 가장 자연스럽기 때문이라고 하였다. 여기에서는 논의의 편의를 위해 주향이(2013)년의 논의를 그대로 옮겨보고 중국어와의 대조를 통하여 설명을 보충하고자 한다.

주향아(2013)에서는 기존의 '와/과'에 대한 논의는 이 조사가 접속조사와 공동격조사의 역할을 둘 다 수행하기 때문에 하나의 형태가 둘 이상의 격 기능을 가질 수 있는지, 이 조사의 의미기능을 어떻게 보아야 하는지에 집중되어 있고 '와/과'의 격 기능을 어떻게 보든 이들이 둘 이상의 명사구를 한꺼번에 가리킬 수 있다는 것은 주지의 사실이므로 앞뒤 명사구의 연결 관계에 대한 것은 논의의 대상에서 제외된 한계를 지적하고 '와/과'에 의해 형성되는 명사구는 선행 명사구와 후행 명사구의 지위가 동등하다는 것이 가정된다면 둘의 위치를 바꾸어도 아무 문제가 없어야 할 것인데 실제 용례를 검토해 보면 '와/과' 등위 접속 명사구에서 선후행 명사구의 위치가 뒤바뀌었을 때 어색한 경우가 존재한다는 문제점에서 출발하여 논의하였다. 그는 Croft(1990)의 인칭등급과 명사구 [생명도] 등급 그리고 고유 [생명도] 등 등급을 바탕으로 '와/과' 등위 접속 명사구를 형성하고 어순을 결정하는데 특정한 요인으로 [생명도]에 대해 상세히 논의하면서 Crobet(2001)의 확대 [생명도] 등급에 근거하여 가족관계 등급도 토론하였다. 논문에서는 선후행

명사구의 [생명도] 등급이 서로 다르다면 등급이 높은 쪽이 선행하고, 낮은 쪽이 후행하는 것이 일반적인 경향이 있다고 제시했다. 주향아(2013)는 인칭 등급이나 인간 범주 내 [생명도] 등급에서는 다른 언어와 달리 [생명도]의 정도와 어순이 일치하지 않는 경향을 보인다고 하면서 그 이유는 한국 사회 내의 특수한 문화와 관련된 한국어 화자들의 인지 구조가 언어에 반영된 것이라고 하였다. [생명도] 등급이 동등한 명사구들의 접속에서는 다른 언어들에서 어순을 결정하는 원리로 언급되는 '나 먼저 원리, 자연성의 원리, 현저성의 원리'가 한국어에도 영향을 미친다는 것을 중심으로 '와/과' 등위 접속 명사구를 살펴보고, 필요에 따라 인지적 접근법을 취했다. 마지막으로 Croft(1990)와 Corbett(2008)의 [생명도] 등급에서는 무정물을 세분하지 않고 있다는 한계를 지적하였다.

[생명도]의 등급은 사회적 중심적 유인에 의해 구조화되는데 이것은 화자나 저자들이 그들 자신과 그들의 말을 듣는 이에게 가장 큰 중요성을 두는 경향이 있다고 한다. 따라서 비록 인간 [생명도] 명사구로 지시되는 실체가 1인칭이나 2인칭의 대명사가 유정적인 정도가 같더라도 담화 구성에서 힘의 원칙에 따라, 또는 현저성 원리[30]에 따라 후자 쪽에 우선권이 부여된다. 중국어의 예를 들면 다음과 같다.

(34) 你和我是朋友。? 我和你是朋友。(너와 나는 친구다. ?나와 너는 친구다.)

(35) 他和我是兄弟。? 我和他是兄弟。(그와 나는 형제다. ?나와 그는 형제다.)

(36) 校长和教授。*教授和校长。(총장님과 교수 *교수들과 총장님)

---

30 장기성(2012: 248)에 따르면 '현저성의 원리(salience principle)'는 두드러진 쪽이 두드러지지 않은 쪽보다 먼저 지각된다는 원리로, 우리의 인식은 적극적인 요소와 소극적인 요소 중 적극적인 요소가 두드러지기 때문에 쉽게 지각될 뿐 아니라 선호한다는 것이다.

(37) 父母和儿女。 *儿女和父母。 (부모님과 자식들 *자식들과 부모님)

위의 예문은 사회적 중심적 변수에 따라서 힘이 있는 쪽을 우선시한 것이다. [생명도]에서 보면 '나 먼저 원칙' 즉 1일인의 [생명도]가 가장 높기 때문에 앞자리에 위치해야 하지만 실제 언어 현상에서는 여러 변수들의 경쟁을 하여 우선 등급이 결정되므로 [생명도] 등급을 어기게 된 것이다. 주향아(2013)의 연구에 따르면 한국어는 1인칭 대명사가 2인칭이나 3인칭 대명사에 비해 후행하는 경우가 월등히 많은 것이 드러났다. '너와 나'의 빈도가 '나와 너'의 빈도보다 거의 네 배이고, '당신과 나'의 빈도가 '나와 당신'의 빈도보다 약 아홉 배 가까이 산출되었고 1인칭과 3인칭의 경우에 '나와 그/그녀/그들'은 2회, '그/그녀/그들과 나'는 223회 등장함으로써 3인칭<1인칭 순으로 접속된 구성이 일곱 배나 된다고 보고되었다. 이는 한국어의 '와/과' 등위 접속 명사구에서는 인칭 등급이나 인간 범주 내 생명도 등급에서는 [생명도]의 원리와 달리 생명도의 정도와 어순이 일치하지 않는 경향을 보이는데 이는 한국 사회 내의 특수한 문화와 관련된 한국어 화자들의 인지 구조가 언어에 투영된 것이다. 물론 이는 한국어뿐만 아니라 중국어, 일본어, 영어에서도 같은 현상을 보임으로써 언어의 공성이 아닌가 의심해 볼 수 있지만 '나 먼저'원리에 따른 언어들도 있을 수 있기에 공성이라도 판단하기에는 이른 것 같다. 좀 더 많은 언어들을 조사해 보고 공성인지를 판단해야 할 것이다.

(2) 주술구문의 어순과 생명도

[생명도]가 통사구문에 영향을 미치는 현상은 중국어 목적어구문과 주술구문의 전환에서 찾아보았다. 아래의 비문은 한국인 학습자들이 중국어 목적어 구문 습득에서 나타난 예문이다.

(37) 1. 客人来了。(B)　　1′. 来客人了。

2. 快递来了。　　2′. 来快递了。

3. 钱有了。　　3′. 有钱了。

4. 下雨了。　　4′. 雨下了。

5. 哥哥来了。　　5′. ?来哥哥了。

6. 妈妈来了。　　6′. *来妈妈了。

7. 我来了。　　7′. *来我了。

위에서 (37)A조 문장은 주술 구문이고 B조는 목적어구문이다. 유형론적으로 보면 중국어는 SVO어순이므로 한국어 학습자들이 이 규칙을 확대하여 사용함으로써 비문을 만들게 된다. 위의 1′부터 4′는 적격 문이지만 5′부터 7′까지는 비문이다. 이는 哥哥, 妈妈, 我의 [생명도]가 손님, 택배, 돈, 비에 비해 높고 한정도가 높으므로 빈어(목적어)의 자리에 올 수 없기 때문이다. [생명도] 이론에서는 [생명도]와 한정도는 긴밀한 연관을 자지며 [생명도]가 높을수록 한정도가 높다고 하고 [생명도]와 한정도가 높은 명사는 목적어의 자리에 오는 것이 적합하지 않다고 하였다. 그러나 한국어는 다르다. 중국어는 고립어로서 어순으로 의미를 나타내지만 한국어는 억양으로 나타내기 때문에 위의 예문에서 중국어 목적어 구문이나 주술어 구문은 한국어에서 표현은 동일하다. 그 차이는 억양으로 신정보와 구정보를 나타낸다. 따라서 억양이 바뀌면 뜻이 달라진다. 이미 알고 있는 정보일 때는 악센트가 동사에 오고 신정보일 때는 악센트가 신정보 단어에 온다. 그리고 중국어의 동사는 타동사 자동사 구별 없이 빈어(목적어)를 가지지만 한국어는 타동사만 목적어를 가지는데 자동사 구문에도 목적격조사를 써서 오류문을 만든다. 아래는 중국인 학습자들이 한국어 주술구문을 습득할 때 나타난 비문이다.

(38) 오늘은 비를 내린다.

(39) 나는 여자친구를 있다.

(40) 나에게 돈을 있다.

위의 문장에서 '내리다'와 '있다'는 자동사로서 목적격 표지를 쓰면 비적격문이다. 그리고 중국어 학습자들은 모든 동사들이 목적어를 가진다는 규칙을 확대하여 위에서와 같이 来我了。来妈妈了。와 같은 비적격문이거나 부자연스러운 문장을 만들어 낸다.

(3) 이중목적어구문 어순과 생명도

이중 목적어[31] 구문에 대한 논의는 우형식(1996)에서 상세히 논의하였다. 그는 이중 목적어를 원형 이중 목적어 구문과 전이된 목적어구문으로 설정하고 이들의 통사적 특징을 다음과 같이 설명하였다. 원형의 이중 목적어는 간접 목적어와 직접 목적어의 어순이 자유롭게 이동할 수 있지만 전이된 이중목적어구문은 간접 목적어와 직접 목적어가 자유롭게 위치를 이동할 수 없다고 하였다. 예를 들면 다음과 같다.

(41) 그는 동생에게 선물을 주었다.

(42) 의사는 환자에게 수술을 해 주었다.

위의 예문에서 간접 목적어와 직접 목적어의 어순을 바꾸어도 적격문이다.

---

31 이중 목적어는 중국어의 개념을 그대로 인용한 것이다. 중국어에서는 간접 목적어와 직접 목적어를 가진 구문을 이중 목적어라고 하는데 한국어에서는 간접 목적어를 부사어라고 한다. 본고에서는 중국어의 예를 들어 설명해야 함으로 그 용어를 그대로 인용한다.

(43) 그는 선물을 동생에게 주었다.

(44) 의사는 수술을 환자에게 해 주었다.

하지만 전이된 이중 목적어 구문의 예는 다르다.

(45) 그는 동생을 선물을 주었다. *그는 선물을 동생을 주었다.

(46) 의사는 환자를 수술을 해주었다. *의사는 수술을 환자를 해주었다.

우형식(1996)에서는 기술은 하였으나 왜 그런지에 대해서는 설명을 하지 않았다. 위의 예문에서 '동생'이나 '환자'는 '선물'이나 '수술'보다 [생명도]가 높다. [생명도] 이론에서는 [생명도]가 높은 명사가 [생명도]가 낮은 명사 앞에 위치한다고 하였다. 위의 예문에서 두 명사가 어순이 바뀌었기 때문에 비문이 된 것이다. 하지만 아래처럼 어순을 바꾸면 문장은 적격문이 된다.

(47) 그는 동생을 선물을 주었다.

(48) 의사는 환자를 수술을 해주었다.

4) 해석과 남겨진 문제

위의 논의를 정리하여 논문의 앞에서 제기한 문제를 해석하면 다음과 같다.

첫째, 등위 접속문에서 선행절과 후행절의 순위는 [생명도]에 따라 우선 순위를 정하고 때로는 [생명도]의 '나 먼저 원칙'이 아니라 [생명도]에 참여하는 '힘의 원칙' 그리고 문화 등 인지에 따라 우선 순위를 정해야 한다.

둘째, 주술구문과 목적어 구문에서는 [생명도]뿐만 아니라 그에 따른 변수 한정도에 따라 순위가 결정된다. [생명도]가 높을수록 [한정도]가 높고

[한정도]가 높은 성분이 목적어의 자리에 오는 것은 적합하지 않다는 규칙에 따라야 한다.

셋째, 이중 목적어 구문은 [생명도]이론에 따라 [생명도]가 높은 성분은 [생명도]가 낮은 성분의 앞에 위치한다는 규칙으로 해석할 수 있다.

생명도와 한국어 격조사 생략현상

1) 들어가기

생략은 음운론에서 음운 변동이거나 변화의 한 하위 현상으로 깊이 다루어져 왔다. 생략현상은 통사론적 구성에서 광범위하게 실현되고 있는 현상이다. 앞선 대화나 문맥에서 이미 언급된 대상이 주어나 목적어일 경우 생략되며, 또 상황으로 보아 담화에서 그 주어나 목적어가 명백할 경우에도 생략이 된다. 이와 같은 주요 문장 성분의 생략 현상은 한국어의 중요한 특징의 하나로 지적되었다.[32] 생략은 이같이 성분뿐만 아니라 격조사 역시 담화에서 자유롭게 일어난다. 문법이론에 따라서는 주격조사를 목적격 조사와 한데 묶어 기능표지[33]라는 별도의 범주로 다루기도 한다. 학교문법에서도 이 같은 격조사가 주어나 목적어라는 기능을 결정하는 요소라고 보는데 기능표지

---

32 이는 1998년, 한국사전 연구사에 편찬한 〈국어국문학자료사전〉를 참조하였다.
33 기능 표지란 앞 말의 기능을 겉으로 드러내는 형식이라는 뜻이다. 즉 앞 말이 주어나 목적어의 기능을 지닐 때 그것을 형태적으로 표시라는 구실을 한다는 것이다. 여기서 중요한 점은 어떤 낱말에 주격이나 목적격 조사가 덧붙였기 때문에 그 낱말이 주어나 목적어라는 기능을 갖게 되는 것이 아니라 이미 구문론적 관계에 따라 주어나 목적어의 기능을 지니게 된 앞 말에 덧붙여 표면적 표기라는 것이다. 결국 이러한 조사들은 이미 결정되어 있는 주어 목적어라는 기능을 좀 더 분명히 드러내는 구실만을 할 뿐이라는 것이다.

이론에서는 이것은 뒤집어서 앞 말이 지니고 있는 주어나 목적어로서의 의미, 또는 문맥이나 환경에 따라 앞 말이 지닌 것으로 해석되는 의미를 그대로 반영하고 있을 뿐이라는 것이다. 주격, 목적격 조사의 생략이 그것을 증명한다. 따라서 기능표지는 앞 말의 기능이 이해될 수 있는 환경에서는 자유롭게 생략되는 일이 많다. 조사 생략에 관한 상술한 논의들은 언어 음운론, 통사론 또는 텍스트나 기능문법에서 주로 언어 내재적 현상에 초점을 맞추어 해석하여 왔다. 본고는 이러한 해석에서 남겨진 숙제, 즉 조사가 생략이 되지 않는 예문들을 대상으로 언어 외적인 개념 "생명도"[34] 개념을 도입하여 한국어 조사 생략에서 생명도의 제약성을 밝혀보고자 한다.

2) 이론 배경

언어는 자연세계와 인류사회 활동의 반영으로 사람들이 객관세계와 주관세계를 인식하는 개념의 반영이다. 따라서 언어에는 필연적으로 생명활동과 인류의식의 흔적이 체현된다. 언어에서 생명도는 바로 언어가 지시하는 대상의 생명도를 일컫는다.

"생명도" 개념은 일찍 예스퍼르센(Jespersen)(1924)의 〈언어 철학〉에서 논의되었다. 그의 언어 철학에서 논의된 생명 범주는 주로 성별과 속성에 관심을 두었다. 그는 유생물과 무생물이 형식표기에서 대립을 나타내는 많은 통사적 예문들을 찾아서 현실에 존재하는 생명도를 언어에 대응되는 문법 표현들로 설명하였다. 그는 영어에서 성범주에 나타나는 개별적인 단어

---

[34] "생명도"는 중국의 번역에서 가져온 것이다. 한국어에서는 생명도, 또는 유생성이라고 번역하였는데 '성'이라는 것은 속성을 말하는 것이고 '도'는 정도성을 말하는 것으로서 생명 자질을 갖는 정도를 평가하는 것이므로 '성보다는 '도'를 쓰는 것이 더 적합하다고 생각하여 본고에서는 '생명도'라는 명칭으로 통일하였다.

를 예로 들어 설명하였다.

　　생물과 비생물: he: it,

　　　　　　　　　somebody : something,

　　　　　　　　　nobody : nothing

영어에서 생명도는 접미사 or와 ress로 성별을 나타냈다.

　　남성과　여성: actor : actress

　　　　　　　　　waiter : waitress

　　그 당시 예스퍼르센의 생명도에 관한 연구는 다만 영어의 성별과 속성
에만 국한되었다. 그 뒤로 서방의 여러 언어학 이론의 등장과 함께 생명도
에 대한 연구는 명맥을 이어왔다. 1920년대는 생명도를 유정명사와 동사
가 목적어에 주는 영향에 국한되어 연구되다가 20세기 후기에 들어와서
의미연구는 통사연구에 자리를 내주게 되고 연구 중심에서 밀려나게 되었
다. 1960년대 중반에서부터 통사연구를 중요 대상으로 한 촘스키의 보편
문법 연구는 생명도 연구의 명맥을 완전히 끊어 놓게 된다. 자연계의 생명
도 현상이 언어에 존재하고 있었지만 그 당시 연구 중심은 언어의 형식 그
자체, 그리고 언어사용자들의 능력, 사회가 사람들이 사용하는 언어에 주
는 영향 등에 관심을 쏟다 보니 자연계의 생명도 현상이 자연언어에 대한
영향, 특히 의미와 통사 및 형식 간의 영향에 대한 연구가 넓게 다루어지
지 못했다. 문법 연구에서 항상 제기되는 의미의 결정성, 문법의 강제성,
화용의 선택성, 인지의 해석력 등은 모두 형식과 의미의 상호 작용에 귀결
된다. 언어의 가장 큰 기능은 의사소통이고 인류가 세계를 인지하는 도구
이므로 통사구조에도 인류가 세계를 인식하는 방식이 투사된다. 형식과 의

미의 상호 작용에는 생명도도 포함된다. 언어의 교제활동은 의미를 통해서 실현되고 의미는 또한 형식을 통해서 표현되기 때문이다. 따라서 생명도의 시각에서 보면 생명도를 갖는 단어가 같지 않은 문장에서 다른 의미를 체현하고 있다.

양해명(2007)은 자기 박사 논문에서 아래와 같은 예문을 들어 이 관점을 해석하고 있다.

(1) 나는 이 사실을 모른다.
(2) *개는 이 사실을 모른다.

예문 (2)가 성립되지 않는 이유는 생명도가 사람보다 낮은 '개'가 생명도가 높은 동사 "알다"와 일치하지 않기 때문이다. 다시 말해서 의미와 형식의 상호 작용이 실패한 것이다. 이러한 생명도의 연구는 기능문법의 출현과 C. J. Fillmore(필모)의 격문법에 이어 현대 언어 유형론에서 다시 각광을 받게 된다. 많은 학자들이 생명도가 언어 표현과 이해에 영향을 주는 것에 관심을 기울였는데, 많은 언어 현상의 뒤에는 생명도의 역할이 있다고 보고되었다. 어떤 언어에는 사람, 동물, 고급동물, 저급동물의 호칭어에도 명확한 형식적인 표기가 있음을 주목하고 있다. 생명도 연구의 주요한 대표인물로 Comrie(1981, 심가헌 1989)와 Croft(1990, 공군호, 나천화)를 들 수 있다. Comrie는 생명도의 기본 등급을 "인류>동물>무생물"이라고 하였고 이 기초에서 Croft(1990)는 생명도 등급을 인칭 등급, 명사구유형, 생명도 고유의 등급 등 세 가지로 하위 분류하여 제시하였다. 생명도 등급은 생명의 유무를 구분 기준으로 하였는데 생명이 있는 '생물'의 층위와 생명이 없는 '무생물'의 층위로 이루어진다.

'인칭 등급'은 '생명도 등급'을 발화 역할에 따라 좀 더 세밀하게 분류한 것이다. 인칭 등급을 나타내는 것으로, 1인칭 화자가 가장 높은 층위이고, 다음으로 2인칭 청자, 3인칭의 순이다. '명사구 유형 등급'은 개체의 식별 가능성과 한정성의 정도에 따라 구분된다. 개체의 식별 가능성과 한정성이 높은 대명사 층위와 그에 비해 개체의 식별 가능성과 한정성이 낮은 명사 층위로 이루어진다. "생명도 고유의 등급"은 인간이 가장 우선이고 다음으로 비인간 유정물이고 그 다음으로 무정물 순으로 이루어진다. 생명도는 많은 언어에서 부호화 되어 나타나는데 생명의 유무에 따라 다른 형식을 쓴다. 예를 들면 아래와 같다.

영어: [+생명도]he, she [-생명도]it

[+생명도]excited [-생명도] exciting

러시아어: [+생명도] xorosego mal, cika (착한 남자애), [-생명도]xorosij (좋은 책상),

중국어: [+생명도] 人们, (사람들)学生们 (학생들), [-생명도 *桌子们(책상들)

한국어: [+생명도] 동생에게 선물을 주었다. [-생명도]*나무에게 물을 주었다.

[+생명도] 아무+도 [-생명도] 아무+것

[+생명도] 모시다, 데리다, [-생명도] 가지다

예문: 어머니를 모시고/아이를 데리고 학교에 갔다.

강아지를 모시고*/데리고 산책하였다.

가방을 데리고*/가지고 갔다.

위의 영어 예문에서 생명이 있는 사물과 생명이 없는 사물에 대한 지시 부호가 달리 표시되었고 생명도의 유무에 따라 취하는 형용사와 동사도 달랐다. 주어가 [+생명도]이면 excited를 쓰고 주어가 [-생명도]이면 exciting를 써서 구별하였다. 같은 맥락에서 한국어는 조사나 동사 선택에서도 생명도에 따라 달리 선택되었다. 사람에게는 '에게'가 선택되고 [-생명도] 사물에는 '에'가 선택되었다. 동사 선택 역시 사람이면 '모시다. 데리다'를 쓰고 생명도가 사람에 비해 약하면 '데리다'를 쓰고 [-생명도]면 '가지다'를 썼다. 중국어에서 복수 표기는 [+생명도]에만 썼고 한국어는 이런 제약이 없이 무생물에도 썼다.

(3) <u>너희</u>들 모두 학생이야? (你们)

(4) <u>양</u>들이 초원에서 풀을 먹고 있었다.(羊们＊)

(5) <u>술병</u>들이 지저분하게 널려 있었다. (酒瓶们＊)

위의 예문에서 생명도의 순서는 너희(인칭), 양(동물), 술병(물건)이지만 복수표기 '들'이 아무 제약 없이 쓰였다. 이에 반해 중국어는 [+생명도]가 강한 인칭에만 복수표기를 쓴다.

일찍 중국의 언어학자 李临定(1984)에서도 생명도의 시각에서 행위자의 의미를 사람과 동물, 그리고 무생물 등 세 부류로 나누었다. 그의 예문을 보면 다음과 같다.

(가)	哥哥修自行车。	哥哥修不修自行车？	哥哥不修自行车。
(나)	老黄牛撞了我一下。	*老黄牛撞不撞我？	? 老黄牛不撞我。
(다)	树枝划了我一下。	*树枝划不划我？	* 树枝不划我。

위의 예문 (가)에서 행위자의 생명도가 가장 높고 그 다음이 (나)동물 황소이고 제일 낮은 것이 (3)나무 가지이다. (나)문장과 (다)문장이 비문이 된 것은 행위자의 생명도에 의해 좌우된 것이다. 위에서 든 예문들에서 볼 수 있는 바와 같이 생명도는 격 표시나 어휘에서도 나타날 뿐만 아니라 격이

나 어순,[35] 문장 유형 및 생략 등 통사 현상에도 영향을 준다는 것을 알 수 있다. 본고는 지금까지 언어 내적으로 설명되어 왔던 격조사의 생략 현상을 언어 외적 개념인 생명도의 이론 즉 Croft(1990)의 생명도 등급 이론에 기대어 생략의 제약성을 밝혀보고자 한다.

3) 조사의 생략과 생명도

이 논의는 아래의 예문에서 목적격조사가 왜 생략될 수 없을까 하는 의문에서 시작된다.

(6) 우리는 태어난 곳(을) 고향이라고 한다.
(6′) *태어난 곳 고향이라고 한다.
(7) 그는 허리(를) 굽실거리면서…
(7′) *그는 허리 굽실거리면서…

이 절에서는 목적격 조사뿐만 아니라 주격, 부사격 등 주요한 조사의 생략이 어떻게 생명도의 제약을 받는지에 대해 토론하겠다.

(1) 주격조사의 생략
가. 주어가 인칭 명사일 때
인칭 명사가 주어로 될 때 담화에서 주격조사는 생략될 수 있으나 원래의 문장 의미와 달리 해석된다.

---

35 어순에 주는 생명도의 영향에 관한 논의는 다른 논문에서 하기로 하였다.

(8) 그가 도서관에서 책을 볼 때 전화가 왔어요.(생략이 불가능)

(8′) 그 도서관에서 책을 볼 때 전화가 왔어요.

(9) 내가 도서관에서 책을 볼 때 전화가 왔어요.(생략이 가능)

(9′) 내 도서관에서 책을 볼 때 전화가 왔어요.

(10) 니가 도서관에서 책을 볼 때 전화가 왔어요(생략이 가능)

(10′) 니 도서관에서 책을 볼 때 전화가 왔어요.

(11) 친구가 도서관에서 책을 볼 때 전화가 왔어요.

*?(11′) 친구 도서관에 책을 볼 때 전화가 왔어요.(중의성)

이는 인칭등급에서 3인칭이 주어일 때 주격조사가 생략되면 도서관을 한정하는 뜻으로 '그 도서관'이 되어 원래의 뜻과 다르게 표현된다. 하지만 (9)에서 1인칭이나 (10)의 2인칭이 주어일 때 생략이 가능한 것은 주어가 3인칭 대명사 '그가' 1인칭이나 2인칭보다 생명도가 낮기 때문이다. 이는 또 '그' 가 3인칭의 역할을 하지 못한다는 견해와도 일치한다. 예문 (11)은 생명도가 인칭보다 낮은 명사이므로 중의성으로 해석할 수 있다.

나. 보통명사가 주어로 될 때
다음은 보통명사의 예문을 보기로 하자.

(12) 은행이 돈을 그에게 빌려 주지 않는다.(생략하면 원래 문장의 뜻과 달라진다.)

(12′) *?은행 돈을 그에게 빌려 주지 않는다.

(13) 회사가 돈을 그에게 빌려 주지 않는다.

(13′) *?회사 돈을 그에게 빌려 주지 않는다.

(14) 학교가 돈을 그에게 빌려 주시 않는다. (상동)

(14′) *? 학교 돈을 그에게 빌려 주지 않는다.

(15) 병원이 돈을 그에게서 받지 않았다.

(15′) *병원 돈을 그에게서 받지 않았다.

명사의 생명도의 범위에 대해 조서란(2007)에서는 생명도는 유정명사가 무정명사와 대립되는 의미 범주라고 논의하였다.

자연계의 객관세계는 무정세계와 유정세계로 나누어지는데 유정세계는 다시 인류와 비인류로 나뉘고 비인류는 또 다시 동물과 미생물, 식물로 나누었다.

무정명사 등급에서도 다시 세분한다면 '은행', '회사', '학교', '병원'은 모두 사람들의 단체를 지칭하므로 '돌'이나 '흙'과 같은 무정명사보다는 생명도가 높으나 인칭의 생명도보다는 낮다. 이 경우 조사를 생략하게 되면 문장 구조가 무주어 문장이 되고 원래 주어가 관형어 역할을 하게 되고 따라서 의미도 변하게 된다. 아래의 예문도 이를 증명해준다.

다. 주어의 생명도가 목적어 생명도보다 낮은 경우

(16) 바람이 나무(를) 넘어뜨렸다.

(17) 폭우가 꽃을 죽였다.

(18) 태풍이 많은 농작물을 쓸어갔다.

(19) 지진이 많은 사람들을 죽였다.

'바람', '비' 그리고 '태풍'은 생명도 등급에서 생명도가 가장 낮은 명사라고 할 수 있다. 이에 반해 '나무', '꽃' 그리고 '농작물'은 식물로서 생명도 등급이 이들보다 앞에 위치한다. 이런 경우에는 목적격 조사는 생략될 수 있지만 주격조사는 생략될 수 없다. 이는 중국어에서도 비슷하게 나타난다.

A. 洪水冲垮了大坝。　　B. ?水冲垮了大坝。

　　颶风刮倒了房屋。　　　?风刮倒了房屋。

　　暴雨打断了电线。　　　?雨打断了电线。

　　闪电劈倒了大树。　　　?电劈倒了大树。

무정의 세계에서 홍수, 폭풍, 폭우, 번개 같은 어휘들은 어떤 강력한 자연의 힘을 지닌 자동으로 이동할 수 있는 명사로서 다른 무정명사에 비해 생명도가 높다고 평가하였다. 양해명(2007)의 설명에 따르면, 물질 존재 형식은 기체, 액체, 고체로 나뉘는데 같지 않은 존재형식에 따라, 그리고 운동 정도에 따라 다르다. 다시 말하면, 바람, 안개 등등이 생명도가 가장 높고 그 다음 액체인 물, 기름 등이고 마지막으로 바위, 해안 등이다. 따라서 A조의 문장들은 바른 문장이 되지만 B조의 문장은 비문이거나 부자연스럽다고 하였다. 이러한 언어현상은 위의 한국어의 언어현상과 맥을 같이 하는 예문들로 두 언어에서 생명도의 공성을 시사해준다.

(2) 부사격 조사의 생략

여기서는 부사어를 담당하고 있는 부사절과 주어와의 관계에서 생명도의 역할을 찾아보고자 한다.

가. 부사어가 유정명사인 경우

(20) 그는 매일 학교에 간다. 그는 오늘 학교 간다.

(21) 그는 오늘 회사에 간다. 그는 오늘 회사 간다.

(22) 어머니는 병원에 간다. 어머니는 병원 간다.

위의 예문들에서 학교, 회사, 병원 등 기관은 사람들로 조성된 생명도의 의미를 갖는다. 이 부분에서 우리는 생명도는 생명의 자연속성과 사회속성 두 개 측면에서 표현되며 사람은 자연인과 사회인의 종합체이므로 자연속성을 나타내기도 하고 사회속성을 나타내기도 한다. 위의 예문에서 주어의 생명도가 부사절의 생명도보다 높다. 이럴 경우에는 부사격 조사가 자유롭게 생략된다.

나. 부사어가 무정명사일 때
부사어의 무정명사는 보통명사와 고유명사로 나누어 살펴보겠다.

(23) 산에 가다가 호랑이를 만났다.
(23′) ?산 가다가 호랑이를 만났다.
(24) 백두산에 가다가 호랑이를 만났다.
(24′) 백두산 가다가 호랑이를 만났다.
(25) 바다로 가다가 친구를 만났다.
(25′) ?바다 가다가 친구를 만났다.
(26) 해운대(로) 가다가 친구를 만났다.
(26′) 해운대 가다가 친구를 만났다.

위의 예문에서 보면 보통명사 '산, 바다'는 조사 생략이 어렵지만 고유명 사인 '백두산'이나, '해운대'는 조사 생략이 가능했다. 이는 인간은 동물보다 더 유정적이고 고유명사는 보통명사보다 더 유정적이며 1인칭과 2인칭은 둘 다 보통명사보다 더 유정적이고 1인칭 대명사는 2인칭 대명사보다 더 유정적인 것으로 등급을 정한 Comrie의 등급이론에 부합된다. 그러나 위의 예문에 한정하는 대명사를 두면 생략이 자연스러워진다.

    (27) 그 산(에) 가다가 호랑이를 만났다.

    (27′) 그 바다(에) 가다가 친구를 만났다.

이는 한정성 역시 생명도에 영향을 준다는 것을 증명하는 내용이다.

(3) 목적격조사의 생략

목적격 조사의 생략은 주격이나 부사격 경우보다 복잡하다. 생명도는 단선적인 척도가 아니라 여러 가지 다른 변수들 안에서의 인간의 자연적 상호작용을 반영하는 것이다. Yamamoto(1999)는 생명도라는 것이 어느 한 기준으로 나누어질 수 있는 것이 아니며, 인간의 인지와 깊은 연관이 있는 만큼 생명도의 정도를 나누는 기제가 복잡하다는 것을 보였다. 여기에는 생명도 등급 외에 또 한정성, 친숙도 변수가 작용할 뿐만 아니라 주어의 생명도와도 연관된다. 목적격조사의 생략은 무정명사의 경우와 인칭명사의 경우를 갈라서 살펴볼 것이며 주어와 목적어가 모두 유정명사일 경우와 모두 무정명사일 경우를 갈라서 살펴보겠다.

가. 목적어가 무정명사구인 경우
아래의 예문을 보자.

    (28) 그는 도서실에서 책(을) 읽었다.

    (29) 나는 길에서 영화(를) 봤다. (무정보통명사)

위의 예문에서 목적어는 [-생명도] 보통명사로서 주어 '그'와 '나'의 생명도보다 낮기 때문에 목적격 조사가 생략이 되어도 비문이 되지 않는다.

이러한 언어 사실은 어순에 의해 문법관계를 나타내는 중국어에서도 나타난다. 아래의 예문을 통해 살펴보자.

(30) ㄱ. 张三看过了电影。

ㄴ. 电影张三看过了。

ㄷ. 张三电影看过了。

위의 예문에서 주어가 [+생명도] 명사이고 목적어가 무정명사일 때, 주어와 목적어의 구별이 분명히고 어순의 제약을 가장 적게 받는다.

나. 목적어가 인칭대명사인 경우

인칭의 생명도 등급에서는 위와 다른 양상을 보이기도 한다. 아래의 예문을 보자.

(31) ㄱ. 나는 거기서 그(를) 봤어요.

ㄴ. *나는 거기서 그 봤다.

(32) ㄱ. 나는 버스에서 너(를) 봤다.

?ㄴ. 나는 버스에서 너 봤다.

(33) ㄱ. 너 버스에서 나를 봤니?

ㄴ. 너 버스에서 나 봤니?

위의 예문은 주어의 생명도나 목적어의 생명도가 같은 인칭 대명사를 목적어로 한 문장이다. 일반적으로 담화에서 주격이나 목적격이 쉽게 생략되지만 생명도가 약한 인칭대명사는 생략이 제약을 받는다.

위에서 3인칭은 유정보통명사로서 1인칭이나 2인칭에 비해 생명도가 가장 낮으므로 생략이 되면 비문이 되고 2인칭의 조사가 생략되면 비문은 아니지만 자연스럽지 못한 문장이 되고 1인칭 목적어는 조사가 생략되어도 자연스럽다. 예문 (33)은 주어의 인칭이 '너' 2인칭이고 목적어의 인칭이 '나' 1인칭일 때 생략이 가능하다. 그것은 1인칭의 생명도는 2인칭보다 높기 때문이다.

다. 목적어가 유정명사인 경우

유정명사의 범위를 어디까지 봐야 할 것인지에 대해서는 더 논의를 해야 겠지만 여기서 명사의 생명도 강약의 차이는 어휘에 직접 반영된다. 같지 않은 생명체 외 그 기관 등 사용이 다르게 부호화 되어 나타난다. 아래 사람과 동물, 식물 등의 어휘형식을 비교해보자.

〈표 1〉 사람과 동물 식물의 어휘표현대조[36]

의미분류	사람	동물	식물
성별	남/여	公/母	자/웅
후대	자녀/골육	犊, 仔, 驹	묘/싹
거주	집	굴(窝, 穴), (우리)圈	포(圃?)
식물	밥, 반찬	모이	-
	사람의 기관명칭	동물의기관명칭	식물의기관명칭
사지(四肢)	手脚	爪子, 蹄子	茎, 枝
모발	头发 胡子	毛, 鬃, 羽毛	刺
구강(口腔)	口, 嘴	嘴	气孔
표피(表皮)	皮肤	皮, 皮革	-
골격	肋骨	排骨, 肋条	-
복강(腹腔)	脏腑	杂碎	-
내장	胃	肚子, 百叶,	-
허리	허리	허리	-

---

36 이 표는 조서란(2007)에서 논의한 것을 표로 정리한 것이다. 표 중에 '허리'는 필자가 보충한 것이다.

위의 표에서 보다시피, 사람명사 종류는 동물이나 식물에 비해 더 세분되었다, 이는 생명도가 동물이나 식물보다 훨씬 높다는 것을 보여준다. 이제 이 글의 앞에서 제기했던 예문을 보기로 하자.

(34) 우리는 태어난 곳(을) 고향이라고 한다.
(34′) *태어난 곳 고향이라고 한다.
(35) 그는 허리(를) 굽실거리면서…
(35′) *그는 허리 굽실거리면서…

위의 예문에서 '태어난 곳-고향'과 '허리'는 생명도 등급이 앞에 위치한다. 예문 (35)에서 '허리'는 주로 사람에게 쓰이는 생명도가 강한 명사로서 일부 동물에는 비유적으로 쓰이나(개미허리) '오이'나 '가지'같은 생명도가 약한 식물명사에는 쓰는 않는다. '태어난 곳'이나 '고향'도 주로 사람에게 한해서 쓰는 생명도가 강한 명사이다. 동물인 개나, 소한테 태어난 곳이나 고향이라는 표현은 쓰지 않는다. 위의 문장에서 '태어난 곳'이나 '허리'는 주어의 생명도보다 약하기 때문에 조사가 생략되면 비문이 된다.

4) 정리

위의 논의를 정리하면 다음 세 가지로 내용으로 정리할 수 있다. 첫째, 주격의 생략에서는 주어의 생명도가 높을 경우 조사의 생략이 자유롭고 주어가 보통 명사구의 경우는 조사 생략이 제약을 받는다는 것, 또 주어가 무정명사의 경우 조사 생략이 제약을 받는다는 것을 밝혔다. 둘째, 부사격 생략은 보통명사의 경우, 생략이 제약을 받으나 고유명사의 경우와 보통명사에 한정을 나타내는 성분이 삽입되면 생략이 된다는 것을 밝혔다. 셋째,

목적격 조사 생략은 무정명사의 경우와 인칭대명사의 경우를 나누어 살폈는데, 무정명사구의 경우, 목적어의 생명도가 주어의 생명도 보다 낮으면 생략이 제약이 없고 인칭명사의 경우는 생명도 등급에 따라 생략이 제약된다는 제약 조건을 제시하였다.

생명도에 대한 연구는 여러 언어이론에서 많은 학자들이 언급하고 있지만[37] 아직까지 체계적인 연구는 이루어지지 않고 있다. 하지만 기능문법과 인지 언어학에서 다루는 원형 범주라든가 이상화 된 인지 모형, 사건인지역 모형, 그리고 도상원칙, 동기와 원칙의 경쟁 등은 모두 사람이 세계에 대한 인지의 결과로서 이런 분석에서 생명도의 궤적을 찾을 수 있다. 따라서 생명도에 대한 연구는 기능문법이나 인지 문법이 해석하려는 시작점이 될 수도 있다. 아직까지 생명도 이론은 그 자체의 개념의 똑똑하지 못한 점과 생명도 한계를 어디까지 봐야 할 것인지 등등 이론기초가 튼튼하지 못한 한계를 갖고 있지만 여러 언어 이론들과 함께 언어의 본질을 연구하는데 일정한 해석력을 갖고 있으므로 좀 더 깊은 연구를 기대해 볼 수 있다.

---

37 기능문법에서는 张伯江(장백강), 沈家煊(심가헌), 张国宪(장국헌) 등이 연구하였고 인지 문법과 의미론에서는 邵敬敏(소경민), 马青华(마청화) 등이 언급하였고, 그리고 언어 유형론에서는 金立鑫(김립흠), 刘丹青(유단청), 陆丙甫(육병보) 등이 문장의 구조, 재귀대명사 이중목적어 구문 등 을 논의하면서 Comrie(콤리)의 생명도에 대해 언급하였지만 아직 문법구조와 생명도 관계에 대한 전반적인 체계적인 논의는 이루어지지 않고 있다.

한국어, 일본어와 터키어 격조사 생략현상의 생명도 및 한정성 요인

1) 선행연구

조사는 자립성이 있는 말에 붙어 그 말과 다른 말의 관계를 표시하는 품사이다. 한국어를 비롯한 일부분 언어에서 체언 뒤에 조사를 붙이는 방식으로 문장성분 간의 격관계를 표시하는데 이런 조사는 격조사라고 한다. 한국어 문장에서 격조사가 생략되는 현상은 빈번히 나타나고 문어체보다 구어체에서 더 많이 확인된다. 선행연구를 통해 일본어, 터키어, 몽골어 등 교착어에도 이와 비슷한 현상이 있다는 사실을 발견하였다. 격조사 생략은 수의적으로 이루어지는 현상이 아니다. 생략을 제약하는 변수를 찾기 위해 학자들이 연구를 많이 하였다. 선행연구는 주로 통사, 의미와 화용 영역에서 진행되었다. 통사적 영역에서 진행된 연구는 조선경(1997), 가키모토 (2013) 등이 있고 의미, 화용 영역에서 진행된 연구는 박진화(2003), 왕충은(2012) 등이 있다. 이 외에 신지영(2012) 등 논문은 음운론적 시각으로 조사 생략 문제를 고찰하였다. 언어유형론의 관점으로 보면 체언 간의 생명도 및 한정성 차이는 항상 언어의 형태, 통사적 측면에서 반영된다. 이것은 언어 보편성 중의 하나이다. 한국어, 일본어와 터키어는 전형적인 교착어이고 격조사 생략 현상이 확인되는 언어이다. 본 논문은 생명도 및 한정성 요인이 한국어, 일본어, 터키어 주격, 처소격, 목적격조사 생략에 주는 영향을 살펴보겠고 언어유형론 연구에 참고자료를 남기고자 한다.[38]

---

[38] 이 문제를 연구하는 과정에서 상해외국어대학교 일본경제문화학부 성원종(盛文忠) 교수님과 상해외국어대학교 동양어학부 터키어학과 천칭(陈清) 교수님이 관련 자료를 제공하셨다.

이 절에서는 Croft(1990)에서 제시된 확장된 생명도 등급과 Aissen(2003)에서 제시된 한정성 등급을 바탕으로 한국어, 일본어, 터키어 주격, 처소격과 목적격조사의 생략 양상을 살펴보기로 한다.

(1) 주격조사의 생략

가. 주어가 [+인간]인 경우

1, 2인칭대명사가 문장 주어 자리에서 나타날 때 한국어 주격조사의 생략이 가능하고 주어가 3인칭대명사인 경우에 주격조사가 생략되면 문장 의미가 달라지거나 중의성이 생긴다.[39]

(1) 가. 내가 학교에서 공부한다.

나. 나 학교에서 공부한다.

(2) 가. 네가 학교에서 공부하니?

나. 너 학교에서 공부하니?

(3) 가. 그가 학교에서 공부한다.

나. 그 학교에서 공부한다.

주어가 1, 2인칭대명사인 예문에서 주격조사가 생략되어도 의미 변화가 없지만 예문 (3나)에서 주격조사가 생략되면 '그'는 인칭대명사로 해석되지 못하고 '학교'를 수식하는 관형사가 된다. 문장 주어가 고유명사나 보통 인간명사일 때 주격조사가 생략되면 위와 비슷한 상황이 일어난다.

---

39 한국어 3인칭대명사는 1, 2,인칭대명사과 달리 고유한 형태가 없다. 남기심, 고영근(2011)에 의하면 오늘날 한국어에서 '그'가 3인칭대명사로 널리 쓰이고 있다. 따라서 본 논문에서 '그'를 한국어 3인칭대명사로 삼고 고찰하겠다.

(4) 가. 철수 학교에서 공부한다.

　　　나. 친구 학교에서 공부한다.

　위 예문에서 주격조사가 생략되면 명사인 '철수'와 '친구'는 모두 '학교'를 수식하는 관형어로 해석된다. 격조사로 해석하려면 관형격조사 '의'를 붙여야 한다. Croft(1990)에서 인칭대명사와 인간명사의 생명도 등급은 아래와 같이 제시되어 있다.

　1, 2인칭대명사>3인칭대명사>고유명사>보통 인간명사

　한국어에서 1, 2인칭대명사 뒤에 붙는 주격조사만 생략될 수 있고 3인칭대명사, 고유명사와 보통 인간명사는 생명도가 약하다는 원인으로 주격조사가 생략되면 문장 의미가 달라진다.

　한국어와 달리 일본어 문장에서 주어의 인칭과 생명도 차이는 주격조사의 생략에 영향을 거의 주지 않는다.

(5) 가. 私が学校で勉強する.

　　　　내가 학교에서 공부한다.

　　　나. あなたが学校で勉強するか.

　　　　네가 학교에서 공부하니?

　　　다. 彼が学校で勉強する.

　　　　그가 학교에서 공부한다.

　　　라. 張さんが学校で勉強する.

　　　　장씨는 학교에서 공부한다.

　　　마. 友だちが学校で勉強する.

친구가 학교에서 공부한다.

위 예문에서 주어 뒤에 주격조사 'が'와 화제를 표기하는 조사 'は'가 모두 나올 수 있다. 'が'와 'は'는 문장에서 꼭 필요한 성분이고 생략되면 문장의 주체가 없어지고 의미도 모호해진다. 여기서 [+인간] 주어 사이의 생명도 차이는 문장의 통사와 의미적 측면에서 거의 반영되지 않는다.

터기어 문법 체계에서 주어는 문법적 수단으로 표기되지 않는다. 주어 자리에서 단어는 원형으로 나타나고 주격조사 자체가 존재하지 않는다. 그러므로 이 장에서 터키어 부분을 상세하게 전개하지 않기로 한다.

나. 주어가 [-인간]인 경우

주어가 [-인간]인 경우에 한국어와 일본어에서 주격조사는 모두 생략되지 않는다. 주격조사가 생략되면 비문이 되거나 문장 의미가 달라진다. 우선 한국어 예문을 보자.

(6) 가. 철새가 남쪽으로 날아간다.

　　나. *철새 남쪽으로 날아간다.

(7) 가. 회사가 철수의 요구를 거절하였다.

　　나. *회사 철수의 요구를 거절하였다.

(8) 가. 은행이 돈을 그에게 빌려주지 않는다.

　　나. ?은행 돈을 그에게 빌려주지 않는다.

'철새'는 비인간 유정명사이고 '회사'와 '은행'은 무정명사이다.[40] Croft

---

40 '회사'와 '은행' 등 조직은 사람으로 구성되어서 '책, 돌, 바람' 등 전형적인 무정명사보다

(1990)의 관점으로 보면 예문 (6)-(8)에서 주어의 생명도가 낮다. 주격조사가 생략되면 예문 (6)과 (7)에서 '철새'와 '회사'가 무슨 성분인지 식별되지 못하고 비문이 된다. 예문 (8나)에서 '은행 돈'이라는 표현이 나타나는데 주어인 '은행'은 '돈'을 수식하는 관형어가 되고 문장 주체가 없어진다. 일본어의 상황도 한국어와 비슷하다.

(9) 가. 渡り鳥が南の地方へ飛んでいく.

철새가 남쪽으로 날아간다.

나. 会社が張さんの要望を断った.

회사가 장씨의 요구를 거설하였다.

다. 銀行が彼にお金を貸してくれない.

은행이 그에게 돈을 빌려주지 않는다.

위 예문에서 주격조사 'が'는 꼭 나와야 한다. 생략되면 문장 의미가 모호해지고 비문이 된다.

다. 주어 생명도가 목적어보다 약한 경우

주어 생명도가 목적어보다 약한 문장은 다시 두 가지로 세분될 수 있다. 하나는 주어와 목적어가 모두 [+인간]이지만 주어 생명도가 목적어보다 약한 문장이다. 또 하나는 주어가 [-인간]이고 목적어는 [+인간]인 문장이다. 이 두 가지 문장에서 한국어, 일본어 주격조사가 생략될 수 있는지를 살펴보겠다.

생명도가 조금 높다. 그러나 이런 단체, 조직 명사는 생명도가 인간명사보다 많이 약하고 여전히 무정명사에 속한다.

(10) 가. 그가 버스에서 나를 만났다.

　　 나. ?그 버스에서 나를 만났다.

(11) 가. 낙석이 지나가는 사람을 죽였다.

　　 나. *낙석 지나가는 사람을 죽였다.

(12) 가. 바람이 나무를 넘어뜨렸다.

　　 나. *바람 나무를 넘어뜨렸다.

　예문 (10)에서 주어와 목적어는 모두 [+인간]이지만 3인칭 주어의 생명도
는 1인칭 목적어보다 약하다. 주격조사가 생략되면 '그'는 '버스'를 수식하
는 관형어가 되고 문장 주어가 없어진다. 예문 (11), (12)에서 주어가 [-인
간] 명사이다. Croft(1990)에 따르면 나바호어(納瓦霍语)[41]를 비롯한 일부분
언어에서 '낙석', '바람'과 '번개' 같은 자연적 힘을 가지는 무정명사는 [+인
간] 목적어와 비슷한 수준의 생명도를 드러낼 수 있고 유정명사에만 붙이는
격표지를 쓸 수 있다. 그러나 한국어에서 이런 상황이 확인되지 않는다. 위
예문에서 볼 수 있듯이 생명도가 낮기 때문에 '낙석'과 '바람' 뒤에서 나온
주격조사가 생략되면 문장은 비문이 된다.

(13) 彼がバスで私に出会った.

　　 그가 버스에서 나를 만났다.

　예문 (13)은 예문 (10)의 일본어 번역문인데 문장에서 주격조사와 목적
격조사는 모두 생략될 수 없다. 예문 (11), (12)에서 [-인간] 명사가 문장에
서 행위주로 나타나는데 일본어로 직역하면 자연스럽지 않다. 한국어 문장

---

41 나바호어는 미국 서남부지역 나바호족 토착민들이 사용하는 언어이다.

에서의 [-인간] 행위주는 대부분 경우에 일본어 문장에서의 원인 표현과 대응된다.

> (14) 가. 落石で通り人が死んでしまった.
>
> 낙석 때문에 지나가는 사람이 죽었다.
>
> 나. 風で木が倒れた.
>
> 바람 때문에 나무가 넘었다.

터키어에서도 [-인간] 명사가 문장의 행위주가 되지 못한다. 예문 (11)은 반드시 '지나가는 사람이 낙석에 맞아 죽었나'로 번역되어야 하고 예문 (12)는 일본어처럼 '바람'을 원인 표현으로 처리한다.

Silverstein(1976)에서 아래와 같은 '행위자성 등급(施事性等级)'이 제시되었다.

> 1, 2인칭대명사>3인칭대명사>고유명사>인간명사>비인간 유정명사>무정명사[42]

행위자성 등급을 보면 1, 2인칭대명사는 문장에서 행위자로 나타나기가 가장 쉽고 무정명사는 행위자로 나타나기가 가장 어렵다. 이 등급은 생명도 등급과 비슷하고 행위자성과 생명도 간의 연관성을 보여준다. 한국어는 문장 행위주 선택에 있어 제약이 그렇게 엄격하지 않다. 무정명사는 예문 (11), (12)처럼 문장의 행위주로 나타날 수 있다. 다만 뒤에 나온 주격조사가 생략되지 못한다. 일본어와 터키어는 [-생명도] 행위주를 기피하는 경향이 강하

---

42 Silverstein(1976)에서의 행위자성 등급은 吉洁(2014)에서 재인용한 내용이다.

게 드러나고 이 경우에 주격조사의 생략 여부를 논의할 여지가 없다.

주격조사 생략에 대한 논의를 정리하면 다음과 같다.

한국어 문장에서 주격조사 생략의 가능 여부는 주어 생명도의 강약과 연관되어 있다. 주어가 생명도가 가장 강한 1, 2인칭대명사이면 주격조사의 생략이 가능하다. 주어가 3인칭대명사, 보통 인간명사 혹은 무정명사인 경우에 주격조사의 생략은 불가능하다. 주격조사가 나오지 않으면 문장 주어가 관형어로 해석되거나 비문이 된다. 주어의 생명도가 목적어보다 약할 때 이런 현상은 더 뚜렷하게 나타난다.

일본어 문장에서는 주어의 생명도 차이는 주격조사 생략에 영향을 거의 주지 않는다. 한국어와 달리 일본어 문장에서 주격조사의 생략은 활발히 이루어지지 않고 주격조사가 생략되면 문장 주체가 없어지고 의미도 항상 모호해진다. 그러나 생명도는 일본어 문장의 행위주 선택에 영향을 준다. 한국어에서 유정명사뿐만 아니라 '낙석'과 '바람' 등 무정명사도 문장에서 행위주가 될 수 있다. 이와 달리 일본어에서 무정명사가 행위주 자리에서 나오면 문장이 어색해 진다.

터키어는 주격을 나타내는 문법적 수단이 따로 없어서 주어 자리에서 체언은 원형으로 나타난다. 따라서 생명도가 주격조사 생략에 주는 영향을 논의하지 못한다. 그러나 터키어도 일본어와 마찬가지로 문장 행위주를 선택할 때 생명도 제약이 있다. 대부분 경우에 무정명사는 행위주 기능을 하지 못하고 내포문이나 원인 표현으로 나와야 한다.

(2) 처소격조사의 생략

가. 처소명사의 생명도가 다른 경우

한국어 처소격조사의 생략 여부는 선행명사 사회적 속성의 강약에 달려 있다. 아래 예문을 비교해 보자.

(15) 가. 방학이지만 철수가 학교에 갔다.

　　　나. 방학이지만 철수가 학교 갔다.

(16) 가. 방학 때 철수가 산에 갔다.

　　　나. *방학 때 철수가 산 갔다.

'학교'와 '산'은 모두 [-생명도] 처소명사이다. '학교'와 결합된 처소격조사가 생략될 수 있는 반면에 '산'과 결합된 처소격조사가 생략될 수 없다. '학교'와 '산'은 사회적 속성 차이가 있기 때문이다. 김충실(2016)에 따르면 생명도는 생명의 자연적 속성과 사회적 속성에서 모두 표현된다. '학교, 회사, 병원' 같은 처소명사는 인간의 활동과 긴밀하게 연관되어 있어서 사회적 속성을 띤다. 따라서 생명도가 '산, 들' 같은 보통 처소명사보다 조금 강하다. 이런 무정명사 내부의 생명도 차이는 처소격조사 '에'의 생략 여부에 영향을 준다.

일본어와 터키어에서 처소명사의 생명도 차이는 처소격조사의 생략 여부에 영향을 거의 주지 않는다.

(17) 가. 父は朝会社に行った.

　　　　 아버지는 아침에 회사에 갔다.

　　　나. 山を登るとき, 友達に出会った.

　　　　 산에 갈 때 친구를 만났다.

(18) 가. Babam sabah firmaya gitti.

　　　　 아버지는 아침에 회사에 갔다.

　　　나. Dağa giderken arkadaş ı m gördüm.

　　　　 산에 갈 때 친구를 만났다.

예문 (17)에서 처소명사 뒤에 오는 격조사 '은'와 '을'는 문장에서 꼭 필요한 성분이고 생략되면 문장은 비문이 된다. 터키어에서 처소를 나타내는 격은 향격(向格)이라고 하는데 문장에서 이동동사는 꼭 향격조사와 공기해야 한다. 예문 (18가)에서 처소명사 'firma(회사)' 뒤에 모음 향격조사 'ya'가 나오고 (18나)에서 'dağ(산)' 뒤에 자음 향격조사 'a'가 나온다. 여기서 'ya'와 'a'가 생략되면 문장이 문법에 맞지 않는다.

나. 처소명사의 한정성이 다른 경우

Aissen(2003)에서 아래와 같은 한정성 등급이 제시되었다.

> 대명사>고유명사>한정된 보통명사>한정되지 않는 구체적 명사>한정되지 않고 구체적이지도 않은 명사

이 등급으로 처소명사의 한정성 차이가 처소격조사 생략에 영향을 주는지를 살펴보겠다. 한국어의 예문은 아래와 같다.

(19) 가. 산에 갈 때 친구를 만났다.

　　나. *산 갈 때 친구를 만났다.

(20) 가. 그 산에 갈 때 친구를 만났다.

　　나. ?그 산 갈 때 친구를 만났다.

(21) 가. 백두산에 갈 때 친구를 만났다.

　　나. 백두산 갈 때 친구를 만났다.

예문 (19)부터 (21)까지 한정성이 점점 강해진다. '산'은 한정되지 않고 구체적이지도 않은 명사이다. '그 산'은 한정된 보통명사이고 '백두산'은 고

유명사이다. 한정성이 낮을 때 처소격조사가 생략되면 문장이 어색해지거나 비문이 된다. 한정성이 높을 때 처소격조사의 생략은 가능하다. 따라서 한국어에서 '산'과 같은 자연적 속성만 있는 [-생명도] 처소명사도 한정성 정도를 높이면 처소격조사 생략이 가능하다.

일본어와 터키어에서 처소명사 한정성의 강약은 처소격조사의 생략에 영향을 주지 않는다.

(22) 山/あの山/長白山を登るとき，友達に出会った．
     산/그 산/백두산에 갈 때 친구를 만났다.

(23) Dağ/O dağ/Changbai dağına giderken arkadaşım gördüm.
     산/그 산/백두산에 갈 때 친구를 만났다.

처소명사의 한정성을 높여도 위 예문에서 볼 수 있듯이 조사 'を'와 'a'는 반드시 나타나야 한다.

이 부분의 논의를 정리하면 아래와 같다.

생명도와 한정성은 한국어 처소격조사의 생략에 일정한 영향을 준다. 처소명사는 모두 [-생명도]이지만 사회적 속성의 강약에 따라 내부에서 생명도 차이가 존재한다. '학교' 등 인간 활동과 연관되는 처소명사의 생명도는 보통 무정명사보다 강하다. 따라서 뒤에 오는 처소격조사가 생략되어도 문장이 자연스럽다. '산'과 같은 자연적 속성만 있는 처소명사는 문장에서 단독적으로 나오면 뒤에 오는 처소격조사가 생략되지 못한다. 그러나 관형사를 붙이거나 고유명사를 쓰는 방식으로 처소명사의 한정성 정도를 높이면 처소격조사의 생략은 어느 정도 가능하다.

일본어와 터키어에서 처소명사는 반드시 처소격조사와 공기해야 하고 처소격조사가 생략되면 비문이 된다. 처소명사의 생명도 및 한정성 차이는 처소격조사 생략 여부에 영향을 주지 않는다.

(3) 목적격조사의 생략
가. 목적어가 [+인간]인 경우

주어와 목적어가 모두 [+인간]인 경우에 한국어 목적격조사의 생략은 생명도 제약을 어느 정도 받는다.

(24) 가. *내가 길에서 그 봤어.

　　나. ?내가 길에서 너 봤어.

　　다. 네가 길에서 나 봤어?

(24가)부터 (24다)까지 목적어의 생명도가 점점 강해진다. 생명도가 상대적으로 약한 3인칭대명사가 목적어 자리에서 나타나면 목적격조사의 생략은 불가능하다. 목적어가 2인칭대명사인 경우에 조사 '를'이 생략되면 문장은 틀리지는 않지만 조금 어색하다. 생명도가 가장 강한 1인칭대명사가 목적어 자리에서 나오면 목적격조사가 생략되어도 문장이 자연스럽다. 따라서 목적어 생명도의 강해짐에 따라 목적격조사의 생략이 쉬워진다.

특정한 화맥이 있는 경우에 일본어 목적격조사의 생략은 가능하다. 화맥이 없는 경우에 생명도 차이는 목적격조사의 생략에 영향을 주지 않고 목적격조사의 생략 자체는 불가능하다. 아래 문장에서 목적격조사 'を'가 생략되면 모두 비문이 된다.

(25) 가. 途中で彼を見た.

　　　　내가 길에서 그를 봤어.

　　나. 途中であなたを見た.

내가 길에서 너를 봤어.

다. 途中で私を見た？

네가 길에서 나를 봤어?

터키어에서 목적격조사의 생략은 목적어의 생명도가 아니라 한정성에 따라 결정된다. 한정성이 강한 목적어 뒤에는 목적격 조사가 반드시 나타나야 하고 한정성이 약한 목적어 뒤에 목적격 조사를 붙이지 않는다.

(26) 가. Yolda onu gördüm.

내가 길에서 그를 봤어.

나. Yolda seni gördüm.

내가 길에서 너를 봤어.

다. Yolda beni gördün mü?

네가 길에서 나를 봤어?

터키어에서 1, 2, 3인칭 단수형은 각각 ben, sen과 o이고 자음, 모음 뒤의 목적격조사는 각각 'i'와 'nu'이다. 대명사의 한정성이 가장 강하므로 터키어에서 단수 인칭대명사가 목적어 기능을 하면 격조사가 반드시 공기해야 한다. 위 예문에서 'onu(그를), seni(너를), beni(나를)' 등 표현에서 격조사는 없어서는 안 된다.

나. 목적어가 [−인간]인 경우

주어가 [+인간]이고 목적어가 [−인간]인 경우에 한국어 목적격조사의 생략은 생명도의 영향을 여전히 받지만 구체적 실현 양상은 위에서 논의된 [+인간]의 경우와 다르다. 목적어가 [−인간]인 경우에 목적어의 생명도가 낮을수록 목적격조사의 생략이 쉽다.

   (27) 가. 주말에 내가 친구와 영화를 보겠다.

         나. 주말에 내가 친구와 영화 보겠다.

   (28) 가. 점심 때 우리는 커피를 마셨다.

         나. 점심 때 우리는 커피 마셨다.

   (29) 가. 그는 허리를 굽히고 물건을 주웠다.

         나. *그는 허리 굽히고 물건 주웠다.

   예문 (29)의 목적어인 '허리'는 인간 기관을 가리키는 명사이어서 다른 [-인간] 목적어보다 생명도가 강하다. 위 예문을 보면, 목적어가 [-인간]명사인 경우에 생명도가 낮고 자연적 속성만 있는 명사 뒤에 목적격조사는 생략될 수 있다. 반대로 '허리'처럼 인간과 관련되고 생명도가 상대적으로 강한 명사 뒤에 목적격조사는 쉽게 생략되지 않는다.

   일본어에서 [-인간] 목적어 내부의 생명도 차이는 목적격조사 생략에 영향을 주지 않는다. 모든 상황에서 목적격조사의 생략이 자유롭지 못하다. 아래 예문에서 목적격조사 'を'를 생략하면 모두 비문이 된다.

   (30) 週末に友達と映画を見に行く.

       주말에 내가 친구와 영화를 보겠다.

   (31) 昼休みのときに, 私たちはコーヒーを飲んだ.

       점심 때 우리는 커피를 마셨다.

   (32) 彼は腰を曲げてものを拾った.

       그는 허리를 굽히고 물건을 주웠다.

예문 (27)-(29)에서 목적어는 모두 한정되는 않는 명사이다. 따라서 터키어로 번역하면 목적어 뒤에 목적격조사를 붙이지 않는다.

(33) Hafta sonu arkadaş ı mla film izleyeceğim.

주말에 내가 친구와 영화를 보겠다.

(34) Öğle molas ı nda kahve içtik.

점심 때 우리는 커피를 마셨다.

(35) Bel Eğilerek eşya ald ı .

그는 허리를 굽히고 물건을 주웠다.

위 예문에서 목적어인 'film(영화), kahve(커피)'와 'bel(허리)'는 한정성이 낮은 원인으로 모두 원형으로 나오고 목적격조사가 붙지 않는다.

목적격조사 생략과 관련된 논의를 정리하면 아래와 같다.

한국어 [+인간] 목적어 뒤에서의 격조사 생략은 생명도의 영향을 받는다. 목적어의 생명도가 높을수록 격조사 생략이 쉬워진다. 목적어가 [-인간]인 경우에 '허리'처럼 인간과 관련되고 생명도가 상대적으로 강한 명사 뒤에 격조사는 생략되기 어렵고 '영화, 커피'처럼 자연적 속성만 있는 목적어의 격조사는 오히려 생략되기 쉽다.

대부분 경우에 일본어에서 목적격조사가 생략되지 않는다. 즉 목적어의 생명도 차이는 목적격조사 사용에 영향을 주지 않는다.

터키어 목적격조사의 생략은 목적어의 한정성과 관련된다. 한정성이 강한 목적어라면 뒤에 격조사를 꼭 붙여야 하고 한정성이 낮으면 격조사를 붙지 않는다.

2) 정리

한국어, 일본어와 터키어는 모두 격조사 생략 현상이 확인되는 교착어이다. 그러나 생략 여부를 결정하는 요인은 서로 다르다.

한국어에서 선행 체언의 생명도는 격조사의 생략에 큰 영향을 준다. 문장에서 주어가 생명도가 강한 1, 2인칭 대명사면 주격조사의 생략은 가능하다. 3인칭대명사나 그보다 생명도가 더 낮은 명사가 주어가 되면 격조사 생략은 불가능하다. 처소명사에서 '학교', '회사' 등 생명도가 상대적으로 강한 명사 뒤에 처소격조사 '에'를 생략할 수 있다. 이와 반대로 '산'과 '바다' 처럼 사회적 속성이 없는 처소명사 뒤에 나타나는 처소격조사는 한정성 정도를 높이지 않으면 생략되기 어렵다. 목적격조사의 생략은 [+인간]과 [-인간] 두 가지 상황으로 나눠서 살펴볼 수 있다. 목적어가 [+인간]이면 생명도가 강할수록 격조사 생략이 쉽다. 목적어가 [-인간]이면 생명도가 약할수록 격조사는 생략되기 쉽다.

일본어에서 격조사 생략은 활발히 이루어지지 않고 격조사의 생략 여부는 주로 화맥에 의해 결정된다.

터키어에서 목적격조사의 생략 현상은 비교적 많은데 생략을 결정하는 요인은 생명도가 아니라 한정성이다. 한정성이 강하면 목적격조사가 반드시 나와야 하고 한정성이 낮으면 목적격조사를 쓰지 않고 목적어가 원형으로 나타난다.

그러나 생명도가 일본어, 터키어에 영향을 주는 않는 것이 아니라 문장의 행위주를 선택하는 과정에서 이 두 언어는 [-생명도] 명사를 기피하는 경향이 있다. 이와 달리 한국어는 행위주 생명도에 대해 제약이 엄격하지 않다. [-생명도] 명사가 행위주 자리에서 나와 '바람이 나무를 넘어뜨렸다'와 같은 문장을 만들 수 있다.

생명도와 한정성은 다른 개념이지만 긴밀한 연관성을 갖는다. 생명도와 한정성으로 인해 생긴 통사적 차이는 거의 모든 언어에서 발견할 수 있다. 이것은 언어 보편성 중의 하나이다. 그러나 각 언어에서 생명도, 한정성이 반영되는 방식과 측면이 다르다. 따라서 더 많은 언어에 대한 연구를 통해 생명도와 한정성이 언어 형식에 준 영향을 더 깊이 연구되어야 한다.

제2부
의미지도와 한국어문법 의미 및 습득 순서 연구

제2부 의미지도와 한국어 문법 의미 및 습득 순서 연구

의미지도는 언어유형론 하위 이론 중의 하나로서 다기능 문법 형식의 언어학적 연구와 습득 연구에 널리 적용되는 유용한 수단이다. 이 장에서는 먼저 의미지도 이론의 기본적인 개념인 절점(节点), 개념공간(概念空间)과 의미지도(语义地图)를 소개하고 이를 바탕으로 의미지도의 작성 방법과 원리를 설명하고 의미지도를 통해 함축적 보편성을 도출하는 방법을 제시하겠다. 그리고 의미지도 언어이론을 기초로 한 선행연구들을 중국 언어 학계와 한국언어 학계로 나누어 그 성과와 한계를 살펴보겠다. 이러한 연구 성과를 바탕으로 의미지도 이론과 형태론, 의미지도 이론과 통사론 두 부분으로 나누어 세 편의 연구성과를 소개하고자 한다. 의미지도 이론과 형태론에서는 다기능 여격조사 '에'에 관한 연구를 소개하겠다. 의미지도 이론과 통사론에서는 중국어 전치사 '把'와 한국어 후치사 '를'의 의미 기능을 대조하겠고 한국어, 중국어, 일본어와 베트남어 고 빈도 재귀대명사의 의미 특징을 연구하겠다.

2.1. 의미지도 이론 소개와 연구 현황

1) 의미지도 이론 소개

의미지도(semantic map)는 개념공간(conceptual space)을 기초로 한 언어 연구 수단으로 다기능 문법 형식과 의미 간의 연관성을 연구하고 범언어적인 형식-의미 관계를 분석하는 유용한 도구이다. Anderson(1982)에 의해 최초로 제시된 의미지도는 Haspelmath(2003), Croft(2003) 등이 논의를 거쳐 성숙된 이론 체계가 구축되었고 완정한 연구 방법론을 갖추게 되었다. 2010년대에 들어, 중한 양국 언어학계에서도 의미지도를 활용한 성과가 많이 나타나기 시작하였다.

李小凡(2015: 9)는 의미지도의 기본 개념을 다음과 같이 설명하였다. 어떤 문법 형식이 여러 가지 의미와 용법을 갖고 있고 이러한 의미와 용법이 다른 언어에서도 항상 동일한 문법 형식으로 표현된다면 이 의미와 용법들은 우연적으로 연결되는 것이 아니라 체계적이고 보편적인 연관성에 의해 연결되는 것이다. 이는 인간 언어에서 어떤 개념적 보편성의 반영이다.[1] 개념공간은 바로 인간 언어의 개념적 보편성을 전제로 구축된 것이고 의미지도는 개념공간을 바탕으로 만들어진 것이다. 다시 말하면, 개념공간은 범언어적인 대조에 의해 구축된 보편적인 의미 공간이고 의미지도는 특정한 문법 형식이 개념공간에서 차지하는 부분이다. 예를 들면 Haspelmath(2003)은 여격 의미와 관련된 개념공간을 아래와 같이 제시했다.

---

1 여기서 李小凡(2015)를 참고했는데 원문은 아래와 같다. "某个语法形式若是有多重意义和用法, 而这些意义和用法在不同语言里一再出现以同一个形式负载的现象, 则其间的关联绝非偶然, 应该是系统的, 普遍的, 可能反映了人类语言在概念层面的一些共性。"

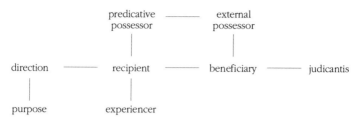

[그림 1] Haspelmath(2003)에서 제시된 여격 의미의 개념공간

[그림 1]을 보면 세계 언어에서 여격 문법 형식이 나타내는 의미 그리고 이 의미들 사이의 연관성을 확인할 수 있다. 개념공간은 절점(node)과 연결선(connecting line)으로 구성된다. 'recipient(수령자), direction(방향)'과 같은 절점은 범언어적인 의미 기능을 나타내고 연결선은 기능들 간의 연관성을 나타낸다. 개념공간에서 직접 연결된 기능 사이에는 연관성이 강하고 그렇지 않는 경우에는 연관성이 약하다.

개념공간을 기초로 특정한 언어 형식의 의미지도를 만들 수 있다. 아래 [그림 2]는 여격 의미 개념공간을 바탕으로 만든 의미지도인데 대상은 영어 'to'와 프랑스어 'à'이다. 의미지도를 보면 이 두 대상의 의미 기능 연관성 및 특수성을 직관적으로 보아 낼 수 있다.

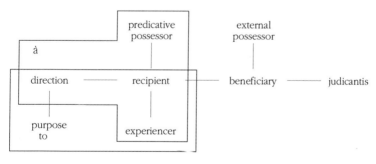

[그림 2] Haspelmath(2003)에서 제시된 영어 'to'와 프랑스어 'à'의 의미지도

[그림 2]에서 확인할 수 있듯이 영어 'to'는 방향, 수령자, 경험자 및 목적 등 기능이 있고 수혜자, 서술성 소유자, 외부 소유자와 판결자 여격 등 기능은 없다. 프랑스어 'à'도 방향, 수령자, 경험자 등 기능은 있지만 'to'와 달리 목적 의미는 없고 서술성 소유자 의미만 있다.

의미지도의 연구 대상은 다양하다. 형태소, 단어 그리고 특정한 통사적 구조 등은 모두 의미지도로 연구할 수 있다. 물론 연구 대상을 선택할 때 제한도 있는데 연구 대상은 두 개 혹은 두 개 이상이어야 하고 의미, 기능적인 연관성이 있어야 한다.

대부분 경우에 다기능 언어 형식의 의미 기능은 원형 기능에서 주변 기능으로 확장한다. 이는 단계적, 점진적인 과정이고 문법화, 은유와 환유 등 기제가 종합적으로 작용한 결과이다. 한 언어 형식의 여러 기능에서 고립된 기능이 없어야 하는데 이 관점에 따라 Croft(2003)은 의미지도 연속성 가설(语义地图连续性假说)을 제시했다. 이 가설에 따르면 한 언어 형식의 의미지도도 개념공간에서 연속적인 공간을 차지해야 한다. [그림 2]에서 영어 'to'와 프랑스어 'à'의 의미지도는 모두 이 가설에 부합된다. 이론적으로 아래 [그림 3]과 같은 의미지도는 성립되지 않는다. 이런 상황이 나타난다면 의미 기능 간의 연관성을 다시 살펴보고 개념공간에서 각 절점의 위치를 재배열해야 한다.

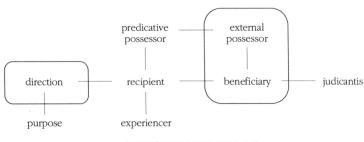

[그림 3] 잘못된 의미지도의 예시

정확한 개념공간을 구축하기 위해 절점을 잘 선택하고 논리적으로 배열, 연결해야 한다. de Haan(2004)에 따르면 개념공간에서 모든 절점은 반드시 '기원(基元, primitive)'이어야 하고 특이(独有, unique)해야 한다.[2] 여기서 기원은 더 이상 세분될 수 없는 기능 개념이고 특이하다는 것은 변별적인 부호화를 가리킨다.

먼저 '기원(基元)' 개념에 관한 두 가지 특수 상황, 그리고 이 두 가지 상황에서 기원의 판정 기준을 살펴보자.

첫째, 어느 한 언어 형식이 X라는 의미 기능이 있다고 가정해 보자. X 기능이 다시 Y와 Z 두 가지 기능으로 세분될 수 있으면 X는 개념공간에서 기원으로 삼지 못한다. 그림으로 표현하면 다음과 같다.

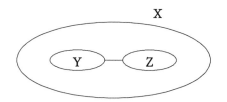

[그림 4] X 기능이 다시 Y와 Z 기능으로 세분되는 상황

둘째, 언어 M에서 문법 형식 X가 A 와 B 두 가지 의미가 있다고 가정해 보자. 이때 언어 N에서 X와 대응된 문법 형식 Y가 B 의미만 있고 B 의미는 더 이상 세분되지 못하면 A와 B는 모두 기원이고 개념공간에서 반영되어야 한다.

---

2 de Haan(2004)의 관점은 范晓蕾(2017: 204)에서 재인용한 것이다. 이 관점은 절대적인 것이 아니다. 이에 대해 아래 '의미지도의 해석도' 부분에서 구체적으로 논의하겠다.

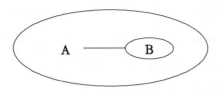

[그림 5] A와 B를 모두 기원으로 삼아야 하는 상황

다음에 '특이성(独有性)'이라는 개념을 살펴보자. 한 언어에서 개념 A와 개념 B는 별개의 문법 형식으로 나타나면 A와 B는 특이한 개념이라고 볼 수 있다. A, B, C 세 가지 개념이 있다고 가정해 보자. 언어 M에서는 문법 형식 X가 개념 A와 B를 나타낼 수 있고 개념 C를 나타내지 못한다. 언어 N에서 문법 형식 Y가 개념 B와 C를 나타낼 수 있고 개념 A를 나타내지 못한다. 이때 A, B, C는 특이한 개념이라고 봐야 하고 개념공간에서 모두 반영되어야 한다. 이 상황은 [그림 6]으로 표현할 수 있다.[3]

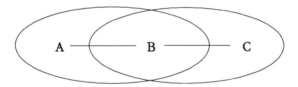

[그림 6] A. B와 C를 모두 기원으로 삼아야 하는 상황

절점을 배열, 연결할 때 의미지도 연속성 가설을 지켜야 한다. 어떤 문법 형식이 A, B, C 세 가지 개념을 나타낼 수 있으면 이론적으로 개념공간에

---

3 절점의 '특이성'에 관한 논의는 吳福祥(2011: 31-32)를 참고했다. 원문은 아래와 같다.
"独有性是指编码的可区别性,即一个假定的功能至少在一种语言里具有区别于其他功能的编码形式. 比如,假定A,B用两个不同的语法形式表达,那么它们就是独有的功能,即使这两个语法形式也来编码别的功能. 此外,既定有A,B,C三个可能的功能,假如发现它们在不同的语言里呈现A-B和B-C的配对模式(即一个语言的某一种语法形式表达A和B,而另外一个语言的某一语法形式表达B和C),那么A,B,C应视为三个不同的功能."

서 A, B, C의 배열 가능성은 'A-B-C, A-C-B, B-C-A' 등 여러 가지가 있고 이들 가능성은 모두 논리적이다. 이 기초 위에 더 복잡한 상황을 살펴보자. 문법 형식 '가, 나, 다'의 의미 기능 분포가 〈표 1〉과 같다고 가정하자.

〈표 1〉 문법 형식 '가, 나, 다'의 의미 기능

	의미 기능 A	의미 기능B	의미 기능C
문법 형식 '가'	+	+	-
문법 형식 '나'	+	-	+
문법 형식 '다'	+	-	-

위와 같은 경우에 의미지도 연속성 가설에 부합되는 절점 배열은 'C-A-B' 한 가지만 있으며 의미지도를 만들면 아래와 같다.

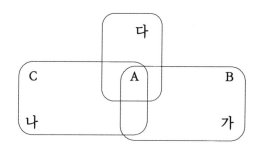

[그림 7] 개념공간에서 A, B, C 세 기능의 배열과 '가, 나, 다'의 의미지도

위 그림을 보면 한 가지의 함축적 보편성을 도출할 수 있다. 한 문법 형식이 기능 B 혹은 기능 C가 있으면 반드시 기능 A가 있다. 이와 반대로 된 명제는 성립되지 않는다. 그러므로 의미론 측면의 함축적 보편성을 찾을 때 의미지도는 직관적이고 유용한 수단이다. 언어적 사실을 반영하는 전제 아래 개념공간에서 회로(loop, 回路)를 이루는 현상을 가급적 피해야 한다. 회로가 이루어지면 의미 기능 확장의 선후 순서 파악이 어려워지고

각 기능 간의 함축적 보편성도 도출하지 못하기 때문이다.

개념공간에서 절점 설치의 정확성과 정밀성은 의미지도의 해석도(解析度)에 영향을 준다. 앞에서 언급하였듯이 개념공간에서 모든 절점은 '기원'이어야 한다. 그러나 이 요구는 현실적으로 충족시키기가 어렵다. 공시적으로 보면 한 연구에서 고찰되는 언어의 수량이 제한적이다. 통시적으로 보면 이미 소멸된 의미 기능을 살펴보는 것도 난이도가 높다. 그러므로 의미지도 연구에서 절대적인 '기원성'을 이루기가 어렵고 절점 설치와 배열은 해당 연구의 대상, 범위에 따라 최대한 정밀하게 해야 한다. 의미지도의 해석도 강약은 절점의 개괄성 정도, 세분화 정도에 달려 있다.

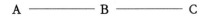

[그림 8] 의미지도 해석도에 관한 예시-1

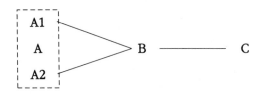

[그림 9] 의미지도 해석도에 관한 예시-2

예를 들면, 어떤 문법 형식의 의미 기능은 [그림 8]처럼 A, B, C 세 가지로 되어 있다. 그 중 기능 A는 다시 A1, A2 등 하위 기능으로 세분될 수 있다. 이 경우에 A는 A(1, 2, 3...) 계열 의미 기능의 집합 또는 상위 개념이라고 할 수 있고 A1, A2 등은 각각 기능 B와 직접적인 함축 관계를 이룬다.

의미지도는 전통적인 대조분석 방법에 비해 몇 가지 장점이 있다.

첫째, 의미지도는 연구 대상의 품사, 통사적 등가성 등에 대해 제약이 엄격하지 않다. 의미 기능이 같거나 비슷한 측면이 있으면 형태, 통사적 특징과 큰 상관없이 의미지도의 연구 대상이 될 수 있어서 대조연구의 범위를 크게 확장시켰다. 의미지도는 형식적인 대조에서 벗어나 언어 형식을 나타내는 문법적 의미나 기능에 초점을 둔 연구 방법이라고 할 수 있다.[4]

둘째, 의미지도는 범언어적인 연구, 언어 대조연구와 단일 언어 연구에서 모두 적용할 수 있고 의미 기능 간의 함축적 보편성을 도출할 수 있으므로 의미론 연구와 문법화 연구를 더욱 심화시켰다.

셋째, 의미지도를 통해 다기능 문법 형식의 각 기능 간의 내적 연관성을 직관적으로 확인할 수 있다. 제2언어 교육 현장에서 다기능 문법 형식을 가르칠 때 교사가 의미 기능을 나열해서 설명하는 경우가 많다. 의미지도는 각 기능 간의 친소(親疏) 관계를 잘 드러내기 때문에 전통적인 교수법의 한계를 극복할 수 있고 교육 영역에서도 실용적 가치가 있다.

넷째, 의미지도는 언제나 수정과 보완이 가능하고 객관성이 높은 연구 수단이다. 앞에서 언급하였듯이 개념공간은 인간 인지 체계에서 각 개념 간의 연관성을 반영하는 것이다. 한 언어에서 기능이 중첩되는 두 개 이상의 단어 또는 문법 형식을 모으면 바로 소규모 개념공간을 구축할 수 있지만 그 개념공간에서 반영되는 표본이 적어서 해당 의미 기능들 간의 보편성을 제대로 포착하지 못할 가능성이 많다. 대부분 경우에 개념공간의 신뢰도와 정확성은 표본의 수량과 정비례한다. 언어 자료가 많을수록, 언어 유형이 다양할수록 개념공간의 객관성도 더 높아진다.

물론 전통적인 의미지도 모형은 한계점도 있다. 한 문법 형식의 여러 기능에서 원형 기능과 주변 기능이 있고 실제 생활에서 이들 기능의 출현 빈도도 차이가 있다. 전통적인 의미지도에서 각 기능 간의 지위 차이와 빈도

---

4 여기는 이지은(2013-1: 237)를 참고했다.

차이를 확인하기 어렵다는 한계가 있고 서로 연결되어 있는 기능 간의 연관성 강약도 드러나지 않는다. 이를 극복하기 위해 학자들이 의미지도 모형을 계속 보완하고 있는데 郭锐(2011: 114)는 통계학과 컴퓨터 프로그래밍을 기초로 범언어적인 인칭 표지의 입체적 의미지도를 제시했다. 이 의미지도는 입방체로 되어 있는데 각 정점이 의미 기능을 상징하고 선의 굵기는 연관성의 강약을 나타낸다.

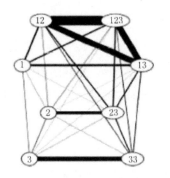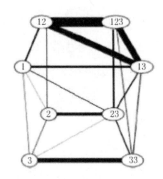

[그림 10] 郭锐(2011: 114)에서 제시된 입체적 인칭 표지 의미지도

　　최근 들어 가중치(加权值) 부여식 의미지도, 파랑식(波型) 의미지도를 비롯한 새로운 유형의 의미지도도 나타나고 있다. 이들 의미지도의 작성 원리에 통계학, 심리학 심지어 물리학의 방법론이 도입되었다. 그러나 이런 의미지도는 과도하게 형식화되어 있고 읽기가 어렵다는 한계점이 있다. 전통적인 의미지도와 새로운 유형의 의미지도는 각각의 장단점을 가지고 있는데 연구 목표와 연구 대상의 특성에 맞춰 잘 선택하면 모두 높은 정확성과 해석력을 보인다.

2) 중한 학계의 의미지도의 연구 현황

서양 언어학계에서 의미지도 이론을 체계화시키고 연구에 널리 적용한 학자는 Haspelmath이다. Haspelmath(2003) 등은 비한정 대명사, 여격과 도구격 표지, 시간범주 연구에 의미지도를 도입하였다. 이 외에 Auwera & Plungian(1998)은 의미지도로 양태를 연구했고 Cysouw(2007)은 인칭 범주를 연구했다. 의미지도 영역의 초기 연구들이 중국과 한국 언어학계에 알려진 후 2010년쯤부터 관련 성과가 나타나기 시작하였다. 이 부분에서 중한 학계의 의미지도의 연구 현황을 살펴보겠다.

(1) 중국 학계의 의미지도 연구

학술정보 사이트 CNKI로 검색한 결과 2010년에 의미지도와 관련된 성과가 최초로 나타났다. 그 해 陈前瑞(2010), 盛益民(2010), 王瑞晶(2010), 翁姗姗(2010)과 张敏(2010) 등 다섯 편의 의미지도 논문이 발표되었는데 이는 중국 의미지도 연구의 출발점이라고 할 수 있다. 지금까지 중국 학계에서 의미지도와 관련된 논문 백여 편을 발표했는데 크게 두 가지로 나눌 수 있다. 한 가지는 의미지도 이론을 소개, 분석하는 논문이고 또 한 가지는 의미지도로 문법 형식, 범주의 기능을 연구하는 논문이다.

중국 학계에 새로 도입된 이론으로서 2010년대 초반기의 의미지도 연구 성과에서 이론 소개 류 논문이 많은 비중을 차지했다. 王瑞晶(2010)은 의미지도 이론을 소개하고 그의 발달사를 고찰하였다. 张敏(2010)은 중국어 다기능 문법을 예시로 의미지도의 원리와 사용방법을 설명하였다. 그 후 吳福祥(2011), 吳福祥, 张定(2011), 曹晋(2012), 郭锐(2012), 陆丙甫, 金立鑫(2015) 등 성과에서도 의미지도 이론이 소개, 설명되었다. 의미지도가 중국 학계에 알려진 후 이론 간의 융합 시도도 보였다. 吳福祥(2014)는 문법화에 의미지도를 접목시키는 연구이다. 그 논문은 동남아 언어와 중국 남부지역 소수민족 언어 오십여 가지를 연구 범위로 삼아 문법화 원리에 따라 이들 언어에서 '획득' 의미를 나타난 문법 형식의 개념공간을 구축하였다. 이를 기초로 의미지도 연구와 문법화 연구의 상호작용 양상을 논의했는데 개념공간 구축에 문법화의 연구 성과가 중요하다는 결론을 지었다. 2010년대 후반기에 들어 전통적인 의미지도의 한계점이 점점 드러나는데 의미지도 모형을 보완하는 이론적 연구가 나타나기 시작하였다. 대표적인 연구는 范晓蕾(2014), 陈振宇, 陈振宁(2015), 王红卫(2018)과 叶子(2019) 등이다. 范晓蕾(2014)는 범언어적인 '허가·가능' 범주를 예시로 개념공간 구축 과정에서 형식과 기능의 세분한 기준이 모호하고 이를 보완해야 한다고 지적하였다. 陈振宇, 陈振宁(2015)와 叶子(2019)는 가중치(加权值)를 부여하는 신형 의미지도 모형을 설계하고 실제 연구에 적용하였다. 王红卫(2018)은 물리학 방법이 도입된 파랑형(波型) 의미지도 모형과 유체형(流体型) 의미지도 모형을 소개했다.

의미지도로 한 문법 형식 연구는 주로 중국어와 중국어 방언, 소수민족 언어 연구에 집중되어 있다. 의미지도에 입각한 표준 중국어 연구는 통시와 공시 두 가지 시각이 있었다. 谷峰(2010)은 통시적인 시각으로 고대중국어 양태부사의 의미 확장 경로를 파악하였다. 郭锐(2011)은 공시적인 시각으로 표준 중국어에서 반복 의미를 나타내는 허사(虚词) 还, 再, 又의 의미지도를 만들었다. 방언과 소수민족 언어 연구에서도 많은 성과를 축적하였는데 唐贤清, 王巧明(2019)는 선행연구에서 제시된 개념공간을 바탕으로 광시(广西) 묘족어(苗语)에서 '是(이다)'와 해당된 문법 형식의 의미지도를 작성하고 景高娃, 夏俐萍(2020)은 중국 남부지방 방언에서 '제거' 범주 문법 형식의 의미지도를 연구했다.

중국어와 외국어의 대조연구에서 의미지도 사용은 아직도 많지 않은데 대표적인 성과는 李知恩(2011), 王晓华(2011), 朴志炫(2014), 李花子(2015), 翁斯曼(2016)과 侯晓丹(2017) 등이다. 이들 연구에서 대상 언어인 외국어는 주로 한국어, 일본어와 영어이다. 그 중 朴志炫(2014)는 중한 이중목적어구문의 의미지도를 만들었고 李花子(2015)는 중국어 '是'와 한국어 '이다'를 대조하는 과정에서 의미지도 이론을 적용하였다. 侯晓丹(2016)은 중한 비특정성 표지 '任何'와 '아무'의 의미를 연구했다. 이 외에 金明花(2019)와 邵娜(2019) 등은 중한 형용사, 식사류(饮食类) 동사를 비롯한 내용어의 의미지도를 만들었다.

제2언어습득 연구에 의미지도를 접목시키는 연구도 있는데 林华勇, 吳雪钰(2013)를 예로 들 수 있다. 그 논문은 중국어 '到'와 한국어, 일본어, 베트남어에서 이와 대응된 형식의 의미지도를 만들고 해당 국가 중국어 학습자가 '到'를 습득할 때 각 기능의 습득 순서를 예측, 검증하였다.

중국 학계의 의미지도 연구는 수량이 많고 이론적 수준도 비교적 높다. 그러나 연구 대상 언어가 다양하지 않고 제2언어습득 등 인접 영역과의 융합도 아직 활발하지 않은 상태이다. 의미지도의 시각으로 한 중국어-외국어 대조연구에서 한국어 성과는 상당한 비율을 차지하지만 수량이 여전히 적다. 앞으로 보완할 공간이 많다.

(2) 한국 학계의 의미지도 연구

중국과 비슷하게 한국 학계도 2010년쯤부터 의미지도와 관련된 연구 성과가 나타나기 시작하였다. 대표적인 성과는 박진호(2009, 2012), 이지은(2013-1, 2013-2, 2015), 박정구(2016), 김현철, 권순자(2017)과 채춘옥(2018) 등이다. 한국 학계의 성과도 이론을 소개하는 성과와 특정한 형식, 범주의 기능을 분석하는 성과로 나눌 수 있다.

먼저 의미지도 이론을 소개하는 성과를 보자. 박진호(2012)의 연구 주제는 의미지도를 이용한 한국어 어휘요소와 문법요소의 의미 기술이다. 그 논문은 털, 섭취 행위, 나무/숲, 색채, 친족 등 어휘요소와 종속, 부치사, 비한정 대명사 등 문법요소의 개념공간을 구축하고 의미지도를 만들었다. 이를 통해 의미지도의 개념, 학술적 가치와 연구 방법을 소개했다. 이와 마찬가지로 이지은(2013-1, 2013-2)와 도재학(2019)도 의미지도 이론을 소개하고 연구 방법을 알리는 논문이다.

의미지도로 특정한 문법 형식이나 범주를 고찰하는 논문은 박진호(2009), 이지은(2015), 박정구(2016)과 김현철, 권순자(2017) 등을 예로 들 수 있다. 박진호(2009)는 계사이 의미지도를 만들었다. 이지은(2015)의 연구 대상은 수사 '二'과 '兩'인데 의미지도 모형을 통해 중국어 이중수사체계에서 두 표지의 의미적 기능 분담 양상을 고찰하였다. 박정구(2016)은 공시적과 통시적 시각을 결합하여 중국어 상과 격 범주의 변이 기제를 연구했다. 김현철, 권순자(2017)은 중국어 부사 '也'의 의미지도를 만들었다. 이외에 유수경(2014, 2015), 정혜인(2017)과 진화진(2018) 등 성과도 중국어 다기능 문법 형식을 연구했는데 연구 대상은 연속동사 구문, 사동교체가 가능한 형용사 그리고 품사 겸용 현상이 있는 중국어 단어 '來'와 '上' 등이다. 내용어에 대한 의미지도 연구는 채춘옥(2018)을 예로 들 수 있다. 그 논문은 한국어, 표준 중국어와 중국어 방언에서 '头(머리)'의 의미 기능을 살펴보고 개념공간과 의미지도를 만들었다.

의미지도와 다른 언어학 연구의 융합도 보인다. 예를 들면, 윤재학(2009)는 개념공간과 의미지도를 통해 소유구문의 영한 번역을 연구했다.

중국 학계보다 한국 학계의 의미지도 연구 성과는 적은 편이다. 성과에서 한중 대조연구가 많은 비중을 차지하지만 편수와 연구 대상을 보면 보완할 공간이 많다. 한국어학 연구, 다른 외국어와의 대조연구 및 범언어적 연구 영역에서도 의미지도 모형은 가치를 제대로 발휘하지 못하고 있다.

앞으로 상술한 영역, 그리고 번역, 외국어로서의 한국어 교육 등 인접 영역에서 의미지도를 활용한 연구 성과가 많이 나타나기를 바란다.

2.2. 의미지도와 형태론 연구

다기능 여격조사 '에'의 의미지도와 습득 순서

1) 서론

제2언어교육에서 다기능 문법 요소들은 언제나 교육의 중점이자 난이도가 높은 항목이다. 한국어 여격조사 '에'는 처소/위치, 방향, 시간, 원인, 나열 등 여러 가지 의미가 있는 다기능 문법 요소이다. 이 의미들이 다른 언어에서도 동일한 문법 요소로 표현된다면 그 내부에 분명히 어떤 체계성과 보편성이 존재할 것이다. 지금까지 대부분 제2언어습득 연구는 대조분석 가설을 이론 배경으로 했다. 두 언어의 표면구조에서 차이점을 찾아 이를 설명하는 것은 제2언어습득 영역의 전통적인 연구 패러다임이다.

이 절은 제2언어습득에 언어유형론을 접목시키고 습득 순서 연구에 의미지도 모형을 도입하고자 한다. 먼저 일본어, 영어, 중국어와의 대조를 통해 한국어 여격조사 '에'의 의미지도를 작성하겠다. 그리고 외국어로서의 한국어 교육 현장에서 '에'의 다양한 의미적 기능이 합리적인 순서로 입력되고 있는지 등을 살펴보겠다. 이를 바탕으로 다기능 문법 요소 '에'의 습득 순서를 예측하고 이와 관련된 교육방법을 제시하고자 한다.

2) 선행연구

한국어 여격조사 '에'의 관련된 연구는 크게 두 가지로 나눠서 살펴볼 수 있다. 하나는 한국어 언어학 영역의 연구이고 또 하나는 한국어 습득, 교육 영역의 연구이다.

먼저 한국어학 영역의 대표적인 연구 성과를 살펴보겠다.

신창순(1976)은 구조적 의미론에 의해서 한국어 격조사의 의미를 연구했다. 그 중의 여위격 부분은 '에, 에게, 한테, 께, ㄹ 더러, ㄹ 보고' 등 여섯 가지의 문법 요소를 고찰하였다. 그 논문에 따르면 '에'를 비롯한 여위격 문법 요소는 행동이 이루어지는 데 있어서의 공간적 또는 시간적인 고정된 위치, 행동이 미치는 부착점, 기준 등 여러 가지 의미를 나타낼 수 있다. 홍윤표(1978)에 따르면 '에'는 어떤 동작이 도착되어 정지되도록 미리 정해진 사물이나 장소를 나타내는 목표의 의미를 가지고 있다. 정수진(2011)은 한국어 공간 개념 부사격 조사 '에, 에서, 로'의 다의적 쓰임과 의미적 기능을 인지언어학 이론으로 고찰하고 의미적 기능의 연결망과 확장 원리 등을 살펴봤다. 그 논문에 따르면 '에, 에서, 로'는 기본적으로 장소와 관련하여 특정 대상의 위치나 지향점, 출발점, 도달점, 경로 등 모두 물리적 대상의 공간적 관계를 나타낸다. 임소정(2013)은 언어유형론의 시각으로 '에'의 '처소, 종점, 피동 행위자'와 '원인' 등 네 가지의 의미적 기능을 제시했다. 맹경흠(2016)은 원형이론과 은유 기제를 통해 '에'를 연구했다. 그 논문에서 '공간적 접촉'은 '에'의 원형 의미로 간주되었고 '기준과 단위, 도구와 수단, 첨가 또는 나열' 등 십여 가지 의미는 공간적 은유에 의해 생긴 확장 의미로 분류되었다.

한국어 습득, 교육 영역에도 '에'와 관련된 연구 성과가 많이 축적되었다.

김은주(2010)은 한국어 격조사 교육 방안과 관련된 논문이다. 그 논문은 한국어 부사격 조사 '에, 에서, 로'의 의미적 기능을 제시했다. 이를 기초로 한국어 학습자 쓰기 자료에서 나타난 오류를 분석하고 교육 방안을 제시하였다. 염염(2011)은 중국인 학습자의 한국어 부사격 조사 습득 양상을 연구했는데 연구 범위는 '에, 에게, 에서'와 '로'이다. 그 논문은 한국어를 2년 이상 배운 중국인 학습자 서른여섯 명을 대상으로 한국어 부사격 조사 사용에 관한 설문조사를 했다. 조사에서 나타난 오류를 유형별로 분석하였고 해당 한국어 부사격 조사의 교육 방안도 제시했다. 정시원(2015)는 일본인 중고급 학습자를 대상으로 '에'와 '에서'의 습득 순서를 고찰하였다. '에' 부분에서 중급 학습자에 비해 고급 학습자는 '배경, 대상, 상황' 등 의미적 기능을 더 많이 습득하였다고 주장하였다.[5]

기존 성과를 보면 '에'와 관련된 연구는 초점이 다양하고 적용된 이론도 풍부하다. 그러나 언어유형론 분야의 성과는 아직도 적은 편이고 습득 부분에서 많이 쓰이는 오류분석과 대조분석도 이미 한계점이 드러난 이론이다. 그러므로 이 절은 언어유형론 영역의 새 이론인 의미지도 모형(语义地图模型)과 유표성 차이 가설(标记性差异假说)을 통해 '에'의 의미적 기능을 살펴보고 외국인 학습자의 '에' 습득 순서를 예측하고자 한다.[6]

3) '에'와 관련된 범언어적 개념공간 구축

이 부분은 먼저 사전과 선행연구에서 고찰된 '에'의 의미적 기능을 수집

---

5 선행연구 부분은 杨素悦(2019: 12-20)에서 인용한 것이다.

6 张敏(2010)에 따르면 어떤 언어 형식(어휘, 문법 성분, 문법 범주, 구문 등)은 두 가지 이상의 의미적 기능이 있고 이들 기능은 서로 연관성이 있다. 세계 여러 언어에서 이와 대응되는 언어 형식도 비슷한 양상을 띠면 이 언어 형식들의 기능은 의미지도를 통해 종합적이고 직관적으로 살펴볼 수 있다. 이런 언어 형식은 '다기능 문법 형식(多功能语法形式)'이라고 한다.

하고 정리하겠다. 그리고 일본어, 영어, 중국어에서 '에'와 의미 중첩 현상
이 있는 문법 요소를 살펴보겠다. 범언어적인 고찰을 통해 절점을 논리적
으로 배열하고 '에'의 개념공간을 구축하고자 한다.

(1) 한국어 여격조사 '에'의 의미적 기능

의미지도의 기초인 개념공간 구축은 아래와 같은 세 단계로 나눌 수 있
다. 첫 번째 단계는 기능 항목의 선택, 즉 개념공간의 절점을 찾는 단계이
다. 두 번째 단계는 각 절점을 연관성 정도, 문법화 등급, 원형 범주와의
유사성 정도 등에 따라 배열하는 단계이다. 마지막 단계에서 배열된 절점
을 선으로 연결하는데 이것은 인간 인지체계에서 의미 범주 연관성의 직
관적 반영이고 이를 통해 의미론 영역의 함축적 보편성도 도출할 수 있다.

이 부분은 개념공간에서 절점의 선택 및 배열을 위해 먼저 한국어 여격조
사 '에'의 의미를 살펴보고 각 의미적 기능 간의 연관성을 고찰하겠다. 국립
국어원 〈표준국어대사전〉, 고려대 〈한국어대사전〉, 연세대 〈한국어사전〉,
〈우리말 큰 사전〉, 〈금성국어대사전〉, 백선기(1985), 정희정(1988), 황정숙
(2008) 등 자료와 성과를 보면 'NP+에' 구조는 총 열다섯 가지의 의미를
표현할 수 있다. 이를 상세하게 전개하면 아래와 같다.[7] 예문은 고려대 〈한
국어대사전〉, 연세대 〈한국어사전〉과 황정숙(2008)에서 추출하였다.

(1) 처소 또는 위치

예: ① 너 지금 어디<u>에</u> 있니?

② 우리는 의자<u>에</u> 앉아서 선생님을 기다렸다.

(2) 진행 방향

---

7 여기서 '의미, 기능'과 '용법'을 구분하지 않는다. 모두 의미적 기능을 가리킨다.

예: ① 시골에 내려가다.

② 산에 오르다.

(3) 대상 (어떤 행동이 미치는 대상, 어떤 움직임을 일으키게 하는 대상, 목
표나 목적)

예: ① 어머니는 나무와 꽃에 물을 주었다.

② 선생님이 칠판에 글씨를 썼다.

③ 적당한 운동은 건강에 좋다.

(4) 도구, 수단, 방법 따위

예: ① 옷을 햇볕에 말려야 겠다.

② 이 그릇을 물에 씻고 오너라.

(5) 기준 (기준 되는 대상이나 판단이나 비교의 기준)

예: ① 그 아버지에 그 아들이군.

② 이전에 비해 양이 많이 줄었다.

(6) 맡는 역할 또는 자리

예: ① 대통령에 당선되다.

② 철수가 반장 후보에 추천되었다.

(7) 시간 (어떤 일이 일어나거나 행동이 이루어지는 시간)

예: ① 내일 오후에 와라.

② 그녀는 새벽에 떠났어요.

(8) 원인 도는 이유

예: ① 그녀는 추위에 떨고 있었다.

② 선생님의 격려에 힘을 얻었다.

(9) 조건, 상태 또는 상황

예: ① 그녀는 기쁨에 겨워 눈물을 흘렀다.

② 추운 날씨에 어떻게 지내시는지요?

(10) 나열 (두 가지 이상의 사물을 같은 자격으로 나열함)

예: ① 과자에 빵에 잔뜩 먹었다.

② 선물로 공책에 연필에 이것저것 많이 받았다.

(11) 강조 ('-ㄹ 수록, 반면, 대신' 등의 뒤에 붙어, 또는 체언을 반복하여 그 의미를 더 강조함)

예: ① 힘이 들수록에 긍정적인 생각을 많이 하도록 해라.

② 중요한 일을 결정할 때는 신중에 신중을 기해야 한다.

(12) 첨가 (앞의 체언을 뒤의 체언에 첨가하거나 누적함)

예: ① 나는 그의 의견에 나의 의견을 더하여 강하게 주장하었다.

② 그녀는 오늘 남색 스커트에 흰색 블라우스를 입은 깔끔한 모습이다.

(13) 단위 (가격, 순서, 횟수, 여럿 가운데 얼마 등)

예: ① 푸른이는 바둑이가 낳은 강아지를 세연이에게 오천 원에 팔았다.

② 이삿짐이 너무 많아서 한 번에 나르지 못했다.

(14) 제한된 범위

예: ① 포유 동물에 무엇이 있지?

② 이 곳에서 생산되는 것에 좋은 것이 있다고 들었소.

(15) 행위를 미치는 주체

예: ① 그 사람은 경찰에 쫓기다 자살하려고 옥상에 올라갔었다.

② 그는 달려드는 팬들에 깔려 부상을 입었다.

(2) 개념공간에서 절점의 배열

이 절에서 위 논의를 바탕으로 '에'의 개념공간을 구축하고자 한다. 글쓴이가 구사하는 일본어, 영어와 중국어에서 '에'와 기능 중첩 현상이 있는 'に, で, in, at, to, 在, 到, 于, 去, 至, 由' 등 문법 요소도 함께 고찰, 대조하겠

다.[8] 범언어적인 분석을 통해 '에'의 의미적 특성을 더 뚜렷하게 파악할 수 있고 '에'의 개념공간과 습득 순서도 더 과학적으로 구축, 예측할 수 있다.

사전과 선행연구를 통해 상술한 문법 요소들의 의미적 기능을 〈표 1〉로 정리할 수 있다.

〈표 1〉 일본어, 영어, 중국에서 '에'와 관련된 문법 요소의 의미적 기능 분포

		에	に	で	in	at	to	在	到	于	去	至	由
1	처소 위치	+	+	+	+	+	+	+	+	+	+	+	+
2	방향	+	+	—	+	+	+	—	+	+	+	—	—
3	대상	+	+	—	+	+	+	+	—	+	—	+	—
4	도구 수단	+	+	+	+	—	—	—	—	—	—	—	+
5	기준	+	+	+	+	+	+	—	—	+	—	—	—
6	자리 역할	+	+	—	—	—	—	—	—	—	—	—	—
7	시간	+	+	+	+	+	+	+	+	+	+	+	+
8	원인	+	+	+	+	+	+	—	—	—	—	—	+
9	조건 상태	+	+	—	+	+	+	+	—	+	—	+	—
10	나열	+	+	—	—	—	—	—	—	—	—	—	—
11	강조	+	+	—	—	—	—	—	—	—	—	—	—
12	첨가	+	+	+	—	—	+	—	—	—	—	—	—
13	단위	+	—	+	—	+	—	—	—	—	—	—	—
14	범위	+	+	+	+	—	+	+	+	+	—	—	—
15	행동 주체	+	+	—	—	—	+	—	+	—	—	—	+

〈표 1〉을 보면 일본어, 영어, 중국어에서 '에'와 관련된 모든 문법 요소 그리고 '에' 자체는 '처소/위치'와 '시간'이라는 의미를 나타낼 수 있다. 그러

---

8 의미지도 연구는 전통적인 대조연구와 달리 연구대상 간의 품사 일치성을 요구하지 않는다. 의미적인 유사성을 더 중요시한다.

므로 개념공간을 구축할 때 이 두 가지 기능을 출발점으로 한다.

시간 ——————— **처소/위치**

그 다음으로 많이 나타난 의미적 기능은 '진행 방향, 대상'과 상태'이다. 조재형 (2014: 1032)에 의하면 '에'의 기본적 의미는 '장소, 처소'이다. 조재형(2016)은 〈표준국어대사전〉에서 기재된 '에'의 의미를 기준으로 후기 중세 한국어 자료 31,709어절을 분석하고 '에'의 의미별 출현 빈도를 살펴봤다. 그 논문에 따르면 '처소' 의미가 가장 많이 나타났고 '진행 방향, 시간, 내상'과 '조건/상태'는 각각 2~5위를 차지했다. 이들 의미는 원형적인 '처소' 의미에서 분화된 것이다. 그러므로 개념공간에서 이 세 가지 의미를 '처소/위치' 주변에 놓는다.

대부분 경우에 다의미 언어 형식의 의미 확장 방향은 '공간-시간-추상'이다. 그러므로 '범위'를 '시간' 옆에 붙인다. '범위'라는 절점을 추가한 후 개념공간의 모습은 다음과 같다.

'범위'에 이어 '기준'과 '원인'도 많이 나타난다. 조재형·유해준(2015)에 따르면 '에'의 다양한 의미적 기능은 기본적인 '처소'에서 추상화된 것인데 '상태'로 확대되고, 이를 기초로 '원인' 영역으로 더 추상화되었다. 그러므로 '원인'은 '상태'와 연결해야 하고 '기준'은 '처소/위치' 옆에 놓아야 한다. 의미지도 연속성 가설(语义地图连续性假说)에 의하면 개념공간에서 한 언어 형식이 차지하는 공간은 연속적이어야 한다. 이에 따라 개념공간에 '기준'과 '원인'을 절점으로 추가하면 양상이 다음과 같다.

마지막으로 '수단, 행위 주체, 첨가, 단위, 나열, 역할, 강조' 등 기능을 의미지도 연속성 가설에 근거하여 개념공간에 놓는다. 관련 문법 요소의 기능을 더 많이 추가하면 이 개념공간은 계속 보완, 수정될 수 있다. 이를 바탕으로 한국어 여격조사 '에' 그리고 일본어, 영어, 중국어에서 '에'와 대

응된 문법 요소의 의미지도를 만들 수 있다.

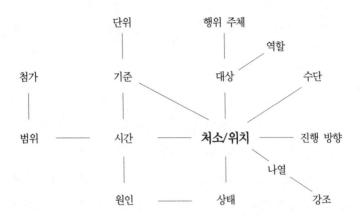

[그림 1] 한국어 여격조사 '에' 및 일본어, 영어, 중국어 관련 문법 요소의 개념공간

4) '에'와 관련된 문법 요소의 범언어적 의미지도

위에서 제시된 개념공간을 기초로 범언어적인 의미지도를 작성하면 '에'와 관련된 문법 요소들의 특성을 더 일목요연하게 볼 수 있다. 먼저 '에'와 대응되는 일본어 문법 요소를 개념공간에서 반영하겠다.

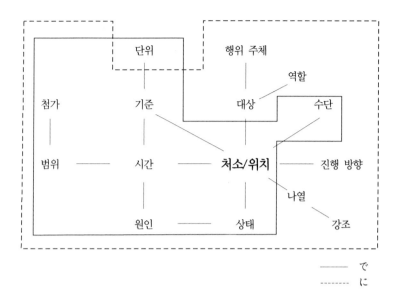

[그림 2] 일본어 문법 요소 'に'와 'で'의 의미지도

위 그림을 통해 개념공간에서 'に'와 'で'가 차지하는 공간을 확인할 수 있다. 'に'와 'で'가 차지하는 공간을 합치면 '에'의 기능을 덮을 수 있지만 'に'는 '단위'의 기능이 없고 'で'는 '진행 방향, 대상, 역할, 행위 주체, 나열, 강조' 등 많은 의미를 나타내지 못한다.

영어에서 '에'와 대응되는 문법 요소 'in, at와 to'의 의미지도를 만들면 다음과 같다.

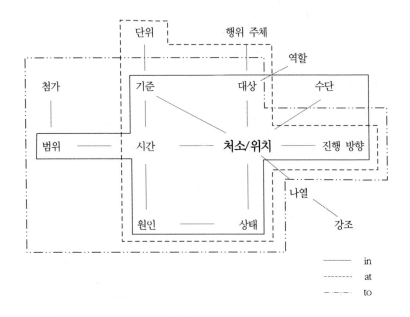

[그림 3] 영어 문법 요소 'in, at'와 'to'의 의미지도

'in, at'와 'to'는 '역할, 행위 주체, 나열, 강조' 등 의미적 기능이 없으나 '처소/위치, 진행 방향, 시간, 기준, 대상, 상태, 원인' 등 의미적 기능을 모두 갖추고 있다. 'in'은 '첨가, 단위, 행위 주체, 역할, 나열, 강조' 기능이 없고 'at'는 '범위, 첨가, 행위 주체, 역할, 수단, 나열, 강조' 기능이 없다. 그리고 'to'는 '단위, 행위 주체, 역할, 수단, 나열, 강조' 기능을 갖지 못한다.

중국어에서 '에'와 대응되는 문법 요소는 '在, 到, 于, 去, 至'와 '由'인데 의미지도는 각각 [그림 4, 5]와 같다. 아래 그림을 보면 중국어에서 '에'와 대응되는 문법 요소는 '첨가, 단위, 역할, 나열, 강조' 등 의미적 기능이 없지만 '처소/위치, 시간' 의미를 모두 갖고 있다.

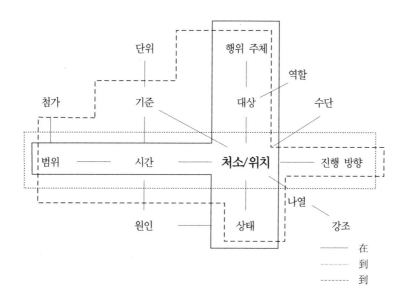

[그림 4] 중국어 문법 요소 '在, 到, 到'의 의미지도

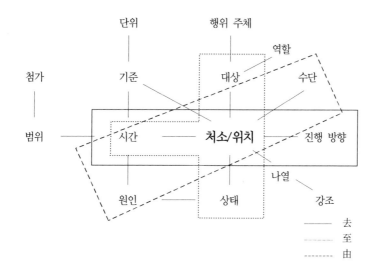

[그림 5] 중국어 문법 요소 '去, 至, 由'의 의미지도

위에서 작성된 의미지도를 보면 일본어, 영어, 중국어에서 '에'와 대응되는 문법 요소의 의미적 기능을 직관적으로 알 수 있다. 이들 문법 요소의 공통성과 차이성은 다음과 같이 요약할 수 있다.

가. 'に'와 'で'를 합치면 '에'의 모든 기능을 덮을 수 있다. 그러나 'に'는 '단위' 의미가 없고 'で'는 '진행 방향, 대상, 역할, 행위 주체, 나열, 강조' 등 많은 의미를 나타내지 못한다.

나. 'in, at'와 to'는 '역할, 행위 주체, 나열, 강조' 등 의미를 표현하지 못하나 '처소/위치, 진행 방향, 시간, 기준, 대상, 상태, 원인' 의미를 표현할 수 있다.

다. 중국어에서 관련 문법 요소는 '첨가, 단위, 역할, 나열, 강조' 등 의미적 기능이 없다. 그러나 '처소/위치, 시간' 의미가 있다.

라. 일본어, 영어, 중국어에서 관련 문법 요소는 모두 '처소/위치'와 '시간' 의미가 있다.

5) 의미지도를 기초로 예측한 여격조사 '에'의 습득 순서

일본어, 영어, 중국어의 관련 문법 요소는 모두 '처소/위치'와 '시간'이라는 의미적 기능이 있다. '에'의 많은 의미 기능에서 '처소/위치'와 '시간'은 가장 무표적인 기능이기 때문에 일본어, 영어, 중국어를 모국어로 한 학생들은 '처소/위치'와 '시간' 의미를 가장 먼저 습득한다는 것을 예측할 수 있다.

영어에서의 관련 문법 요소는 '역할, 행위 주체, 나열, 강조' 등 의미적 기능이 없다. 이들 기능은 유표성이 높아서 영어를 모국어로 한 학생들에게 습득하기가 어려운 항목이라고 예측할 수 있다. 중국어에서의 관련 문법 요소는 '첨가, 단위, 역할, 나열, 강조' 등 의미적 기능이 없다. 이들 기능도 유표성이 높아서 중국어를 모국어로 한 학생들에게 늦게 습득될 것이라고 예상할 수 있다. 또한 제2언어교육 과정에서 개념공간과 의미지도 연속성에 따라 학습자에게 '에'의 다양한 기능을 제시할 수 있다.

습득 순서는 교재의 입력 순서와 교육 방식 등의 영향을 받을 수 있다. 지금 중국에서 많이 쓰이는 한국어 교과서를 보면, '에'의 의미 기능 입력 순서는 다음과 같다.

연세대학교 한국어학당에서 출판한 〈한국어 교정〉를 보면 '에'의 의미적 기능은 '장소, 시간, 첨가'라는 순서로 나타나 있다. 북경대학교에서 출판한 〈한국어〉에서 '장소, 시간, 단위, 첨가, 원인, 기준'이라는 순서이다. 그리고 북경대학교에서 출판한 〈표준 한국어〉는 '방향, 대상, 단위'라는 순서로 '에'의 의미적 기능을 제시하고 있다. 이 세 가지 교재는 모두 '에'의 의미적 기능을 전면적으로 제시하지 못한다. 학습자에게 '장소'와 '시간'을 먼저 입력한다는 공통점이 있지만 다른 기능은 교재마다 입력 순서가 다르다. 다기능 문법 요소 '에'의 의미 정보를 언제, 어떻게, 얼마만큼 입력해야 하는가에 대해서는 좀 더 깊은 연구를 해야 하며 습득 순서에 대해서도 실증적인 연구를 더 깊이 해야 할 것이다.

6) 결론

이 절의 논의를 요약하면 다음과 같다.

우선 사전에서 제시된 '에'의 의미적 기능을 열다섯 가지로 정리했다. 이를 기초로 여격조사 '에'의 개념공간과 의미지도를 구축하고 나아가 일본어, 영어, 중국어에서 '에'와 관련된 문법 요소의 의미지도를 만들었다. 이를 통해 '에'와 관련 문법 요소의 공통성과 차이성을 제시하였다.

제2언어 습득에서 다기능 문법 요소는 난이도가 높은 항목이다. 이 절은 다기능 언어 형식의 대조, 습득 연구에서 의미지도 모형의 학술적 가치를 제시했다. 일본어, 영어와 중국어에 '에'와 관련된 문법 요소가 많고 의미 차이 양상도 복잡하지만 개념공간과 의미지도로 정리한 후 이 형식들 간의 공통성과 차이성이 뚜렷하게 나타났다. 그리고 의미지도 모형을 통해 문법 요소의 습득 순서도 예측할 수 있다.

습득 순서는 학습자에 따라 다르다. 그리고 교재의 입력순서와 교수방법의 영향도 받는다. 향후 한국어 학습자의 중간언어 말뭉치를 구축하고 실증적 연구를 통해 '에'의 여러 가지 기능의 습득 순서를 더 깊이 연구할 필요가 있다.

2.3. 의미지도와 통사론 연구

중국어 '把'와 한국어 '를'의 의미 기능 대조와 습득 순서[9]

1) 서론

중국어의 전치사 '把'[10]와 한국어의 후치사 '를'[11]은 모두 수동자(patient)

---

9 이 부분의 논의는 양소열, 김영실의 논문을 그대로 넣었다.

10 부치사는 주로 명사구와 동사 간의 관계를 연결하는 데에 사용(영어의 'of'처럼 일부 언어에는 명사와 명사를 연결해 주는 부치사도 존재함)되고, 명사와 동사 간에 통사 관계를 연결해주는 동시에 명사와 동사 간에 의미역 관계도 나타낼 수 있다. 명사구 앞에 오는 부치사를 전치사라 하고, 중국어로는 前置词 또는 前置介词라고 한다. 명사구 뒤에 오는 것은 후치사라 하고, 중국어로는 后置词 또는 后置介词라고 한다. 이 세 가지 부치사를 'adposition'라고 통칭하는데 중국의 일부 학자는 '개사'라고 칭한다.

11 '를'은 '을/ㄹ'의 이형태를 갖는데 본 논문에서 '를'을 대표형으로 사용한다.

를 표기할 수 있다. 그러나 이 두 문법 형식의 의미 기능이 일관되게 일대일로 대응되지는 않는다. 그러므로 '把'와 '를'의 의미 기능을 대조하고 서로 간의 보편성과 특수성을 정리하여 제시한다면 제2언어로서의 중국어 및 한국어 학습자들에게 도움이 된다고 본다. 기존의 연구를 살펴보면 알 수 있듯이 중국어 학계나 한국어 학계에서 '把'와 '를'에 대한 연구는 상당히 활발하고 '把'와 '를'의 의미 기능에 대한 연구도 많이 이루어지고 있다. 기존의 논의는 '把'와 '를'의 의미 기능을 파악한다는 점에서 분명히 의의가 있지만, 다기능 문법 형식의 각 의미 기능들이 어떻게 연결되어 있으며 서로 무슨 연관이 있는지를 밝힌다는 점에서 한계가 있다. 복수의 의미가 하나의 언어 형식으로 표현된다면, 이 의미들은 서로 연관이 없는 것이 아니며, 내적 연관성을 지니기 때문이다. 의미지도는 바로 다기능 문법 형식의 각 의미 기능 간의 내적 연관성을 직관적으로 보여줄 수 있는 도구나 방법이다.

이 절은 언어 유형론에서 제기된 의미지도 이론에 근거하여 张敏(2013)에서 구축한 교차 영역(cross-domain) 의미 역할 개념공간을 바탕으로 기존의 문헌을 고찰하여 '把' 와 '를'의 의미 기능을 대조하고자 한다. 그리고 개념공간을 바탕으로 범언어적인 대조를 통해 '把'와 '를'의 각 의미 기능의 유표성을 살펴보고, 지금까지 제2언어습득 연구에서 주로 사용해 왔던 대조분석가설을 이용한 차이 분석을 벗어나, Eckman(1977, 1991)의 '유표성 차이 가설(The Markedness Differetial Hypothesis)'과 '구조 일치성 가설(Structural Conformity Hypothesis)'의 관점에서 '把'와 '를'의 각 의미 기능의 습득 순서를 예측하는 데에 목적을 둔다.

2) 선행연구

'把'와 '를'에 대한 선행 연구가 매우 많다. 이 부분에서는 주로 본 연구에서 다루고자 하는 내용과 관련된 연구들을 주목하여 살펴보았다. 관련된 선행연구는 크게 '把'와 '를'에 대한 대조 연구와 의미지도 이론을 도입하여 '把'를 분석하는 연구로 나눌 수 있다.

'把'와 '를'에 대한 대조 연구는 주로 '把'와 '를'의 각각 대응 형식을 살피는 연구와 서로 대조 분석하는 연구로 나눌 수 있다. 중국어의 '把'구문은 한국어에서의 대응 형식에 초점을 맞춘 대표적인 연구로는 南圣淑(2007), 王立杰(2009), 박애화(2014), 임은정(2015) 등을 들 수 있고 대조 분석하는 연구로는 金英实(2010), 진관초·장령훼(2014) 등이 있다. 임은정(2015)에서는 '를'이 가지고 있는 여러 의미 기능을 사전과 선행연구를 통해 분류하여 대상성, 피영향성, 전체성으로 구분하였고 각각의 의미 기능별로 '를'이 중국어와의 대응 형식을 살폈다. 金英实(2010)은 중국어 '把'구문, 술목구문과 한국어 'O를(목적격) VP'구문을 살펴보고 한정성, 전체성, 화제성, 생략성, 복잡 정도성과 '把'구문과 한국어 'O를(목적격) VP'의 대응 조건 등을 검토하였다. 진관초·장령훼(2014)는 한국어 '를'과 중국어 '把'구문을 통사-의미적인 특성에 대해서 살폈고 한정성을 비롯해 전체성, 피영향성에 대하여 언어적인 공통점을 밝혔는데 통사 구조로 통사-의미적 특성만을 고찰하고 서술어와 명사구 사이의 논항 구조, 의미 역할(semantic role) 등을 다루지 못한 아쉬움이 있었다.

최근에는 의미지도를 바탕으로 다기능 문법 형식을 분석하는 연구들이 많이 나오고 있다. 이중에서 임소정(2013)은 현대 표준 중국어의 각종 개사와 한국어의 부사격 조사들을 기초로 Haspelmath(2003)와 张敏(2010)의 도구격 관련 개념공간을 보완하고 이 보완된 개념공간에서 '把'의 의미지도를 그려냈는데 '把'의 처치(处置)하는 기능만 다루었다. 卢笑予(2013)에서는 중국 임해 방언 비서술어 전치사의 다기능을 분석하고 전치사 '把'와 대조하여 '拨'의 의미지도를 그렸다. 요컨대 의미지도는 범언어적 비교로 연구할 뿐만 아니라 한 언어 내의 다기능 문법 형식을 대상으로 연구할 수도 있다. 두 개 언어 대조에 의미지도를 적용하여 문법 형식의 상호 관계를 탐구하면 두 언어 문법 형식 간의 공통점과 차이점을 더 쉽게 파악할 수 있다. 이러한 의미지도는 언어와 언어 간이나 한 언어 내의 문법 형식의 대조 연구에 적용할 수 있을 뿐만 아니라 제2언어습득에도 적용이 가능하다.

3) '把'와 '를'의 의미 기능 분포

이 부분에서는 '把'와 '를'의 의미 기능에 대해 알아보겠다. '把'의 용법은 呂叔湘(1999: 53-54)에서 다섯 개를 제시했고,[12] 卢加伟(2015: 112)에서 '把'가 나타내는 열한 개의 목적어의 의미 역할을 제시했으며,[13] 赵金色 (2010: 144-145)에서 '把'의 의미 기능은 여섯 개를 제시했다.[14] '를'의 경우, 고려대 〈한국어대사전〉(2009)에서 열네 개의 의미를 제시했고 국립국어원 〈표준국어대사전〉(1999)에서 아홉 개의 의미를 제시했으며, 장미라(2002: 9)에서 '를' 논항의 의미역을 열세 개를 제시하였다.[15] 이를 통해서 알 수 있듯이 기존 문헌에서 '把'와 '를'의 의미 기능은 사전, 문법서, 논의에 따라 매우 다양하게 서술되어 있다. 이는 '把'와 '를'에 대한 서술이 어느 정도 연구자에 직관에 의존할 수 있다는 사실에서 기인한다. 그러나 다른 언어 와의 대조나 범언어적인 시각으로 다기능 문법 형식의 의미 기능을 고찰 하면 이러한 문제를 해결하는 데 도움을 줄 수 있다. 张敏(2013)에서 구축

---

12 处置, 致使, 表示动作处所或范围, 当事, 拿, 对

13 施事, 感事, 受事, 与事, 结果, 对象, 工具, 材料, 方式, 场所, 终点

14 受事, 施事, 系事, 非施事受事, 处所, 工具

15 원천역, 경로역, 도달역, 목적역, 영역역, 장소역, 결과역, 피해자역, 피위자역, 공동역, 대상역, 동작역, 수혜역

한 교차 영역(cross-domain) 의미 역할의 개념공간에서 수혜자, 처치 수동자, 피사역자, 원인/목적, 유정물 도달점, 피동 행위자, 수령자, 공간 방향, 출발점, 처소, 소유자, 수반자, 도구, 재료, 병렬항, 방식 등 열여섯 개의 의미 기능을 제시했다. 개념공간은 범언어적인 보편성을 반영할 수 있기 때문에 이 개념공간에서 나타나는 기능 항목은 어느 정도 '把'와 '를'의 의미 기능도 포괄한다. 그러므로 이 절은 张敏(2013)의 교차 영역 의미 역할의 개념공간을 바탕으로 기존의 문헌을 고찰하여 '把'와 '를'의 의미 기능을 분석하겠다.

(1) '把'의 의미 기능 분포

중국어 전치사 '把'는 통사 구조상으로 일반적으로 명사구에 선행한다. 즉 '把+NP+VP'의 구조로 이룬다. '把'구문은 처치(处置, disposal)나 치사(致使, causative) 혹은 완전(完全义)이나 다른 의미를 지니는지에 대해 중국어 학계에서 이견이 있었지만 이 부분에서는 '把' 구문이 나타내는 의미를 알아보는 것에 목적을 두지 않고 '把'구문에서 전치사 '把'의 의미 기능만 살펴보고자 한다.[16]

(1) 처치 수동자
예: ① 你把桌布洗一洗。   ② 你把你的东西拿走。

(1)은 전형적인 타동문으로서 동작의 직접적인 결과가 NP(桌布, 你的东西)에 미쳐, '把'가 동작을 받는 대상(즉 수동자)을 표기하는 기능을 하고

---

16 아래 예문은 史金生, 胡晓萍(1991: 66-71), 崔希亮(1995: 14-16), 赵金色(2020: 145-147) 그리고 卢加伟(2012: 112)에서 재인용한 것이다.

있다. 전체적으로 수동자를 처치(處置)하는 의미가 있다. 여기서 '桌布'와 '你的东西'에 부여되는 의미 역할을 처치 수동자라고 하겠다.

 (2) 피사역자
  예: ① 这么一来, 又把我的心凉了一截。 ② 怎么把犯人跑了？

 사역 표현에서 동작을 받는 대상은 피사역자이다. (2-1)에서 누군가가 어떤 일을 해서 '내 마음을 아프게 했다'. '我的心'는 '아프다'는 주체이다. 만찬가지로 (2-2)에서 '犯人'은 동작을 받는 대상이면서도 뒤에 '도망치다'는 동작의 주체이다. 이러한 경우에는 '我的心'와 '犯人'은 피사역자라고 한다. 여기서 '把'의 기능은 피사역자를 표기하는 것이다.

 (3) 피동 행위자
  예: ① 奶糕把小孩吃腻了。

 위에서 '小孩'는 피동 표현에서의 행위자이다. 이럴 때 피동 표현에서 '把'는 뒤의 피동 행위자를 표기한다.

 (4) 도구
  예: ① 唐文祥正要掏枪, 我们的一个同志把匕首刺进了他的胸膛。
   ② 杨昌明把手捂住话筒, 低声对吉子宽说……

 (4-1)에서 '匕首(비수)'는 도구로 그 사람의 가슴을 찌른다. (4-2)에서는 '손'으로 마이크를 가린다. 여기서 '把'는 동작의 도구를 나타내는 기능을 한다.

(5) 재료

예: ① 把买来的布做了两件衣服。

② 爸爸把柳条都编了箱子。

위의 예문에서 '사 온 천(买来的布)'으로 '옷'을 만들거나 '버드나무 가지'로 '상자'를 만든다. '把'가 나타내는 의미는 '옷'과 '상자'를 만드는 재료이다.

(6) 방식

예: ① 把A调唱成了降A调。

위 예문에서 'A조'는 부르는 방식이고 '把'는 방식을 표기하는 기능을 한다.

(7) 처소

예: ① 我愿意把牢底坐穿。

② 他们几个在屋里抽烟, 把屋里抽满了烟。

(7)에서 '把'가 표기하는 것은 동작이 이루어지는 장소이다. 여기서는 '把'의 기능은 처소를 표기하는 것이라고 할 수 있다.

(2) '를'의 의미 기능 분포

'를'은 통사 구조상으로 동사의 지배를 받는 명사구에 후행하며(NP+를+VP) 의미적으로는 타동성을 나타내는 대격 표지로 인정되어 왔다. 그러나 이는 '를'의 의미 기능에 대한 기술이라기보다 대격에 대한 기술이다.

이 부분에서 대격에만 국한하지 않고 '를'은 후치사로써 어떠한 의미 기능이 있는지 알아보겠다.[17]

(1) 일반 수동자

　예: ① 한수가 손을 흔든다.

　　② 철수가 밥을 먹는다.

위 예문에서 '손'이나 '밥'은 단지 타동사 '흔들다'와 '먹다'의 동작을 받아 실현되는 수동자이다. 이는 중국어의 '把'가 수동자를 처치(處置)하는 의미와 달리 여기서 '를'은 일반 수동자를 표기하는 기능이라고 할 수 있다.

(2) 공간 방향

　예: ① 한수가 하늘을 난다.

　　② 학교를 간다.

(2-1, 2)를 보면 '날다, 가다'와 같은 자동사 구문에서 '를'이 나타나는데 여기서 '를'은 '로'에 해당되고 공간 방향을 표현한다.

(3) 유정물의 도달점

　예: ① 나를 향해 달린다.

　　② 철수는 수지를 향해 간다.

'방향은 '공간 방향'을 나타낸 것이고 향하는 것은 유정물일 경우 '유정물 도달점(human goal)'이라고 한다. 위 예문에서 '나'와 '수지'는 모두 유정물인데 이럴 때 '를'은 '유정물 도달점'을 나타낸다.

---

17 아래 예문은 고려대 〈한국어대사전〉, 홍종선, 고광주(1999: 153, 173), 장미라(2002: 13, 16), 신서인(2014: 92), 신서인(2016: 6-12)와 이갑(2017: 369-370)에서 재인용한 것이다.

(4) 처소

예: ① 어제는 하루 종일 학교를 돌아다녔다.

② 그는 돈을 벌기 위해 고향을 떠나 서울로 올라왔다.

위에서 '학교'와 '고향'은 동작이 이루어지는 처소이고 '를'은 처소를 나타
내는 기능을 한다.

(5) 수령자

예: ① 철수가 영희를 선물을 주었다.   ② 그는 나를 선물을 주었다.

수여 사건에서 타동성 행위의 직접적인 대상은 수동자이고 간접적인 대상
은 수령자이다. (5-1, 2)에서 '영희'와 '나'는 '주다'의 간접적인 대상(즉 수령
자)이고 '를'은 '에게'로 교체할 수 있다. 여기서 수령자는 '를'로 표기되었다.

(6) 수혜자

예: ① 기영이는 지수를 이탈리아어를 가르쳤다.

② 어머니는 아이를 운동화를 신기려고 했다.

위에서 말했듯이 수여 사건에서 수여 행위의 직접적인 대상은 수동자이
고 간접적인 대상은 수령자이다. 이렇듯 수여하는 것은 물건이 아니고 동
작일 때 수령자가 수혜자로 된다.[18]

---

18 홍종선, 고광주(1999)에서 '-을' 논항의 수혜자 역은 주체의 타동성 행위에 대한 간접적인
   객체로서 생명도의 실체라고 기술하였다.

(7) 소유자

　예: ① 영수가 순이를 손을 잡았다.

　　　② 영수가 나무를 가지를 잘랐다.

　위 예문에서 '순이를'과 '나무를'은 '순이의'와 '나무의'로 교체할 수 있다. (7-1)에서 '순이'는 '손'의 소유자이고 (7-2)에서 '나무'는 '가지'의 소유자이다. 여기서 소유자를 '를'로 표기되고 있다.

(8) 출발점

　예: ① 그 일을 시작으로 하자.

　　　② 약속 시간에 늦었다는 생각을 하면서 나는 집을 나섰다.

　(8-1)에서 '를'은 행위가 시작되는 기점을 나타내고 있고 '그 일부터 시작한다'는 뜻이다. (8-2)에서 '를'은 행위자가 벗어나는 기점을 표시한다. 여기서는 '를'이 출발점을 표기하는 기능을 하고 있다.

(9) 목적

　예: ① 여의도로 불꽃놀이를 갔다.

　　　② 여행을 간다.

위 예문에서 '를'은 모두 행동의 목적이 되는 일을 나타낸다.

(10) 도구

　예: ① 철수가 벽을 신문지를 붙였다.

(10-1)은 도구격이 대격으로 실현된 경우이며 '신문지를'은 '신문지로'를 교체할 수 있다.

(11) 재료

예: ① 그 커튼을 무대 의상으로 쓰자.

② 이 나무토막들을 책꽂이를 만드는 데 쓸 수 있을까?

위 예문에서 '커튼'은 '의상'의 재료가 되고 '나무토막'은 '책꽂이'의 재료가 된다. 이렇듯 '를'은 재료를 표기하는 기능을 한다.

4) '把'와 '를'의 의미 기능 대조 및 각 기능의 습득 순서

위에서 '把'와 '를'의 여러 가지 의미 기능을 나누어 정리했다. 이 부분은 張敏(2013)에서 구축된 교차 영역(cross-domain) 의미 역할 개념공간을 바탕으로 '把'와 '를'의 의미지도를 만들겠다. 이 기초 위에 두 대상의 의미적 공통점과 차이점을 검토하고자 한다. 그 다음에 다른 언어와 중국어 방언에서 '把, 를'과 대응되는 문법 요소를 찾아 이들의 의지지도를 작성하겠다. 이를 통해 '把'와 '를'의 각 의미 기능 사이에 존재하는 유표성 정도 차이를 분석하고자 한다. 분석한 결과를 제2언어습득 연구에 접목시켜 유표성 차이 가설에 근거하여 '把'와 '를' 각 기능의 습득 순서를 예측하겠다.

(1) '把'와 '를'의 의미 기능 대조

張敏(2013)은 교차 영역 의미 역할의 개념공간을 [그림 1]과 같이 제시하였다.

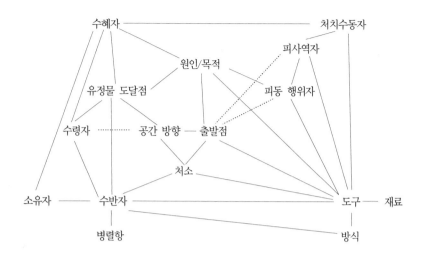

[그림 1] 교차 영역 의미 역할의 개념공간[19]

'일반 수동자'를 제외한 '把'와 '를'의 모든 의미 기능은 [그림 1]에서 찾을 수 있는데 이 그림에서 '일반 수동자'을 추가하겠다. 의미지도 연속성 가설에 의하면, 한 구조가 나타내는 의미는 개념공간에서 연속적인 공간으로 투사된다. 이에 따라 '일반 수동자'를 개념공간에 추가하면 양상은 [그림 2]와 같고 이를 기초로 작성된 '把'와 '를'의 의미지도는 [그림 3]과 같다.

---

19 이 그림은 潘秋平, 张敏(2017: 518)에서 재인용한 것이다.

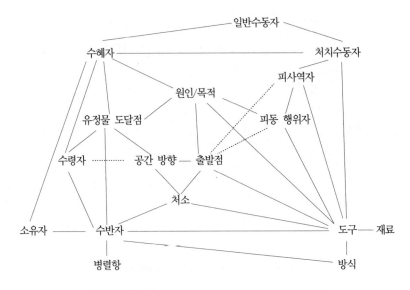

[그림 2] 张敏(2013)을 바탕으로 한 '把'와 '를'의 개념공간

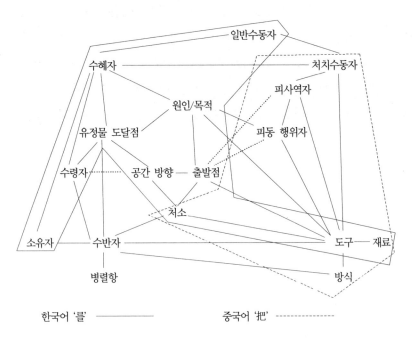

한국어 '를' ─────────   중국어 '把' --------------

[그림 3] '把'와 '를'의 의미지도

[그림 3]을 보면 개념공간에서 '把'와 '를'이 차지하는 공간을 직관적으로 확인할 수 있고 각 의미 기능 간의 연관성도 파악할 수 있다. '把'는 '처치 수동자, 피사역자, 피동 행위자, 처소, 도구, 재료'와 방식' 의미를 나타내는 기능이 있고 '를'은 '일반 수동자, 수혜자, 수령자, 소유자, 출발점, 원인/목적, 유정물 도절점, 공간 방향, 처소, 도구, 재료' 등 의미를 나타낼 수 있다. 두 문법 요소의 기능적 유사점과 차이점은 다음과 같다.

첫째, '처소, 도구'와 '재료'는 '把'와 '를'의 공통적인 의미 기능이다. 이 기능들을 나타낼 때 '把'와 '를'은 서로 대응할 수 있다.

    a. 어제는 하루 종일 학교를 돌아다녔다.

       昨天一整天把学校转了。/昨天在学校转了一整天。

    b. 철수가 벽을 신문지를 붙였다.

       哲洙把报纸糊了墙。/哲洙用报纸糊了墙。

    c. 그 커튼을 무대 의상으로 쓰자.

       把那窗帘当做演出服吧。

예문 (a)에서 '를'은 '처소'를 나타내는데 '把' 그리고 '在'와 대응할 수도 있다. 예문 (b)에서 '도구'를 나타내는 '를'은 '把' 또는 '用'과 대응할 수 있다. 예문 (c)에서 '를'은 '재료'를 나타내고 '把'에 대응할 수 있다.

둘째, 중국어 '把'와 한국어 '를'은 '수동자'를 표기할 때 서로 대응할 수 있다. 다만 '일반 수동자'와 '처치 수동자'의 구별을 주의해야 한다.

    d. 他把剩下的飯都吃了。

    e. 그는 남은 밥을 다 먹었다.

예문 (d)는 수동자를 처치하는 의미가 있는데 여기서 '처치'를 받는 수동자는 '처치 수동자'라고 한다. 예문 (e)에서 '남은 밥'은 '먹다'의 직접적인 대상인데 '처치'를 받는 의미가 없다. 따라서 '일반 수동자'라고 한다.

셋째, '를'의 의미 기능은 '把'보다 많고 의미의 경간도 더 크다. 즉, '를'의 의미 기능들 간의 관계가 '把'에 비해 느슨하다.

(2) '把'와 '를' 각 기능의 습득 순서

Eckman(1977, 1991)은 '유표성 차이 가설'과 '구조 일치성 가설'을 제시하였다. 이 두 가설은 유형론적 함축 관계와 유표성 이론을 제2언어습득에 접목시켜 대조분석 가설의 한계점을 보완하였다. Eckman의 주장에 따르면 제2언어 학습자에게 모어와 다르고 모어보다 유표성이 더 강한 항목은 습득이 어렵다. 모어와 다르지만 유표성이 약한 항목은 학습에서 문제가 크게 되지 않는다. 이 주장은 학습자의 중간언어에서 검증이 되었고 언어유형론적 보편성에도 부합된다.

이 부분에서 먼저 다른 언어와 중국어 방언에서 '把'와 '를'과 관련된 문법 요소를 수집하겠다. 이를 기초로 의미지도를 만들고 '把'와 '를' 각 의미 기능의 유표성 정도를 파악하고자 한다. 개념공간에서 각 문법 요소가 차지하는 공간을 보면 어떤 기능은 거의 모든 문법 요소의 의미지도에 들어간다. 이와 반대로 한두 가지 문법 요소의 의미지도에만 들어간 기능도 있다. 전자의 경우 그 기능은 보편성이 강하고 상대적으로 무표적이다. 후자의 경우 그 기능은 특수하고 유표성이 강하다. 대부분 상황에서 무표적인 의미 기능은 쉽고 먼저 습득되고 유표적인 의미 기능은 어렵고 늦게 습득된다. 몽골어, 카자흐어, 중국어 허황방언(河湟方言)과 간거우 방언(甘沟方言)에서 '把'와 '를'에 대응되는 문법 요소를 찾고 범언어적인 의미지도를 만들면 다음과 같다.[20]

〈표 1〉 몽골어, 카자흐어, 중국어 방언에서 '把'와 '를' 대응 요소의 의미 기능 (상)

	일반 수동자	처치 수동자	수혜자	수령자	피사역자	도구	공간 방향
把	—	+	—	—	+	+	—
를	+	—	+	+	—	+	+
몽골어 iig	+	—	+	+	—	—	+
카자흐어 -ne	+	+	—	—	+	+	—
허황방언 xa/a(哈)	+	+	+	+	—	—	—
간거우방언 xa(哈)	+	+	+	+	+	—	—
합계	5	4	4	4	3	3	2

〈표 2〉 몽골어, 카자흐어, 중국어 방언에서 '把'와 '를' 대응 요소의 의미 기능 (하)

	피동 행위자	소유자	처소	재료	원인 목적	유정물 도달점	출발점	방식
把	+	—	+	+	—	—	—	+
를	—	+	+	+	+	+	+	—
몽골어 iig	—	—	—	—	—	—	—	—
카자흐어 -ne	+	—	—	—	—	—	—	—
허황방언 xa/a(哈)	—	—	—	—	—	—	—	—
간거우방언 xa(哈)	—	+	—	—	—	—	—	—
합계	2	2	2	2	1	1	1	1

20 몽골어와 카자흐어는 알타이어족에 속하는 교착어이다. 허황방언과 간거우방언은 중국 간쑤성(甘肅省)과 칭하이성(靑海省)에서 쓰이는 방언이도 북방방언 중의 서북방언(西北方言)에 속한다. 〈표 1〉의 몽골어 자료는 만다흐바타르알탄체첵(2016: 23-28)에서 인용한 것이고 카자흐어 자료는 李玲(2007: 3-35)에서 인용한 것이다. 허황방언과 간거우방언 자료는 각각 张安生(2013: 291-307), 杨永龙(2014: 230-240)에서 인용하였다.

〈표 1, 2〉에 따라 '把'와 '를'의 개념공간에서 몽골어, 카자흐어, 중국어 허황방언과 간거우방언 관련 문법 요소의 의미지도를 반영하면 다음과 같다.

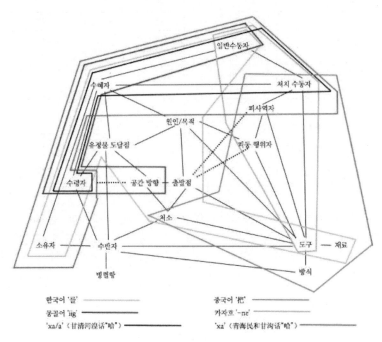

[그림 4] 몽골어. 카자흐어. 중국어 방언에서 '把'와 '를' 대응 요소의 의미지도

[그림 4]를 보면 '일반 수동자, 처치 수동자, 수혜자'와 '수령자'는 대부분 문법 요소의 의미지도에 들어가 있고 상대적으로 무표적이고 쉽게 습득될 항목이라고 예측된다. 범언어적 자료가 많을수록 개념공간의 구축도 더 정밀해지는데 이 절은 자료 수집의 제한으로 위의 네 가지 문법 요소만 예로 보여주었다. [그림 4]를 기초로 '把'와 '를'각 의미 기능의 습득 순서를 다음과 같이 예측한다.

첫째, 제2언어 학습자에게 중국어 '把'구문은 어려운 항목이지만 '把'의 의미 기능을 습득할 때 '처치 수동자' 의미는 먼저 습득될 것이라고 예측할 수 있다. 범언어적 개념공간에서 '처치 수동자' 의미는 많은 문법 요소의 의미지도에 들어가고 유표성이 약하기 때문이다. 그 다음에 습득될 의미 기능은 '피사역자, 피동 행위자, 도구, 처소, 재료'와 '방식'이라고 예측된다. 이 기능들은 '처치 수동자'에 비해 의미지도에서 출현된 횟수가 적고 유표성이 상대적으로 강하다.

둘째, '를'의 여러 의미 기능에서 '일반 수동자'는 유표성이 가장 약해서 제2언어 학습자에게 먼저 습득될 것이라고 예측한다. 〈표 1, 2〉에서의 출현 횟수와 의미지도 양상에 따라 '일반 수동자' 다음으로 습득될 기능이 '수령자, 수혜자'와 '공간 방향'이라고 예측한다. 마지막으로 습득될 의미 기능은 '소유자, 원인/목적, 유정물 도달점, 처소, 출발점, 도구'와 '재료'이다.

제2언어 교육 현장에서 의미지도 연속성에 따라 '把'와 '를'의 기능을 제시하면 학습이 더 효율적이고 효과적으로 진행될 것이다. 물론 습득 순서는 교재 내용과 교육 방식 등의 영향을 받을 수 있다. 그러므로 다기능 문법 요소 '把'와 '를'의 의미를 어떻게 가르쳐야 하는지에 대해 좀 더 깊은 연구를 해야 하고 이 절의 주장을 뒷받침하는 실증적 연구도 필요하다.

5) 결론

이 절은 먼저 의미지도 이론으로 중국어 전치사 '把'와 한국어 후치사 '를'의 의미 기능을 살펴봤다. 이 기초 위에 유표성 차이 가설에 근거하여 범언어적 시각으로 이 두 가지 문법 요소의 습득 순서를 예측하였다.

'把'는 '처치 수동자, 피사역자, 피동 행위자, 처소, 도구'와 '재료, 방식' 등 의미를 나타내고 '를'은 '일반 수동자, 수혜자, 수령자, 소유자, 처소, 도구, 재료, 출발점, 원인/목적, 공간 방향'과 '유정물 도달점' 등 의미를 나타낸다.

'를'의 의미 기능은 '把'보다 많고 의미의 경계가 더 크다. '把'와 '를'은 모두 '수동자'의미를 표현할 수 있지만 '를'의 '일반 수동자' 의미와 '把'의 '처치 수동자' 의미를 구별해야 한다. '처치 수동자'는 '처치'를 받는다는 의미가 포함되어 있지만 '일반 수동자'는 동작의 직접적인 대상일 뿐이고 '처치' 의미가 없다. 이 외에 의미지도를 통해 '처소, 도구'와 '재료'는 '把'와 '를'의 공통적인 의미 기능이고 '일반 수동자, 처치 수동자, 수혜자'와 '수령자' 등 기능은 유표성이 약해서 습득되기 쉬울 것으로 예측되었다.

습득 순서는 학습자에 따라 다르고 교재 내용과 교수 방법의 영향도 받는다. 앞으로 학습자 중간언어 말뭉치를 구축하고 이 절에서 예측된 습득 순서를 검증하고 더 심화된 연구를 하겠다.

한, 중, 일, 베트남어 고 빈도 재귀대명사 의미지도 연구[21]

1) 서론

재귀대명사는 문장에서 이미 나타난 명사나 대명사의 되풀이됨을 피하기 위해 쓰이는 특수대명사이자 일상생활에서 높은 빈도로 쓰이는 기본적 어휘이다. 지난 몇 십 년 동안 재귀대명사는 늘 대명사 연구 영역에서의 중요한 과제였다. 특히 Chomsky가 결속이론(GB Theory)을 제시한 후, 재귀대명사의 장거리 결속 현상을 분석하고 연구한 성과가 많이 나왔다.[22] 이

---

21 본 논문은 上海外國語大學第一屆導師引領學術計劃項目《基於生命度理論的韓國語句法跨語言研究》(프로젝트 번호: 201601039)의 성과이고 2018년 4월 14일 중국 절강 외국어대학교에서 개최된 제26회 한국어문학 국제학술회의에서 발표된 논문을 수정 보완한 것이다.

22 Chomsky의 결속이론에 따르면, 재귀대명사와 상호대명사 등 조응사는 관할 영역에서 결속을 받는다. 그러므로 재귀대명사는 단순문 혹은 안긴 문장 내에서의 선행사만 지시할 수 있다.

상의 선행연구를 보면, 연구대상은 재귀대명사의 결속 특징에 집중되어 있고 대부분은 통사적 측면에서 연구였다. 그리고 한국의 국어학계에서의 연구보다는 한영, 중영 대조연구가 상당한 비례를 차지하고 범언어적인 연구 성과는 적은 편이었다. 연구과정에서 재귀대명사의 3인칭 지시, 보편적 지시, 강조, 존경 정도 표현 등 기능이 간과되었고 언어이론의 제한으로 생명도가 재귀대명사 선택에 준 제약도 깊이 연구되지 못하였다.

본 논문은 생명도 이론과 유형론에서 제기된 의미지도 모형에 근거하여 한국어, 중국어, 일본어와 베트남어 재귀대명사의 의미적 기능을 고찰하고 범언어적으로 재귀대명사의 다양한 의미적 기능을 분석, 비교하여 재귀 대명사의 보편성과 특수성을 제시하고자 한다.

2) 재귀대명사의 연구 범위 확정

한, 중, 일, 베트남어 재귀대명사의 범위확정에 대해 아직 정론이 없다.[23] 한국어 재귀대명사 범위확정에 대한 대표적인 의견을 정리하면 〈표 1〉과 같다.

영어 재귀대명사의 지시 특성은 이 주장과 일치하고 국부결속만 가능하지만 한국어, 중국어, 일본어와 베트남어 재귀대명사는 모두 장거리결속이 가능하다.

[23] 이 논문에서 사용된 일본어와 베트남어의 관련 자료와 예문은 상해외국어대학교 일본경제문화학부 일본어학과 성원종(盛文忠) 교수님과 상해외국어대학교 동양어학부 베트남어학과 펑차오(馮超) 교수님이 제공하셨다. 여기서 감사의 뜻을 표한다.

번호	출처	재귀대명사
1	최현배(1937)	저, 남, 자기, 다른이, 당신
2	고신숙(1987)	저, 자기, 자신, 자체
3	최윤갑(1987)	자기, 자신, 자체, 저, 저희
4	이주행(1992)	자기, 자신, 자체, 저, 저희, 당신
5	이석주, 이주행(1994)	자기, 자신, 자체, 저, 저희
6	서정수(1996)	자기, 자신, 저, 당신, 서로, 자체, 스스로
7	김미형(2001)	자기, 당신, 저, 저희
8	이익섭(2004)	저, 자기, 당신
9	남기심, 고영근(2011)	자기, 저, 저희, 당신

〈표 1〉에서 '남'과 '다른이'는 '다른 사람'이라는 뜻이다. '서로'는 상호 부사 또는 상호대명사이다. 따라서 이 세 단어를 본 논문의 연구 범위에서 제외하기로 한다.

'스스로'는 재귀적 의미가 있지만 실제 언어자료를 보면 부사 용례가 대명사 용례보다 더 많이 확인되었다.[25] 안기섭(2008: 82)는 재귀적 의미를 나타내는 형식 범주를 문법화 순서에 따라 아래와 같이 배열하였다.

명사 > 대명사 > 재귀대명사 > 부사 > 접어 > 접사

'스스로'는 '자기' 등 전형적인 재귀대명사보다 문법화가 더 깊이 진행되어서 부사로서의 성격이 더 강하다. 따라서 본 논문에서 상세하게 살펴보지 않기로 한다.

'자체'도 전형적인 재귀대명사로 보기 어렵다.

---

24 〈표 1〉의 일부분 내용은 황영철(2003: 18)에서 인용된 것이다.
25 세종말뭉치에서 '스스로'의 대명사 용례 1920개, 부사 용례 3820개가 확인되었다.

(1) 비교음악학은 음악 자체를 분석한다. (세종말뭉치)

(2) 우주 자체는 무한한 것이다. (세종말뭉치)

(3) *철수가 자체를 비판하였다.

위 예문을 보면 '자체'의 선행사는 대부분 경우에 [-생명도]이고 문장의 목적어 자리에서 [+생명도] 선행사를 지시하지 못한다. 지시대상의 바로 뒤에 붙어야 해서 '자체'는 재귀적 기능보다 강조 기능이 더 뚜렷하게 나타난다.

일부분 문법책에서 '저'의 복수 형태인 '저희'가 재귀대명사로 인정된다. '저희'는 재귀적 의미가 있고 문장에서 재귀대명사의 기능도 할 수 있지만 현대한국어에서 대부분 경우에 1인칭대명사의 복수형태로 쓰이고 있다. 재귀대명사로 쓰이는 경우가 드물어서 '저희'를 본 논문의 연구범위에 넣지 않기로 한다.

따라서 본 논문은 '자기', '자신', '당신'과 '저'를 연구대상으로 삼기로 한다.[26]

중국어에서 가장 전형적인 재귀대명사는 '自己'이다. 이 외에 呂叔湘(1980)과 黃伯榮, 廖序東(2011)에서 '自個兒', 高名凱(1948)에서 '自家'도 재귀대명사로 분류되었다.[27] 이 두 단어의 의미가 '自己'와 비슷하지만 방언 성격이 강하고 사용빈도가 '自己'보다 현저히 낮은 원인으로 상세하게 전개하지 않기로 한다.[28]

재귀적 의미를 갖는 일본어 단어는 네 개가 있는데 각각 '自身, 自体, 自己'와 '自分'이다. '自身'과 '自体'은 NP의 바로 뒤에 나타나야 해서 강조 기

---

[26] '자신'이 재귀대명사로 분류될 수 있는지에 대해 논쟁이 있지만 한국어 1, 2인칭 선행사의 지시 양상을 고찰하기 위해 '자신'을 재귀대명사의 하나로 인정한다.

[27] 高名凱(1948)과 呂叔湘(1980)의 재귀대명사 분류 의견은 計瓊(2015: 3)에서 인용된 것이다.

[28] 북경대학교 CCL말뭉치에서 검색한 결과 '自己'가 포함된 예문은 341538개가 있고 '自個兒'과 '自家'가 포함된 예문은 각각 950개와 3926개가 있었다.

능을 더 많이 한다. 예문은 아래와 같다.

(4) それは君自身で決めなければいけない。

그 일은 반드시 너 자신이 결정해야 한다.

(5) 国家自体/会社自体/家族自体

국가 자체/회사 자체/가족 자체

일본어에서 '自己'는 재귀 대명사로서의 기능이 없고 NP 앞에 나타나 '自己紹介(자기소개)', '自己中心(자기중심)' 등 명사구를 구성하는 기능만 가진다.

'自分'은 문장의 목적어 자리에서 나타나 [+생명도] 선행사를 지시할 수 있는 전형적인 재귀대명사이다.

(6) 彼は自分を批評した。

그는 자기를 비판하였다.

따라서 본 논문은 일본어 재귀적 단어에서 '自分'만을 연구대상으로 한다.

재귀적 의미를 갖는 베트남어 단어는 주로 'mình', 'bản thân'과 'tự'이다. 그 중 'mình'과 'bản thân'은 문장의 목적어가 될 수 있고 [+생명도] 선행사를 지시할 수 있어서 재귀대명사로 볼 수 있다. 예문은 아래와 같다.

(7) tự khoe mình.

자기를 자랑한다.

(8) hy sinh bản thân.

자기를 희생한다.

梁遠(2012: 244)는 'tự'도 베트남어의 재귀대명사라고 주장한다. 그러나 언어자료를 보면 tự는 주로 동사를 수식하는데 재귀부사로 분류시키는 것이 더 타당한 것 같다.

(9) tự xét mình.

스스로 반성한다.

(10) tự dối lòng

스스로 마음을 속인다.

위 예문을 보면 tự는 서술어인 'xét mình(반성하다)'와 'dối lòng(속이다)'를 수식하는 것인데 부사어 기능을 한다. 따라서 본 논문은 'mình'과 'bản thân'만을 베트남어 재귀대명사로 인정한다.

본 논문의 논의대상을 정리하면 〈표 2〉와 같다.

〈표 2〉 본 논문의 논의대상

언어	재귀대명사
한국어	자기, 자신, 당신, 저
중국어	自己
일본어	自分
베트남어	mình, bản thân

3) 재귀대명사의 의미적 기능

(1) 한국어 재귀대명사의 의미적 기능

가. 문장 내부의 선행사 지시

문장 내부의 선행사 지시는 재귀대명사의 가장 전형적인 기능이다. 한국어 재귀대명사 '자기, 자신, 당신, 저'는 모두 [+생명도] 선행사만 지시할 수 있다. [+생명도]라는 전제 아래, 각 재귀대명사는 선행사 인칭과 생명도 강약에 대한 요구가 다르다.

영국 언어학자 Comrie는 생명도 이론을 최초로 제시하였다. 그 후 Croft는 Comrie의 기본 생명도 등급에 인칭과 지시성 등 두 개의 변수를 도입해서 확장된 생명도 등급(擴展生命度層級)을 제시하였다. 구체적 내용은 아래와 같다.

> 1, 2인칭대명사>3인칭대명사>고유명사>보통 인간명사>비인간 유정명사>무정명사

생명도 이론이 중국 언어학계에 도입된 후 張伯江과 王珏를 비롯한 일부분 학자는 각자의 주장에 따라 Croft의 확장된 생명도 등급을 보완하였다. 그 중 王珏(2004: 66)에서 제시된 생명도 등급은 비교적 상세한데 내용은 아래와 같다.

> 1인칭대명사>2인칭대명사>3인칭대명사>고유명사>호칭명사>보통 인간명사>동물명사>식물명사>미생물명사>무정명사

한국어 재귀대명사에서 '자신'은 선행사 생명도에 대해 요구가 엄격하지 않다. 王珏(2004: 66)에서의 생명도 등급으로 보면 '자신'은 1인칭대명사에서 보통 인간명사까지의 모든 대상을 지시할 수 있다. 그리고 문학작품에서 소와 개 같은 생명도가 상대적으로 높은 동물명사도 '자신'으로 지시할수 있다.

(11) 물소i가 자신i에게 닥쳐올 운명을 모른다. (위화 〈가랑비 속의 외침〉)

선행사 생명도 강약에 대해 '자기'의 요구는 '자신'과 비슷하다. 그러나 '자기'는 생명도가 가장 높은 1, 2인칭 선행사를 지시하지 못한다. 중세 한국어에 존경, 강조와 선행사 지시 기능을 모두 갖추고 있는 3인칭대명사 '자갸'가 있었다. 16세기쯤에 한자어 '자기'와 '당신'이 한국어 어휘체계에 도입되면서 '자갸'의 존경 기능은 먼저 '당신'에 의해 대체되었다. 그 후 일반 3인칭대명사로서의 '자갸'는 '자기'와 한 동안 혼용되다가 '자기'에 의해 완전히 대체되었다. '자기'는 '자갸'의 3인칭대명사 성격을 어느 정도 보유하고 있어서 재귀대명사로 쓰일 때 3인칭 선행사만 지시한다.[29]

'당신'과 '저'는 현대한국어에서 드물게 쓰이는 재귀대명사이다. 이 두 재귀대명사는 대부분 경우에 3인칭 선행사만 지시하고 선행사 생명도에 대한 요구가 비교적 엄격하다. 수집된 언어자료를 보면 '당신'은 항상 존경 선어말어미 '-시-'와 공기한다. 그리고 지시대상도 존경해야 하는 3인칭 대상이어야 한다. 예문은 아래와 같다.

(12) 할아버지i가 당신i의 장서를 소중히 다루셨다.(남기심, 고영근 〈표준국어문법론〉)

그러나 존경해야 하는 선행대상을 지시할 때 반드시 '당신'을 사용하지 않는다. '당신'의 사용 여부는 화자의 언어습관 그리고 선행대상에 대한 태도에 달려 있다. 실제 언어자료에서 '당신' 대신 '자기' 혹은 '자신'을 쓰는 용례도 적지 않다.

'저'는 생명도가 낮은 선행대상을 지시할 때 더 많이 쓰인다. 사람을 가리

---

29 '중세한국어에'부터 '지시한다'까지의 내용은 양영희(2004: 33)과 全東元(2014: 49)에서 인용된 것이다.

키는 비칭어와 동물, 식물 등 비인간 유정명사를 지시할 수 있다. '저'는 주로 속담이나 고정된 구조에서 관형격조사 '의'와 결합해서 '제'라는 형식으로 나타난다.

(13) 중이 제 머리를 못 깎는다.

(14) 풀 한 포기도 제 자리가 있다.

예문 (13)에서 주어 '중'은 스님의 비칭어이고 예문 (14)에서 '풀'은 식물명사이다. 許秋蓮(2007: 39)에 따르면 사람을 비하하는 악칭명사(惡稱名詞)의 생명도은 보통 인간명사보다 낮다. 위 예문을 통해 '저'는 생명도기 비교적 낮은 선행사를 지시한다는 사실을 알 수 있다.

Croft의 확장된 생명도 등급과 王珏(2004: 66)에서 제시된 생명도 등급을 기초로 한국어 각 재귀대명사의 선행사 생명도 제약을 [그림 1]로 정리할 수 있다.

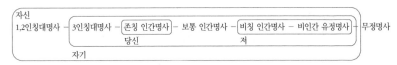

[그림 1] 선행사 생명도에 대해 한국어 각 재귀대명사의 요구

나. 문맥이나 화맥에서의 3인칭 지시

언어자료에서 한국어 재귀대명사의 지시대상이 문장 안에 없고 문맥이나 화맥에서 찾아야 하는 용례가 확인되었다. 이런 용례는 구어체 성격이 강한 텍스트에서 더 많이 나타난다. 예문은 아래와 같다.

(15) 직접 물어보세요! 자기가 무슨 일을 했는지!(모옌 〈개구리〉)

(16) <u>자기</u>가 뭔데 나서?(양영희(2005: 66)에서 인용.)[30]

(17) <u>자신</u>이 이야기를 건네는 사람이 누구인지, 그 대상이 지금 <u>자기</u>와 말하고 싶어하는지 그런 건 안중에 없는 것 같았다.(공지영 〈우리들의 행복한 시간〉)

예문 (15)와 (16)은 대화에서 추출된 문장이고 예문 (17)은 소설 단락에서 추출된 문장이다. 재귀대명사는 문장에서 지시대상 없이 단독적으로 나타났다. 실제로 지시대상은 청자나 화자가 아니고 문맥에서 이미 언급된 제3자이다. 예문을 중국어로 번역해서 대조하면 이 기능을 더 명확하게 살펴볼 수 있다.

(15) 직접 물어보세요! <u>자기</u>가 무슨 일을 했는지!

(15′) 你問問她！<u>她</u>做了些什麼！

(15″) *你問問她！<u>自己</u>做了些什麼！

중국어로 예문 (15)의 뜻을 표현하려면 '자기'의 자리에서 3인칭대명사 '她'를 중복적으로 사용해야 한다. 중국어 재귀대명사 '自己'는 문장 밖에 있는 특정한 3인칭 선행사를 지시하지 못하기 때문이다.

예문 (17)을 보면 '자기'뿐만 아니라 '자신'도 문맥에서의 3인칭 선행사를 지시할 수 있다. 양영희(2004: 46)에 따르면 중세 한국어에서 선행사가 문맥이나 화맥에서 있는 재귀대명사 용례를 많이 발견할 수 있다. 그런 재귀대명사는 보통 문장의 주어 자리에서 나타나고 지시 대상은 앞에서 이미

---

30 양영희(2005: 66)에 따르면 이 예문에서의 '자기'는 문맥이나 화맥에서의 3인칭 선행사를 지시한다. 현대한국어 화맥에서 특정한 억양, 말투가 있으면 이러한 '자기'는 '2인칭 청자 지시'로의 기능 확장 추세도 보인다.

나타난 3인칭대상이다. 이런 특징은 현대 한국어에서 어느 정도 남아 있어서 '자기'와 '자신'은 문맥이나 화맥에서의 3인칭 선행사 지시 기능을 가지게 되었다.

이 외에 '자기'와 '자신'은 [+인간] 대상을 보편적 지시하는 기능이 있다. 예문은 (18), (19)와 같다.

> (18) <u>자기</u> 일을 스스로 하자.(세종말뭉치)
> (19) <u>자신</u>이 성취할 수 있는 일이 무엇인지 뚜렷하게 파악해야 한다.(세종말뭉치)

위 예문에서 재귀대명사의 지시대상은 '세상 모든 사람'인데 문장 밖에 있는 미지의 3인칭 선행사를 지시하는 것으로 간주될 수 있다.

'당신'과 '저'는 보편적 지시 기능이 없고 문맥이나 화맥에 있는 특정한 3인칭 선행 대상도 지시하지 못한다.

다. 강조

Konig & Siemund(2013)의 조사결과에 따르면 재귀대명사와 강조대명사가 형태를 공유하는 언어는 세계 언어의 56% 정도를 차지한다. 한국어, 중국어와 영어는 재귀대명사와 강조대명사가 형태를 공유하는 대표적인 언어이고 독일어의 재귀대명사와 강조대명사는 각각 sich와 selbst인데 형태가 다른 대표적인 언어이다.[31]

한국어 재귀대명사에서 '자신'만이 'NP+자신'이라는 구조로 강조 기능을 할 수 있다. 이 구조에서 NP는 반드시 유정명사 혹은 유정대명사이다.

---

31 Konig & Siemund(2013)의 조사결과는 陸丙甫, 金立鑫(2015: 69)에서 인용된 것이다.

(20) 내가 사랑하는 건 <u>나 자신</u>뿐이라고요.(모옌 〈개구리〉)

(21) 남이든 <u>자기 자신</u>이든 이해해야 한다.(공지영 〈우리들의 행복한 시간〉)

(22) 엄마는 그가 하고 싶은 일을 하지 못하게 한 게 <u>엄마 자신</u>이라고 여기
며...(신경숙 〈엄마를 부탁해〉)

예문 (20)-(22)에서 '자신'에 의해 강조된 대상은 각각 인칭대명사, 재귀
대명사와 호칭명사이다. 한국어 무정명사는 '자신'으로 강조하지 못하고 명
사 '자체' 또는 부사 '스스로'를 사용해야 한다. 일부분 학자는 '자기 자신'을
한국어 재귀대명사의 한 가지로 분류하는데 본 논문에서 '자기'의 강조된
형식으로 본다.

재귀대명사 수량과 기능이 많고 의미 기능과 생명도 제약 측면에서 각
재귀대명사는 서로 차이가 있다는 것은 한국어 재귀대명사의 특징이다.

(2) 중국어 재귀대명사의 의미적 기능

가. 문장 내부의 선행사 지시

중국어 재귀대명사 '自己'는 문장의 주어, 목적어, 관형어와 부사어 등 자
리에서 선행사를 지시할 수 있다. 한국어 재귀대명사와 달리 '自己'는 지시
대상의 생명도과 인칭에 대해 제약이 거의 없다. 유정명사는 물론, 무정명사
심지어 추상명사까지 '自己'의 지시대상이 될 수 있다. 예문은 아래와 같다.

(23) 教育与其他社会现象相互作用, 形成<u>自己</u>的各种功能。

교육은 다른 사회 현상과 서로 작용해서 자체의 여러 가지 기능을 형성
한다.

(24) 导致贫困地区脱离<u>自己</u>的特点和需求。

이로 인해 빈곤지역은 자체의 특성과 수요를 떠나게 된다.

(25) 以后的事情他都自己想办法。

앞으로 모든 일은 그 사람이 스스로 해결할 것이다.

(26) 一些家长把自己当作正义的化身。(모두 CCL말뭉치에서 인용)

일부분 학부모는 자기가 정의의 화신이라고 생각한다.

　재귀대명사가 '教育(교육)', '贫困地区(빈곤지역)'과 같은 추상적 선행사를 지시하는 현상은 다른 언어에서 보기 드물다. CCL말뭉치에서 '自己'가 나타난 예문을 살펴보면 무정명사를 선행사로 한 문장은 존재하지만 수량이 적다. 그리고 문어체 성격이 강하게 드러난다. 무정명사 또는 추상명사를 재귀대명사 지시대상으로 한 문장은 공식서류, 신문기사, 교과서와 논설문 등에서 더 많이 나타나고 문장에서 재귀대명사는 관형어와 부사어 기능을 더 많이 한다.

　이 외에 무정 선행사를 지시하는 재귀대명사 '自己'는 대부분 경우에 '自身'으로 대체될 수 있고 유정 선행사를 지시하는 '自己'는 그렇게 하지 못한다.

(23′) 教育与其他社会现象相互作用，形成自身的多方面功能。

교육은 다른 사회 현상과 서로 작용해서 자체의 여러 가지 기능을 형성한다.

(24′) 导致贫困地区脱离自身的特点和需求。

이로 인해 빈곤지역은 자체의 특성과 수요를 떠나게 된다.

(25′) *以后的事情他都自身想办法。

앞으로 모든 일은 그 사람이 스스로 해결할 것이다.

(26′) *一些家长把自身当作正义的化身。

일부분 학부모는 자기가 정의의 화신이라고 생각한다.

'自身'은 일정한 재귀적 의미가 있지만 '自己'처럼 문장의 목적어 자리에서 나타나지 못한다. 게다가 '自身'은 유정명사와 결합할 때 'NP+自身'라는 구조로 강조 의미를 더 많이 나타낸다. 따라서 본 논문에서 '自身'을 상세하게 논의하지 않기로 한다.

나. 보편적 지시

한국어 재귀대명사처럼 문맥이나 화맥에서의 특정한 3인칭 선행사를 지시하지 못하지만 중국어 재귀대명사 '自己'는 보편적 지시 기능이 있다. 보편적 지시 기능을 할 때 '自己'는 문장에서 선행사 없이 단독적으로 쓰이거나 관형어, 목적어 등 자리에서 '-마다'류 선행사를 지시한다.

> (27) 自己的事情自己做。
>
> 자기 일은 스스로 하자.
>
> (28) 每個人都有自己的個性。
>
> 사람마다 자기의 성격이 있다.
>
> (29) 每門學科都有自己的研究對象。(모두 CCL말뭉치에서 인용)
>
> 학과마다 연구대상이 있다.

'自己'의 보편적 지시 양상이 비교적 간단하지만 주목할 만한 사실이 하나가 있다. 예문 (27), (28)에서 '自己'의 선행사는 '모든 사람' 혹은 '사람마다'이어서 전형적인 보편적 지시 기능이지만 예문 (29)에서 '自己'는 '학과마다'를 선행사로 한다. 따라서 중국어 재귀대명사는 [+생명도] 대상뿐만 아니라 [-생명도] 대상도 보편적으로 지시할 수 있다. 이점에서 한국어 재귀대명사와 다르다.

다. 강조

재귀대명사 '自己'는 두 가지 방법으로 강조 기능을 한다.

먼저 NP 뒤에 나타나 'NP+自己'라는 구조로 강조 의미를 나타낼 수 있다. 이 경우에 NP는 [+생명도]이어야 한다. 예문은 아래와 같다.

(30) 我失望, 不是因為那個人, 是因為<u>我自己</u>。

　　　내가 그 사람 때문에 실망한 것이 아니고 나 자신 때문에 실망한 것이다.

(31) 一切問題, <u>由兒童自己</u>從經驗中尋求解決。(모두 CCL말뭉치에서 인용)

　　　어린이 자신이 경험 속에서 모든 문제의 해결책을 찾는다.

[-생명도] 대상은 'NP+自己'라는 구조에 들어가지 못하고 '自身' 또는 '本身'로 강조되어야 한다.

안기섭(2008: 82)는 재귀적 의미를 나타내는 형식 범주를 문법화 정도에 따라 아래와 같이 배열하였다.

　　명사＞대명사＞재귀대명사＞부사＞접어＞접사

대부분 재귀적인 한국어 단어는 '대명사' 혹은 '재귀대명사' 단계에 머물러 있는 반면에 중국어 재귀대명사 '自己'는 '재귀대명사'에서 '부사'로 문법화 되는 과정에 처해 있다. '自己'는 부사어 자리에서도 강조 의미를 나타낼 수 있다. 부사어가 될 때 '自己'는 [+생명도] 대상은 물론 일부 [-생명도] 대상도 강조할 수 있다.

(32) 媽媽為什麼把我們扔在這裏<u>自己</u>跑掉?(孔枝泳《我們的幸福時光》)

　　　엄마 왜 우리를 버리고 스스로 가 버렸어?

(33) 玻璃為什麼突然<u>自己</u>碎了？(인터넷에서 수집)

유리는 왜 갑자기 <u>스스로</u> 깨졌어?

위 예문을 보면 [+생명도]인 '媽媽(엄마)'와 [-생명도]인 '玻璃(유리)'는 모두 '自己'로 강조될 수 있다.

재귀대명사 수량이 적고 선행사 생명도에 대해 제약이 엄격하지 않다는 것은 중국어 재귀대명사의 특징이라고 할 수 있다.

(3) 일본어 재귀대명사의 의미적 기능

가. 문장 내부의 선행사 지시

언어자료를 보면 '自分'의 선행사는 인칭대명사 또는 인간 명사이어야 하고 [-생명도] 선행대상을 지시하면 '自分' 대신 '自体'를 쓴다. '自分'는 인칭에 대한 제약을 거의 보이지 않는다. 예문은 아래와 같다.

(34) 私は<u>自分</u>の考えを言った。

나는 자신의 생각을 말했다.

(35) 彼は<u>自分</u>を天才に擬する。

그는 자기를 천재에 비긴다.

옛날 일본 군대에서 남성들이 '自分'을 1인칭대명사로 사용한 적이 있고 지금 칸사이 방언에서 '自分'은 2인칭대명사로 쓰이기도 있다. 현대 표준어의 용법이 아니기 때문에 본 논문에서 상세하게 전개하지 않기로 한다.

나. 문맥이나 화맥에서의 3인칭 지시

'自分'은 문맥이나 화맥에서의 특정한 3인칭 선행사를 지시할 수 있다.

일중 평행 텍스트 말뭉치에서 수집된 예문은 아래와 같다.

(36) それからうちへ帰ってくると，宿の亭主が御茶を入れましょうと云って
やって来る。御茶を入れると云うから御馳走をするのかと思うと，　おれ
の茶を遠慮なく入れて<u>自分</u>が飲むのだ。(나쓰메 소세키 〈도련님〉)
집에 돌아와서 숙소의 주인이 차를 마시자고 말하고 왔다. 차를 마시자
고 해서 나한테 차를 주겠다고 생각했는데 결국 나의 차를 사양하지 않
고 넣어서 자신이 마셨다.

예문 (36)의 두 번째 문장에서 재귀대명사 '自分'이 나타났는데 지시대상
은 그 문장의 주어인 '나'가 아니라 문맥에서 나타난 '宿の亭主(숙소의 주
인)'이다. 중국어로 번역할 때 그대로 번역하지 못하고 문장 내에서 3인칭
대명사 '他'가 반드시 나타나야 한다.

(37) <u>自分</u>のことは自分でせよ。
자기 일은 스스로 하자.

이 외에 예문 (37)처럼 '自分'는 문맥에서 미지의 3인칭 선행대상을 보편
적으로 지시하는 기능도 있다.

다. 강조
일본어는 재귀대명사와 강조대명사가 형태를 공유하지 않는 언어로 간
주될 수 있다. '自身'과 '自体'는 'NP+自身/自体'라는 형식으로 강조 의미를
나타낼 수 있는데 '自身'은 선행사 생명도에 대한 제약이 별로 없고 '自体'
는 [-생명도] 대상을 강조하는 데 더 많이 쓰인다. 예문은 아래와 같다.

(38) 働くことそれ自身が快楽を伴うものだ。

노동 자체는 기쁨이 수반된다.

(39) もっと, 自分自身を大切にしなさい。

나는 자기 자신을 더 아끼고 싶다.

(40) これは教育自体の責任だ。

이것은 교육 자체의 책임이다.

'自分'은 'NP+自分' 구조로 강조 의미를 나타낼 수 없다. 그러나 경우에 따라 격조사 'で'와 결합해서 '自分で'라는 구조로 문장의 부사어 자리에서 강조 기능을 할 수 있다. 이 경우에 강조되는 대상은 반드시 [+생명도]이어야 한다.

(41) 君は自分でそう言った。

너 자신이 그렇게 말했다.

'自分で'의 의미와 통사적 기능은 한국어 재귀부사 '스스로'와 비슷하지만 사전을 찾아보면 아직 고정되지 않고 단어로서의 자격을 받지 못한다. 따라서 본 논문에서 '自分で'를 독립된 단어로 보지 않고 '自分'의 강조 용법으로 본다.

(4) 베트남어 재귀대명사의 의미적 기능

가. 문장 내부의 선행사 지시

베트남어에서 재귀적 의미는 대명사 mình, bản thân과 부사 tự에 의해 표현된다. 그 중 mình은 고유어이고 재귀적 의미 외에 '몸, 신체'라는 뜻도 있다. bản thân과 tự는 한자어인데 한자는 각각 '本身'과 '自'이다.

42) Tôi rất hài lòng với <u>bản thân</u>.

나는 자신에게 아주 만족하다.

(43) Đừng quá tin tưởng <u>bản thân</u>.

(너는) 자신을 과신하지 마라.

(44) Cô ta không biết đến ai ngoài <u>bản thân</u>.

그녀는 자기밖에 모른다.

예문 (42)-(44)를 보면 bản thân는 선행사 지시기능을 할 때 인칭에 대해 제약이 없다. mình도 마찬가지이다. 사전에서 bản thân과 mình의 예문을 보면 선행지시 대상은 반드시 [+생명도] 인칭대명사 혹은 인간명사이다. [-생명도] 대상을 지시할 때 'tự mình'과 'tự thân' 등 표현이 따로 있다.

나. 문맥이나 화맥에서의 3인칭 지시

베트남어 재귀대명사 mình은 문맥이나 화맥에서의 특정한 3인칭을 지시할 수 있고 미지의 3인칭 대상도 보편적으로 지시할 수 있다. 예문은 아래와 같다.

(45) Anh hãy hỏi <u>chị</u> ấy nhé, <u>mình</u> đã làm những gì?

(45′) Anh hãy hỏi <u>chị</u> ấy nhé, <u>chị</u> đã làm những gì?

직접 물어보세요! 자기가 무슨 일을 했는지!

(46) Công việc của <u>mình</u> phải tự <u>mình</u> làm.

자기 일을 자기 <u>스스로</u> 하자.

예문 (45)와 (45′)는 예문 (15)의 베트남어 번역문이다. 재귀대명사 '자기'가 나타나는 자리에서 재귀대명사 'mình'과 호칭명사 'chi(언니/누나)'가 모두 나올 수 있다.[32] 예문 (46)에서 'mình'은 미지적 3인칭에 대한 보편적 지시기능을 한다. bản thân은 문맥이나 화맥에서의 특정한 3인칭을 지시하지 못하지만 보편적 지시는 가능하다.

(47) Suy nghĩ của <u>bản thân</u> là quan trọng nhất.
자기의 생각이 가장 중요하다.

위 예문에서 관형어인 bản thân은 주어 Suy nghĩ(생각)을 수식하는데 지시대상은 '세상 모든 사람'이다.

다. 강조

베트남어 재귀대명사에서 bản thân만 강조 기능이 있는데 실현 양상은 특별하다. bản thân는 mình과 결합해서 'bản thân mình'이라는 구조를 구성할 수 있다. 1, 2, 3인칭 선행사는 모두 이 구조에 의해 강조될 수 있다. 이때 bản thân은 강조의 뜻을 나타내고 mình은 재귀적 의미를 나타낸다. 예문은 (48)-(50)과 같다.

(48) Đây là công việc của <u>bản thân mình</u>.
이것은 나 자신의 일이다.

(49) Đừng có lo chuyện thiên hạ, lo cho <u>bản thân mình</u> đi!
남의 일에 참견하지 말고 너 자신을 걱정해!

(50) Bạn phải làm cho <u>bản thân mình</u> hạnh phúc.

---

32 梁遠(2012: 239)에 따르면 베트남어는 'chi(언니/누나)'와 같은 호칭명사로 인칭대명사를 대체하는 경향이 강하다.

(자기 친구에게) 친구는 친구 자신을 행복하게 만들어야 돼.

베트남어는 완정한 인칭대명사 체계가 있고 호칭명사로 1, 2인칭을 지칭하는 현상도 활발하게 이루어진다. 그러나 인칭대명사든 호칭명사든 문장에서 강조될 때 모두 'bản thân mình'로 나타난다.

문장에서의 선행사 지시 기능을 할 때 bản thân은 [+생명도] 대상만 지시하지만 강조 기능을 할 때 'bản thân + NP' 형식으로 무정명사를 강조할 수 있다.

(51) <u>bản thân</u> vấn đề ấy rất rõ ràng.

그 문제 자체는 아주 명백하다.

(52) <u>bản thân</u> cái suy nghĩ ấy là ngu xuẩn.

그 생각 자체는 어리석다.

위 예문에서 강조된 부분은 각각 'bản thân vấn đề ấy(자체+문제+그)'와 'bản thân cái suy nghĩ ấy(자체+생각+그)라는 형식으로 되어 있는데 [+생명도] 대상을 강조할 때의 양상과 다르다.

4) 재귀대명사의 개념공간 및 의미지도

의미지도 모형은 언어유형론 연구방법 중의 하나인데 개념공간과 의미지도 두 부분으로 나눌 수 있다. 그 중 개념공간은 의미지도의 기초이다. 개념공간은 범언어적인 의미적 보편성을 반영하는 개념의 장(場)이다. 개념공간은 절점과 연결선으로 구성되는데 절점은 의미적 기능을 상징하고 연결선은 각 기능 사이의 관련성을 보여준다. 개념공간에서 한 단어 또는 한 문법형식이 차지하는 부분은 바로 의미지도이다. 의미지도에 대한 분석을 통해 한 의미범주 내부 각 기능 간의 함축적 보편성을 발견할 수 있고 통시적인 문법화 연구에도 어느 정도 도움이 된다.

위에서 논의된 재귀대명사의 기능을 정리하면 〈표 3〉, 〈표 4〉와 같다. 〈표 3〉, 〈표 4〉를 기초로 한국어, 중국어, 일본어와 베트남어 재귀대명사 의미적 기능의 개념공간을 구축하고자 한다.

〈표 3〉한, 중, 일, 베트남어 재귀대명사의 의미적 기능 (문장 내부 선행사 지시 기능)

	1, 2인칭대명사 지시	3인칭대명사 지시	존칭 인간명사 지시
자기	—	+	+
자신	+	+	+
당신	—	—	+
저	—	—	—
自己	+	+	+
自分	+	+	+
mình	+	+	+
bản thân	+	+	+
통계	5	6	7

	일반 인간명사 지시	비칭 인간명사 지시	비인간 유정명사 지시	무정명사 지시
자기	+	+	+	—
자신	+	+	+	—
당신	—	—	—	—
저	—	+	+	—
自己	+	+	+	+
自分	+	+	—	—
mình	+	+	—	—
bản thân	+	+	—	—
통계	6	7	4	1

〈표 4〉 한, 중, 일, 베트남어 재귀대명사의 의미적 기능 (기타 기능)

	문맥 또는 화맥에서의 3인칭 지시	유정명사 보편적 지시	무정명사 보편적 지시	유정명사 강조	무정명사 강조
자기	+	+	—	—	—
자신	+	+	—	+	—
당신	—	—	—	—	—
저	—	—	—	—	—
自己	—	+	+	+	+
自分	+	+	—	+	—
mình	+	+	—	—	—
bản thân	—	+	—	+	+
통계	4	6	1	4	2

〈표 3〉, 〈표 4〉를 보면 '당신'과 '저'를 제외한 모든 재귀대명사는 3인칭 대명사 지시, 일반 인간명사 지시와 유정명사 보편적 지시 기능을 동시에 갖추고 있다. 따라서 개념공간에서 상술한 세 개의 기능을 '보통 3인칭 선행사 지시'로 통합하기로 한다. '존칭 인간명사 지시'와 '비칭 인간명사 지시' 기능이 있는 재귀대명사는 각각 일곱 개가 있고 이 두 기능은 '보통 3인칭 선행사 지시'와 긴밀한 연관성이 있어서 이 세 기능을 개념공간 구축의 기점으로 한다.

존칭 3인칭   —   보통 3인칭   —   비칭 3인칭
인간명사 지시   인간명사 지시   인간명사 지시

생명도 등급 그리고 중첩된 항목의 수량에 따라 '비인간 유정명사 지시'와 '무정명사 지시' 기능을 '비칭 3인칭 인간명사 지시'의 뒤에 놓는다.

존칭 3인칭 ─ 보통 3인칭 ─ 비칭 3인칭 ─ 비인간 ─ 무정명사
인간명사 지시   인간명사 지시   인간명사 지시   유정명사 지시   지시

문장에서 보통 3인칭 인간명사를 선행사로 할 수 있는 재귀대명사에서 '자기'를 제외하면 모두 1, 2인칭대명사를 선행사로 할 수 있다. 그러므로 '1, 2인칭대명사 지시'는 '보통 3인칭 인간 명사 지시'와 연관성이 있다고 볼 수 있다. 이 외에 문맥이나 화맥에서의 3인칭 선행사 지시 기능은 문장 내부의 3인칭 선행사 지시 기능과 연관성이 있다.

문맥/화맥에서의
3인칭 인간명사 지시
|
존칭 3인칭 ─ 보통 3인칭 ─ 비칭 3인칭 ─ 비인간 ─ 무정명사
인간명사 지시   인간명사 지시   인간명사 지시   유정명사 지시   지시
|
1,2인칭
대명사 지시

'자기, 自己, 自分'과 'bản thân'은 유정명사를 강조하는 기능이 있는데 〈표 3〉, 〈표 4〉를 살펴보면 '유정명사 강조' 기능은 '1, 2인칭 대명사 지시' 기능과 중첩된 부분이 가장 많다. 그리고 '유정명사 강조' 기능에서 '무정명사 강조' 기능이 파생된다.

'보통 3인칭 인간명사 지시' 기능에서 미지칭 무정명사를 보편적으로 지시하는 '自己'의 기능이 파생된다.

위의 논의에 따라 한, 중, 일, 베트남어 재귀대명사의 개념공간을 구축하면 아래와 같다.

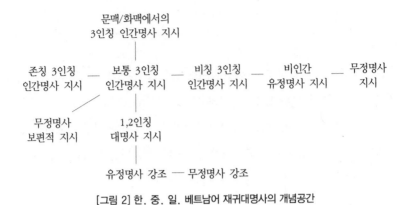

[그림 2] 한. 중. 일. 베트남어 재귀대명사의 개념공간

[그림 2]를 바탕으로 한, 중, 일, 베트남어 재귀대명사의 의미지도를 그리면 아래와 같다. [그림 3]-[그림 5]에서 모든 재귀대명사의 의미지도는 '의미지도 연속성 가설(語義圖連續性假說)'에 부합된다.

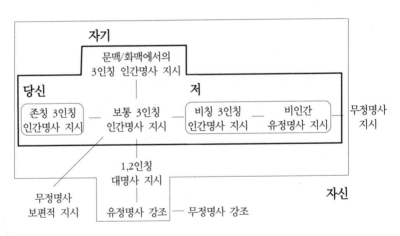

[그림 3] 한국어 재귀대명사 '자기. 자신. 당신. 저'의 의미지도

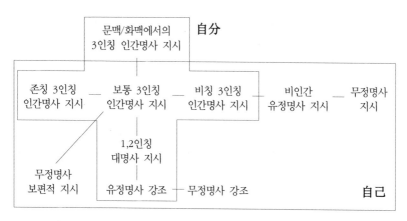

[그림 4] 중국어 재귀대명사 '自己'와 일본어 재귀대명사 '自分'의 의미지도

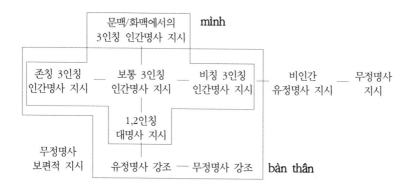

[그림 5] 베트남어 재귀대명사 mình과 bản thân의 의미지도

5) 결론

한국어, 중국어, 일본어와 베트남어 재귀대명사의 의미지도를 보면 문장에서의 3인칭 [+인간] 선행사를 지시하는 것은 재귀대명사의 가장 핵심적인 기능이다. 재귀대명사의 3인칭 인간명사 지시 기능은 아래와 같은 세 가지 언어 보편성을 찾을 수 있었다.

첫째, 재귀대명사가 문장에서의 1, 2인칭 선행사를 지시하는 기능이 있으면 반드시 3인칭 [+인간] 선행사를 지시하는 기능이 있다. 그러나 3인칭 [+인간] 선행사를 지시할 수 있는 재귀대명사는 1, 2인칭 선행사를 지시하는 기능을 반드시 갖추지 않는다. 3인칭 대상은 1, 2인칭 대상보다 중의성을 초래하는 가능성이 더 높고 재귀대명사로 중의성을 해소해야 하기 때문이다.

둘째, 일부분 재귀대명사는 문맥이나 화맥에서의 3인칭 [+인간] 선행사를 지시할 수 있는데 그런 재귀대명사는 반드시 문장에서의 3인칭 [+인간] 선행사를 지시할 수 있다. 그 역이면 결론은 성립하지 않는다.

셋째, 한국어, 중국어, 일본어와 베트남어에서 한 재귀대명사가 강조 기능을 할 수 있으면 그 재귀대명사는 문장에서 선행사 지시 기능을 할 때, 선행사 인칭에 대한 제약이 없다. 한국어, 중국어, 일본어와 베트남어에서 강조 기능을 하는 대명사가 선행사 인칭에 대한 제약이 없기 때문이다. 그렇다고 인칭 제약이 없는 재귀대명사가 반드시 강조 기능을 할 수 있는 것이 아니다.

의미지도를 통해 '自己'를 제외한 대부분 재귀대명사는 생명도가 약하거나 [-생명되]인 선행사를 기피하는 경향이 있다는 사실을 발견할 수 있다. 한국, 중국, 일본과 베트남은 모두 한자 문화권 국가이고 재귀적 의미를 표현할 때 한자어를 많이 쓴다. 같은 한자라 하더라도 각 언어에서 품사 소속과 의미적 기능이 다르다는 현상도 발견할 수 있었다. 존경 정도 차이를 나타내는 재귀대명사는 '당신'과 '저' 두 개밖에 찾지 못하는데 이러한 의미 특징을 갖추게 된 이유는 앞으로 통시적인 시각으로 진일보 고찰할 필요가 있다.

본 논문에서 재귀대명사의 개념공간과 의미지도를 대략적으로 구축하였는데 살펴본 언어의 수량이 상대적으로 적고 보완, 수정할 부분이 많을 것이라고 생각한다. 향후 후속 연구 과제로 삼겠다.

제3부
유표성이론과 한국어 연구

제3부 유표성이론과 한국어 연구

이 장에서는 유표성 이론이 각 언어이론의 단계에서 어떻게 발전해 왔는지에 대해 살펴보고 한국어 교육에서 어떻게 적용되는지에 대하여 음운론과 통사론 측면에서 논의하였다. 음운론 측면에서는 한국어와 중국어의 음운론 대조와 한국어와 몽골어의 대조[1]를 통하여 모음과 자음, 그리고 음절에서 유표성 차이 이론에 기대어 그 공통성과 차이성을 밝히고 습득 순서를 예측해보았다. 그리고 통사론 측면에서는 유표성 이론을 기초로 한중 목적어 구문 습득에서의 모국어 간섭현상을 고찰했다. 이 절에서는 중국어 타동사 목적어 구문, 자동사 목적어 구문, 파구문, 형용사 목적어 구문과 이에 대응된 한국어 구문을 습득할 때 학습자의 오류 양상을 예측하고 분석했다. 유표성과 표기량의 차이 때문에 전체적으로 보면 목적어 구문을 습득할 때 한국인 중국어 학습자는 중국인 한국어 학습자보다 더 많은 어려움을 겪고 화석화 현상도 더 현저하다. 유표성이 강한 중국어 파구문과 형용사 목적어 구문은 습득하기가 가장 어려운 부분이라는 것을 제시하였다. 마지막 부분에서 설문조사의 결과에 근거해서 한중 제2언어습득에 시

---

1 한국어와 몽골어 음운대조는 수홍학생의 석사논문을 바탕으로 편집한 것이다.

사점을 제시했다.

3.1. 유표성 이론 소개와 소개와 연구 현황

유표성 이론은 1930년대 프라하 학파의 대표적인 학자인 Trubetzkoy와 Jakobson에 의해 제시된 이론이다. Trubetzkoy는 음소를 연구할 때 '유표기'와 '무표기'라는 개념을 처음으로 도입하였다. 같은 학파의 Jakobson은 구조주의 시각에서 표기 개념을 심화시키고 체계화하였다. 그 후 생성문법, 기능문법, 인지언어학과 언어유형론에도 '표기'라는 개념을 도입하였다. 현재 유표성 이론은 음운, 형태, 통사, 의미, 화용 등 넓은 영역에 적용되어 언어연구 영역에서 자리매김을 하면서 학계의 주목을 받고 있다. 기존연구를 보면, 유표성 이론과 언어습득을 접목시키는 연구가 있었지만 아동 모국어 습득에 대한 연구가 대부분이었다. 지난 몇 십 년 동안, 제2언어 습득연구 영역에서 대조분석, 오류분석, 중간언어 등 이론이 제시되었지만 교육현장에서 모두 한계점이 있다고 입증되었다. 기존이론의 한계점을 극복하기 위해 Eckman, Kellerman, Zobl을 비롯한 일부분 학자들은 제2언어 습득연구에 유표성 이론을 접목시켰다. 그들은 제2언어 습득 순서와 난이도 예측, 모국어 전이연구 등 영역에서 유표성 이론을 도입해서 '유표성 차이 가설' 등을 제시하였다. 실제 연구에서 유표성 이론은 제2언어습득에 대한 높은 예측력과 해석력을 보였다.

유표성 이론의 발전과정을 돌아보면 구조주의 언어학과 생성문법을 비롯한 여러 언어학파에서 '표기'라는 개념에 대한 이해와 해석이 서로 달랐다. Whaley(2010)에 의하면 '무표기'라는 용어는 아마 모든 언어학에서 가장 일관성 없이 사용되는 용어일 것이라고 하였다.

이 장에서는 우선 유표성 이론의 탄생과 발전 과정을 살펴보고 여러 이론에서 표기에 대한 인식의 다른 점을 소개하겠다. 그리고 제2언어습득이론 연구를 중심으로 제2언어 습득 연구에서 유표성 이론과 습득난이도예측, 유표성 이론과 모국어전이 및 유표성 이론과 습득 순서 등 세 개 측면에서 유표성 이론의 적용과 그 가치를 설명하겠다. 그리고 한중 제2언어 습득연구에서 유표성 이론의 부분 성과를 개략적으로 소개하고 한계점과 향후의 연구방향을 제시하겠다.

1) 유표성 이론 소개

(1) 구조주의 언어학과 유표성 이론

구조주의를 주요 이론으로 한 프라하 학파는 최초로 유표성이라는 개념을 제기하였다. 주요 학자는 Trubetzkoy와 Jakobson이다. 음소를 연구하는 과정에서 Trubetzkoy는 유무대립, 정도대립과 균등(均等) 대립 등 세 가지 대립을 제시하였다.

유무 대립이란 두 대상 간의 유일한 차이는 한 변별적 특징의 유무이면, 그 두 대상은 유무대립 관계를 이룬다는 것이다. 한국어의 예를 들면, 한국어 자음체계에서 'ㅂ'과 'ㅍ'은 발음위치가 같지만 'ㅂ'은 [-유성음]이고 'ㅍ'은 [+유성음]이다. 이 두 자음은 유무대립 관계이다.

정도 대립은 몇 개의 대상이 같은 특징을 가지지만 정도 차이가 있을 때 정도 대립을 이룬다는 것이다. 예를 들면, 한국어 모음체계에 'ㅔ'와 'ㅐ'가 있다. 두 자음은 비슷한 면이 있지만 개구도에 차이가 약간 있다. 'ㅔ'에 비해 'ㅐ'를 발음할 때 입이 더 크게 벌어진다.

균등한 대립관계란 균등관계에 있는 각 대상은 각자의 특징이 있다. 예를 들면, 한국어 자음체계에서 순음인 'ㅍ', 치조음인 'ㅌ'과 연구개음인 'ㅋ'

은 균등한 대립관계를 이룬다.[2]

Trubetzkoy는 유표성이라는 개념을 명확하게 제기하지 않았지만 그가 제시한 세 가지 대립에 이원적 대립과 다원적 대립 모두 포함되어 있었다.

표기 개념을 체계화한 사람은 Jakobson이다. Jakobson는 다원적 대립을 주장한 Trubetzkoy와 달리 이원적 대립(二元对立)을 주장하였다. Jakobson에 따르면 유표적인 특징을 판단하는 세 가지가 기준이 있는데 그것은 분포 기준, 사용빈도 기준과 습득난이도 기준이다.[3] 이원적으로 대립된 두 대상에서 분포가 넓고 사용빈도가 높고 일찍 습득된 대상은 무표기로 판단하였다. 이로써 유표성 이론에서의 '비대칭성'이 발견되는데 이 시기를 우리는 유표성 이론이 체계화되기 시작한 시기라고 볼 수 있다.

그 후 Jakobson은 유표성 이론의 적용범위를 형태, 통사연구로 확대시켰다. 그에 따르면 음소연구에서 유표기 대상과 무표기 대상의 대립은 배타적이다. 그러나 형태와 통사연구에서는 경우에 따라 유표기 대상이 무표기 대상에 포함되어 있다는 상황 있다고 밝혔다.

Jakobson의 유표성 이론은 연구대상을 간단히 '유표기'와 '무표기'로 이분하는 경향이 강하게 드러나는데 이러한 한계는 나중에 인지언어학 학자들의 도전을 받게 된다. 하지만 프라하 학파의 유표성 이론은 향후의 제2언어습득연구에서 밑거름이 된 것은 의심할 바 없다.

(2) 생성문법과 유표성 이론

1960년대 이후 Chomsky는 유표성 이론을 생성문법에 접목시켰다. 유표성에 대한 Jakobson과 Chomsky의 견해를 비교해보면 아래와 같은 몇 가

---

2 다원적 대립에 관한 설명은 沈家煊(1997)을 참조하였다.
3 Jakobson이 제시한 '습득 난이도 기준'은 아동이 모국어를 습득할 때의 난이도를 가리킨다.

지에서 다른 점을 볼 수 있다.

우선, Chomsky에 따르면 유표성은 상대적이고 수의적인 것이다. 예를 들면, 음소분석에서 Jakobson은 [+유성음]인 음소를 유표기로 간주하는 반면에 Chomsky는 [+유성음]과 [+무성음] 모두 '유표기'의 판단기준으로 할 수 있다고 주장한다. 즉 [+유성음]은 바로 [-무성음]이고 [-유성음]은 바로 [+무성음]이다.

둘째, Chomsky는 유표성 이론을 보편문법에 접목시켰다. Chomsky에 의하면 보편문법처럼 유표성도 인간의 대뇌에서 선천적으로 존재하는 것이다. 보편문법은 핵심문법과 주변문법 두 부분으로 나눌 수 있는데 그 중 핵심문법(核心语法)은 주도적이고 무표적인 규칙과 구조이고 주변문법(边缘语法)은 종속적이고 유표적인 규칙과 구조이다. 이 경우에 '유표'와 '무표'는 이분된 개념이 아니라 하나의 연속체이다. 유표성의 강약은 상대적인 것이고 변수(参数)의 선택에 달려 있다. 그 후 Chomsky는 보편문법에서 변수를 설정할 때 필요한 증거가 무엇인지, 핵심문법에서 '유표/무표'를 판정하는 변수의 존재 양상이 어떤 것인지 등에 대해 많은 연구를 하였다. 이와 같은 맥락으로 Zobl(1983)에서도 생성문법을 기초로 한 유표성 이론을 제시하였다. Zobl(1983)에 따르면 유표성은 학습자의 투영능력(投射能力)과 관련된 것이다. 무표적인 대상은 직접 공부하지 않아도 관련 대상으로 추론, 투영할 수 있다. 이와 반대로 유표적인 대상은 직접적으로 배우지 않으면 습득하기 어렵다고 하였다. Chomsky의 이러한 견해는 후학들의 도전을 다시 받게 되었다. 王鲁男(2010)은 Chomsky 유표성 이론의 한계점을 지적하였는데 그에 따르면 핵심문법과 주변문법은 명확한 경계가 없는 연속체이다. 따라서 '변수' 자체도 유표성이 있고 모호한 부분이 존재했다. 그리고 보편문법에 따르면 핵심문법은 선천적이고 습득하기 쉽다. 주변문법은 후천적이고 습득하기 어렵다. 실제 연구에서 습득하기 쉬운 것을 모두 무표적인 핵심문법으로 보고 습득하기 어려운 것을 모두 유표적인 주변문법으로 간주하는 경향이 있는데 이렇게 하면 연구는 객관적인 기준이 모호해지게 된다. 따라서 생성문법 시각에서의 유표성 이론은 보완해야 할 부분이 있다고 하였다.

(3) 기능문법이론과 유표성 이론

Halliday의 체계기능문법에서는 유표성은 '수량적 유표성'과 '형식적 유표성'으로 나누어진다고 하였다. '수량적 유표성'을 가진 대상은 분포가 좁고 출현빈도가 낮은 대상이다. '형식적 유표성'을 가진 대상은 구조가 상대적으로 복잡한 대상이다. 대부분 경우에 양자는 일치하지만 일부분 상황에서는 차이가 있다. 예를 들면, 한국어 '해요'체로 명령의 뜻을 표현하려면 '-아/어/여요'와 '-(으)세요' 두 가지 구조를 사용할 수 있다. 수량적 측면에서 보면 '-(으)세요'는 더 많이 사용되어서 무표적이지만 형식적 측면에서 보면 '-아/어/여요'가 더 보편적이고 기본적인 구조이어서 무표적이다.

Halliday에 의하면 언어는 수많은 하위체계로 구성된 큰 시스템인데 거기에 무한한 가능성(语言潜势)이 있다. 인간의 발화행위는 수많은 가능성에서 선택한 결과이다. 체계기능문법에서 유표성과 확률(盖然率), 코퍼스 연구는 중요한 것이다. 인간의 언어습득 과정에서 가능성을 배우는 동시에 각종 가능성이 나타나는 확률도 배우고 있다. 각 가능성이 실제 언어행위에서 나타나는 확률이 다른바 높은 확률로 나타나는 것은 무표적이고 낮은 확률로 나타나는 것은 유표적이다. 그리고 Halliday는 구체적인 언어환경이 유표성의 강약에 영향을 준다고 주장한다. 따라서 그는 유표성 이론 연구에서 코퍼스연구를 강조하였다.[4]

---

4 이 부분 내용은 巩湘红, 常晨光(2011)을 참고하였다.

(4) 인지언어학이론과 유표성 이론

원형범주는 인지언어학의 중요한 이론이다. 인간이 사물을 인식할 때 사물을 판단하고 분류하게 됨으로써 범주가 형성된다. 沈家煊(1997)에 따르면 한 범주에서의 전형적인 구성원은 무표기로 간주해야 하고 비전형적인 구성원은 유표기로 간주해야 한다. 원형범주는 사실상 무표적인 특징의 집합이다. 따라서 인지언어학의 시각에서 원형범주에 접근하면 할수록 유표성이 약해진다.

贾贻东(2004), 包文姝(2012) 등에서 인지의 몇 가지 원칙을 논의하였다. 주로 간략원칙(简约原则), 자연원칙(自然原则)과 낙관원칙(乐观原则) 등 세 가지 원칙이 있다고 하였다.[5]

간력원칙에 의하면 무표적인 대상은 형식 면에서 더 간략하고 더 쉽게 인지된다. 예를 들면, 명사에서 주격, 단수, 양성 형태는 무표적이다. 통사 면에서 피동형보다 주동형은 더 무표적이다.

자연원칙에 의하면 인간은 늘 자기를 중심으로 세계를 인식한다. 따라서 '这里和那里', '现在与未来' 등은 무표적이고 '那里和这里', '未来与现在'는 유표적인 표현이다. 한국어도 마찬가지다. '여기저기', '이리저리', '오늘내일'이라고 말하고 순서를 바꾸어서 말하면 어색한 발화가 된다.

낙관원칙에 따르면 인간은 늘 적극적이고 좋은 것을 추구한다. 아동의 언어습득 과정을 보면, 적극적인 어휘가 먼저 습득된다. 사람들은 '你有多高' 같은 표현을 쓰고 '你有多矮' 같은 표현을 쓰지 않다는 것도 이 때문이다. 그러므로 '高'는 인지언어학 시각에서 무표적이고 '矮'는 유표적이다. 한국어 예를 더 들어 보자. '키가 얼마 크니?', '산이 얼마 높니?' 이렇게 말하지만 일반적으로 '키가 얼마 작니, 산이 얼마 낮아?' 이렇게 발화하지 않는

---

5 '낙관원칙'은 어떤 논문에서는 '求好原则'으로 번역하기도 한다.

다. 이는 언어의 보편성이라고도 할 수 있다.

인지언어학은 인간 인지과정에서의 선천적인 원칙을 중요시한다. 인지원칙에 부합된 대상은 무표기로 인식되고 인지원칙과 어긋나는 대상은 유표성으로 인식된다. 인지의 시각에서 유표성을 바라본 본 학자로서 Kellerman을 빼놓을 수 없다. 그는 유표성은 다른 언어의 특징을 참조물에 근거하여 판단하는 것이 아니라 모국어 화자의 심리적 직감으로 판단한다고 하였다. 그의 견해를 풀어서 설명한다면 모국어 규칙이 전형적일 수록 보편성을 띠며 유표성 정도가 낮지만 간섭은 오히려 더 크다고 하였다. 학습자들은 모국어 구조에 대한 인지로부터 직감적으로 판단하고 예측한다. 따라서 학습자들은 언어유형론적으로 거리가 멀수록 간섭이 적고 또 유표성 정도가 높을 수록 간섭이 적다고 한다.

(5) 언어유형론과 유표성 이론

언어유형론 학자들은 생성문법, 기능문법, 인지언어학파의 견해와 마찬가지로 '유표성 강약'을 하나의 연속체로 봐야 한다고 주장한다. 예를 들면, 수범주(数范畴)를 예로 든다면 전통적인 관점에서 단수와 복수의 이원적인 대립만을 주장하지만 언어유형론의 관점에서 아래와 같은 연속체를 형성할 수 있다고 보았다.

단수＜복수＜쌍수＜삼수(三数)/소량수(少量数)

위 연속체에서 왼쪽에서 오른쪽으로 가면 갈수록 유표성이 강해진다. 연속체에 놓인 각 대상은 유표성 유무대립 관계가 아니고 유표성 강약 정도 차이만 있다.

Greenberg는 유표성 이론에 함축적 보편성을 접목시켜 아래와 같은 유형론적 유표성 판단기준을 제시하였다.

구조 X가 있는 모든 언어에 구조 Y가 존재하고 구조 Y가 있는 모든 언어에서
구조 X가 반드시 존재하지 않으면, 구조 X는 구조 Y보다 유표적이다.

중국어와 한국어의 병렬구조를 예로 든다면 중국어에는 和, 与, 跟, 同,
及가 있는데 한국어에는 "와, 하고"밖에 없다면 한국어에 비해 중국어 병렬
구조는 유표적이다. 존재사 역시 마찬가지이다. 중국어에는 有, 在가 있지
만 한국어는 '있다'만 있고 일본어에는 생명도에 따라 "いる, ある"가 있다.
이는 중국어와 일본어는 한국어에 비해 유표성이 있다고 할 수 있다.

유표적인 대상은 구조 면에서 더 많은 특징을 가지고 분포와 빈도 면에
서 봐도 상대적으로 적게 나타나고 중립적인 위치에서는 잘 나타나지 않는
다.

언어유형론 시각에서의 유표성 이론은 세 가지 특징이 있다.

첫째, 유형론 학자는 범언어적인 조사를 통해 유표성의 유무와 강약을
판단해야 한다고 주장한다.

둘째, 유표성 이론의 연구대상은 단일범주에서 다범주(多范畴)로 확대되
었다. 예를 들면, 유형론 학자는 수 범주에 명사범주를 접목시켰다. 명사는
개체명사와 집합명사 두 가지가 있는데 개체명사의 경우에 단수는 무표적
이고 복수는 유표적인데 집합명사의 경우는 정반대이다. 유형론의 시각에
서 유표성 이론은 더 심화되고 체계화되었다.[6]

셋째, 언어유형론 학자들은 함축적 보편성(蘊含共性)과 문법등급(语法等
级) 연구에 유표성 이론을 도입하였다.

---

6 이 부분은 沈家煊(1997)에서 인용한 내용이다.

沈家煊(1997)에서 함축적 보편성의 비대칭성은 유표성 이론의 비대칭성과 서로 통하는 부분이 있다고 지적하였다. 문법등급은 일련의 함축적 보편성으로 구성된 것인데 '함축적 보편성'의 연속체로 볼 수 있다. 문법등급 내부 각 항목은 정도의 연속체를 이루는데 유표성 정도의 연속체와 비슷한 측면이 있다. 따라서 최근 들어 문법등급과 유표성 이론을 융합시켜 진행된 연구도 늘어나고 있다.

구조주의부터 언어유형론에 이르기까지 각 학파에서 '표기'에 대한 이해와 해석을 정리하면 〈표 1〉과 같다.

〈표 1〉 '표기'에 대한 각 학파의 이해와 해석

	1. 구조주의	2. 생성문법(Chomsky)
대립방식	이원적 유무대립	정도의 연속체
판정기준	외부요인[7]	인간 대뇌에서의 '변수'
비고	음소연구에서 많이 적용	'표기'를 상대적 개념으로 인식 '핵심/주변문법'에 접목
	3. 생성문법(Zobl)	4. 기능문법
대립방식	정도의 연속체	정도의 연속체
판정기준	인간 대뇌에서의 '투영능력'	'선택확률'과 '구체적 언어환경'
비고	없음	'무표기'를 다시 '수량적/형식적 무표기'로 나눔
	5. 인지언어학	6. 언어유형론
대립방식	정도의 연속체	정도의 연속체
판정기준	인간의 인지 원칙	'함축적 보편성', '문법등급'
비고	'원형범주'에 접목	범언어적인 조사를 강조 연구대상을 다범주로 확대

유표성 이론의 적용범위는 전통적인 음소, 형태와 통사연구에서 의미, 화용, 언어습득 등 새로운 분야로 확대되었다. 언어습득 영역에서 유표성

---

7 여기서 '외부요인'은 분포범위, 출현빈도, 아동이 모국어를 습득할 때의 난이도 등을 가리킨다.

이론은 주로 아동 모국어 습득연구에 비교적 많이 사용되었는데 최근 들어 인지언어학과 언어유형론 시각에서는 제2언어습득을 연구하는 성과물이 나타나기 시작하였다. 아래 부분에서는 제2언어 습득연구에서 유표성 이론의 적용양상을 난이도 예측, 습득 순서, 모국어 전이 현상 등 세 부분으로 나눠서 살펴보고 현재 연구 현황들을 소개하겠다.

2) Markedness Theory과 난이도 예측

지난 몇 십 년 동안 제2언어습득 영역에서의 주요이론으로 Lado의 대조분석 가설, Corder의 오류분석과 Selinker의 중간언어 등이 있었다. 하지만 실제 교육현장에서 기존 이론은 예측력과 해석력이 부족하다는 한계점이 드러났다. 대조분석 가설에 의하면 모국어와 목표언어 간의 차이는 제2언어 습득과정에서 어려움을 초래하는 주요, 심지어 유일한 원인이고 차이가 크면 클수록 습득이 어려워진다고 하였다. 모국어와 목표언어 간의 차이를 대조하면 습득과정에서의 어려운 부분을 예측할 수 있다고 한다. 그러나 어렵다고 예측된 부분이 실제 습득과정에서 쉽게 습득되거나 모국어가 다른 학생들이 비슷한 오류를 범하는 상황이 종종 나타났다. 이에 대해 대조분석 가설은 해석하지 못하였다. 오류분석과 중간언어 이론도 이와 비슷한 한계가 있었다.

이런 상황에서 Eckman은 '유표성 차이 가설'을 제시하였다. '유표성 차이 가설'은 제2언어 습득이론과 언어유형론의 융합이다. 제2언어 습득의 시각으로 보면, '유표성 차이 가설'은 '대조분석 가설'을 보완한 이론이고 언어유형론의 시각으로 보면 '유표성 차이 가설'은 유형론의 적용 범위를 확대시킨 이론이다.

Eckman(1977)의 유표성 차이 가설은 세 가지 예측으로 나눠져 있는데 구체적인 내용은 아래와 같다.

(1) 모국어와 다른 목표언어의 특징이 모국어보다 더 유표적이면 습득하기 어렵다.
(2) 모국어보다 더 유표적인 목표언어의 특징 중에서 습득의 난이도는 유표성의 정도와 정비례한다.
(3) 모국어와 다른 목표언어의 특징은 모국어보다 유표적이지 않으면 습득하기에 어렵지 않다.

'유표성 차이 가설'이 제시된 후 일부 학자는 제2언어 발음 습득연구에 이 이론을 적용했는데 예측력과 정확도는 기존 이론보다 높았다. 유표성이 제2언어 습득에 영향을 주는 원인에 대해 학자들은 다음과 같이 해석하였다. Ellis(1994)에 따르면, 유표성 이론은 인간 대뇌에 선천적으로 존재하는 것이다. 학습자는 대뇌에서의 선천적인 언어지식을 가지고 언어를 배워서 유표성이 낮은 대상을 더 쉽게 습득한다.

沈家煊(1997)에 따르면, 언어의 경제성 원칙과 인지적인 현저성 원칙은 유표성 이론의 두 가지 외부적인 요인이다. 무표성 대상의 사용빈도는 유표적인 대상보다 높고 구조도 상대적으로 간단해서 더 경제적이고 인지적으로 뚜렷하므로 먼저 습득된다. 그리고 원형범주에 근접한 대상의 습득 난이도도 낮다.

일부 학자는 '유표성 차이 가설'에 질의를 제기하였다. '유표성 차이 가설'은 언어 간의 차이를 습득난이도 예측의 전제로 한다. 그러나 경우에 따라 모국어와 목표언어가 차이가 없는 부분에서도 학습자들이 오류를 범한다. 이 현상은 '유표성 차이 가설'로 해석하지 못한다. '유표성 차이 가설'에 대한 보완으로서 Eckman는 '구조 일치성 가설(结构一致性假说)'을 제시하였다. '구조 일치성 가설'의 내용은 자연언어에서 적용된 함축적 보편성은 중간언어에서도 적용된다는 것이다.

'구조 일치성 가설'은 일반화된 '유표성 차이 가설'로 간주될 수 있다. '유표성 차이 가설'은 대조분석 가설을 기초로 한 것이지만 대조분석에 비해 더 강한 예측력과 해석력이 있다. 아래 한중 음운체계 대조 연구와 한몽음운체계 대조연구논문을 통해 상세한 설명을 할 것이다.

'유표성 차이 가설'은 모국어와 목표언어 간의 모든 차이가 습득의 어려움을 초래하지 않는다는 중요한 사실을 밝혔을 뿐만 아니라 언어유형론의 함축적 보편성과 문법등급 개념을 도입해서 제2언어 습득과정에서 난이도의 유무뿐만 아니라 난이도의 정도도 예측할 수 있음을 설명할 수 있다.

3) 유표성 이론과 모국어전이

대조분석 가설에 의하면 제2언어를 배울 때 모국어와 목표 언어가 같은 부분에서 긍정적 전이(正迁移)가 일어나고 모국어와 목표언어가 다른 부분에서 부정적 전이(负迁移)가 일어난다. 실제 교육 과정에서 이 결론은 이미 한계가 있다고 증명되었다.

유표성 이론의 관점에서 보면, 제2언어를 습득할 때 모국어에서 무표적이거나 목표언어보다 덜 유표적인 대상은 중간언어로 전이되는 경향이 있다. Ellis(1985)에서 유표성이 모국어 전이에 주는 영향을 네 가지 상황으로 나눠서 논의하였다. 내용은 아래와 같다.

	모국어(L1)	목표언어(L2)	중간언어
1	무표기	무표기	무표기
2	무표기	유표기	무표기
3	유표기	무표기	무표기
4	유표기	유표기	무표기

Kellerman(1979)에서도 제2언어 학습자의 모국어 전이 책략에 대해 〈표 2〉와 비슷한 결론을 내리고 두 가지 특징을 제시하였다.

하나는 전달 내용이 두 개 이상의 구조들에 의해서 동등하게 잘 표현될 수 있는 경우에 상대적으로 무표적인 것이 전이의 기본으로 선호된다.

둘째는 하나의 어휘구조가 두 개 이상의 의미를 표현할 수 있는 경우에 그 의미가 유표적일수록 학습자는 그 어휘구조를 회피할 것이다.[9]

모국어의 무표적인 항목이 중간언어로 전이하는 현상은 중국인 학습자의 한국어 재귀대명사 습득과정을 통해서도 입증이 되었다. 예를 들면, 중국어 재귀대명사 '自己'는 선행사 지시기능을 할 때 생명도, 인칭 등 측면에서 특별한 제약이 없으므로 무표적인 대상으로 간주될 수 있다. 이와 반대로 한국어 재귀대명사는 용법이 제약이 있다. '자기'는 [+생명도]인 3인칭 선행사만 지시할 수 있고 '당신'은 존경해야 하는 선행사만 지시할 수 있다. 중국인 학습자들이 만든 문장을 보면 '自己'의 무표적인 용법을 과잉확대를 시켜 오류를 범하는 경우가 많았다.

(1) 我有自己的想法。

　　*나는 자기의 생각이 있다.

---

8 〈표 2〉는 唐承贤(2005)에서 재인용한 내용이다.
9 이 부분 내용은 장한(2014)를 참고하였다.

(2) 每门学科都有自己的研究对象。

　*학과마다 자기의 연구대상이 있다.

(3) 爷爷很爱惜自己的书,

　?할아버지는 자기의 책을 아낀다.

예문 (1)-(3)을 보면, 모국어의 무표적인 용법을 중간언어로 전이시켜서 비문이나 화용적으로 적합하지 않은 문장을 만드는 경우가 많다는 사실을 알 수 있다.

모국어와 목표어가 모두 유표적인 경우에도 학습자의 중간언어에서 무표적인 대상이 나타난다. 陈凡凡(2005)은 연구에서 일본인 학습자의 중국어 파자구문(把字句) 습득 양상을 고찰하였다. 일본어 기본어순과 중국어 파자구문 어순은 모두 유표적인 SOV이지만 중국어 파자구문 어순이 더 유표적이므로 학습자들은 30~50%의 오류 발생률을 보인다. 한국어 목적어 구문과의 대조를 통해서도 입증할 수 있다.

중국어는 타동사와 자동사, 그리고 형용사까지도 목적어를 가질 수 있고 목적어구문으로 특수 구문 파자구문도 있다. 형용사가 목적어를 가지는 것도 여러 상황과 제약조건이 따른다. 그러나 한국어는 타동사만이 목적어를 가질 수 있으므로 중국어에 비해 유표기 정도가 낮고 표기량도 적다. 따라서 모국어가 한국어인 중국어 학습자들이 중국어의 목적어 구문을 배울 때 나타나는 오류는 모국어가 중국어인 한국어 학습자들의 오류보다 훨씬 많다고 예측할 수 있다.

한국어가 모국어인 중국어 학습자 경우:

(4) 그는 울어서 눈이 부었다.

　*因为她哭了, 所以眼睛肿了。

(5) 그는 얼굴을 붉히며 고개를 숙였다.

*她红脸低头了。

(6) 그는 나보다 나이가 세 살 많다.

他比我大三岁。

중국어가 모국어인 한국어 학습자 경우:

(7) 你把这垃圾扔了吧。

너 이 쓰레기를 버려라.

(8) 把这本书还给她吧。

이 책을 그녀에게 돌려줘라.

(9) 明天下雨。

*내일 비를 온다.

예문 (4)는 학습자들은 여러 가지 제약조건이 있는 즉 표기량이 많고 정도가 높은 파자구문(把字句)을 회피하여 만든 문장이고 예문 (5)는 형용사가 목적어를 가질 때 사동의 성격을 가지는 특성을 익히지 못하여 범한 오류이다. 그러나 예문 (6)은 같은 형용사가 목적어를 가지는 경우이지만 사동이 되지 않기 때문에 상대적으로 무표기라고 할 수 있다. 따라서 이 문장에서는 오류가 거의 없다.

Kellerman(1977)은 인지언어학의 원형범주로 이 현상을 해석하였다. Kellerman에 따르면, 모국어전이는 선택적인 것이고 그 선택은 인간의 잠재 의식에서 진행된다. 학습자는 잠재 의식에서 무표적이고 전형적인 특징은 목표언어에서 나타날 가능성이 높다고 판단해서 무표적이고 사용제한이 상대적으로 적은 구조를 중간언어로 전이하는 경향을 가지게 된다.[10]

그러나 유표성 차이에 따른 모국어 전이는 오류를 초래하지 않는다. 〈표

1)에서 볼 수 있듯이 모국어와 목표언어가 모두 무표기인 경우나 모국어보다 목표언어의 유표성이 약한 경우에 긍정적 전이 현상은 일어날 수 있다.

유표성 이론으로 모국어 전이 양상을 연구할 때, 범언어적인 고찰로 모국어와 목표언어에서 두 대상의 상대적인 유표성 강약을 잘 판단해야 한다. 그리고 대부분 경우에 번역실험 등 방식으로 중간언어 자료를 수집해야 하는데 데이터를 분석할 때 외부 간섭의 유무 역시 연구 결론에 영향을 준다. 연구과정이 어렵고 복잡하지만 유표성 이론에 의한 모국어전이 연구는 비교적 높은 신뢰도를 보이고 있고 앞으로 언어이론이나 언어습득 영역에서의 중요한 이론이 될 것으로 전망된다.

4) 유표성 이론과 습득 순서

습득 순서 연구는 1970년대에 Brown, Dulay, Burt, Krashen, Freeman 등 학자들에 의해 본격적인 연구가 시작되었다.[11] 중국에서는 좀 늦은 1970년대 후반에 제2언어 습득 순서 연구가 나타나기 시작했는데 그때 보편문법을 주요 이론기초로 Krashen의 '자연순서 가설(自然順序假说)'이 소개되었다. 그 후 창발론(浮现理论)과 사회문화이론(社会文化理论)도 제2언어 습득 순서 연구에 도입되었다. 최근 들어 인지언어학과 언어유형론의 발달에 따라 문법화, 의미지도 모형과 유표성 이론 시각으로 습득 순서를 연구하는 논문도 많이 보이고 있다.

유표성 이론의 시각으로 보면 기타 간섭이 없는 상황에서 목표언어에서

---

10 이 부분 내용은 许菊(2004)를 참고하였다.

11 위의 네 사람의 습득 순서에 대한 견해를 요약하면 아래와 같다. 첫째, 아동이나 성인은 모두 고정된 습득 순서에 따라 습득한다. 둘째, 학습자의 모국어 배경은 제2언어 습득 순서에 영향을 주지 않는다. 셋째, 제2언어습득과 모국어 습득 순서는 같다. 넷째, 같지 않은 실험임무는 습득 순서에 영향을 줄 수 있지만 같지않은 감시조건은 언어 습득 순서에 영향을 주지 않는다..

무표적인 성분은 유표적인 성분보다 먼저 습득된다. 학습자는 모국어에서의 무표적인 규칙과 용법을 중간언어로 전이시키는 경향으로 목표언어가 '무표기'인 상황에서 긍정적 전이가 일어난다. 따라서 가장 빠르게 습득된다. 모국어가 '무표기'이고 목표언어가 '유표기'인 경우에 부정적 전이가 강하게 일어나며 가장 늦게 습득된다. Eckman의 '유표성 차이 가설'도 마찬가지이다. 모국어에 비해 목표언어의 유표성이 강할수록 습득하기가 어려워져서 무표적인 부분은 먼저 습득된다.

한국어의 원인 어미 "~아서", "~니까", "~느라고"를 대조해보면 "~아서"는 서술절이 명령문이 오지 못한다는 제약만 있지만 "~느라고"는 시제, 동사선택, 그리고 선후행 주어 일치 제약 등 더 많은 제약을 갖고 있으므로 표기량이 더 많다. 그리고 "~니까"는 의미, 통사 제약 외에도 화용의 제약까지 있다. 아래 예문을 보기로 하자.

(10) ㄱ. 감기에 걸려서 병원에 갔었습니다.

ㄴ. *감기에 걸려서 병원에 가십시오.

(11) ㄱ. 머리를 감느라고 전화를 못받았어요.

ㄴ. *나는 머리를 감느라고 동생이 전화를 못받았어요.

ㄷ. *폭죽이 터지느라고 공기가 나빠졌어요.

(12) ㄱ. 길이 막히니까 지하철을 탑시다.

ㄴ. 교수: 오늘도 지각했니?

학생: ?길이 막히니까 지작했습니다.

(10ㄴ)은 명령문에 쓰여서 비문이 되었고 (11ㄴ)은 선후행 주어 불일치 제약을 위반하여 비문이 되었다, (11ㄷ)은 동사 선택에서 지속성동사가 아닌 순간동사 "터지다"를 선택하여 비문이 된 문장이다. (12ㄴ)은 문법에는

맞는 문장이지만 화용론적인 제약으로 어색한 발화가 된 것이다. 따라서 위의 세 문장은 모두 유표적이지만 그 표기량에 따라 습득 순서가 정해진 다고 할 수 있다.

하지만 실제 연구에서 보면 유표성은 습득 순서에 영향을 주는 유일한 요인은 아니다. 교재와 교수방법 등 외부적 요인 때문에 학습자의 습득 순서는 달라질 가능성도 배제할 수 없다. 습득 순서는 다른 제2언어를 공부하는 경험, 개인 인지능력 차이 등 내부적인 요인도 유표성 강약 판단에 영향을 주기도 한다. 따라서 습득 순서 연구에 있어서 유표성 이론은 범언어적으로 높은 예측력과 해석력이 있으므로 여전히 중요하다.

유표성 이론이 제2언어 습득연구에 도입된 후 한중 언어학계에서 많은 연구성과가 나타났다. 선행연구를 보면, 유표성 이론을 소개하거나 제2언어로서의 영어 습득을 연구하는 논문이 대부분이다. 그리고 문법 습득과 관련된 성과가 많고 발음, 의미, 화용 등 기타 영역은 보완할 부분이 많다.

유표성 이론으로 중국인 학습자의 한국어 습득을 연구하는 논문은 8편이다. 그 중 중국학계는 金忠实, 杨素悦(2017) 1편이 있었고 나머지는 한국학계의 연구성과이다. 연구대상은 주로 한국어 발음과 문법습득에 집중되어 있다.

한국어 문법습득에 관한 연구는 김성수(2009), 김창구(2010), 이소연(2012), 진염민(2013), 장한(2014) 등이 있다. 그 중 김성수(2009), 김창구(2010)은 Keenan & Comrie의 '명사구 접근가능성 등급(NPAH, 名词短语可及性层级)'에 유표성 이론을 접목시켜 중국인을 포함한 외국인 학습자의 한국어 관계절 습득양상을 분석하고 교육과정에서 관계절의 습득난이도와 바람직한 제시순서 등을 연구하였다. 이소연(2012)와 진염민(2013)은 Eckman의 유표성 차이 가설로 각각 '-고 있다, -어 가다/오다' 등 진행상 보조표현과 '-는데, -도록, -다가' 등 접속표기의 습득난이도를 예측하고 실제 학습과정에서의 오류 발생원인을 분석하였다. 장한(2014)는 생성문법에 입각한 Zobl의 유표성 이론으로 시간관계 연결어미 '-자마자, -고, -며, -면서'의 바람직한 습득 순서를 제시하였다.

유표성 이론을 바탕으로 한 한국인 학습자의 중국어 습득을 연구한 논문은 김충실, 악일비(2017)이 있고 수홍(2018)이 있다. 현재 유표성 이론의 연구범위는 전통적인 음운, 형태, 통사에서 의미, 화용 등 분야로 확장되었다. 제2언어 습득에서 의미습득, 화용습득도 중요한 과제로서 이 영역에 유표성 이론의 도입은 제2언어 습득 연구가 다양화되고 제2언어습득에서 난이도 예측, 모국어 전이 습득 순서 등을 위해 유익한 자료를 제공하는 것으로 가치가 있다고 생각한다.

3.2. 유표성이론과 한국어 음운 연구

유표성 차이 가설과 한중 음운 표기차이 분석

국제 학계에서는 여러 방면의 연구 결과를 통해 유표성차이 가설(The Markedness Differetial Hypothesis)이 제2언어습득에서 예측 기능을 검증하였으며 학계의 많은 사람들이 "구조 일치성 가설"이 중간언어 음운 습득 연구에서 실용 가치를 실증하였다. (郑占国, 2014)

그러나 국내의 중국어 제2언어습득 연구에서 언어유형론 보편성과 상관되는 연구는 사각지대라고 지적하였다. 중국의 知网에서 표기성과 제2언어 습득에 관한 논문 95편을 집계하여 분석한 결과 아래와 같은 문제점을 발견하였다.

(1) 국내의 연구는 대부분 제2외국어 영어학습에 집중되어 있었고 비통

용어에 대한 연구는 많지 않았다. 그리고 지금까지 언어유형론의 표기성이론으로 한국어 습득을 연구한 논문은 나타나지 않았다. 한국학습 사이트 RISS에서 검색해 본 결과 한국의 습득이론은 오류분석과 대조분석에 집중되어 있었다.

(2) 언어 단위 측면에서 보면 대부분 연구가 통사와 어휘 연구에 집중되어 있었고 음운 습득 연구는 3편으로 이 방면의 논문은 아주 적었다.

이런 문제 의식에서 출발하여 본 문은 Eckman 의 두개 가설과 그 실험 정황을 소개한 후 Eckman의 두개 가설을 바탕으로 한국어와 중국어의 음운 유표성차이를 분석하고 나아가 중국어를 모국어로 하는 한국어 학습자들이 음운을 습득할 때 어려움을 예측하였다. 이러한 연구방법은 언어습득의 복잡한 과정에 여러가지 같지 않은 해석과 관찰의 시각을 제공하게 되고 언어 교육에 건설적인 이론 지도와 방법을 제공하게 될 것이다.

1) Eckman의 두 개 가설

1950, 60년대, 제2언어 습득 영역에서 대조분석 가설(Contrastive analysis hypothesis)은 중요한 연구 이론이었다. 대조분석 가설에 따르면 목표 언어와 모국어 간의 공통점은 학습과정에서 쉽게 습득하고 차이점은 습득하기 어렵다. 대조분석 이론에서 모국어와 목표언어의 차이점을 강조하고 그 차이점은 바로 학습과정에서의 난점을 유발하며, 오류발생의 원인이 된다고 하였다.

대조분석 가설에 의하면 언어전이는 학습과정에서의 모든 오류를 설명할 수 있고 학습자의 오류를 예측할 수도 있고 긍정적 전이(positive transfer), 부정적 전이(negative transfer), 무전이(zero transfer) 등 세 가지 유형으로 나뉜다. 긍정적 전이는 목표어 습득과정에서 모국어에 일치하는 목표어의 구조는 전이현상이 신속하고 학습이 용이하도록 긍정적인 역할을 하는 경우이다. 부정적 전이는 모국어와 목표어가 특히 대조되어 있는 영역은 학습상의 난점과 오류로 나타나게 되며 따라서 간섭현상을 초래하게 된다. 무전이는 목표어와 모국어에 있어서 도움이 되거나 해가 되는 경우를 찾아볼 수 없는 경우이다. 여러 전이 가운데 목표언어 학습에 있어서 특히 부정적으로 전이되어 나타나는 간섭이 바로 오류가 된다. 따라서 모국어와 목표언어를 비교 대조하여 두 언어간의 차이점을 미리 예측하고 교육 과정에서 집중적으로 제시하면 목표언어를 쉽게 습득할 수 있다고 하였다.

대조분석 가설은 1960년대의 외국어교육에서 큰 영향을 미쳤지만 실제 교육과정에서 한계점이 점점 나타났다. 즉 교육 현장에서 어렵다고 예측된 부분이 쉽게 습득되거나 모국어가 다른 학습자들이 비슷한 오류를 범한다는 상황이 비일비재했다. 또한 Selinker(1972)를 비롯한 학자들은 실제 교육 연구 결과에 따라서 언어전이는 모든 오류의 원인이라는 가설에 대해 질의를 하였다. Selinker(1972)에 의하면, 오류발생의 원인은 여러 가지가 있다. 예를 들면, 보편성, 발전성원인 등도 있다. 언어 전이는 여러 원인 중의 하나뿐이다.

대조분석 가설의 한계점을 보완하기 위하여 Eckman(1977)에서는 언어유형론적 표기유형을 제2언어습득 연구에 도입하여 "유표성 차이 가설"을 제기하고 두 언어간의 차이점만 오류발생한 원인이 아니고 두 언어간의 유표성 차이점이 결정적 원인이 된다고 하였다.

'유표성'은 유럽 구조주의 프라그 언어학파(Prague linguistic circle)가 최초로 제기하였다. 프라그 언어학파가 1930년대에 2항 대립관계의 음운현상을 설명하기 위해 '유표성'과 '무표성', 그리고 '유표적'과 '무표적'이란 개념을 언어학에 도입하였다. 2항 사이의 관계는 대칭관계가 아니라 비대칭관계로, 2항 대립관계 쌍에서 한 항이 다른 항에 비해 덜 특수하거나, 덜 제한적이거나, 덜 복잡하거나, 더 보편적이거나, 더 자연적이거나, 사용빈도의 측면에서 더 빈번하게 출현함을 보여준다. 이때 한 항이 특정 문맥 또는 특정 상황에서 다른 항을 함축 (Implikation)한다. 그러나 그 역은 성립하지 않는다. 이런 맥락에서 함축하는 전자의 항은 '무표적'으로 불리고, 함의되는 후자의 항은 '유표적'으로 불린다. 예를 들면, 무성파열음과 개음절은 대부분 언어에 존재하므로 무표적이고 유성파열음과 폐음절은 무성파열음과 개음절에 비해 덜 보편적으로 존재하므로 유표적이다.

유표성 이론을 제시한 후 '표기'라는 개념은 구조주의, 생성문법, 유형론, 아동 모국어 습득연구와 제2언어 습득연구 등 언어학 이론에 널리 도입되었다. Greenberg(1976)은 유표성 이론을 언어유형론에 적용하고 여러 언어의 출현빈도에 근거하여 표기성을 분석하고 현대 언어유형론의 기초를 세웠다. 그는 표기유형을 다음과 같이 정의하였다.[12]

구조X를 가진 모든 언어가 또한 구조Y 를 갖고 있으나, 구조Y를 가진 모든 언어가 반드시 구조X를 갖고 있지 않는다면, 구조X는 구조Y에 비하여 유형론적으로 유표적이고 구조Y는 구조X에 비해 유형론적으로 무표적이다.

Greenberg(1976)에 의하면, 한 언어에서 주어진 구조X의 존재는 어떤 다른 구조Y의 존재를 함축하며, 그러나 그 역은 성립하지 않는다면 구조X은 구조Y에 비해 무표적이다.

이 기초에서 Eckman(1977)은 대조분석 가설에서 해석하지 못한 문제에 대해 언어 유형론적 유표성 분석 이론을 제2언어 습득 연구에 도입하여

---

12 이 부분은 김상기(2007: 114-115)를 참조하였다.

"유표성 차이 가설"을 제기하였는데 그 내용은 다음과 같다.[13]

    (1) 모국어와 다른 목표언어의 특징이 모국어보다 더 유표적이면 습득하기 어렵다.

    (2) 모국어보다 더 유표적인 목표언어의 특징 중에서 습득의 난이도는 유표성의 정도와 정비례한다.

    (3) 모국어와 다른 목표언어의 특징은 모국어보다 유표적이지 않으면 습득하기에 어렵지 않다.

"유표성 차이 가설"에 따르면, 제2언어 습득 과정에서 모국어와 목표어의 차이로만 해석하지 않고 표기성을 고려해야 한다. 즉, 습득 과정에서 유표적인 대상은 무표적인 대상보다 습득하기 어렵다.

1991년에 Eckman은 "구조 일치성 가설"을 제시하여 "유표성 차이 가설" 이론을 보완하였다. '구조 일치성 가설'의 내용은 바로 자연언어에서 적용된 함축적 보편성은 중간언어에서도 적용된다. "구조 일치성 가설"은 언어 보편성을 강조하고 표기성을 기초로 하여 중간언어 습득 난이도를 예측하고 분석하였다.

Eckman의 두개 가설에 근거하면 목표어와 언어 보편성이 일치하는 것은 쉽게 습득되고 목표어와 언어의 보편성이 일치하지 않는 부분과 동시에 목표어와 모국어의 다른 부분은 목표어의 표기성이 높으므로 학습의 난점이 된다. (孙文访, 2012)

Eckmam은 모든 차이가 학습의 어려움을 조성하는 것은 아니다. 다만

---

13 Eckman(1977)에서 제시된 "유표성 차이 가설"에 대한 설명은 악일비. 김충실(2018: 50)을 재인용하였다.

유표성함축관계에 부합되고 또 표기성이 큰 부분이 학습에서 어려움을 초래한다고 지적하였다. 인류 언어의 보편성 함축성은 중간언어에도 적용된다. 아래 우리는 이러한 인식에서 출발하여 모음, 자음, 음절 등 세개 방면에서 한국어와 중국어의 표기차이성 특성을 대조 분석을 하고자 한다. 이어서 모국어 환경에서 한국어 학습자들이 한국어 음운 습득에서 난이도 등급을 예측하고자 한다.

2) 한국어와 중국어의 음운유표성 차이 특성

(1) 한국어와 중국어 모음 유표성차이 특성

한국어 단모음은 모두 10개이고 중국어 단모음도 모두 10개이다. 편리를 위하여 한국어와 중국어의 단모음을 발음위치에 따라 정리하면 아래의 [표1]과 [표2]와 같다.

〈표 1〉 한국어 단모음(허용, 2013)

舌位高低 \ 舌位前后 \ 唇形	전설음		후설음	
	(−원순)	(원순)	(−원순)	원순
고모음	ㅣ[i]	ㅟ[ü/y]	ㅡ[i]	ㅜ[u]
중모음	ㅔ[e]	ㅚ[ö]	ㅓ[ə]	ㅗ[o]
저모음	ㅐ[e]		ㅏ[a]	

<표 2> 중국어(표준어)의 단모음(黃伯荣, 廖序东, 2011)

类別 舌前后 唇形 舌位高低	舌面元音					舌尖元音		卷舌元音
	앞모음		중간모음	뒤모음		앞모음	뒤모음	중간모음
	비원순	원순	자연	비원순	원순	비원순	비원순	자연
가장 높은 모음	i[i]	ü[y]			u[u]	-i[ɿ]	-i[ʅ]	
반높은 모음				e[ɤ]	o[o]			
중간모음								er[ə]
반저모음	ê[e]							
가장 낮은 모음			a[A]					

표1]과 [표2]를 대조해 보면 우리는 한국어의 단모음_[ɨ], ㅔ[e], ㅚ[ö], ㅓ[ə]은 중국어에 대응되는 비슷한 음이 없다는 것을 볼 수 있었다. 하지만 단모음 ㅏ[a], ㅣ[i], ㅜ[u], ㅟ[ü/y], ㅐ[e], ㅗ[o]는 중국어모음에서 대응되는 음을 찾을 수 있었다.

Eckman이 제기한 유표성차이가설과 '구조 일치성 가설에 근거하여, 또 언어유형론상의 모음의 보편성에 근거하여 한중 단모음을 대조해 보면 우리는 중국어를 모국어로 하는 학습자들이 모국어의 환경에서 한국어 단모음 습득의 그 난이도를 예측할 수 있었다. 그 난이도는 등급은 아래와 같다.

ㅏ[a], ㅣ[i], ㅜ[u] ⟨ ㅐ[e], ㅔ[e], ㅟ[ü/y], ㅡ[ɨ], ㅚ[ö] ⟨ ㅗ[o], ㅓ[ə]("⟨" 부호 는 "난이도가 작음"을 나타낸다)[14]

위의 난이도 등급가설은 좌쪽의 모음은 무표기거나 표기가 작으므로 비

---

14 매개 등급내부는 세분하지 않았다.

교적 쉽게 습득된다는 것을 표현했다. 아래 우리는 이러한 가설의 이론적 기초에 대해여 토론하겠다.

Heo Yong(허용, 2013)에서는 지금까지 자연 언어의 모음에 대한 연구에서 아래와 같은 몇 가지 보편성이 나타난다고 하였다.

(1) 자연언어에서 가장 보편적인 모음은 5-7개인데 그 중에서 5모음체계가 가장 보편적이다.

(2) 자연언어에서 가장 보편적인 것은 아래의 11개 모음이다. 즉 a, i, u, e, o, e, ɔ, ɨ, ə, y, ö。

(3) 이 11개 모음은 대체로 a, i, u〉e, o혹은 e, ɔ〉ɨ, ə〉y, ö의 순서로 우선적으로 선택된다.

(4) 모든 언어에서 만약 고모음과 저모음이 없다면 중모음도 없다, 예를 들면 만약 저모음[a]혹은 고모음 [i]가 없다면 [e]도 없다. 동일한 혀위치의 높이에서 만약 비원순앞모음이 없다면 원순앞모음이 없다. 예를 들면 비원순 앞모음 [i]가 없으면 원순앞모음[ü]가 없다.

이상 총결해 낸 자연언어의 보편적 특성(2), (3)과 (4)에서 알 수 있듯이 a, i, u는 가장 보편적으로 존재하는 모음이고 상대적으로 무표기 모음이다. 이외 李晶, 石锋(2008)에서는 Jakobson이 제기한 모든 민족의 아동들은 그 모국어의 모음을 기본적으로 아래의 순서에 따라 습득한다고 하였다.

(1) 개구도가 큰 모음을 먼저 습득한다.

(2) 개구도가 작은 모음은 첫 모음과 대립을 구성한다.

(3) 그 다음 세 번째 개구도가 큰 모음을 산생시키거나 또는 발음부위 앞뒤가 대립을 구성한다.

(4) 세계 언어에서 적게 나타나는 음은 아동 습득과정에서 가장 뒤에 붙는
   것이다.

즉 a, i, u를 예로 든다면 개구도가 큰 a를 먼저 습득하고 그 다음에 개구
도가 작은 I와 a가 대응한다. 그 다음에 후설음u와 i가 발음부위에서 전후
대립을 형성한다. 아동들이 모국어 모음을 습득하는 선후 순서는 표기의
강약과 대응된다. 뿐만 아니라 ㅏ[a], ㅣ[i], ㅟ[u] 이 세 개 음은 중국어에서
도 모두 대응되는 음이 있었다. 이상에서 보면 우리는 ㅏ[a], ㅣ[i], ㅟ[u]을
무표기 등급으로서 제1등급에 넣을 수 있다. 즉 가장 쉽게 습득하는 등급
이다.

Heo Yong(허용: 2010)은 "음성적 유표성 등급과 보편적 모음과의 상관
관계의 연구"에서 모음의 유표성등급을 분석하여 아래와 같이 제시하였다.

(5) 혀의 높낮이의 유표성등급은 중모음〉고모음〉저모음순서이다.
(6) 전설음과 중설음중에서 비원순음의 표기성은 원순음표기성보다 작다.

한국어 단모음 ㅐ[e]와 ㅟ[ü/y]는 중국어에 모두 그에 대응하는 음이 있고
또 위의(5)에서 알 수 있듯이 ㅐ[e]는 저모음이고 표기성이 비교적 낮다. 그리
고 ㅟ[ü/y]도 고모음으로서 표기성이 낮으므로 습득하는데 어렵지 않다. 단모
음 ㅡ[i], ㅔ[e], ㅚ[ö]는 중국어에 대응되는 음이 없지만 위에서 도출한 모음의
보편성에 근거하면 ㅡ[i], ㅔ[e], ㅚ[ö]의 표기성이 그리 크지 않다. 따라서
우리는 ㅐ[e], ㅔ[e], ㅟ[ü/y], ㅡ[i], ㅚ[ö]음을 표기성등급2에 넣었다.

우리는 ㅚ[ö]와 ㅓ[ə]음을 제일 마지막 등급에 넣었다. 즉 표기성이 가장
큰 등급으로 하였다. 그 이유는 다음과 같다. ㅚ[ö]와 ㅓ[ə]는 한국어 모음
체계 안에서도 표기성이 비교적 큰 모음이다. 뿐만 아니라 모음 ㅓ[ə]는 중

국어에도 그와 대응하는 음이 없기 때문이다. 그리고 한국어의 ㅚ[ø]모음은 중국어의 ㅔ[e]모음보다 혀의 위치가 약간 높기 때문이다. 따라서 우리는 한국어의 모음중에서 ㅚ[ø]와 ㅓ[ə]음이 가장 어려운 발음이라는 것을 쉽게 알 수 있다.

(2) 한국어 자음의 유표성차이 특징

한국어의 자음은 모두 19개이고 중국어 자음은 모두 22개이다. 한국어 자음 유표성 등급을 분석하기에 앞서 더 직관적으로 한국어 자음체계를 관찰하기 위하여 우리는 중국어와 한국어의 자음을 발음 부위와 방법에 따라 아래 [표3]과 같이 제시해보이겠다.

〈표 3〉 한중 자음체계 대조

조음방법 \ 조음위치		양순음		순치음		치조음(설첨전음)		권설음(설첨후음)		경구개음(설면음)		연구개음(설근음)		후음	
		한	중	한	중	한	중	한	중	한	중	한	중	한	중
파열음	평음	ㅂ [p]	b [p]			ㄷ [t]	d [t]					ㄱ [k]	g [k]		
	경음	ㅃ [p']				ㄸ [t']						ㄲ [k']			
	격음	ㅍ [pʰ]	p [pʰ]			ㅌ [tʰ]	t [tʰ]					ㅋ [kʰ]	k [kʰ]		
파찰음	평음						z [ts]		Zh [tʂ]	ㅈ [tʃ]	j [tɕ]				
	경음									ㅉ [tʃ']					
	격음						c [ts']		Ch [tʂ']	ㅊ [tʃʰ]	q [tɕ']				
마찰음	평음				f [f]	ㅅ [s]	s [s]		Sh [ʂ]		x [ɕ]			ㅎ [h]	h [x]
	경음					ㅆ [s']									
	유성음								r [ʐ]						
비음		ㅁ [m]	m [m]			ㄴ [n]	n [n]					ㅇ [ŋ]	ng [ŋ]		
유음						ㄹ [l(r)]	l [l]								

한국어와 중국어의 자음체계대조를 통하여 우리는 한국어의 ㅃ[p'], ㄸ[t'], ㄲ[k'], ㅈ[tʃ], ㅉ[tʃ'], ㅊ[tʃʰ], ㅆ[s'], ㄹ[l(r)], ㅎ[h] 는 중국어에서 대응되는 음이

없음을 알 수 있었다. 중국어 자음과 대응되는 음이 10개인데 그들은 모두 ㅂ[p], ㅍ[pʰ], ㄷ[t], ㅌ[tʰ], ㄱ[k], ㅋ[kʰ], ㅅ[s], ㅁ[m], ㄴ[n], ㅇ[ŋ] 등이다.

Eckman이 제기한 유표성가설과 구조 일치 가설에 근거하면 그리고 언어유형론에서 자음의 보편성 및 한국어와 중국어의 다른 점을 참조하면 중국어를 모국어로 하는 한국어 학습자들이 한국어 자음을 습득하는 난이도 등급은 아래와 같이 예측할 수 있다.

ㅁ[m], ㄴ[n], ㅇ[ŋ], ㅎ[h] 〈 ㅍ[pʰ], ㅌ[tʰ], ㅋ[kʰ] 〈 ㅂ[p], ㄷ[t], ㄱ[k] 〈 ㅊ[ʧʰ], ㅅ[s], ㅈ[ʧ], 〈 ㅃ[p'], ㄸ[t'], ㄲ[k'], ㅆ[s'], ㅉ[ʧ'], ㄹ[l](ɾ)|("〈"이 부호는"난이도가 자음"을 니다낸다.)

위의 난이도 등급 가설은 좌측의 자음이 무표기 또는 표기가 적은 자음이고 비교적 쉽게 습득되는 것인 반면에 우측은 우측으로 갈수록 표기성이 강하고 어렵게 습득된다는 것을 알 수 있다. 아래 우리는 이 가설의 이론적 근거에 대하여 논의하겠다.

Maddieson(1984: 12) "언어학에서 가장 이상적인 자음의 체계는 모두 20개 자음이다. 다시 말하면 이 20개 자음은 상대적으로 무표기 자음이다.

〈표 5〉 가장 이상적인 자음체계(허용, 2010)

발음위치 / 발음방법		순음		치음/설끝음		혀머音(硬腭)	설근음(软腭)		성문음
장애음	파열음	p	b	t	d		k	g	ʔ
	파찰음					ʧ			
	찰음	f		s		ʃ			H
공명음	비음	m		n		ɲ	ŋ		
	유음			l, r					
	滑音	w				J			

위의 [표5]에서 보면 한국어 자음체계에서 ㅂ[p], ㄷ[t], ㄱ[k], ㅅ[s], ㅈ[ʧ], ㅁ[m], ㄴ[n], ㅇ[ŋ], ㅎ[h], ㄹ[l(ɾ)] 등 이 10개 자음은 상대적으로 무표기라고 할 수 있다. 따라서 자음의 표기성은 대체로 아래와 같이 등급을 매길 수 있다.

ㅂ[p], ㄷ[t], ㄱ[k], ㅅ[s], ㅈ[ʧ], ㅁ[m], ㄴ[n], ㅇ[ŋ], ㅎ[h], ㄹ[l(ɾ)] 〈ㅃ[pˈ], ㄸ[tˈ], ㄲ[kˈ], ㅆ[sˈ], ㅉ[ʧˈ], ㅍ[pʰ], ㅌ[tʰ], ㅋ[kʰ], ㅊ[ʧʰ]

("〈"이 부호는 표기성이 작음"을 나타낸다.)

O'Grady Dobrovolksy와 Aronoff(1989)에서는 언어에서 가장 보편적인 자음은 /p, t, k/, /s/, /l/, /m, n/이라고 일찍 제시하였다.(朱永平, 2004) 陆丙甫, 金立鑫(2015)에 따르면 가장 보편적인 자음은 순음이라고 하였다. 예를 들면 [p]과 [m]이다. 발음부위에서 보면 가장 보편적인 순음 외에 또 전설 연구개음(舌前软腭音)이 있다. 한 언어에서 만약 변음(边音) [l]이 있으면 반드시 [n]이 있다. 다시 말하면 [l]의 표기성은 [n]보다 크다는 것이다. 최인경(1999)에서는 모든 언어에 모두 [n]음이 있기 때문에 [n]의 표기성이 매우 작다고 하였다. 허용(2010)에서는 발음 방법에 따라 자음의 유표성등급을 분석하여 찰음의 표기성은 塞音과 塞擦音에 비해 크면 같은 발음부위에서 ㅅ[s]의 표기성은 ㄷ[t]보다 크다고 하였다.

이외 한국어 ㅎ[h]는 세계에서 가장 보편적으로 존재하는 자음이다. 따라서 중국어(표준어) h[x]의 표기성이 작다. 그러므로 Eckman의 제3번째 가설에 따르면 ㅎ[h]는 습득에서 어려움 점이 아니라고 판단할 수 있다. 위의 기술에서 보면 아래와 같은 등급을 매길 수 있다.

ㅂ[p], ㄷ[t], ㄱ[k], ㅁ[m], ㄴ[n], ㅇ[ŋ], ㅎ[h]〈ㅅ[s], ㅈ[ʧ], ㄹ[l(ɾ)] 아래에서 우리는 이것을 2등급이라고 할 것이다.

한국어와 중국어에는 모두 기음과 무기음의 대립음이 있었다. 예를 들면, 중국어에는 자음b[p]/p[pʰ], d[t]/t[tʰ], g[k]/k[kʰ]등의 대립이 있고 한국어에는 자음ㅂ[p]/ ㅍ[pʰ], ㄷ[t]/ ㅌ[tʰ], ㄱ[k]/ ㅋ[kʰ], ㅅ[s]/ ㅊ[ʧʰ]의 대립이 있었다. 비록 두 언어에서 기음은 무기음에 비해 유표기이다. 그러나 Eckman의 유표성차이 가설에서 보면 이들은 모두 무표기이고 학습에서 어려움을 조성하지 않는다고 보았다. 이외 한국어에는 순한소리와 된소리의 구분이 있는데 중국어에는 이러한 구별이 없다. 따라서 한국어의 순한 소리는 중국어의 순한 소리에 비해 표기성이 크므로 학습에서 어려움을 조성한다. 그러므로 우리는 ㅍ[pʰ], ㅌ[tʰ], ㅋ[kʰ]를 제2등급으로 볼 수 있고 ㅂ[p], ㄷ[t], ㄱ[k]를 제3등급에 넣었다. 그러면 제2등급은 아래와 같이 조율할 수 있다.

ㅁ[m], ㄴ[n], ㅇ[ŋ], ㅎ[h] 〈 ㅍ[pʰ], ㅌ[tʰ], ㅋ[kʰ]〈 ㅂ[p], ㄷ[t], ㄱ[k]〈 ㅊ[ʧʰ], ㅅ[s], ㅈ[ʧ]

한국어에는 순한 소리와 된소리의 대립이 있는데 이 된소리는 한국어에서 표기성이 큰 음이라고 할 수 있다. 그러므로 Eckman의 유표성차이 가설에서 첫 번째 예측과 두 번째 예측에 근거하면 중국어를 모국어로 하는 한국어 학습자들이 된소리 발음을 할 때 어려움이 비교적 크다. Jakobson(1941)는 /r/와 /l/은 아동들이 가장 마지막에 습득되는 두개 음이라고 했다. 또한 가장 먼저 잊어버리는 음이기도 하다고 했다. 이것은 제2언어습득에서도 이 두 음의 습득에 어려움이 아주 크다는 것을 증명할 수 있다. 그러므로 우리는 ㅃ[p'], ㄸ[t'], ㄲ[k'], ㅆ[s'], ㅉ[ʧ'], ㄹl[(ɾ)]음을 제일 뒤에 일등급으로 한다. 즉 습득하기 가장 어려운 등급이다. 이상 등급1과 등급2를 종합하여 난이도의 등급을 아래와 같이 예측할 수 있다.

ㅁ[m], ㄴ[n], ㅇ[ŋ], ㅎ[h] 〈 ㅍ[pʰ], ㅌ[tʰ], ㅋ[kʰ]〈 ㅂ[p], ㄷ[t], ㄱ[k]〈 ㅊ[ʧʰ], ㅅ[s], ㅈ[ʧ], 〈 ㅃ[p'], ㄸ[t'], ㄲ[k'], ㅆ[s'], ㅉ[ʧ'] , ㄹl[(ɾ)]

3) 한국어와 중국어음절의 유표성차이 특징

음절구조는 비교적 복잡한 문제이다. 여기서 우리는 한국어와 중국어의 음절구조상 비교적 뚜렷한 차이성 특징만 토론하겠다.

중국어와 한국어의 음절상에서 가장 큰 차이는 한국어는 다음절이 연속될 수 있고 앞에 음절이 뒤에 음절에 영향을 준다는 것이다. 예를 들면, 뒤음절이 자음으로 끝날 때 뒤 음절에 직접 영향을 주게 된다. 특히 뒤에 오는 첫 음절이 모음이 올 때 영향을 받는다. 예를 들면, 거복이-/거부기/, 국어-/구거/, 어린이-/어리니/, 갈아타다-/가라타다/ 등이다. 그러나 중국어는 이와 다르다. 徐通锵(2001)에서는 중국어의 음절은 단독으로 발음할 때 또는 다른 음절에 이어서 발음할 때 그들 지간의 앞뒤의 음절의 계선은 명확하므로 한국어처럼 연속하여 읽으면 안된다.(张大英, 2004) 예를 들면 西安(xi'an)을 "xian"으로 읽을 수 없다. 만약 두개 음절이 하나로 결합될 때 그 결과는 이어서 읽는 것이 아니라 두개 음절이 하나의 음절로 변하게 된다. 즉 단음절화로 된다. 儿化현상은 바로 이런 단음절화의 중요한 표현이다. 그러므로 한국어의 连读는 중국어를 모국어로 하는 한국어 학습자들에게는 어려움이 될 수 있다. 이외 한국의 중국어 학습자들이 중국어를 배울 때 흔히 连读를 하여 정확하지 않은 발음을 내게 된다. 예를 들면 "延安(yan'an)"을 "yan'nan"晚安(wan'an)을 wan'nan 이라고 읽는다.

둘째, 중국어는 /n/와 /ŋ/만이 음절말에 나타날 수 있다. 그러나 한국어는 /k/, /n/, /t/, /l/, /m/, /p/, /ŋ/ 7개 자음은 모두 음절말에 나타날 수 있다. 한국어의 받침은 중국어의 운미에 비해 표기성이 크다고 보며 학습에서 어려움을 조성한다.

중국어의 음절내 음소의 조합은 제약이 비교적 많다. 예를 들면 z, s, sh, zh, g, k, h는 i, ü 이 두개 모음을 운두로 하는 음모와 결합될 수 없다.

r은 a와 결합할 수 없지만 한국어는 모음과 자음의 결합이 비교적 자유롭다. 그러므로 한국어에서 "귀, 쿼, 뒤, 휘, 라, 히" 등은 중국어를 모국어로 하는 한국어 학습자들에게는 모두 표기성이 큰 음절이다.

이외 중국어 음절 구조에는 '운'이라는 음절이 존재하지 않는다. 하지만 그와 비슷한 음절 'wen'이 있다. 학습자는 학습과정에서 목표어의 음절구조를 쉽게 개변한다. 즉 이중모음으로 변화한다. 예를 들면 "운동"을 "원동"으로 변화시켜서 발음한다. 이점은 특별히 주의를 해야 하는 음들이다.

4) 결론

본문은 Eckman의 표기성차이 가설과 구조일치가설에 기초하여 한국어와 중국어의 음운체계의 유표성차이 특징에 대해 분석을 하여 중국인 학습자들이 한국어의 음운체계를 배울 때 난이도의 등급을 다음과 같이 예측하였다.

(1) ㅏ[a], ㅣ[i], ㅜ[u]〈ㅐ[e], ㅔ[e], ㅟ[ü/y], ㅡ[ɨ], ㅚ[ö]〈ㅗ[o], ㅓ[ə]("〈" "난이도가 작다"를 나타냄)

(2) ㅁ[m], ㄴ[n], ㅇ[ŋ], ㅎ[h] 〈ㅍ[pʰ], ㅌ[tʰ], ㅋ[kʰ]〈ㅂ[p], ㄷ[t], ㄱ[k]〈ㅊ[ʧʰ], ㅅ[s], ㅈ[ʧ], 〈ㅃ[p'], ㄸ[t'], ㄲ[k'], ㅆ[s'], ㅉ[ʧ'], ㄹ[l(ɾ)]

(3) 한국어의 다음절간의 연속성 현상은 학습의 어려움을 조성한다. 한국어의 받침은 중국어의 운모에 비해 상대적으로 표기성이 강하므로 학습의 어려움을 조성한다. 중국어의 음절내 음소의 조합은 비교적 많은 제약을 받는다. 따라서 한국어의 중모음과 자음의 배합은 비교적 령활하며 일부 표기성이 비교적 큰 음절들만이 학습에서 어려움을 조성한다.

유표성 이론과 한몽 음운체계 대조 및 습득 순서 예측

이 논의에서는 주요하게 한국어와 몽골어 모음, 자음체계를 연구대상으로 하여 보편성의 관점에서 WALS(2A)에서 제시된 모음 목록의 크기를 기준으로 하여 한국어와 몽골어의 모음 목록 크기에 대하여 논의하고 陸丙甫, 金立鑫(2015:28)에서 제시된 모음체계에 관한 언어유형론적 음운함축 이론에 근거하여 한몽 두 언어의 모음체계의 공통성과 특수성을 알아보고자 한다. 그리고 자음 목록 크기 분류 기준으로 한국어와 몽골어 자음체계를 살펴보고 이 기초에서 "빈도성"을 이용하여 한몽 모음체계와 자음체계의 유표성을 제시한 후 "유표성 차이 가설", "구조 일치성 가설"을 통하여 외국어로서의 한국어 모음 습득 순서를 제시하고자 한다.

1) 한·몽 모음체계의 공통성과 특수성

한국어의 단모음은 10개가 있다.[15] 즉 " ㅏ[ɑ], ㅓ[ʌ], ㅣ[i], ㅗ[o], ㅜ[u], ㅐ[ɛ], ㅔ[e], ㅚ[ø], ㅟ[y], ㅡ[ɯ]"이다.

몽골어 단모음은 12개가 있다. 즉, '[ɑ], [ɪ], [i], [u], [ə], [ɔ], [ʊ], [o], [e], [ɛ], [oe], [y]'이다. 몽골어의 단모음 기호는 8개가 있다. 즉, '[ɑ], [ə], [i], [ɪ], [ɔ], [ʊ], [o], [u]'이다. 단모음 '[ɛ], [oe], [y], [e]'는 대응하는 기호가 없다. 2개나 2개 이상의 단모음 기호로 이루어진다. 즉, 단모음 기호 '[ɑ], [ɔ], [ʊ]'가 후속 음절 속의 모음 기호 '[ɪ]'음의 영향으로 '[ɛ], [oe], [y]'음이 된다. 또한,

---

15 한국어 단모음체계는 현대로 오면서 특히 젊은 세대에서 'ㅟ, ㅚ'의 이중모음화, 'ㅔ, ㅐ'의 합류 등 모음의 변화가 일어나 8개의 단모음체계(ㅏ, ㅐ, ㅓ, ㅔ, ㅗ, ㅜ, ㅡ, ㅣ) 혹은 7개의 단모음체계(ㅏ, ㅐ, ㅓ, ㅗ, ㅜ, ㅡ, ㅣ)로 이행되고 있다. 그러나 이옥희(2014: 91)에 의하면, 단모음체계는 변화가 일어나지면 아직까지 서울말의 일반적인 단모음체계는 여전히 10개의 단모음체계이고 또한 국어국립대사전에서도 10개의 단모음체계로 제시하고 있기 때문에 본 논문에서 10개의 단모음체계를 인정하여 대조하겠다.

단모음 'ɛ'는 단모음 기호 'ə'와 'i'로 이루어진다.

WALS(2A)에서 564개의 언어의 모음체계를 통계한 결과 모음의 수는 2개에서부터 14개까지 나타났다. WALS(2A)에서 5개에서부터 6개까지의 모음체계를 모음 크기의 기준으로 하여 이에 해당하는 모음 목록을 중형(Average vowel inventory)으로 정하였다. 2개에서 4개의 모음체계를 소형(Small vowel inventory)으로, 7개에서 14개의 모음체계를 대형모음 목록 크기(Large vowel inventory)으로 정하였다. 564개의 언어를 모음의 수에 따라 분류한 결과는 〈표 1〉과 같다.

〈표 1〉 모음 목록 크기 분류

구분	모음 수	언어 수	%
소형	2-4	93	16.5
중형	5-6	287	50.9
대형	7-14	184	32.6
계		564	100

모음 목록 크기 분류를 보면, 93개 언어의 모음 체계는 소형에 속하여 전체 언어 수의 16.3%를 차지하였다. 287개 언어의 모음 체계는 중형에 속하여 전체 조사한 언어 수의 51.2%를 차지하였다. 184개 언어의 모음 체계는 대형에 속하여 전체 조사한 언어 수의 32.5%를 차지하였다. 즉, 5개에서 6개의 모음이 평균 모음 목록 크기다. 평균 모음 수와 멀어질수록 유표적인 모음체계가 된다. 만약에 평균 모음 수보다 적은 모음을 가진 언어는 상대적으로 더 많은 자음이나 초분절음을 가진다. 만약에 평균 모음 수보다 많은 모음을 가지면 모음체계는 불안정한 가능성이 많다.

모음 목록 크기 분류 기준으로 한국어와 몽골어 모음체계를 살펴보면, 10개의 모음을 가진 한국어와 12개의 모음을 가진 몽골어는 대형 모음 목록 크기에 속하여 한국어의 모음 수는 몽골어의 모음 수보다 평균 모음 수와 더 가까워서 한국어의 모음체계는 더 무표적이다.

다음은 구체적으로 한국어와 몽골어 모음체계를 대조하여 한국어와 몽골어 모음체계의 유표성 정도를 확정하여 습득 순서를 제기하고자 한다.

(1) 한·몽 단모음체계의 공통성과 특수성

단모음 분류는 영국의 음성학자인 Daniel Jones의 분류에 의거한다.

모음체계에 대한 분류는 세계에서 흔히 기본모음 분류를 사용한다. 기본모음은 Daniel Jones가 20세기 초에 최초로 제기하였다. 기본모음은 1차 기본모음(primary cardinal vowel)과 2차 기본모음(secondary cardinal vowel)으로 나눌 수 있다. 1차 기본모음은 8개가 있는데 각각 '[i], [e], [ɛ], [a], [ɑ], [ɔ], [o], [u]'이다. 1차 기본모음의 발음 위치가 변하지 않는 전제 아래 혀의 모양을 변화시키면 2차 기본모음이 나타난다. 즉, '[y], [ø], [oe], [Œ], [ɒ], [ʌ], [ɣ], [ɯ]'이다. 모음 16개 외에, 음운학자들은 또 중설 모음 8개를 발견하였다. 즉, '[ɨ], [ʉ], [ɘ], [ɵ], [ə], [ɜ], [ɞ], [ɐ]'이다. 기본모음 사각도를 [그림 1]로 제시하면 다음과 같다.

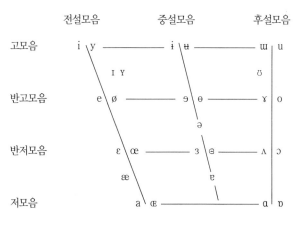

[그림 1] 기본모음 사각도

본 논문은 국제음성협회에서 제시된 모음분류를 기준으로 하여 한국어와 몽골어 단모음체계를 정리하면 〈표 2〉와 같다.

〈표 2〉 한국어와 몽골어 단모음체계 대조

혀의 앞뒤 위치 / 입술 모양 / 혀의 높낮이	전설 모음		중설 모음	후설 모음	
	평순	원순	평순	평순	원순
고모음 한국어	ㅣ[i]	ㅟ[y]		ㅡ[ɯ]	ㅜ[u]
고모음 몽골어	[i] [ɪ]	[y]			[u] [ʊ]
반고모음 한국어	ㅔ[e]	ㅚ[ø]			ㅗ[o]
반고모음 몽골어	[e]		[ə]		[o]
반저모음 한국어	ㅐ[ɛ]			ㅓ[ʌ]	
반저모음 몽골어	[ɛ]	[œ]			[ɔ]
저모음 한국어			ㅏ[a]		
저모음 몽골어				[ɑ]	

한국어와 몽골어 단모음체계 대조를 살펴보면, 다음과 같은 공통성과 특수성이 보인다.

(1) 단모음 'ㅏ[ɑ][16], ㅣ[i], ㅜ[u], ㅗ[o], ㅐ[ɛ], ㅟ[y], ㅔ[e]'는 한국어와 몽골어 단모음체계에 모두 존재하기 때문에 한국어와 몽골어 단모음체계의 공통성이라고 볼 수 있다.

(2) 한국어 단모음 'ㅡ[ɯ], ㅚ[ø], ㅓ[ʌ]'는 몽골어 단모음체계에 존재하지 않기 때문에 한국어 단모음체계의 특수성이라고 볼 수 있다.

(3) 몽골어 단모음 '[ɪ], [ʊ], [ɔ], [œ], [ə]'는 한국어 단모음체계에 존재하지 않기 때문에 몽골어 단모음체계의 특수성이라고 볼 수 있다.

---

16 한국어 단모음 ㅏ[a]는 몽골어 단모음[ɑ]보다 혀의 위치는 좀 더 앞에 있다.

한국어와 몽골어 단모음체계를 보면, 陸丙甫, 金立鑫(2015: 28)에서 제시된 세 가지 음운 함축관계를 어기지 않았다.

(1) 만약 한 언어에서 중모음이 있으면 반드시 고모음이 있고, 한 언어에서 고모음이 있으면 반드시 저모음이 있다.

한국어에서 중모음 'ㅔ, ㅚ, ㅓ, ㅗ'가 존재하고, 고모음 'ㅣ, ㅟ, ㅡ, ㅜ'가 존재하고, 저모음 'ㅐ, ㅏ'가 존재한다. 몽골어 모음은 중모음 '[e], [o], [ə], [oe], [ɔ]'가 있고, 고모음 '[i], [u], [ɪ], [y], [ʊ]'가 있고, 저모음 '[ɛ], [ɑ]' 또 있다.

(2) 한 언어에서 전설 원순 모음이 있으면 반드시 후설 원순 모음이 있다.

한국어 모음에서 전설 원순 모음 'ㅟ [y], ㅚ[oe]'가 있고 이와 대응되는 후설 원순 모음 '[u], [o]'도 있다. 몽골어 모음에서 전설 원순 모음 '[y], [oe]'가 있고 대응되는 후설 원순 모음 '[ʊ], [ɔ]'도 있다.

(3) 만약 한 언어에서 후설 모음이 있으면 반드시 원순 모음은 있다.

한국어 모음은 후설 모음 'ㅡ[ɯ], ㅓ[ə], ㅏ[ɑ], ㅜ[u], ㅗ[o]'가 있고, 원순 모음 'ㅜ[u], ㅗ[o]'가 있다. 또한 몽골어 모음은 후설 모음 '[u], [o], [ʊ], [ɔ], [ɑ]'가 있고, 원순 모음 '[u], [o], [ʊ], [ɔ]'도 있다.

이러한 언어 현상들은 金立鑫(2015: 28)에서 제시된 음운 함축관계의 가설을 입증해 준다.

(2) 한·몽 이중모음체계의 공통성과 특수성

한국어 이중모음은 11개가 있다. 각각 'ㅑ[ja], ㅕ[jʌ], ㅛ[jo], ㅠ[ju], ㅖ[je],

ㅖ[jɛl], ㅘ[wal], ㅝ[wʌl], ㅙ[wɛl], ㅞ[wel], ㅢ[ɰil]'이다.

몽골어 이중모음 기호는 다음과 같다. [ai], [ei], [oi], [ui], [ao], [eu], [iu], [uwa], [u-a], [uwai]. 그러나 몽골어에서 원래 이중모음은 대부분 단모음이 되었다. 예를 들면,

[ai]-->[æ:],

[ei]-->[e:],

[oi]-->[oe:] 등과 같다.

지금 몽골어에서 이중모음의 성격을 갖고 있는 음운은 [ʊi], [ui], [ʊɛ], [ue], [ʊa] 5개가 있다.

한국어와 몽골어 이중모음체계의 공통성과 특수성을 살펴보면 다음과 같다.

(1) 이중모음 'ㅞ[we]'는 두 언어에서 모두 존재하므로 'ㅞ[we]'는 몽골어와 한국어 이중모음체계의 공통성이라고 볼 수 있다.

(2) 한국어 이중모음 'ㅑ, ㅕ, ㅛ, ㅠ, ㅖ, ㅒ, ㅘ, ㅙ, ㅝ, ㅢ'는 몽골어 이중모음체계에서 존재하지 않으므로 한국어 이중모음체계의 특수성이라고 볼 수 있다.

(3) 몽골어 이중모음 '[ʊi], [ui], [ʊa], [ʊɛ]'는 한국어에 없기 때문에 몽골어 이중모음체계의 특수성이라고 볼 수 있다.

(3) 한국어 모음체계 습득 순서 예측

한국어와 몽골어 단모음체계의 공통성은 'ㅏ[a], ㅣ[i], ㅜ[u], ㅗ[o], ㅐ[ɛ], ㅔ[e], ㅟ[y]'이다. 또한 한국어 단모음체계의 특수성은 'ㅡ[ɰ], ㅚ[ø], ㅓ[ʌ]'이다. 그러므로 한국어 단모음 'ㅏ[a], ㅣ[i], ㅜ[u], ㅗ[o], ㅐ[ɛ], ㅔ[e], ㅟ[y]'는

'ㅡ[ɯ], ㅚ[ø], ㅓ[ʌ]'에 비해 무표적이다. 따라서 'ㅏ[ɑ], ㅣ[i], ㅜ[u], ㅗ[o], ㅐ[ɛ], ㅔ[e], ㅟ[y]'는 'ㅡ[ɯ], ㅚ[ø], ㅓ[ʌ]'에 비해 더 쉽게 배울 수 있다.

ㅏ[ɑ], ㅣ[i], ㅜ[u], ㅗ[o], ㅐ[ɛ], ㅔ[e], ㅟ[y]<ㅡ[ɯ], ㅚ[ø], ㅓ[ʌ]

("<"은 난이도가 약함을 표시함.)

Eckman(1977)의 "유표성 차이 가설"에 의하면, 모국어보다 더 유표적인 목표언어의 특징 중에서 습득의 난이도는 유표성의 정도와 정비례한다. 또한 Maddieson(1984: 125)에 의하면, '[a], [i], [u], [e], [o], [ɛ], [oe]' 모음 7개가 다섯 가지 모음체계를 구축하는 것이 가장 보편적이다. 이것은 자연언어에서 '[a], [i], [u], [e], [o], [ɛ], [oe]' 모음 7개의 빈도는 가장 높고 제일 무표적이라고 예측할 수 있다. 그러므로 '[a], [i], [u], [e], [o], [ɛ], [oe]'는 제일 쉽게 배울 수 있다. 그러므로 한국어 단모음 'ㅏ[ɑ], ㅣ[i], ㅜ[u], ㅗ[o], ㅐ[ɛ], ㅔ[e], ㅟ[y]' 중에서 'ㅏ[ɑ], ㅣ[i], ㅜ[u], ㅗ[o], ㅐ[ɛ], ㅔ[e]'가 'ㅟ[y]'보다 쉽게 습득할 수 있다.

ㅏ[ɑ], ㅣ[i], ㅜ[u], ㅗ[o], ㅐ[ɛ], ㅔ[e]<ㅟ[y]<ㅡ[ɯ], ㅚ[ø], ㅓ[ʌ].

Crothers(1978: 115)에서 모든 언어에 '[ɑ], [i], [u]' 세 가지 모음이 있다고 하였다. Maddieson(1984: 125)에서도 대부분 언어에서는 '[ɑ], [i], [u]' 세 가지 모음이 있다고 하였다. 또한 허용, 김선정(2006: 88)에서는 '[ɑ], [i], [u]' 세 가지 모음이 거의 모든 언어에 존재하는 이유를 모음 발음상의 특이성 때문이라고 밝히고 그 특수성은 다른 모음과 뚜렷이 구별이 되는 소리라고 하였다. 따라서 'ㅏ[ɑ], ㅣ[i], ㅜ[u]'는 가장 흔한 모음이라서 제일 무표적이라는 결론을 얻을 수 있고 'ㅏ[ɑ], ㅣ[i], ㅜ[u]'는 습득하기 제일 쉽다고 예측할 수 있다.

ㅏ[ɑ], ㅣ[i], ㅜ[u]<ㅗ[o], ㅐ[ɛ], ㅔ[e]<ㅟ[y]<ㅡ[ɯ], ㅚ[ø], ㅓ[ʌ].

음운 함축관계를 보면, 만약 한 언어에 중모음이 있으면 반드시 고모음
이 있고, 한 언어에 고모음이 있으면 반드시 저모음이 있다. 이 함축관계를
통해 저모음은 고모음보다 무표적이고, 고모음은 중모음보다 무표적이라는
관계를 얻을 수 있다. 즉, 유표성: 저모음<고모음<중모음 순과 같다. 그
러므로 저모음은 제일 쉽게 습득할 수 있고, 고모음은 중모음보다 더 쉽게
습득할 수 있다. 즉, 'ㅏ[ɯ], ㅣ[i], ㅜ[u]'에서 저모음 'ㅏ[ɑ]'는 고모음 'ㅣ[i],
ㅜ[u]'보다 쉽게 배우고, 'ㅗ[o], ㅐ[ɛ], ㅔ[e]' 중에 저모음 'ㅐ[ɛ]'는 중모음 'ㅗ
[o], ㅔ[e]'보다 습득 난이도가 낮다. 같은 원리로, 'ㅡ[ɯ], ㅚ[ø], ㅓ[ʌ]' 중에
서 고모음 'ㅡ[ɯ]'는 중모음 'ㅚ[ø], ㅓ[ʌ]'보다 쉽게 습득한다.

ㅏ[ɑ]<ㅣ[i], ㅜ[u]<ㅐ[ɛ]<ㅗ[o], ㅔ[e]<ㅟ[y]<ㅡ[ɯ]<ㅚ[ø], ㅓ[ʌ].

한국어 이중모음의 습득 순서를 예측하면, 우선 한국어 이중모음체계와
몽골어 이중모음체계의 공통성은 'ㅞ[wel]'이고 한국어 이중모음체계의 특수
성은 'ㅑ, ㅕ, ㅛ, ㅠ, ㅖ, ㅒ, ㅘ, ㅙ, ㅝ, ㅢ'이다. 그러므로 'ㅞ[wel]'는 습득
하기 어렵지 않다. 따라서 이중모음 습득 순서는 다음과 같이 예측할 수
있다.

ㅞ[wel]<ㅑ, ㅕ, ㅛ, ㅠ, ㅖ, ㅒ, ㅘ, ㅙ, ㅝ, ㅢ.

한국어 이중모음 'ㅑ, ㅒ, ㅖ, ㅛ, ㅠ'는 몽골어에서 자음 기호 'j'와 단모

음 'ㅏ', [ɛ], [e], [o], [u]'의 조합으로 이루어진 발음이다. 또한 한국어 이중모음 'ㅘ, ㅙ'는 몽골어에서 자음 기호 'ㅣw]'와 단모음 'ㅏ], [ɛ]'의 조합으로 이루어진 발음이다. 그러므로 한국어 이중모음 'ㅑ, ㅒ, ㅖ, ㅛ, ㅠ, ㅘ, ㅙ'는 몽골어에서는 무표적으로 볼 수 있다. 따라서 'ㅑ, ㅒ, ㅖ, ㅛ, ㅠ, ㅘ, ㅙ'를 'ㅞ[we]'와 같은 등급으로 둔다.

ㅞ[we], ㅑ, ㅛ, ㅠ, ㅖ, ㅒ, ㅘ, ㅙ < ㅕ, ㅝ, ㅢ.

2) 한 · 몽 자음체계 대조

이 부분에서 한국어와 몽골어 자음체계를 연구대상으로 하여 보편성의 관점에서 WALS(1A)에서 제시된 자음 목록의 크기를 기준으로 하여 한국어와 몽골어의 자음 목록 크기에 대하여 논의하고 陸丙甫, 金立鑫(2015: 30-31)에서 제시된 자음체계에 관한 언어유형론적 음운 함축이론에 근거하여 두 언어 자음체계의 공통성과 특수성을 제시한 다음 "빈도성"을 이용하여 한몽 자음체계의 유표성을 제시하겠다. 이 기초 위에서 "유표성 차이 가설", "구조 일치성 가설"을 통하여 한몽 자음 습득 순서를 제시하고자 한다.

(1) 한 · 몽 자음체계의 공통성과 특수성

한국어 자음은 'ㅂ[p], ㅍ[pʰ], ㅃ[p'], ㄷ[t], ㅌ[tʰ], ㄸ[t'], ㄱ[k], ㅋ[kʰ], ㄲ[k'], ㅈ[ʧ], ㅊ[ʧʰ], ㅉ[ʧ'], ㅅ[s], ㅆ[s'], ㅎ[h], ㅁ[m], ㄴ[n], ㅇ[ŋ], ㄹ[l/ɾ]' 등 19개가 있다.

몽골어 자음은 27개가 있다. 기본자음과 외래어(借词) 자음으로 나눈다. 기본자음은 '[p], [pʰ], [w], [m], [s], [t], [tʰ], [n], [l], [r][17], [ʧ], [ʧʰ], [ʃ], [j], [kʰ], [x], [ŋ]' 등 17개가 있고 외래어 자음은 '[f], [k], [x], [l], [ts], [tsʰ], [tʂ], [tɕʰ], [ʂ], [ʐ]' 등 10개가 있다.

WALS(1A)에서 564개의 언어를 통계한 결과 자음의 수는 6개에서부터 141개까지 나타났다. 허용(2010(3): 311)에 의하면, 자음 목록의 크기는 보편성의 관점에서 볼 때 그 자체로도 의미가 있지만, 그 크기의 크고 작음에 따라 구성, 즉 자음 체계의 특징도 달라진다는 점에서 음운 체계 연구의 주된 관심의 대상이 된다. 예를 들면, 만약 자음 수가 평균 자음수보다 많으면 다른 언어에서 모음으로 나타나는 음운은 자음체계에서 나타나는 가능성이 많다. 그러므로 본 장에서 한국어와 몽골어 자음체계를 UPSID와 WALS(1A)에서 제시된 자음 목록의 크기를 기준으로 하여 한국어와 몽골어의 자음 목록 크기에 대하여 논의하고자 한다.

WALS(1A)는 자음 크기를 22±3개을 기준으로 하여 이에 해당하는 자음 목록을 중형(Average)으로 하고, 나머지를 소형(small: 6-14), 중소형(Moderately small: 15-18), 중대형(Moderately large: 26-33), 대형(Large: 34 or more consonants) 등 다섯 가지 자음 목록 크기 유형으로 분류하고 있다. 564개의 언어를 분류한 결과는 〈표 3〉과 같다.

〈표 3〉 자음 목록 크기 분류

구분	자음 수	언어 수	%
소형	6-14	89	15,8
중소형	15-18	122	21,7
중형	19-25	201	35,7
중대형	26-33	94	16,7
대형	34개나 그 이상	57	10,1
계		563	100

---

17 몽골어 'ㅣ'는 나타나는 환경에 따라 'ㅣ', 'ㅐ' 두 가지 음으로 실현되고 'ㄹ'는 나타나는 환경에 따라 'ㄹ', 'ㄴ', 'ㄹ' 세 가지 음으로 실현된다. 구체적인 내용은 1.1한·몽 유음 대조를 참조.

자음 목록 크기 분류에 의하면, 89개 언어의 자음 체계는 소형에 속하여 전체 조사한 언어 수의 15.8%를 차지하였다. 122개 언어의 자음 체계는 중소형에 속하여 전체 조사한 언어 수의 21.7%를 차지하였다. 201개 언어의 자음 체계는 중형에 속하여 전체 조사한 언어 수의 35.7%를 차지하였다. 94개 언어의 자음 체계는 중대형에 속하여 전체 조사한 언어 수의 16.7%를 차지하였다. 57개 언어의 자음 체계는 대형에 속하여 전체 조사한 언어 수의 10.1%를 차지하였다. 평균 자음 수와 멀어질수록 유표적인 자음체계가 된다.

자음 목록 크기 분류 기준으로 한국어와 몽골어 자음체계를 살펴보면, 19개의 자음을 가진 한국어는 중형 자음 목록 크기에 속하여 27개의 자음을 가진 몽골어는 중대형 자음 목록 크기에 속한다. 몽골어 자음 수는 평균 자음 수와 멀기 때문에 한국어 자음체계보다 유표적이다.

WALS(3A)에세 자음 대 모음의 비율의 평균값은 2.75배에서부터 4.75배까지로 정의하여 자연언어에서 대부분 언어들은 자음이 모음보다 3~4배 정도 많다고 제기하였다. WALS(3A)에서 자음 대 모음의 비율을 저(Low; 2.0배 미만), 중저(Moderately low; 2.0배 이상~2.75배 미만), 중(Average; 2.75배 이상~4.75배 미만), 중고(Moderately high; 4.75배 이상~6.5배 미만), 고(High; 2.75배 이상~4.75배 미만) 등 다섯 가지 유형으로 분류하고 있다. 이에 따르면 10개의 모음과 19개의 자음을 가진 한국어와 12개의 모음과 27개의 자음을 가진 몽골어의 자음 대 모음의 비율은 각각 '1.9'와 '2.25'이므로 두 언어는 모두 '다소 낮음'에 속하여 자음에 비해 모음이 많은 언어가 된다.

다음은 구체적으로 한국어와 몽골어 자음체계를 대조하여 한국어와 몽골어 자음체계의 유표성 정도를 확정하여 습득 순서를 제기하고자 한다.

한국어 자음은 조음위치에 따라 양순음, 치조음, 경구개음, 연구개음, 후음 다섯 가지로 분류된다. 조음방법에 따라 파열음, 마찰음, 파찰음, 비음, 유음 다섯 가지로 분류된다.

발성 방법에 따라 무성음과 유성음으로 분류되는데 파열음, 파찰음, 마찰음은 무성음에 속하고 비음과 유음은 유성음에 속한다. 기의 세기에 따라 파열음, 파찰음, 마찰음은 평음(平音), 경음(緊音), 격음(送气音) 등 세 가지로 나뉜다. 정리하면 〈표 4〉와 같다.

<표 4〉 한국어 자음체계 분류[18]

조음 방법 \ 조음 부위		양순음	치조음	경구개음	연구개음	후음
파열음	평음	ㅂ [p]	ㄷ[t]		ㄱ[k]	
	경음	ㅃ [pʼ]	ㄸ[tʼ]		ㄲ[kʼ]	
	격음	ㅍ [pʰ]	ㅌ[tʰ]		ㅋ[kʰ]	
파찰음	평음			ㅈ[ʧ]		
	경음			ㅉ[ʧʼ]		
	격음			ㅊ[ʧʰ]		
마찰음	평음		ㅅ[s]			
	경음		ㅆ[sʼ]			
	격음					ㅎ[h]
비음		ㅁ[m]	ㄴ[n]		ㅇ[ŋ]	
유음			ㄹ[l/ɾ]			

몽골어 자음은 조음위치에 따라 양순음, 순치음, 설첨음, 권설음, 설첨후음, 설면음, 설근음 등 일곱 가지로 분류된다. 조음방법에 따라 파열음, 마찰음, 파찰음, 비음, 변음, 전동음 등 여섯 가지로 분류된다. 또한 발성 방법에 따라 유성음과 무성음으로 분류되는데 파열음과 파찰음은 무성음에 속하고 비음, 변음, 전동음은 유성음에 속하고 마찰음은 다시 유성마찰음과

---

18 〈표 4〉는 허용(2005: 112)에서 재인용하였다.

무성마찰음으로 분류된다. 파열음과 파찰음은 기의 세기에 따라 유기음과 무기음으로 분류된다. 정리하면 〈표 5〉와 같다.

〈표 5〉 몽골어 자음체계 분류[19]

조음 방법＼조음 위치		양순음	순치음	설첨음	권설음	설첨후음	설면음	설근음
파열음	무기음	[p]		[t]				[k]
	유기음	[pʰ]		[tʰ]				[kʰ]
파찰음	무기음			[ts]	[tʂ]	[tʃ]		
	유기음			[tsʰ]	[tʂʰ]	[tʃʰ]		
마찰음	무성음		[f]	[s]	[ʂ]	[ʃ]		[x]
	유성음				[ʐ]			
비음		[m]		[n]				[ŋ]
변음				[l]				
전동음				[r]				
반모음		[w]					[j]	

한국어와 몽골어 자음체계의 공통성과 특수성을 살펴보면, 일단, 자음 'ㅂ[p], ㅍ[pʰ], ㄷ[t], ㅌ[tʰ], ㄱ[k], ㅋ[kʰ], ㅈ[tʃ], ㅊ[tʃʰ], ㅅ[s], ㅁ[m], ㄴ[n], ㅇ[ŋ], ㄹ[l/r]'는 한국어와 몽골어 자음체계에서 모두 존재하므로 한국어 자음체계와 몽골어 자음체계의 공통성이라고 볼 수 있다. 한국어 자음 'ㅃ[p'], ㄸ[t'], ㄲ[k'], ㅉ[tʃ'], ㅆ[s'], ㅎ[h]'는 몽골어 자음체계에 없으므로 한국어 자음체계의 특수성이라고 볼 수 있다. 몽골어 자음 '[w], [j][20], [f], [ts], [tsʰ], [ʃ], [x], [tʂ], [tʂʰ], [ʂ], [ʐ], [ɬ], [ɭ], [r]'는 한국어 자음체계에 없으므로 몽골어 자음체계의 특수성이라고 볼 수 있다.

---

19 〈표 5〉는 淸格爾泰, 精确扎布(1959: 71)에서 재인용하였다.
20 몽골어 자음 '[w], [j]'는 한국어에서 이중모음체계에 속하므로 여기에서는 활음[w], [j]의 습득 순서를 토론하지 않겠다.

한국어와 몽골어 자음체계를 보면, 陸丙甫, 金立鑫(2015: 30-31)에서 제시된 음운 함축관계를 어기지 않았다.

(1) 유기음의 존재는 무기음의 존재를 함축한다. 즉, 한 언어에서 무기음이 있으면 반드시 유기음이 존재한다.

한국어에서 유기음 'ㅍ[pʰ], ㅌ[tʰ], ㅋ[kʰ], ㅊ[ʧʰ]'가 존재하고 이와 대응되는 무기음 'ㅂ[p], ㄷ[t], ㄱ[k], ㅈ[ʧ]'도 존재한다. 몽골어에서도 유기음 '[pʰ], [tʰ], [kʰ], [tsʰ], [tʂʰ], [tʃʰ]'가 존재하고 이와 대응되는 무기음이 '[p], [t], [k], [ts], [tʂ], [tʃ]'가 존재한다. 즉, 유기음의 대응한 무기음은 모두 존재하지만 그 역은 성립되지 않는다.

(2) 한 언어에서 유성 마찰음이 존재하면, 이와 대응되는 무성 마찰음은 반드시 존재한다.

한국어에서는 유성 마찰음은 존재하지 않다. 몽골어에서는 유성 마찰음 '[ʐ]'가 존재하고 이와 대응되는 유성 마찰음 '[ʂ]'도 존재한다.

이러한 언어 현상들은 陸丙甫, 金立鑫(2015: 30-31)에서 제시된 음운 함축관계의 가설을 입증해 준다.

한국어와 몽골어 분류 기준을 대조하면, 두 언어는 모두 크게 조음위치와 조음방법으로 나누었다.

조음방법에 대한 분류를 보면, 먼저 한국어와 몽골어 자음체계에서 모두 파열음, 파찰음, 마찰음, 비음은 존재하는데, 한국어에서의 유음은 몽골어 자음체계에서 더 세분하게 분류되어 변음과 전동음으로 나누었다. 본 논문에서는 한국어 자음체계에 따라 변음과 전동음을 합쳐 유음으로 하고자 한다.

조음위치에 대한 분류를 보면, 자음은 능동부와 수동부 사이의 기류 변형으로 생성되는데 한국어에서는 수동부의 명칭을 따라 양순음, 치조음, 경구개음, 연구개음, 후음으로 분류되었고 몽골어에서는 능동부의 명칭을 따라 양순음, 순치음, 설첨음, 권설음, 설첨후음, 설면음, 설근음으로 분류되었다.

발성 방법에 대한 분류를 보면, 한국어와 몽골어 파열음, 파찰음은 무성음에 속하고 비음, 유음은 유성음에 속한다. 그러나 한국어 마찰음은 무성음에 속하는데 몽골어 마찰음은 유성마찰음과 무성마찰음으로 다시 분류된다. 이기문(1961: 83)에 의하면, 고대 한국어에서도 유성마찰음이 존재하였다고 한다.

기(氣)의 세기에 대한 분류를 보면, 한국어는 파열음, 파찰음, 마찰음은 평음, 경음, 격음으로 나누는데 몽골어는 유기음과 무기음으로 분류되었다.

본 논문에서 한국어와 몽골어 자음체계의 비슷한 부분을 제외하고 구체적으로 한몽 유음 대조, 유무성음 대조, 한국어 '/ㅎ/'와 몽골어 '/h/'대조, 한국어 경음, 몽골어 순치음, 권설음, 설첨음으로 나눠서 소개하고자 한다.

가. 한·몽 유음 대조

한국어의 유음은 '/ㄹ/'하나로 표기되는데, 이것은 한국어의 유음 음소가 하나밖에 없음을 나타낸다. 한국어 유음은 환경에 따라 '[ɾ]'계 경타음과 '[ll]'계 설측음으로 나눌 수 있다. 이 두 소리는 많은 언어에서 변별적이지만 한국어에서는 비변별적이다.

이진호(2005)에 의하면, '/ㄹ/'은 음절 말, 'ㄹ'뒤에 나타날 때, '[ll]'계 설측음으로 발음되고 'ㄹ'뒤를 제외한 음절 초에 나타날 때, '[ɾ]'계 경타음으로 발음된다. 예를 들면,

[ɾ]계 경타음:

음절 말, 'ㄹ'뒤: 날, 물론.

[l]계 설측음:

'ㄹ'뒤를 제외한 음절 초: 라면, 노루.

　몽골어의 유음은 변음 '/l/'와 전동음 '/r/' 두 가지 기호로 표기되는데, 이 것은 몽골어의 유음 음소가 두 개가 있음을 나타낸다. 이 두 개의 음소도 환경에 따라 조금 달리 실현된다.

　몽골어 유음 '/l/'는 환경에 따라 '[l]' 와 '[ɬ]'로 발음된다. 음절 초나 음절 말([n, m, l, j] 등 유성음 앞)에 나타날 때, '[l]'로 발음되고 음절 말([s, ʃ, x, tʰ, tʃʰ]등 자음 앞)에 나타날 때, '[ɬ]'로 발음된다. 예를 들면,

　　[l]: [nilə: t], [pəjləx].

　　[ɬ]: [xəɬx], [xuɬs].

　몽골어 유음 '/r/'는 환경에 따라 '[ɾ], [ɹ], [r]' 등 세 가지 소리로 발음된다. 음절 초나 음절 말([s, ʃ, x, tʰ, tʃʰ]등 자음을 제외한 자음 앞)에 나타날 때, '[ɾ]'로 발음되고 음절 말([s, ʃ, x, tʰ, tʃʰ]등 자음 앞)에 나타날 때, '[ɹ]'로 발음되고 음절 말([l] 자음 앞)에 나타날 때, '[r]'로 발음된다. 예를 들면,

　　[ɾ]: [aɾa: tʰən], [pʊ̈: ɾɛ: n].

　　[ɹ]: [əɹxtʰe:], [aɹs].

　　[r]: [ʊ̈rlta: n], [karlt].

　한국어와 몽골어 유음을 대조하면, 한국어 음소는 'ㄹ' 하나로 표기하는 데 몽골어에서는 '/r/'과 '/l/' 두 개로 표기된다. 이기문(1961: 29)에서 알타

이제어는 '/r/'과 '/l/'의 구별을 가지고 있다고 제기하여 고대 한국어에서도 'ㄹ'은 별도로 존재하였다고 추측하였다.

음운 환경에 따라서 한국어와 몽골어 유음을 대조하면, 한국어 유음은 음운 환경에 따라 '[ɾ]'와 '[l]'음으로 실현되는데 몽골어 유음은 음운 환경에 따라 '[l]', [ɬ], [ɾ], [ɹ], [r]' 다섯 가지 음으로 실현된다. 두 언어의 공통으로 나타나는 소리는 '[ɾ]'와 '[l]'이고 나타나는 환경이 서로 다르다. '[ɾ]'음의 나타나는 환경을 보면, 한국어의 '[ɾ]'음은 기본적으로 음절 말, 'ㄹ' 뒤에서 나타나며 몽골어의 '[ɾ]'음은 음절 초나 음절 말([s, ʃ, x, tʰ, tʃʰ], [l] 등 자음을 제외한 자음 앞)에 나타난다. '[l]'음의 나타나는 환경을 보면, 한국어의 '[l]'음은 'ㄹ'뒤를 제외한 음절 초에 나타나며 몽골어의 '[l]'음은 음절 초나 음절 말([n, m, l, j] 등 유성음 앞)에 나타난다.

한국어와 몽골어 유음을 대조한 결과, 한국어 유음은 '[ɾ], [l]' 두 가지 음으로 실현되는데 몽골어 유음은 '[l], [ɬ], [ɾ], [ɹ], [r]' 다섯 가지 음으로 실현된다. 몽골어 유음의 유형은 한국어보다 많기 때문에 유표적이다. 그러므로 한국어를 배우는 몽골족 학생들은 한국어 유음 '[ɾ], [l]'을 쉽게 배울 수 있는 반면, 몽골어를 배우는 한국인 학습자들은 몽골어 유음 중에서 '[ɾ], [l]' 두 가지 음만 발음할 수 있고 '[ɬ], [ɹ], [r]'음은 한국인 학습자들에게는 배우기 어렵다고 예측할 수 있다.

나. 한·몽 유무성음 대조

발성 방법에 대한 분류를 보면, 한국어에서 파열음, 파찰음, 마찰음은 무성음에 속하고 비음과 유음은 무성음에 속한다. 몽골어에서 파열음, 파찰음은 무성음에 속하고 비음과 유음은 유성음에 속하고 또한 마찰음은 유성 마찰음과 무성 마찰음으로 다시 분류된다. 그러므로 한국어와 몽골어 유무성음에 대한 공통점은 파열음과 파찰음은 무성음에 속하고 비음과 유음은 유성음에 속한다. 다른 점은 한국어의 마찰음은 무성음에 속하지만 몽골어의 마찰음은 유성마찰음과 무성마찰음으로 분류되어 있다. 이기문(1961: 83-85)에 의하면, 중세 한국어에도 유성마찰음이 존재하였는데 이들은 고대 한국어 '[b], [s]'가 모음 간 위치에서 'ㅸ[β], ㅿ[z]'의 변화를 입었다고 하였다. 또한 '[β]'는 세조 때의 문헌에는 극히 산발적이므로 1450년대까지 존속하여 일반적으로 '[w]'로 변화가 일어났다고 하였다. '[z]'는 16세기 전반까지 존속했다고 추측하였다.

한국어에서 유무성음에 대한 또 다른 하나의 특징은 바로 파열음 'ㅂ, ㄷ, ㄱ'과 파찰음 'ㅈ'은 음절 초에서 무성 '[p], [t], [k], [ʧ]'로 발음되고 유성음 사이에서 유성음 '[b], [d], [g], [dʒ]'로 발음한다. 예를 들면,

바지, 다리, 구름, 자랑.
아버지, 면도, 감기, 감자.

몽골어에서 파열음과 파찰음은 음절 초나 유성음 사이에서 모두 무성음으로 발음한다. 예를 들면,

[opol], [taps], [ərt]

그러므로 한국어 파열음과 파찰음은 몽골어 파열음과 파찰음보다 유표적이고 몽골인 학습자들은 더 어렵게 습득한다고 예측된다.

이기문(1961: 28)에 의하면, 알타이조어에서 파열음(파찰음)은 유성음과 무성음으로 구분되어 있고 현대 한국어의 평음은 알타이조어의 무성음과 유성음에 아울러 대응된다고 하였다. 또한 고대 한국어에서 무성음과 유성음이 분류되어 있었고 이들이 합류가 일어났다고 추측하였다. 몽골어는 알

타이어족에 속하는 언어지만 현대 몽골어에서 파열음과 파찰음은 한국어처럼 유성음과 무성음으로 구분하지 않는다. 고대 몽골어에서도 파열음과 파찰음은 유성음과 무성음의 대응관계가 존재하고 합류가 일어나지 않았을까라는 예측이다.

다. 한국어 'ㅎ/h/'와 몽골어 '/x/'대조

한국어 'ㅎ/h/'는 후행하는 모음에 따라 여러 변이음으로 실현된다. 이진호(2005: 32)에 의하면, '우, 위' 앞에서는 양순 마찰음 '[ɸ]'으로 발음되고 '이, y-계 이중모음' 앞에서는 경구개 마찰음 '[ç]'로 발음되고 '으' 앞에서는 연구개 마찰음 '[x]'로 발음되고 그 외의 모음 앞에서는 후두 마찰음 '[h]'로 발음된다. 예를 들면,

'우, 위' 앞: 휘다, 후진.
'이, y-계 이중모음' 앞: 힘, 효도.
'으' 앞: 흙, 흐르다.
그 외의 모음 앞: 하늘, 호랑이.

몽골어 '/x/'는 환경에 따라 음가가 변하지 않는다. 한국어의 'ㅎ/h/'와 몽골어 '/x/'를 대조하면, 한국어 'ㅎ/h/'는 환경에 따라 '[ɸ], [ç], [x], [h]' 네 가지 음으로 실현되는데 몽골어는 '/x/' 하나로 실현된다. 한국어 'ㅎ/h/'의 변이음 중의 모음 '_' 앞에서 발음되는 연구개 마찰음 '[x]'는 몽골어의 '[x]'와 비슷하고 다른 변이음 양순 마찰음 '[ɸ]', 경구개 마찰음 '[ç]', 후두 마찰음 '[h]'는 몽골어에서 존재하지 않는다. 그러므로 한국어의 'ㅎ/h/'는 몽골어 '/x/'보다 더 유표적이며 몽골인 학습자에게 한국어의 'ㅎ/h/'는 더 어려운 음이다.

라. 한국어 경음

한국어 자음체계 특징 중의 하나는 바로 경음이다. Maddieson(1984)에
의하면, 317개 언어 중의 3개 언어에서만 경음을 가지고 있다고 하였다.
또한 몽골어 자음체계에도 없으므로 유표적이며 몽골인 학습자에게 무척
어려운 음으로 짐작할 수 있다.

고대 한국어 음운체계에 경음이 존재하지 않았을 것이라는 점에 대해서
는 대부분의 학자들이 의견 일치를 보인다. 이기문(1961: 109)에 의하면,
경음은 전기 중세 한국어부터 등장하여 본래 단어 또는 형태소의 연결에서
나타나며 어두로 확산되면서 음소지위를 가지게 되었다고 추측하였다. 즉,
고대 한국어 속격의 'ㅼ'(ㅅ)이나 동명사 어미의 'ㄹ'(ㄹ)뒤에 오는 단어의
두음 'ㅂ, ㄷ, ㅅ, ㅈ, ㄱ' 등이 경음으로 발음되었다고 하였다.

마. 몽골어 순치음, 권설음, 설첨음

몽골어 자음체계 특징 중에서 순치음 'f', 권설음 'ʈʂ, ʈʂʰ, ʂ, ʐ'과
설첨음 'ts, tsʰ'는 한국어 자음체계에 존재하지 않는다. 그러므로 한국인 학
습자에게 어려운 음이다. 순치음, 권설음, 설첨음은 고대몽골어에서도 존재
하지 않았다. 중국어의 영향을 받아 나타나며 주로 외래어를 표기할 때 쓰
며 사용 빈도로 보면 높지 않다. 예를 들면,

(아시아)[a: dzɪ:], (아프리카)[afrik], (자)[tsʅ:].

(3) 한국어 자음체계 습득 순서 예측

한국어와 몽골어 자음체계의 공통성은 'ㅂ[p], ㅍ[pʰ], ㄷ[t], ㅌ[tʰ], ㄱ[k],
ㅋ[kʰ], ㅈ[ʧ], ㅊ[ʧʰ], ㅅ[s], ㅁ[m], ㄴ[n], ㅇ[ŋ], ㄹ[l/ɾ]'이다. 또한 한국어 자
음체계의 특수성은 'ㅃ[p'], ㄸ[t'], ㄲ[k'], ㅉ[ʧ'], ㅆ[s'], ㅎ[h]'이다. 그러므로

한국어 자음 'ㅂ[p], ㅍ[pʰ], ㄷ[t], ㅌ[tʰ], ㄱ[k], ㅋ[kʰ], ㅈ[ʧ], ㅊ[ʧʰ], ㅅ[s], ㅁ[m], ㄴ[n], ㅇ[ŋ]'는 'ㅃ[p'], ㄸ[t'], ㄲ[k'], ㅉ[ʧ'], ㅆ[s'], ㅎ[h]'에 비해 무표적이다. 따라서 쉽게 습득한다고 예측할 수 있다.

ㅂ[p], ㅍ[pʰ], ㄷ[t], ㅌ[tʰ], ㄱ[k], ㅋ[kʰ], ㅈ[ʧ], ㅊ[ʧʰ], ㅅ[s], ㅁ[m], ㄴ[n], ㄹ[l/ɾ], ㅇ[ŋ]<ㅃ[p'], ㄸ[t'], ㄲ[k'], ㅉ[ʧ'], ㅆ[s'], ㅎ[h].

("<"은 난이도가 작음을 표시함.)

陸丙甫, 金立鑫(2015: 30), Maddieson(1984: 12)에 따르면, 자연언어에서 가장 높은 빈도를 차지하는 자음은 [p, b, t, d, k, g, ʔ, ʧ, m, n, ŋ, f, s, ʃ, l, r, w, j, h]이다. 자음 빈도를 통하여 표기성을 보면, 자연언어에서 [p, b, t, d, k, g, ʔ, ʧ, m, n, ŋ, f, s, ʃ, l, r, w, j, h]는 무표적이다. 또한 陸丙甫, 金立鑫(2015: 30-31)에 의하면, 유기음의 존재는 무기음의 존재를 함축한다. 즉, 한 언어에서 무기음이 있으면 반드시 유기음이 존재한다. 그러므로 자연언어에서 무기음의 빈도는 유기음의 빈도보다 높고 무표적이다.

따라서 한국어와 몽골어 자음체계의 공통성 'ㅂ[p], ㅍ[pʰ], ㄷ[t], ㅌ[tʰ], ㄱ[k], ㅋ[kʰ], ㅈ[ʧ], ㅊ[ʧʰ], ㅅ[s], ㅁ[m], ㄴ[n], ㄹ[l/ɾ], ㅇ[ŋ]'에서 'ㅂ[p], ㄷ[t], ㄱ[k], ㅈ[ʧ], ㅅ[s], ㅁ[m], ㄴ[n], ㅇ[ŋ]'은 'ㅍ[pʰ], ㅌ[tʰ], ㅋ[kʰ], ㅊ[ʧʰ]'보다 무표적이고 쉽게 습득한다. 유음 'ㄹ[l/ɾ]' 중에 'ɾ'음은 자연언어에서 높은 빈도를 차지하지 않으므로 'ㄹ[l/ɾ]'를 유기음과 같은 등급으로 두었다. 또한 평음 'ㅂ[p], ㄷ[t], ㄱ[k], ㅈ[ʧ]'는 자연언어에서 높은 빈도를 차지하고 있지만 환경에 따라 무성음과 유성음으로 실현하고 몽골어에서 유성음 'b[b], d[d], g[g], dʒ[dʒ]'도 존재하지 않으므로 'ㅅ[s], ㅁ[m], ㄴ[n], ㅇ[ŋ]'보다 유표적이고 습득하기 어렵다.

한국어와 몽골어 자음체계의 특수성 'ㅃ[p'], ㄸ[t'], ㄲ[k'], ㅉ[ʧ'], ㅆ[s'], ㅎ

[h]'에서 'ㅎ[h]'는 'ㅃ[p'], ㄸ[t'], ㄲ[k'], ㅉ[ʧ'], ㅆ[s']'보다 무표적이고 습득하기 쉽다.

따라서 다음과 같은 습득 순서를 예측할 수 있다.

ㅅ[s], ㅁ[m], ㄴ[n], ㅇ[ŋ]<ㅂ[p], ㄷ[t], ㄱ[k], ㅈ[ʧ]<ㅍ[pʰ], ㅌ[tʰ], ㅋ[kʰ], ㅊ[ʧʰ], ㄹ[l/ɾ]<ㅎ[h]<ㅃ[p'], ㄸ[t'], ㄲ[k'], ㅉ[ʧ'], ㅆ[s'].

Maddieson(1984)에서 317개 언어를 통계하여 자연언어에서 존재한 파열음, 마찰음, 비음, 유음의 언어 수를 제기하였는데 정리하면 〈표 6〉과 같다.

〈표 6〉 자음 언어수 통계

조음방법	파열음	마찰음	비음	유음
언어 수	317	296	307	304
비율	100%	93.4%	96.8%	95.9%

Maddieson(1984)에 의하면, 파열음은 317개 언어에서 모두 존재하고 100%를 차지한다. 마찰음은 296개 언어에서 존재하고 93.4%를 차지한다. 비음은 307개 언어에서 존재하고 96.8%를 차지한다. 유음은 304개 언어에서 존재하고 95.9%를 차지한다. 파열음, 마찰음, 비음, 유음의 빈도를 통해 유표성을 보면 다음과 같다.

유표성: 파열음<비음<유음<마찰음.

Jakobson(1958)에 의하면, 만약 한 언어에서 파열음과 파찰음의 대립이 있으면, 마찰음도 무조건 있다(钱军, 王力2012: 77). 그러므로 파찰음의 존재는 마찰음의 존재를 함축한다. 즉, 파찰음은 마찰음보다 유표적이다. 그러므로 파열음, 마찰음, 비음, 유음, 파찰음의 유표성은 다음과 같다.

유표성: 파열음<비음<유음<마찰음<파찰음.

따라서 'ㅅ[s], ㅁ[m], ㄴ[n], ㅇ[ŋ]'에서 비음 'ㅁ[m], ㄴ[n], ㅇ[ŋ]'은 마찰음 'ㅅ[s]'보다 무표적이고 쉽게 습득한다.

'ㅂ[p], ㄷ[t], ㄱ[k], ㅈ[ʧ]'에서 파열음 'ㅂ[p], ㄷ[t], ㄱ[k]'은 파찰음 'ㅈ[ʧ]'보다 무표적이고 쉽게 습득한다. 'ㅍ[pʰ], ㅌ[tʰ], ㅋ[kʰ], ㅊ[ʧʰ], ㄹ[l/ɾ]'에서 파열음 'ㅍ[pʰ], ㅌ[tʰ], ㅋ[kʰ]'는 유음 'ㄹ[l/ɾ]'보다 무표적이고 쉽게 습득한다. 유음은 파찰음 'ㅊ[ʧʰ]'보다 무표적이고 쉽게 습득한다.

'ㅃ[p'], ㄸ[t'], ㄲ[k'], ㅉ[ʧ'], ㅆ[s']'에서 파열음 'ㅃ[p'], ㄸ[t'], ㄲ[k']'은 마찰음 'ㅆ[s']'보다 무표적이고 쉽게 습득한다. 마찰음은 파찰음 'ㅉ[ʧ']'보다 무표적이고 쉽게 습득한다. 따라서 아래와 같은 습득 순서를 예측할 수 있다.

ㅂ[p], ㄷ[t], ㄱ[k]<ㅁ[m], ㄴ[n], ㅇ[ŋ]<ㄹ[l]<ㅅ[s]<ㅈ[ʧ]<ㅍ[pʰ], ㅌ[tʰ], ㅋ[kʰ]<ㄹ[ɾ]<ㅃ[p'], ㄸ[t'], ㄲ[k']<ㅆ[s']<ㅉ[ʧ'].

3) 한·몽 음절구조 대조

음절이란 자음과 모음이 결합하여 한 번에 낼 수 있는 소리의 마디를 일컫는다. 음절을 이루는 방식은 언어에 따라 조금 차이가 있지만 보통 '초성, 중성, 종성'으로 이루어져 있다. 이를 음운론에서는 '두음(onset) - 음절 핵 (nucleus) - 말음(coda)'이라 부른다. 음절을 도식화하면 [그림 2]와 같다.

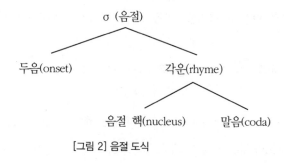

[그림 2] 음절 도식

위의 음절구조에서 두음은 모음 앞에서 발음되는 자음이며, 음절 핵은 모음이고, 말음은 모음 뒤에서 발음되는 자음이다. 두음과 말음은 없을 수 있으나 음절 핵은 없어서는 안 되는 요소이다.

김선정(2010)에 의하면, 한국어의 발음을 정확하게 내기 위해서는 한국어에 있는 분절음의 특징을 이해하는 일말고도 한국어의 음절구조를 이해하고 이에 익숙해져야 한다. 그렇지 않으면, 외국인으로서 갖는 강한 악센트가 섞인 어색한 발화를 하게 된다. 예를 들면, 영어를 모국어로 사용한 학습자들은 '닭', '밟'을 [tak],[pab]으로 발음하지 않고, [talk],[palb]으로 발음하는 경우가 많다. 이것은 영어에서 /lk/,/lb/ 등 자음 군이 단순화의 영향을 입지 않고 그대로 발음하기 때문이다. 이러한 음절구조의 차이로 인한 발음상의 오류들을 인식하고 학습자들에게 올바르게 음절구조의 차이점을 지도해야 음절구조의 차이 때문에 나타난 오류들을 피할 수 있다.

이 부분에서는 언어 유형론의 시각에서 한국어와 몽골어 음절구조를 대조 분석하여 공통성과 특수성을 제시한 다음 WALS(12A)에서 제시한 음절구조의 보편성을 통해 한몽 음절구조 유형을 살펴보고 두 언어 음절구조의 유표성 정도를 제시하여 "유표성 차이 가설", "구조 일치성 가설"에 근거하여 한국어와 몽골어 음절을 습득한 과정에서 나타나는 오류를 예측하고자 한다.

(1) 한·몽 음절구조의 공통성과 특수성

한국어의 분절음 음소 목록은 'ㅂ[p], ㅍ[pʰ], ㅃ[p'], ㄷ[t], ㅌ[tʰ], ㄸ[t'], ㄱ [k], ㅋ[kʰ], ㄲ[k'], ㅈ[ʧ], ㅊ[ʧʰ], ㅉ[ʧ'], ㅅ[s], ㅆ[s'], ㅎ[h], ㅁ[m], ㄴ[n], ㅇ[ŋ], ㄹ[l/ɾ]' 등 19개의 자음과 'ㅏ[ɑ], ㅓ[ʌ], ㅣ[i], ㅗ[o], ㅜ[u], ㅐ[ɛ], ㅔ[e], ㅚ[ø], ㅟ[y], ㅡ[ɯ]' 10개의 모음으로 구성되었다.

한국어의 음절구조는 초성(두음), 중성(음절 핵), 종성(말음)으로 이루어 져 있고 초성과 종성의 자리에는 자음이 오고 중성의 자리에는 모음이 온 다. 중성(음절 핵)은 반드시 있어야 되고 초성과 중성은 없어도 되는 존재 이다. 즉, (C)V(C)형이다. 표로 제시하면 다음과 같다.

〈표 7〉 한국어 음절구조 유형

	음절구조 유형	예시
1	모음(V)	아, 이
2	모음+자음(VC)	안, 운
3	자음+모음(CV)	가, 나
4	자음+모음+자음(CVC)	단, 간

한국어 음절구조의 특징을 정리하면 다음과 같다.

첫째, 한국어는 V, CV, VC, CVC 등 네 가지 음절유형이 있고 모음이 반 드시 있어야 된다.

둘째, 한국어는 닫힌음절 언어이다. 즉 종성 자음을 가질 수 있다.

셋째, 한국어의 초성에는 위치에 따른 제약이 있다. 즉, 자음 군 제약, [ŋ] 제약, /ㄹ/제약이다. 이들은 글자 그대로 초성의 위치에 자음 군과 [ŋ] 과 /ㄹ/이 오지 못한다는 제약이다.

넷째, 한국어의 종성에도 제약이 있다. 즉, 자음 군 제약이 있다. 이는 최대 하나의 자음만 허용되며, 또한 '음절 말 중화'란 현상이 일어나 /ㄱ,

ㄴ, ㄷ, ㄹ, ㅁ, ㅂ, ㅇ/ 7개의 자음만 올 수 있다. 예를 들면, '닭, 밟'과 같은 음절은 표기상 '자음+모음 +자음+자음(CVCC)'이지만, 발음상 'CVC'구조를 갖는다.

다섯째, 한국어의 중성에는 단모음, 장모음, 이중모음이 올 수 있다.

몽골어의 분절음 음소 목록은 '[p], [pʰ], [w], [m], [s], [t], [tʰ], [n], [l], [r], [tʃ], [tʃʰ], [ʃ], [j], [kʰ], [x], [ŋ], [f], [k], [x], [l], [ts], [tsʰ], [tʂ], [tʂʰ], [ʂ], [ʐ]' 등 27개의 자음과 '[ɑ], [ə], [i], [ɪ], [ɔ], [ʊ], [o], [u], [ɛ], [e], [oe], [y]' 등 12개의 모음으로 구성되었다.

몽골어의 음절에 대해서 淸格尔泰(1991: 65-66)는 V, VC, CV, CVC 등 네 가지 음절 유형이 있다고 하였다. 예를 들면,

V: 𐰣 [a], 𐰤 [ɔi].
VC: 𐰺 [pi], 𐰽 [tʃʰi].
CV: 𐰼 [ɔn], 𐰽 [əm].
CVC: 𐰾 [nɔm], 𐰿 [pus].

몽골어의 음절구조는 표기상과 발음상이 매우 다르기 때문에 학자들이 아직까지 일치한 의견이 없다. 淸格尔泰(1991: 65-66)에서 몽골어 표기상 음절구조에 대하여 모음을 중심으로 구성되어 V, VC, CV, CVC 등 네 가지 음절 유형이 있다고 하였으나 呼和(2009: 163)에서 실험음성학의 방법을 통해 몽골어의 발음상 음절구조는 'V, VC, VCv, VCC, VCCv, VCvCv, VV, VVC, VVCC, C, CC, CCv, CV, CVC, CVCv, CVCC, CVCCv, CVCvCv, CVV, CVVC, CVVCv, CVVCCv' 등 22개의 음절 유형을 가진다고 하였다. 22개의 음절 유형을 다시 'V, VC, VCC, CV, CVC, CVCC' 등 6개의 음절구조 유형

으로 구축하였다.[21] 이를 표로 정리하면 아래와 같다.

<표 8> 몽골어 음절구조 유형

	음절구조 유형	예시
1	V	[a], [ɔi]
2	VC	[pil], [tʃʰi]
3	VCC	[arslan]
4	CV	[ɔn], [əm]
5	CVC	[nɔm], [pus]
6	CVCC	[söpt]

몽골어 음절구조의 특징을 정리하면 다음과 같다.

첫째, 몽골어의 표기상 음절구조는 'V, VC, CV, CVC' 등 네 가지 음절
유형이 있지만 발음상 음절구조는 'V, VC, VCv, VCC, VCCv, VCvCv, VV,
VVC, VVCC, C, CC, CCv, CV, CVC, CVCv, CVCC, CVCCv, CVCvCv, CVV,
CVVC, CVVCv, CVVCCv' 등 22개의 음절 유형이 있다.

둘째, 단음절이나 다음절의 첫음절에는 반드시 모음이 있어야 하지만 다
음절의 첫음절이 아닌 다른 음절에는 자음 하나로도 음절을 이룰 수 있다.

셋째, 몽골어의 초성에도 위치에 따른 제약이 있다. 즉, 몽골어 초성의
위치에 [ŋ]이 오지 못한다.

넷째, 몽골어의 27개 자음 중에 [b], [m], [s], [d], [n], [l], [r], [g], [ŋ] 등
9개의 자음만 몽골어 음절의 종성에 올 수 있다.

---

21 본 논문은 발음에 대하여 대조한 논문이기 때문에 哱和(2009: 159)의 음절구조를 인용하겠다.

(2) 보편성의 관점에서 본 한·몽 음절구조 대조

Maddieson(1984)에서 제시된 UCLA Phonological Segment Inventory Database (UPSID) 및 온라인으로 제공된 World Atlas of Language Structure(WALS)에서 음운체계를 범언어적으로 연구하여 음운체계의 보편성을 보여주고 있다. 이 절에서는 WALS(12A)에서 제시한 음절구조 유형을 근거하여 한국어와 몽골어 음절구조를 살펴보고자 한다.

WALS(12A)에서 486개 언어를 통계하여 자연언어에 나타나는 음절구조의 유형을 단순 형(Simple syllable structure), 중간 형(Moderately complex syllable structure), 복잡 형(Complex syllable structure) 등 세 가지 유형으로 나뉘었다. WALS(12A)에 의하면, 만약 한 언어의 음질은 (C)V 유형만 가지고 있다면 그 언어의 음절구조는 단순 형에 속한다. 만약 한 언어의 음절은 초성과 종성에 하나의 자음이 올 수 있으면 중간형에 속한다. 만약 한 언어의 음절은 초성과 종성에 두 개나 두 개 이상의 자음이 올 수 있으면 복잡 형에 속한다.

한국어는 초성과 종성에 하나의 자음만이 올 수 있으므로 CVC, 즉 중간형에 속하고 몽골어는 초성과 종성에 두 개의 자음이 올 수 있으므로 (C)V(C)(C), 즉 복잡 형에 속한다.

WALS(12A)에 의하면, 음절구조의 유형은 초분절음과 관련이 없고 분절음 중에 자음의 목록크기와 밀접한 관련이 있다. 즉, 언어의 자음 수와 관계가 있다. WALS(12A)에서 음절구조 유형에 따라 평균 자음 수를 제기하였는데 〈표 9〉와 같다.

〈표 9〉 음절구조 유형에 따른 평균 자음 수 (WALS, 12A)

음절구조 유형	평균 자음 수
단순형 음절구조	19.1
중간형 음절구조	22
복잡형 음절구조	25.8

WALS(12A)에서 486개 언어를 통계한 결과 단순형 음절구조에 속하는 언어의 평균 자음 수는 19.1개이며 중간형 음절구조에 속하는 언어의 평균 자음 수는 22개이며 복잡형 음절구조에 속하는 언어의 평균 자음 수는 25.8이다. 즉, 자음의 수는 많을수록 더 복잡한 음절구조 유형의 속하며 적을수록 더 단순한 음절구조 유형에 속한다.

위에서 제기했듯이 21개 자음을 가진 한국어는 중간형 음절구조 유형에 속하고 27개 자음을 가진 몽골어는 복잡형의 음절구조 유형에 속한다. 즉, 자음의 수가 더 많은 몽골어의 음절구조는 한국어의 음절구조보다 유형이 복잡하다. 이 결론은 WALS(12A)에서 제기된 음절구조의 유형과 자음 수의 관계를 어기지 않았다. 몽골어의 음절구조는 더 복잡하므로 몽골어의 음절구조는 한국어의 음절구조보다 보편성이 떨어진다고 할 수 있다.

(3) 한국어 음절구조 및 습득 문제

한국어와 몽골어는 모두 초성과 종성에 자음이 올 수 있으며 중성에는 모음이 위치하는 닫힌음절 언어라는 공통점을 가지고 있지만 음절을 구성하는 요인들에서 상당한 차이를 보인다.

첫 번째, 한국어는 'V, VC, CV, CVC' 등 네 가지 음절 유형이 있지만 몽골어에서는 'V, VC, VCv, VCC, VCCv, VCvCv, VV, VVC, VVCC, C, CC, CCv, CV, CVC, CVCv, CVCC, CVCCv, CVCvCv, CVV, CVVC, CVVCv, CVVCCv' 등 22개의 음절 유형이 있다. 한국어의 음절유형은 몽골어에서

모두 존재하고 또한 몽골어의 음절유형은 한국어의 음절유형보다 많으므로 몽골어의 음절유형은 더 유표적이라고 볼 수 있다.

두 번째, 두음에 대해 대조하면, 한국어는 초성에 [ŋ]을 제외한 18개의 자음이 오는 반면 몽골어는 [ŋ]을 제외한 26개의 자음이 올 수 있다. '[p], [pʰ], [t], [tʰ], [k], [kʰ], [ʧ], [ʧʰ], [s], [m], [n], [ŋ], [l]'는 한국어와 몽골어 초성에 위치할 수 있으므로 공통성이고 무표적이다. 따라서 "유표성 차이 가설"을 통해 어렵지 않은 발음이라고 예측할 수 있다. '[p'], [t'], [k'], [ʧ'], [s'], [h]'는 한국어 초성에만 위치할 수 있으므로 특수성이고 몽골인 학습자에게 어려운 발음이다. '[w], [f], [dz], [ts], [dʒ], [ʃ], [j], [x], [dʐ], [tʂ], [ʂ], [ʐ], [ɬ], [ʎ], [r]'는 몽골어 초성에만 위치할 수 있으므로 특수성이고 한국인 몽골어 학습자에게 어려운 음으로 예측한다.

세 번째, 종성에 대해 대조하면, 한국어의 경우 'ㄱ[g], ㄴ[n], ㄷ[d], ㄹ[l], ㅁ[m], ㅂ[b], ㅇ[ŋ]' 등 7개의 자음이 종성에 위치할 수 있다. 이에 비해 몽골어의 경우 '[b], [m], [s], [d], [n], [l], [r], [g], [ŋ]' 등 9개의 자음이 종성에 위치할 수 있다. '[b], [m], [d], [n], [l], [g], [ŋ]'은 한국어와 몽골어 음절의 종성에 모두 위치할 수 있으므로 공통성으로 볼 수 있다. '[s], [r]'은 몽골어 음절의 종성에만 위치할 수 있으므로 몽골어의 특수성이라고 볼 수 있고 유표적이고 한국인 몽골어 학습자에게 어려운 발음으로 예측한다.

네 번째, 중성에 대해 대조하면, 한국어의 모든 음절에는 반드시 모음이 있어야 하지만 몽골어의 경우 그렇지 않다. 단음절이나 다음절의 첫음절에만 모음이 있어야 되고 다음절의 첫음절이 아닌 다른 음절에는 자음 하나로도 음절을 이룰 수 있다.

다섯 번째, 몽골어의 초성과 종성에는 자음 군이 위치할 수 있고 모두 발음할 수 있는 반면 한국어의 경우 자음 군 단순화가 일어나 하나의 단위로 발음한다. 따라서 한국인 학습자에게 초성과 종성 자음군은 발음하기 어려운 음이다.

3.3. 유표성이론과 한국어 통사론 연구

중한 목적어 구문 습득에서의 모국어 간섭현상

이 절에서는 타동사 목적어 구문, 자동사 목적어 구문, 파자구문(把字句) 와 형용사 목적어 구문 등 4개의 부분으로 나누어 그 번역 상황을 살펴보 겠다. 실험 결과에 대한 통계, 분석을 통해 제2언어로서의 중한 목적어 구 문과 한중 목적어 구문 교육에 참고자료를 제공하고자 한다.

지난 몇 십 년 동안 제2언어습득 연구에서 Corder의 대조분석 가설 (Contrastive Analysis Hypothesis, CAH)이 중요한 이론이었다. 대조분석 가설에 따르면, 모국어는 제2언어 습득과정에서 어려움과 오류를 초래하는 주요, 심지어 유일한 원인이다. 모국어(L1)와 목표언어(L2)의 규칙이 같은 부분에서 긍정적 전이가 일어나고 규칙이 다른 부분에서 부정적 전이가 일 어난다. 일부 학자에 따르면 모국어와 목표언어 간의 대조분석을 통해 습 득과정에서의 어려운 부분을 예측할 수 있고 제2언어 습득과정에서 공부해 야 할 것이 바로 두 언어 간의 차이이다. 그러나 실제 교육현장에서 대조분 석 가설은 한계점을 드러냈다. 어려울 것이라고 예측된 부분이 쉽게 습득 되거나 모국어가 다른 학생들이 비슷한 오류를 범한다는 상황은 종종 일어 났다. 이에 대해 대조분석 가설은 해석하지 못한다. 그 후 오류분석과 중간 언어 이론도 제기되었는데 많은 논문들에서 문어 오류 말뭉치를 기반으로 한 오류 자료 처리에 집중되어 대조분석 가설과 비슷한 한계가 있었다.

1930년대에 프라하 학파의 Trubetzkoy와 Jakobson은 유표성 이론을 제시한 후 '표기'라는 개념은 구조주의, 생성문법, 유형론 등 언어학 이론에 널리 도입되고 아동 모국어 습득연구와 제2언어 습득연구에도 적용되었다. Eckman(1977)은 대조분석 가설의 한계를 보완하기 위해 '유표성 차이 가설(Markedness Difference Hypothesis, MDH)'을 제시하였는데 다음과 같다.

(1) 모국어와 다른 목표언어의 특징이 모국어보다 더 유표적이면 습득하기 어렵다.
(2) 모국어보다 더 유표적인 목표언어의 특징 중에서 습득의 난이도는 유표성의 정도와 정비례한다.
(3) 모국어와 다른 목표언어의 특징은 모국어보다 유표적이지 않으면 습득하기에 어렵지 않다.

'유표성 차이 가설'은 대조분석 가설에 언어유형론의 '함축적 보편성'과 '문법등급'을 접목시켜서 제2언어 습득과정에서 난이도의 유무뿐만 아니라 난이도의 정도까지 예측하였다. 그리고 실제 교육과정에서도 비교적 높은 예측력과 해석력을 보였다.

'유표성 차이 가설'이 제시된 후 유표성 이론은 제2언어 습득연구에서 널리 적용되기 시작하였다. Ellis(1985)는 '유표성 차이 가설'을 발전시켜 제2언어 습득과정에서의 모국어 전이 현상에 대해 아래와 같이 예측하였다.

〈표 1〉 유표성이 모국어 전이에 주는 영향[22]

	모국어(L1)	목표언어(L2)	중간언어
1	무표기	무표기	무표기
2	무표기	유표기	무표기
3	유표기	무표기	무표기
4	유표기	유표기	무표기

Eckman(1977)과 Ellis(1985)에서의 견해를 바탕으로 본 논문은 아래와 같은 네 가지 가설을 하였다.

(1) 모국어가 무표적이면 목표언어를 습득할 때 모국어 전이 현상은 꼭 일어 난다. 목표언어가 무표적인 경우에 긍정적 전이가 일어나고 목표언어가 유표적인 경우에 부정적 전이가 일어난다.

(2) 목표언어가 유표적인 경우에 습득하기가 어렵다. 그리고 습득의 난이도는 유표성의 강약과 정비례한다.

(3) 중국어 목적어 구문은 유표성이 강하고 표기량도 한국어 목적어 구문에 비해 많다. 따라서 한국인 학습자는 한국어 목적어 구문을 습득하는 중국 인 학습자보다 더 많은 어려움을 겪는다.

(4) 모국어 전이 현상은 주로 초급 단계에서 일어난다.

각 언어학 이론에서 '표기'에 대한 이해와 판정기준이 다르다. Croft(1990) 에서 유표성을 판정하는 네 가지 기준을 제시했는데 본 논문에서는 그 기준에 따라 분포범위가 좁고 출현빈도가 낮고 구조가 상대적으로 복잡한 대상을 '유표적'이라고 간주한다.[23] 아래 논의에서는 번역실험을 통해 유표성이 모국

---

22 〈표1〉은 唐承贤(2005: 63)에서 재인용 한 내용이다.

23 沈家煊(1997: 3)에서 Croft(1990)의 네 가지 유표성 판정기준 아래와 같이 설명하였다.
  (1) 구조기준: 유표적인 대상의 특징은 무표적인 대상보다 많다.

어 전이에 주는 영향을 살펴보겠다.

1) 연구방법

(1) 피험자

대상은 상해외국어대학교 한국어학과 중국인 학생 50명과 국제교류학원 한국인 학생 54명이다. 중국인 한국어 학습자 중 초급 학습자 30명이 있고 중급 학습자 20명이 있다. 한국인 중국어 학습자 중 초급 학습자 32명이 있고 중급 학습자 22명이 있다.[24] 피험자들은 모두 상해외국어대학교 한국어학과 학생들과 상해외국어대학교 국제교류학원에서 공부하고 있는 한국 유학생들이다. 이렇게 선정한 이유는 여러 학교의 학습자들로부터 수집한 자료라면 학교의 교육목표와 교육자, 그리고 교재 등 여러 방면의 변수의 영향을 받을 가능성이 있기 때문에 한 학교의 학습자들을 피험자로 선정하였다. 또한 100여명의 자료를 가지고 번역 정량분석을 한다면 그 양도 충분하지 않지만 개인의 자료를 분석하는 정성분석도 할 것이다. 그러므로 100명의 피험자 수가 충분한 수는 아니더라도 각 초, 중급단계에 속하는 학습자를 포함하고 있기 때문에 경향을 파악하는 데는 무리가 없을 것이라고 생각한다.

---

(2) 행위기준: 무표적인 대상의 변화는 유표적인 대상보다 많고 분포범위도 넓다.

(3) 빈도기준: 무표적인 대상의 출현빈도는 유표적인 대상보다 높다.

(4) 중립기준: 유표성 대립 현상이 사라진 중립적인 위치에서 나타나는 대상은 꼭 무표적인 대상이다. 경우에 따라 무표적인 대상은 무표적과 유표적 두 가지 의미를 나타낼 수 있다. 중한 목적어 구문에서 기준(4)에서 언급된 '중립적인 위치'를 발견하지 못했기 때문에 본 논의에서는 구조의 복잡성, 분포범위와 출현빈도를 유표성을 판정하는 주요 기준으로 한다.

24 중국인 학습자의 한국어 습득을 연구할 때, 2학년 학부 생을 초급 학습자로, 3학년 학부 생을 중급 학습자로 선정한다.

한국어 학습자의 중국어 습득을 토론할 때, 5개월 이상 2년 이하 중국어를 공부하는 학생은 초급 학습자로, 2년 이상 중국어를 공부하는 학생은 중급 학습자로 선정한다.

(2) 분석항목 설계

실험은 중국인 학습자를 위한 한중 번역과 한국인 학습자를 위한 중한 번역으로 구성하였다. 각각 15개 문제가 있는데 그 15개 번역문제는 다시 4개 부분으로 나누었다.

제1부분은 '타동사가 목적어를 갖는 구문'의 번역이다. 세계 언어에서 타동사가 목적어를 갖는 현상은 보편적인 현상이기 때문에 습득하기가 쉽고 모국어의 긍정적 전이가 일어날 것이라고 예상하였다. 이 부분에서 학습자가 모국어에서의 타동사가 목적어를 갖는 구문을 정확하게 목표언어 타동사가 목적어를 갖는 구문으로 번역할 수 있는지를 고찰하는 것을 목적으로 한다.

제2부분은 '자동사가 목적어를 갖는 구문'의 번역이다. 한국어에서 '오다' 등 전형적인 자동사는 목적어를 가질 수 없다. 그러나 중국어에서 이에 대응되는 '来' 혹은 '下'은 목적어를 가질 수 있으므로 한국어에 비해 유표적이라고 할 수 있다. 이 문형을 습득할 때 모국어가 어떤 영향을 주는지 고찰하는 것을 목적으로 한다.

제3부분은 '파자구문(把字句)'의 번역이다. '파자구문'은 중국어에서 특수한 구문이다. 이 과제는 번역문장을 통해 한국인 학습자의 파자구문 습득 과정에서 모국어의 간섭을 어느 정도 받는지, 그리고 중국인 학습자가 파자구문을 자연스러운 한국어 문장으로 번역할 수 있는지를 알기 위해 준비되었다.

제4부분은 '형용사 목적어 구문'의 번역이다. 중국어에서 일부 형용사는 목적어를 가질 수 있지만 한국어는 형용사가 목적어를 갖지 않는다. 이 과제는 형용사 목적어 구문의 번역에서 나타난 모국어 전이 현상을 파악하기 위해 준비되었다.

(3) 오류의 판정기준

본고에서 취한 과제는 문법성에 대한 실험이다. 과제의 특성을 최대화하여 문법 번역에서 언어형태에 초점을 두고 시간을 통제하였다. 즉 번역 시간을 모두 25분으로 통제하면서 진행하였다. 첫 번째 과제는 중국인 학습자가 번역한 한국어 문장에서 목적격조사 '-을/를'을 정확하게 쓰는지 그리고 한국인 학습자가 번역한 중국어 문장에서 어순이 맞는지를 추적하기 위해 계획되었다. 두 번째 과제는 학습자들이 한국어 자동사와 이에 대응된 중국어 동사 간의 통사적 차이를 아는지를 살펴보겠다. 세 번째와 네 번째 과제는 파자구문과 형용사 목적어 구문 번역이다. 여기서는 문장의 어순, 보어, 그리고 허사 등을 학습자들이 습득하였는가를 추적하기 위해서 준비되었다. 번역하는 과정에서 일부 학습자는 원문과 거리가 있는 의역을 했는데 여기서 기피 책략을 사용한 것으로 간주하고 기피가 모국어 부정적 전이 때문에 생긴 현상으로서 오류로 판정하겠다.

연구과제와 관련 없는 맞춤법, 경어법 오류 그리고 '이/가'와 '은/는'의 혼용 등을 '오류'에 넣지 않는다.

2) 실험 결과분석

(1) 타동사가 목적어를 갖는 구문[25]

언어의 보편성은 절대적 보편성과 함축적 보편성으로 나눌 수 있는데 타동사가 목적어를 가지는 것은 한국어와 중국어를 포함한 세계 언어의 절대적 보편성이다. 이 부분의 과제는 아래와 같은 번역문제로 구성된다.

---

25 아래에서는 모두 '타동사 목적어구문, 자동사구문, 형용사목적어구문' 이라고 간략해서 쓰겠다.

(1) 我们今天在韩国餐厅吃饭了。

우리는 오늘 한국 식당에서 밥을 먹었다.

(2) 爸爸每天看新闻。

아버지는 매일 뉴스를 본다.

(3) 他在路上捡到了钱包。

그는 길에서 돈지갑을 주었다.

(4) 我在水果店买了西瓜。

나는 과일가게에서 수박을 샀다.

위 문장은 모두 전형적인 타동사 목적어 구문인데 실제 언어생활에서 높은 빈도로 나타나고 분포범위도 넓다. 그리고 중한 기본어순과 일치해서 구조도 복잡하지 않다.

중한 타동사 목적어 구문은 어순 면에서 다르지만 Tomlin(1988)과 Dryer(2005)의 통계결과를 보면 SOV와 SVO는 세계 언어에서 가장 많이 나타나는 두 가지 어순이다.[26] 게다가 두 어순은 S가 O 앞에서 나타나는 언어의 보편적 경향에 부합된다. 따라서 한국어와 중국어의 기본어순은 모두 무표적인 것으로 간주될 수 있고 어순 면에서의 차이가 타동사 목적어 구문의 습득에 큰 부정적 영향을 주지 않을 거라고 예측하였다. Ellis(1985)에 따르면 모국어 전이 현상을 아래와 같이 예측을 할 수 있다.

---

26 Tomlin(1988)은 402개 언어의 기본어순을 조사했는데 SOV언어는 180개가 있고 SVO언어는 168개가 있다. Dryer(2005)는 1228개 언어의 기본어순을 조사했는데 SOV언어는 497개가 있고 SVO언어는 435개가 있다. SOV언어와 SVO언어의 수량은 비슷하고 3위인 VSO언어보다 5배 정도로 많다. 따라서 SOV와 SVO는 세계 언어에서 덜 유표적인 어순이다. 이 부분 내용은 白莲花(2011: 39-40)을 참고하였다.

〈표 1〉 중한 타동사 목적어 구문의 습득에서 모국어 전이 현상에 대한 예측

	모국어	목표언어	모국어 전이 양상
1	중국어(무표기)	한국어(무표기)	긍정적 전이
2	한국어(무표기)	중국어(무표기)	긍정적 전이

피험자들이 '타동사 목적어 구문' 번역의 오류 발생률은 〈표 2〉와 같다.

〈표 2〉 타동사 목적어 구문을 습득할 때의 오류 발생률

학습자 유형	중국인 한국어 학습자		한국인 중국어 학습자	
	초급	중급	초급	중급
오류 발생률	3.3%	1.25%	3.9%	4.5%

〈표 2〉를 보면 모국어와 목표언어가 모두 무표적일 때 모국어의 긍정적 전이 현상이 나타나서 대부분 학습자는 목표언어에서의 타동사 목적어 구문을 쉽게 습득하였다. 중국인 초급 학습자의 오류 발생률은 3.3%이고 한국인 초급 학습자의 오류 발생률은 3.9%이다. 중급 단계에서 중국인 한국어 학습자의 습득오류는 1.25%로 감소되었다. 한국인 중국어 학습자의 오류발생률은 약간 올라갔지만 오류문장의 수량은 감소되었다.

오류를 분석하면 중국인 한국어 학습자의 주요 오류는 목적어의 누락이다. 번역문제에서 나타난 '在饭店吃饭(식당에서 밥을 먹었다)'를 목적어 없이 '식당에서 먹었어요'로 번역한 초급 학습자가 3명이 있다. 중급 학습자에서 이런 학습자는 1명으로 감소되었다. 중국어에서 '吃'는 목적어가 반드시 수반되는 타동사이어서 이 오류는 모국어 전이가 아니라 학습자의 개인적인 원인으로 인해 생긴 오류라고 판단한다. 한국인 중국어 학습자의 오류는 주로 추향보어(趋向补语)의 오용이다. '길에서 지갑을 주웠다(在路上捡了钱包)'를 번역할 때 추향보어 '起来'가 필요없지만 '在路上捡了起来钱包', '在路上把钱包捡了起来'로 번역한 학생이 5명 정도가 있다. 한국어에

추향보어라는 문장성분이 없기 때문에 이 오류는 목표언어 규칙의 불완전한 습득으로 인해 생긴 오류라고 판단한다.

그러므로 이 부분의 번역을 통해 모국어와 목표언어가 모두 무표적인 경우에 긍정적 전이 현상이 나타나서 습득이 비교적 쉽다는 사실을 알 수 있었다.

(2) 자동사 목적어 구문

경우에 따라 한국어의 'SV' 구문은 중국어에서 'VO' 구문으로 대응된다. 그 원인은 한국어의 일부 자동사는 중국어에서 목적어를 가질 수 있는 타동사로 인식되기 때문이다. 초급 단계의 중국인 한국어 학습자가 만든 문장을 보면 '비를 오다', '친구를 없다' 같은 오류를 발견할 수 있는데 선행연구를 보면 보통 모국어의 부정적 영향을 받아서 오류가 발생한다고 해석하였다. 한국어에서 자동사로 인식되는 동사가 중국어에서 목적어를 가지는 경우에는 학습자가 이런 차이를 어떻게 이해하는지, 모국어가 중간언어에 영향을 어느 정도 주는지를 고찰하겠다. 번역실험의 제2과제는 아래와 같은 번역문제로 구성된다.

  (1) 明天上海地区下雨。

     내일 상해지역에 비가 온다.

  (2) 她没有男朋友。

     그녀는 남자 친구가 없다.

  (3) 他有很多钱。

     그에게는 돈이 많이 있다.

'있다'와 '없다'가 동사인지 형용사인지에 대해 아직 정론이 없다. 최현배

(1937)과 허웅(1983)은 '있다'를 형용사로 귀속시켰다. 서정수(1994)는 '있다'를 형용사 혹은 동사로 세분하지 않고 '용언'으로 분류해야 한다고 주장하였다. 그리고 유현경(1997)은 '있다'와 '없다'를 위한 새로운 품사유형 '존재사'를 제시하였다.[27] '있다'와 '없다'의 통사적 특징을 고려하고 중국어 목적어 구문과 대조하기 위해 본 논의에서는 '있다'와 '없다'를 자동사로 간주한다.

위에서 언급했듯이 중국어 목적어 구문은 'SVO' 어순이다. 그러나 한국어에서 '그녀는 남자 친구가 없다' 같은 구문은 무표적인 SOV구조가 아니고 'S1S2V'의 구조이다. 이런 경우에는 문장의 주제도 변별해야 하는데 중국인 한국어 학습자에게는 구조가 복잡하고 비전형적인 문형이다. 따라서 중국인 한국어 학습자에게 '비가 오나', '친구가 없다' 같은 구문을 유표적인 것이라고 판단한다.

한국인 중국어 학습자의 시각으로 보면 '下'와 '有', '没有' 같은 동사는 다른 중국어 동사처럼 목적어를 가질 수 있고 생성하는 문장도 무표적인 SVO 어순이어서 용법 면에서 간단하고 전형적이다. 따라서 무표적인 대상으로 간주될 수 있다. 한국어에서 자동사로 인식되는 동사가 중국어에서 목적어를 가지는 경우에 학습자의 모국어 전이 양상을 아래와 같이 예측한다.

〈표 3〉 중한 자동사 목적어 구문의 습득에서 모국어 전이 현상에 대한 예측

	모국어	목표언어	모국어 전이 양상
1	중국어(무표기)	한국어(유표기)	부정적 전이
2	한국어(유표기)	중국어(무표기)	나타나지 않음

학습자가 만든 문장을 보면 오류 발생률은 〈표 4〉와 같다.

---

27 이 부분 내용은 金明艳(2013: 7)을 참고하였다.

〈표 4〉 자동사 목적어 구문을 습득할 때의 오류 발생률

학습자 유형	중국인 한국어 학습자		한국인 중국어 학습자	
	초급	중급	초급	중급
오류 발생률	2.2%	1.67%	1%	1.5%

예측과 달리 중국인 한국어 학습자는 '오다'와 '있다', '없다' 등 자동사의 통사적 특징을 잘 파악하고 있다. 모국어 부정적 전이 현상이 거의 나타나지 않는다. '있다/없다' 앞에서 목적격조사 '-을/를'을 쓰는 학습자는 초급 단계에 2명이 있고 중급 단계에 1명만 있었다. '비가 오다'를 '비를 오다'로 번역한 학습자는 한 명도 없다. 尹洪山(2005)에 따르면 유표적인 대상이 무표적인 대상보다 높은 빈도로 나타나면 학습자가 유표적인 대상을 먼저 습득할 가능성도 있다. '-이/가 오다/있다/없다'와 같은 구조는 한국어 학습자가 가장 먼저 배우는 문법구조 중의 하나이고 실제 언어생활에서도 많이 나타난다. 그래서 유표적이지만 습득과정에서 모국어 전이 현상은 비교적 일찍 사라졌다고 볼 수 있다. 2,3학년 한국어 학습자는 한국어 자동사와 이에 대응된 중국어 동사 간의 통사적 차이를 이미 잘 파악하고 있어서 실제 오류 발생률이 예측보다 낮게 나타났다.

'下', '有'와 '没有' 등 중국어 동사의 목적어 구문은 무표적이어서 한국인 중국어 학습자는 이를 쉽게 습득한다. 오류를 범한 학습자가 2명뿐이었는데 한 명은 단어를 몰라서 문장을 완성하지 못하고 또 한 명은 문장을 의역해서 목적어 구문의 사용을 기피하였다. 전체적으로 보면 이 부분에서 한국인 학습자의 모국어의 전이 현상은 거의 없었다고 말할 수 있다.

이 과제의 번역실험 결과를 보면 모국어가 유표적이고 목표언어가 무표적일 때 중간언어는 보통 무표적이고 모국어 전이 현상이 나타나지 않는다. 모국어가 무표적이고 목표언어가 유표적일 때 이론적으로 부정적 전이 현상이 나타나야 하지만 실제 교육과정에서 유표적인 대상의 출현빈도, 출

현순서 등으로 인해 부정적 전이 현상이 미약하게 나타나거나 나타나지 않는 경우도 있다.

(3) 파자구문

파자구문(把字句)은 SOV 어순을 가진 비전형적인 중국어 구문으로서 외국인 학습자에게 중국어 습득과정에서의 어려운 부분으로 간주된다. 대부분 경우에 파자구문은 한국어의 SOV 목적어 구문과 대응되지만 다른 구문 형식으로 번역해야 하는 경우도 있다. 이 과제에서 한국인 중국어 학습자가 파자구문을 습득할 때 모국어 간섭현상이 어느 정도 나타나는지, 그리고 중국인 학습자가 파자구문을 한국어로 번역할 때 모국어가 어떤 영향을 주는지를 살펴보겠다. 파자구문과 관련된 번역문제는 아래와 같다.

(1) 他把眼睛哭肿了。

그는 울어서 눈이 부었다.

(2) 你把这垃圾扔了吧。

너 이 쓰레기를 버려라.

(3) 你把这本书还给智雅吧。

지아에게 이 책을 돌려 주어라.

(4) 我们把操场绕了三圈。

우리는 운동장을 세 바퀴 돌았다.

중국어 파자구문의 기본어순과 한국어 목적어 구문의 기본어순은 모두 SVO이지만 다른 점이 많다. 우선 분포범위와 출현빈도를 보면 중국어에서 SOV 어순인 파자구문은 SVO 구문보다 적게 나타난다. 그리고 파자구문의 구조도 상대적으로 복잡하다. 통사 구조의 차이에 따라 파자구문 내부는 다시 세분할 수 있는데 邵敬敏(2000)은 파자구문을 '동사+보어식(动补式)', '동사+목적어식(动宾式)', '부사어+동사식(状动式)'과 '사동식(使动式)' 네 가지로 분류하고 范晓(2001)과 赵淑华(1997)은 각각 파자구문을 열 가지와 서른두 가지로 나누었다. 이 외에 파자구문에 들어간 동사와 목적어의 선택에 있어서도 제한이 많다. 한정성, 화제성과 전면성 등은 파자구문의 목적어 선택에 영향을 주고 처치성(處置性)의 강약정도, 복잡정도 그리고 긍정성 등 요인은 파자구문 동사 형식의 선택에 영향을 준다.[28] 그러므로 중국어 파자구문은 유표적일 뿐만 아니라 표기의 양(量)이 아주 많다.

이와 반대로 한국어에서 SOV는 보편성 있는 기본어순이고 문장성분 선택 측면에서도 제한이 상대적으로 적다. 따라서 무표적인 대상으로 간주될 수 있다. 중국어 파자구문과 이에 대응된 한국어 구문형식을 습득할 때 학습자의 모국어 전이 양상을 아래와 같이 예측한다.

〈표 5〉 파자구문에 대응된 한국어 구문의 습득에서 모국어 전이 현상에 대한 예측

	모국어	목표언어	모국어 전이 양상
1	중국어(유표기)	한국어(무표기)	나타나지 않음
2	한국어(무표기)	중국어(유표기)	부정적 전이

중국인 한국어 학습자가 파자구문을 한국어로 번역할 때 모국어 전이 현상이 일어나지 않고 큰 어려움이 없을 것이라고 예측하였다. 이와 반대로 한국인 중국어 학습자는 유표적이고 표기량이 많은 파자구문을 습득할 때 모국어 부정적 전이가 강하게 나타날 것이라고 예측하였다. 실제 오류 발생률은 〈표 6〉과 같다.

---

28 이 부분은 김영실(2015: 28-36)을 참고하였다.

<표 6> 파자구문과 이에 대응된 한국어 구문을 습득할 때의 오류 발생률

학습자 유형	중국인 한국어 학습자		한국인 중국어 학습자	
	초급	중급	초급	중급
오류 발생률	26.7%	13.75%	70%	66%

〈표 6〉에서의 통계결과를 보면 한국인 학습자가 중국어 파자구문을 습득할 때 오류 발생률은 예상한 바와 같이 아주 높았다. 중국인 학습자가 파자구문에 대응된 한국어 구문을 습득할 때 모국어 전이가 나타나지 않을 것이라고 예측했지만 실제로 일정한 어려움을 겪는다. 이러한 현상에 대해 좀 더 상세한 분석이 필요하다.

중국인 한국어 학습자에게 시킨 파자구문 번역문제의 통사적 구조와 이에 대응된 한국어 구문의 구조를 살펴보면 〈표 7〉과 같다.

<표 7> 파자구문 번역문제에 대한 분석

	파자구문	통사적 구조	대응된 한국어 구문 구조
1	他把眼睛哭肿了。 (그는 울어서 눈이 부었다.)	주어+把+목적어+ 동사서술어+결과보어	주어1+원인표현+ 주어2+동사서술어
2	你把这垃圾扔了吧。 (너 이 쓰레기를 버려라.)	주어+把+목적어+ 동사서술어+了	주어+목적어+동사서술어
3	你把这本书还给智雅吧。 (지아에게 이 책을 돌려 주어라.)	주어+把+목적어1+ 동사서술어+목적어2	주어+대상명사+ 부사격조사'에게'+ 목적어+동사서술어
4	我们把操场绕了三圈。 (우리는 운동장을 세 바퀴 돌았다.)	주어+把+목적어+ 동사서술어+ 동작량보어(动量补语)	주어+목적어1+ 목적어2+동사서술어

설문조사 결과를 보면 문장(2), (3)의 정답률이 높고 오류는 문장(1), (4)에 집중되어 있다. 문장(2), (3)의 한국어 대응 구문은 전형적인 SOV 구문이어서 구조가 간단하다. 이와 반대로 문장(1), (4)의 한국어 대응 구문에

원인표현 추가, 목적어 겹침 등 현상이 있어서 구조가 상대적으로 복잡하다. 따라서 〈표 7〉에서의 4개 한국어 구문은 모두 실제 언어생활에서 높은 빈도로 나타나는 무표적인 구문이지만 유표성 정도를 세분하면 중국인 학습자에게 문장(1), (4)는 문장(2), (3)보다 약간 더 유표적이다.

문장(1)을 번역할 때 초급 중국인 학습자의 오류는 주로 대응된 한국어 구문형식을 몰라서 문장을 완성하지 못한 것이다. 이와 반대로 일부 중급 중국인 학습자는 결과보어인 '肿(붓다)'을 모국어 언어습관에 따라 부사어로 처리해서 '그는 눈이 붓게/붓도록 울었다'라고 번역하였다.

한국어의 목적어 겹침 현상은 중국인 학습자에게 유표적이기 때문에 문장(4)를 번역할 때 일부 학습자는 두 목적어 중의 하나를 부사어로 전환시켜 '운동장에서 세 바퀴를 돌았다'라고 번역하였다. 문법적이지만 목적어 겹침 현상을 기피하는 문장이어서 본 논문에서 오류 발생률에 계산하였다.

王魯男(2010: 99)에 따르면 모국어와 목표언어 간의 심리적 거리에 대한 학습자의 인식은 모국어 전이 현상의 발생 여부에 영향을 준다. 한국어 구문형식에 서투른 중국인 학습자는 일부 파자구문과 한국어 대응 구문형식 간의 유표성 차이를 크게 인식하고 모국어에서의 무표적인 형식을 중간언어로 전이하는 경향이 있다. 그러나 이런 현상의 발생비율은 상대적으로 낮고 학습의 지속됨에 따라 감소 추세를 보인다. 대부분 중국인 학습자는 파자구문에 대응된 한국어 구문형식을 습득할 때 모국어 전이 현상을 보이지 않았다.

한국인 중국어 학습자의 파자구문 습득과정에서 모국어 부정적 전이 현상은 70% 정도로 아주 높은 오류 발생률을 보였다. 그리고 오류의 양상은 대체로 비슷하다.

번역한 문장을 보면 한국인 학습자는 한국어 목적어 구문을 무표적인 SVO 구문으로 번역하는 경향이 강하다. 그리고 '그는 울어서 눈이 부었다'

라는 문장을 파자구문으로 번역하지 않고 원인을 표현하는 복합문으로 번역하는 학습자도 많았다.

앞에서 논의했듯이 파자구문과 한국어 목적어 구문은 구조가 비슷해 보이지만 파자구문은 목적어 NP와 동사 선택에 있어 제한이 많고 각 하위분류 간의 미묘한 의미, 구조 차이도 있다. 따라서 한국인 중국어 학습자에게 파자구문은 유표적일 뿐만 아니라 표기량도 많다. 학습자는 잠재적 의식에서 모국어 특징을 중간언어로 전이할 수 있는지를 판단한다. 모국어의 전형적인 특징이 목표언어에서 나타날 가능성이 커서 전이가 안전하다고 생각한다. 목표언어가 유표적인 상황에서도 학습자는 항상 모국어의 무표적인 형식을 중간언어로 전이한다.[29] 한국인 중국어 학습자가 번역한 문장을 보면 오류는 크게 두 가지로 분류할 수 있다. 일부분 학습자는 문장을 유표적인 파자구문으로 번역하지 않고 무표적인 SVO 구문으로 번역한다. 또 일부분 학습자는 문장을 파자구문으로 번역해야 한다고 인지는 하지만 실제 번역과정에서 모국어의 부정적 영향을 받아서 유표성이 강한 부분을 잘 처리하지 못해 어색한 문장을 만든다. 전형적인 오류는 아래와 같다.

> 문제: 이 책을 지아에게 돌려 주어라.
> 정답: 你把这本书还给智雅吧。
> 오류문장: 你把这本书给智雅归还吧。

위 두 문장을 비교하면 알 수 있듯이 학습자는 일부분 한국어 목적어 구문을 중국어 파자구문으로 번역해야 한다고 생각하고 있지만 파자구문에서 동사의 위치를 잘 처리하지 못한다. 파자구문의 동사가 '还(돌리다)' 같은

---

29 이 부분 내용은 许菊(2004: 50)을 참고하였다.

수여동사인 경우에 동사는 수여대상 NP 앞에서 나타나야 하는데 학습자가 번역할 때 한국어의 무표적인 문장구조의 간섭으로 동사를 수여대상 NP 뒤에 놓았다.

보어의 중복사용도 한국인 학습자가 만든 문장에서 나타나는 전형적인 오류이다. 파자구문에 대응된 한국어 문장에서 '보어'라는 성분이 없기 때문에 이 오류는 모국어의 부정적인 전이로 인해 생긴 오류가 아니라고 판단한다. 따라서 여기서 상세하게 전개하지 않기로 한다.

이 외에 주목해야 할 것은 한국인 중국어 학습자의 화석화 현상이다. 파자구문 번역 부분에서 중급 학습자의 오류 발생률은 초급 학습자에 비해 크게 감소되지 않는다. 그리고 오류 양상도 비슷하다. 따라서 파자구문은 초급 단계부터 잘 가르쳐야 한다.

이 부분 논의를 정리하면 아래와 같다. 파자구문은 중국어에서의 특수한 목적어 구문이다. 파자구문의 기본어순은 한국어 기본어순처럼 SOV로 되어 있지만 하위분류가 많고 동사와 목적어 선택 제약도 많다. 따라서 한국인 중국어 학습자에게 유표성이 강한 습득대상이고 중간언어에서 모국어 부정적 전이 현상이 강하게 나타난다. 오류 발생률은 70% 정도로 나타난다. 그리고 파자구문 습득에서의 오류는 화석화될 가능성이 많다. 중국인 한국어 학습자가 파자구문에 대응된 한국어 구문을 습득할 때 모국어 부정적 전이 현상이 없고 습득이 쉬울 것이라고 예상했지만 실제로 오류 발생률이 20%였다. 어떤 파자구문은 한국어에서 전형적인 SOV 목적어 구문과 대응되지 않아서 한국어 통사구조에 서툰 초급 중국인 학습자는 이 부분에서 모국어 부정적 전이 현상이 나타난 것이다.

(4) 형용사 목적어 구문

중국어에서 일부 형용사는 목적어를 가질 수 있다. 이것은 다른 언어에서 보기 드문 현상이다. 형용사가 목적어를 가질 때 직접 가지는 경우가 있고 조사, 개사를 삽입해야 하는 경우도 있다. 그리고 형용사 목적어 구문의 의미 유형은 다양하고 복잡하다. 이 과제에서 한국인 학습자가 중국어 형용사 목적어 구문을 습득할 때의 모국어 간섭 현상을 살펴보고 중국인 학습자가 형용사 목적어 구문을 번역할 때 어려움이 있는지도 고찰하겠다. 이 과제는 아래와 같은 4개의 문장으로 구성된다.

(1) 他不想因为钱坏了自己的名声。

그는 돈 때문에 명성을 더럽히고 싶지 않았다.

(2) 翻译应该忠实于原著。

번역은 우선 원저에 충실해야 한다.

(3) 姐姐比我大三岁。

언니는 나보다 세살 위였다.

(4) 他红着脸低下了头。

그는 얼굴을 붉히면서 고개를 숙였다.

형용사 목적어 구문을 의미에 따라 분류하면 사동, 비교, 대상, 존재와 수식 등으로 나눌 수 있다. 형용사 목적어 구문에 들어간 형용사는 [+정도], [+동적(动态)]혹은 [+사동]이라는 의미자질을 가져야 하고 목적어 역할을 하는 명사는 수량, 대상 혹은 경험 등 의미를 포함해야 한다. 논항 수량에 대한 요구에 따라 각 형용사는 같지 않은 목적어를 선택한다. 그리고 일부분 구조에서 형용사와 목적어 사이에 '了', '于'와 '着' 등 허사가 반드시 필요하다.[30] 분포범위와 출현빈도를 보면 비전형적이고 구조가 복잡해서 중

---

30 이 부분 내용은 范晓(1980: 5-7)과 邓楠楠(2007: 24-25)를 참고하였다.

국어 형용사 목적어 구문은 한국인 학습자에게 유표적이고 표기량이 많다고 판단하였다.

중국어 형용사 목적어 구문은 의미 유형에 따라 같지 않은 한국어 구문 형식에 대응된다. 중국인 학습자가 형용사 목적어 구문을 한국어로 번역할 때 구문 간의 대응관계를 파악하지 못하고 대응된 한국어 구문형식을 유표적인 것으로 파악하므로 모국어 부정적 전이 현상이 나타날 가능성이 크다고 예측하였다.

〈표 8〉 중한 형용사 목적어 구문의 습득에서 모국어 전이 현상에 대한 예측

	모국어	목표언어	모국어 전이 양상
1	중국어(유표기)	한국어(유표기)	부정적 전이
2	한국어(유표기)	중국어(유표기)	부정적 전이

이 과제의 실험 분석한 결과는 〈표 9〉와 같다.

〈표 9〉 형용사 목적어 구문을 습득할 때의 오류 발생률

학습자 유형	중국인 한국어 학습자		한국인 중국어 학습자	
	초급	중급	초급	중급
오류 발생률	65.8%	33.75%	64.1%	61.4%

초급 단계에서 중한 학습자는 모두 높은 오류 발생률을 보였다. 증급 단계에서 중국인 한국어 학습자의 오류는 현저하게 감소되지만 한국인 중국어 학습자는 여전히 높은 오류 발생률을 보였다. 아래에서 구체적인 오류 양상과 오류 원인을 분석하겠다.

〈표 10〉 형용사 목적어 구문 번역문제에 대한 분석

	형용사 목적어 구문	의미 유형	대응된 한국어 구문 형식
1	他不想因为钱 坏了自己的名声。 (그는 돈 때문에 명성을 더럽히고 싶지 않았다.)	사동	주어+목적어+ 사동사서술어
2	翻译应该忠实于原著。 (번역은 우선 원저에 충실해야 한다.)	대상	주어+대상명사+ 부사격조사'에'+ 형용사/동사서술어
3	姐姐比我大三岁。 (언니는 나보다 세살 위었다.)	비교	주어+대상명사+ 부사격조사'보다'+부사어 +형용사/'-이다'서술어
4	他红着脸低下了头。 (그는 얼굴을 붉히면서 고개를 숙였다.)	사동	주어+목적어+ 사동사서술어

초급 중국인 한국어 학습자는 거의 모든 문장을 번역할 때 어려움을 겪었는데 중급 학습자의 오류는 문장(1), (4)에 집중되어 있었다.

문장(1), (4)와 같은 사동 의미를 가진 형용사 목저어 구문을 번역할 때 중국인 학습자는 사동사를 사용하지 않고 '-아/어/여지다' 표현을 사용하는 경향이 있었다. 전형적인 오류는 아래와 같다.

문제1: 他不想因为钱坏了自己的名声。

정답: 그는 돈 때문에 명성을 더럽히고 싶지 않았다.

오류문장: 그는 돈 때문에 명성이 나빠지고 싶지 않았다.

문제4: 他红着脸低下了头。

정답: 그는 얼굴을 붉히면서 고개를 숙였다.

오류문장: 그는 얼굴이 붉어져/빨갛게 지고 고개를 숙였다.

보통동사보다 사동사는 분포범위가 적고 출현빈도도 낮다. 그리고 형태와 통사 측면에도 제한이 많다. 따라서 중국인 학습자의 시각으로 보면 한국어 사동문은 유표적인 구문형식이다. 앞에서 언급했듯이 학습자는 잠재적 의식에서 모국어와 목표언어 간의 유표성 차이를 판단하는데 모국어에서의 무표적인 특징을 중간언어로 전이하는 경향이 있다. 모국어와 목표언어가 모두 유표적인 상황에서도 중간언어는 보통 무표적이다. 한국어의 '-아/어/여지다' 표현은 중국어의 '变'과 대응되고 구조와 빈도 면에서도 무표적이어서 중국인 학습자는 사동 의미가 사라짐에도 불구하고 중간언어에 그 표현을 전이하였다.

문장(2)를 번역할 때 '-에 충실하다'라는 구조를 기피하고 문장 원래 의미와 거리가 있는 의역을 한 학습자가 있다. 기피도 모국어의 부정적 영향으로 생긴 현상이기 때문에 오류 발생률에 계산되었다.

초급 학습자 중에서 문장성분을 변별하지 못해서 문장(3)을 '언니는 나보다 세살로 많다'라고 번역한 사람이 있었다. 이 오류는 모국어로 인해 생긴 오류가 아니기 때문에 상세하게 전개하지 않기로 한다.

이 부분에서 한국인 중국어 학습자의 오류는 주로 문장(1), (2)와 (4)에 집중되어 있다.

문장(1), (4)와 같은 한국어 사동문을 중국어로 번역할 때 한국인 학습자는 형용사가 목적어를 가지는 현상을 강하게 기피한다. 대부분 학습자는 문장(1)에서의 사동사 '더럽히다'를 사동 의미가 있는 중국어 타동사 '玷污' 혹은 '败坏'로 번역한다. 그리고 문장(4)에서의 사동 표현 '얼굴을 붉히다'를 번역할 때 한국인 학습자는 유표적인 'AO' 구조인 '红着脸'를 기피하고 무표적인 'SA' 구조인 '脸红着'를 쓴다. 한국인 학습자에게 중국어 형용사 목적어 구문은 유표적일 뿐만 아니라 표기량이 많으므로 학습자는 모국어 지식에서의 무표적인 내용을 중간언어로 전이한다.

대상 의미를 가진 문장(2) 번역에서는 대부분 한국인 중국어 학습자는 대상을 표시하는 개사 '于'를 누락한다. 한국어 대응 형식에 조사 '에'가 있어서 이 오류는 목표언어 규칙의 불완전한 습득으로 인해 생긴 오류라고 판단했다.

중국어 형용사 목적어 구문 번역에서 중급 한국인 학습자의 오류 발생률은 초급 학습자보다 크게 감소되지 않고 오히려 화석화 현상이 일어났다고 할 수 있다.

이 부분 논의를 정리하면 다음과 같다. 중국어 형용사 목적어 구문은 다른 언어에서 보기 드문 구문이다. 분포범위와 출현빈도 면에서 형용사 목적어 구문은 비전형적이고 문장 구조, 성분 선택에 있어서도 제한이 많다. 따라서 한국인 중국어 학습자에게 중국어 형용사 구문은 표기량이 많은 습득대상이다. 실험 결과를 보면, 한국인 학습자가 중국어 형용사 목적어 구문을 습득할 때 모국어 간섭 현상이 현저하게 나타난다. 학습자는 중간언어에서 무표적인 형식으로 형용사 목적어 구문을 기피하는 경향이 강하고 중급 단계에서도 형용사 목적어 구문을 잘 사용하지 못한다. 형용사 목적어 구문과 대응된 한국어 구문번역에서 중국인 학습자는 일정한 어려움을 겪는다. 의미 유형에 따라 중국어 형용사 목적어 구문은 한국어의 여러 구문형식과 대응된다. 중국어 문장이 사동문 등 표기량이 상대적으로 많은 한국어 구문과 대응될 때 초급 학습자들은 모국어와 목표언어 간의 유표성 차이를 크게 확대시켜 모국어에서의 무표적인 구조를 중간언어로 전이하는 경향이 있다. 그러므로 모국어와 목표언어가 모두 유표적인 경우에도 모국어 부정적 전이 현상이 나타나고 중간언어는 무표적 특징을 가진다.

3) 실험결과 정리

위에서 살펴본 실험 결과를 정리하면 〈표 11〉과 같다. 피험자가 다소 적은 편이지만 조사결과를 분석하면 모국어와 목표언어 간의 유표성 차이가 제2언어습득에 영향을 준다는 사실을 알 수 있다.

〈표 11〉 중한 목적어 구문 습득 실험 결과 정리

	언어 · 단계별 오류 발생률			
	중국인 한국어 학습자		한국인 중국어 학습자	
	초급	중급	초급	중급
타동사 목적어 구문	3.3%	1.25%	3.9%	4.5%
자동사 목적어 구문	2.2%	1.67%	1%	1.5%
파자구문	26.7%	13.75%	70%	66%
형용사 목적어 구문	65.8%	33.75%	64.1%	61.4%

〈표 11〉에서의 통계 결과는 Eckman(1977), Ellis(1985)에서 제시된 가설과 대체로 일치하다.

타동사 목적어 습득처럼 모국어와 목표언어가 모두 무표적인 경우에 모국어 긍정적 전이 현상이 일어나서 5% 이하의 낮은 오류 발생률을 보이고 습득이 가장 쉽다.

잠재적 의식에서 학습자는 모국어의 무표적인 특징을 중간언어로 전이하려는 경향이 있다. 모국어가 무표적이고 목표언어가 유표적일 때 보통 모국어 부정적 전이 현상이 나타나서 중간언어는 무표적이다. 그리고 표기량이 많을수록 습득이 어려워진다. 따라서 한국인 학습자가 중국어 파자구문 번역에서 오류가 많다.

모국어가 유표적이고 목표언어가 무표적일 때 모국어 전이는 보통 나타나지 않는다. 그렇기 때문에 한국인 학습자가 중국어 자동사 목적어 구문을 번역할 때 오류 발생률은 1% 정도밖에 나타나지 않았다.

모국어와 목표언어가 모두 유표적일 때 중간언어는 보통 무표적이고 모국어 부정적 전이 현상이 나타난다. 따라서 한국인 학습자는 중국어 형용사 목적어 구문을 번역할 때 오류가 많았고 반면에 중국인 학습자는 형용사 목적어 구문에 대응된 한국어 구문형식을 잘 파악하지 못했다.

그러나 유표성은 모국어 전이 여부를 결정하는 유일한 요인이 아니다. 우선, 습득대상의 출현순서와 출현빈도는 모국어 전이에 영향을 준다. 유표적인 대상이라고 해도 학습자에게 일찍 입력시키고 자주 제시해주면 모국어 부정적 전이 현상은 빨리 사라질 가능성이 있고 학습자가 비교적 쉽게 습득된다. 그러므로 중국인 피험자들은 유표적인 '-이/가 있다/없다/오다' 등 자동사 구문을 잘 번역하였다. 이 외에 학습자가 모국어와 목표언어 사이의 심리적 거리를 어떻게 인식하는가 하는 것도 모국어 전이에 영향을 준다. 목표언어의 유표성이 모국어보다 약한 경우에도 일부 초급 학습자는 심리적으로 유표성 차이를 크게 확대하여 모국어 부정적 전이 현상을 보인다. 하지만 학습이 심화됨에 따라 학습자는 두 언어 간의 유표성 차이를 잘 파악하게 되고 중급 단계에서 이런 오류는 현저히 감소된다.

이 절의 앞부분에서 Eckman의 유표성 차이 가설과 Ellis(1985)의 가설을 바탕으로 네 가지 가설을 제기했는데 실험의 결과를 보면 가설이 맞는 것도 있고 빗나간 점도 있었다. 이에 우리는 앞에서 한 가설을 수정하고 보충하여 아래와 같은 결론을 얻었다.

(1) 모국어가 무표적이면 목표언어를 습득할 때 모국어 전이 현상이 꼭 일어난다. 목표언어가 무표적인 경우에 긍정적 전이가 일어나고 목표언어가 유표적인 경우에 부정적 전이가 일어난다.

(2) 목표언어가 유표적인 경우에 습득은 일반적으로 어렵다. 그리고 습득의 난이도는 유표성의 강약과 정비례한다. 그러나 경우에 따라 제시순서

와 학습자가 느끼는 심리적 거리도 습득에 영향을 준다.

(3) 한국인 학습자의 중국어 목적어 구문 습득은 중국인 학습자의 한국어 목적어 구문 습득보다 어렵다. 두 언어 간의 유표성 차이 때문에 모국어와 목표언어가 바뀌면 습득 난이도가 달라진다.

(4) 모국어 전이 현상은 주로 초급 단계에서 일어난다. 초급 단계에서 부정적 전이 현상을 적극적으로 고치면 중급 단계에서 모국어의 부정적 영향은 현저히 감소된다. 고치지 않으면 부정적 전이 현상은 화석화되어 긴 시간 동안 중간언어로 존재할 것이다.

4) 중한 제2언어교육에 제시한 시사점

실험 결과를 바탕으로 중한 제2언어교육의 연구와 실천 분야에서 아래와 같은 시사점을 제시한다.

제2언어교육 연구에 제시한 시사점은 두 가지가 있다.

첫째, 한국어와 중국어의 유표성 차이 연구를 중요시해야 한다. 제2언어 습득은 수많은 요인이 종합적으로 작용하는 복잡한 과정이다. 하나의 이론으로 제2언어습득에서의 모든 현상을 해석할 수 없다. 유표성 이론은 한계성이 있지만 대부분 현상에 대해 높은 예측력과 해석력이 있기 때문에 제2언어습득을 연구하는 좋은 시각으로 간주될 수 있다. 유표성 이론으로 모국어 전이 현상의 발생 여부와 습득의 난이 정도를 예측하면 제2언어교육은 더 쉽고 효율적으로 진행될 수 있다. 지금 중국어와 한국어 학계에서 진행된 제2언어 습득연구를 보면 대조분석 가설, 오류분석 이론과 중간언어 이론은 여전히 많이 사용되고 있는데 표기의 시각에서 하는 연구도 보완해야 할 부분이 많다.

둘째, 중국인 학습자를 위한 한국어 교재와 한국인 학습자를 위한 중국어 교재 편찬이 바람직하다. 모국어 배경이 다른 학습자들이 모국어와 목표언어 간의 유표성 차이를 다르게 느낀다. 따라서 습득과정에서 모국어 전이 양상과 오류 양상도 다르다. 하나의 교재로 모든 학습자에게 가르치면 효율이 떨어지고 학습자들이 어렵게 느끼는 부분이 어딘지 예측하기도 쉽지 않다. 중한 두 언어의 유표성 차이를 기초로 전용 교재를 편찬하면 학습자들이 더 효율적으로 목표언어를 습득할 것이다.

제2언어교육 실천에 제시한 시사점은 세 가지가 있다.

첫째, 목표언어에서의 유표적 부분을 학습자에게 잘 가르쳐야 한다. 학습자들은 모국어의 무표적인 특징을 중간언어로 전이하는 경향이 있기 때문에 목표언어가 유표적인 경우에 항상 부정적 전이 현상이 나타난다. 교사는 학습자에게 유표적인 부분을 잘 가르치면 모국어 부정적 전이 현상을 빨리 해소할 수 있다. 그리고 유형론의 시각으로 보면 유표적인 대상의 존재는 무표적인 대상의 존재를 함축해서 유표적인 것을 습득하면 무표적인 대상도 쉽게 습득할 수 있다.

둘째, 유표성 차이가 있는 부분을 가르칠 때 제시순서와 제시빈도 면에서 교사는 적당한 조정을 해야 한다. 인간의 인지능력 때문에 제2언어습득은 일정한 패턴에 따라 진행된다. 그러나 유표적인 대상이 일찍 그리고 자주 나타나면 학습자가 잘 습득할 가능성도 있다. 교사가 유표성 정도의 차이를 고려해서 과학적 순서와 빈도로 습득항목을 제시하면 학습자는 유표적 항목을 잘 습득하고 모국어와 목표언어 간의 심리적 거리도 정확하게 파악할 수 있을 것이다. 이를 통해 모국어 부정적 전이 현상을 감소시킬 수 있다.

셋째, 유표성 차이로 인해 생긴 오류는 초급 단계에서 고쳐야 한다. 실험 결과를 보면 한국인 중국어 학습자는 파자구문과 형용사 목적어 구문을 번역할 때 오류 발생률이 높고 화석화 현상이 나타났다. 이와 반대로 중급 중국인 한국어 학습자의 오류 발생률은 초급 학습자보다 50% 정도 감소되었다. 초급 단계에서 오류를 고치지 않으면 오류가 긴 시간 동안 중간언어에 존재하고 제2언어습득의 큰 장애가 된다. 그리고 다른 항목의 유표성 판단에도 부정적인 영향을 줄 것이다. 따라서 초급 단계에서 유표성과 관련된 오류를 고쳐주어야 한다.

제4부

언어목록 유형론과 한국어 문법

제4부 언어목록 유형론과 한국어 문법

최근 몇 십 년 동안 언어유형론의 이론 체계는 빠르게 발전해 왔다. 앞에서 서술한 생명도와 의미지도 등 새로운 개념들과 새로운 연구 방법이 등장하였을 뿐만 아니라 우리나라 언어학계에서는 '언어목록유형론(语言库藏类型学)'이라는 언어유형론에서 하위 이론이 새로 나타났다. 학계에서는 몇몇 학자들에 의해 활발하게 연구되고 있지만 많은 학자들에게 소개되지 못하고 있고 따라서 아직까지는 학자들의 참여도가 그리 높은 편은 아니다. 하지만 모든 언어 이론들은 수정되고 보완되는 과정을 거쳐서 검증되어야 한다. 필자는 이 지면을 빌어 언어목록유형론의 연구현황을 스케치함으로써 이 이론의 몇 가지 중요한 개념과 연구방법 등을 소개하겠다.

4.1. 언어목록 유형론 이론 소개와 연구 현황

1) 언어목록 유형론의 이론 소개

언어목록유형론은 중국 언어학자 刘丹青이 2011년에 제시한 이론이다.

이 이론의 가장 중요한 개념은 '언어 수단 목록(语言库藏)'과 '현저성(显赫度)'이다.[1] 언어 수단 목록이란 한 언어 체계에서 보유된 모든 언어 수단의 총화를 가리킨다. 음운, 형태, 통사와 텍스트적 수단은 모두 언어 수단 목록에 저장되어 있다. 각 언어의 수단 목록은 크게 다를 수 있고 같은 의미 범주의 형식적 표현도 큰 차이가 있을 수 있다. 언어 사용자가 모든 언어 수단에 기능을 골고루 부여하지 않기 때문에 일부 수단은 다른 수단보다 더 많은 기능을 가지고 실제 언어생활에서 더 많이 쓰인다. 언어목록유형론의 시각으로 보면 이런 수단은 현저성이 강하다. 언어목록유형론 연구는 크게 두 단계로 나눌 수 있다. 각 언어 사실을 기술하고 연구 대상의 현저성을 분석하는 단계와 현저성 차이를 바탕으로 함축적 보편성을 도출하는 단계이다.

언어목록유형론의 이론적 특성과 연구 패러다임은 아래 세 가지 측면에서 기존의 언어유형론과 다르다.

첫째, Greenberg의 언어유형론은 어순 연구에서 시작되었지만 언어목록유형론은 처음부터 음운, 형태, 통사, 의미 등 언어학 연구 전분야에서 두루 적용할 수 있다.

둘째, 기존의 유형론 연구는 의미 범주에 입각하여 형식을 보는 연구가 많다. 이와 달리 언어목록유형론은 형식 범주와 의미 범주의 상호작용을 중요시하고 형식에 입각하여 의미를 보는 연구를 더 많이 한다. 언어 수단의 원형은 형식적이기 때문이다. 특정한 의미가 한 언어에서 문법화된 형식으로 표현되는지, 범주화되는지, 그 형식이 다른 의미도 나타내는지 등은 언어목록유형론 초기 연구의 주요 관심 분야였다.[2]

---

1 '语言库藏类型学'와 '显赫度'의 한국어 번역은 장회견(2017: 23)을 참고했다. 다음 부분에서의 '入库/出库, 新描写主义, 物尽其用原则' 등 전문용어의 한국어 번역은 글쓴이가 한 것이다.
2 '둘째' 부분은 刘丹青(2011: 290)과 刘丹青(2012-1: 292)를 참고했다.

셋째, 기존 연구에서 도출된 함축적 보편성은 평면적, 일차적인 것인데 언어목록유형론은 현저성 차이를 기초로 한 입체적, 이차적인 함축적 보편성을 도출하려고 한다. 따라서 언어목록유형론 연구는 언어 수단의 기능 확장과 현저성 정도 분석에 중점을 둔다.[3]

전통 언어유형론, 현대 언어유형론과 언어목록유형론의 특징 및 차이를 정리하면 〈표 1〉과 같다.

〈표 1〉 전통 언어유형론, 현대 언어유형론과 언어목록유형론의 대조

	전통 언어유형론	현대 언어유형론	언어목록유형론
창시자	Schlegel 형제 (독일)	Greenberg (미국)	刘丹青 (중국)
창시 시간	19세기	1950, 60년대	2011년
초기 관심 분야	형태	어순	언어학 모든 분야
연구 시각	형식	양방향 (의미→형식 연구 더 많음)	양방향 (형식→의미 연구 더 많음)
연구 목표	세계 언어 분류하기	함축적 보편성 제시하기	현저 범주 찾기와 함축적 보편성 제시하기

최근 몇 년에 들어 중국 언어학계에서 '신구조주의(新描写主义)'를 내세우는 의견이 나타나고 있다. 대표적인 성과는 吴建明(2018-1)과 成军(2019) 등이다. 신구조주의는 '이론적 시각을 가지고 언어 사실을 기술하자'는 관점을 주장하고 언어 사실을 단순히 기술하는 기존의 구조주의 연구와 구별된다. 신구조주의는 '중성의 이론 배경'을 강조하고 향후의 유형론 연

---

3 즉, 언어목록유형론의 시각으로 보면 현저성 차이는 언어 수단 목록 차이로 인해 생긴 것이고 언어유형론적 차이는 현저성 차이로 인해 생긴 것이다. 기존 연구는 '언어 수단 혹은 현상의 유무'로 함축적 보편성을 도출하지만 언어목록유형론은 '언어 수단 혹은 현상의 현저 여부'로 함축적 보편성을 도출한다.

구에 언어 자료를 제공하는 데 목적이 있다.[4] 언어목록유형론과 신구조주의는 범주를 상세하게 기술하고 유형론적 연구 목표를 이루려는 데 일맥상통하다.

(1) 언어목록유형론의 중요한 개념

새로운 언어학 이론으로서 언어목록유형론의 이론 체계는 아직도 보완 중이다. 일부 개념은 물리학, 생물학에서 차용된 것이어서 독자에게 낯설게 느껴질 수도 있다.

개념 소개는 네 개의 부분으로 구성된다. 첫 번째 부분에서 가장 중요한 개념인 언어 수단 목록(语言库藏)과 현저성(显赫度)을 소개하고 현저성의 판정 기준를 제시하겠다. 그리고 이와 관련된 이차적 현저(二次显赫), 내부 확장(内部扩张), 외부 확장(外部扩张) 등 개념도 함께 설명하겠다. 두 번째 부분에서 입고(入库), 출고(出库) 그리고 현저 범주(显赫范畴)의 강화와 약화 개념을 소개하겠다. 세 번째 부분에서 '최대가치 발휘 원칙(物尽其用原则)'과 '다의미 다기능 현상(多义多能现象)'을 소개하고 이들의 제약 기제인 언어 수단 분열(库藏裂变)도 설명하겠다. 네 번째 부분에서 기생범주(寄生范畴), 숙주범주(宿主范畴) 그리고 숙주범주 구성원 간의 기능 비대칭 대응(功能扭曲对应) 현상을 설명하고자 한다.

언어목록유형론은 형식과 의미의 양방향 연구 시각을 중요시하는데 이

---

4 범언어적인 대조가 가능한 범주는 대량의 언어 사실을 분석해야 찾을 수 있다. 개별 언어에만 있는 형식적 차이 및 대립은 범언어적인 대조의 기초가 되지 않는다. 예를 들면, '보어(补语)'는 중국어와 한국어에 모두 있는 개념이다. 중국어에서 보어는 술어의 결과, 정도, 수량 등을 설명하는 성분인데 한국어에서 보어는 '되다'와 '아니다' 앞에 조사 '이' 혹은 '가'를 취하여 나타나는 문장 성분을 가리킨다. 이때 '보어'는 중국어와 한국어에서 각기 다른 품사를 말하므로 범언어적인 대조의 기초가 되지 못한다. 여기서 말하는 '중성의 이론 배경'은 범언어적으로 적용될 수 있는 중립적 유형론 프레임이다.

개념들을 소개할 때도 가급적 형식 측면과 의미 측면으로 나눠서 소개하겠다.

가. 언어 수단 목록(语言库藏)과 현저성(显赫度)

'언어 수단 목록'과 '현저성'은 언어목록유형론의 가장 중요한 개념이다. 앞에서 언급하였듯이 '언어 수단 목록'은 한 언어 체계에서 보유된 모든 언어 수단의 총화를 가리킨다. 목록에 음운, 형태, 통사 또는 텍스트적 수단이 모두 저장될 수 있고 그 수단들은 각각의 의미, 화용적 기능을 가진다. 吴建明(2018-2: 72)는 언어 수단 목록을 광의적인 언어 수단 목록(广义语言库藏)과 협의적인 언어 수단 목록(狭义语言库藏)으로 세분하였다. 광의적인 언어 수단 목록은 한 언어에서 의미 표현 수단의 총화를 가리키고 협의적인 언어 수단 목록은 '특정한 의미를 나타내는 모든 언어 수단의 총화'를 말한다. 예를 들면, 원인을 표현할 때 중국어는 '因为, 由于, 所以' 등 관련사를 쓰고 한국어는 '-아서, -(으)니까, -더니, -므로' 등 연결어미를 쓴다. 그리고 영어에서는 'because, since' 등 접속사로 원인 의미를 나타낸다. 여기서 '因为, 所以, -아서, -(으)니까, because' 등 모든 수단은 원인을 표현하는 수단 목록에 들어간다. 범위를 더 좁히면 '한 언어에서 특정한 의미를 나타내는 수단'도 하나의 목록을 구성한다.

언어 수단과 범주의 현저성은 두 가지 변수로 고찰할 수 있다. 하나는 부각(突显) 정도이고 또 하나는 강세(强势) 정도이다. 부각 정도가 높은 수단은 목록에서 더 중요한 위치를 차지하고 다른 수단에 의해 쉽게 대체되지 않는다. 강세 정도가 높은 수단은 다른 개념 영역으로 확장하는 경향이 강하게 나타나고 언어 수단 간의 경쟁도 자주 일으킨다. 刘丹青(2012-1: 292)는 현저성이 강한 범주의 다섯 가지 판정 기준을 제시했다.

가. 문법화 정도가 높거나 다기능 형식으로 표현되면 언어 수단 목록에서 부

각된다. 우회적으로 나타나는 경우가 적다.

나. 확장 추세가 강하면 원래 의미와 관련된 인접 의미를 표현할 수 있다. 이에 따라 형식-의미 관계가 복잡하고 범범주적인 대응 관계(跨范畴的对应关系)가 이루어진다.

다. 해당 의미 범주는 그 형식이 나타내는 여러 의미에서 원형 위치를 차지한다.

라. 유추하기가 쉽고 통사적 분포가 넓다. 강제적으로 사용되는 경우도 있다.

마. 접근성(可及性)이 강하고 심리적으로 쉽게 활성화된다.

상술한 기준은 의미 범주를 중심으로 제시된 것인데 陆丙甫(2015: 199)는 이를 기초로 형식 범주에 입각한 두 가지 현저 범주 판정 기준을 제시했다.

바. 해당 언어의 문법 체계 또는 다른 통사 구조에 큰 영향을 준다.

사. 현저성이 강한 구조(构式)이면 구성원에 원래 없는 통사적 기능을 부여할 수 있다.[5]

의미 범주에 입각하여 현저성을 판정하고 표현 수단을 연구하는 대표적인 성과는 雍茜(2017)이다. 그 논문은 각 언어에서 '사실과의 어긋남(违实)' 의미가 어떻게 표현되는지를 주목하였다. 현저성의 시각으로 '사실과의 어긋남' 및 시제, 동작상, 서법 사이의 범범주적인(跨范畴的) 상호 제약 현상을 살펴봤다.

형식 범주에 입각하여 그 범주의 의미 확장 양상을 고찰하고 현저성을

---

5 陆丙甫(2015: 199)에서 문법 체계에 큰 영향을 준 현저 범주를 중국어 '把(파)구문'을 예시로 설명하였다. 현저성이 강한 구조(构式)를 중국어 비교구문 중의 한 가지인 '형용사+비교 표지+비교 기준+비교 결과'를 예시로 설명하였다. 예를 들면 중국어에서 '高过他三寸'이라는 표현이 문법적이다. '高'는 형용사로서 목적어를 가지지 못하지만 현저성이 강한 비교 구조에 들어가서 기능이 확장되고 목적어를 가질 수 있게 되었다.

분석하는 성과는 장회견(2017)을 예로 들 수 있다. 그 논문은 한중 명사구의 의미 기능을 연구했다. 논문에서 한국어 명사구가 명사로 종결되는 구문, '명사+하다/되다/실질 동사' 구조에서 동사가 발화 상황에 의해 생략되는 구문, '(의존)명사+이다' 구문 등 세 가지로 분류되었고 각 유형 명사구의 의미 확장 양상이 고찰되었다. 장회견(2017: 61)은 단정을 나타내는 한국어 명사구와 중국어 대응 형식을 대조했는데 일부분 예문을 가져오면 다음과 같다.

(1) 가. 휴업(명사)　　　　나. 停止营业(동사+명사)

(2) 가. 공사 중(명사구)　　나. 正在施工(부사+동사)[6]

이러한 대조를 통해 장회견(2017)은 한국어 명사구의 현저성이 중국어보다 강하고 명사구가 한국어의 현저 범주라는 결론을 지었다.

언어목록유형론은 현저 범주의 기능을 핵심 기능(核心功能), 확장 기능(扩展功能)과 주변 기능(边缘功能)으로 나누는데 이것은 인지언어학의 영향이라고 할 수 있다. 주변 기능은 핵심 기능과의 유사성이 약하지만 연구에서 핵심 기능 못지 않은 중요성을 가진다. 주변 기능이 어떤 의미 범주의 유일한 표현 수단인 경우도 있다. 刘丹青(2014: 399)는 중국어 의문대명사 '什么'의 기능 확장을 연구했다. '什么'는 '적음'과 '없음' 사이의 양을 표현하는 주변 기능이 있고 '没吃什么' 같은 문장을 자연스럽게 구성한다. 여기서 '什么'는 '적음-없음' 구간의 양을 나타내는 유일한 수단이다. 따라서 현저성 연구에서 확장 기능과 주변 기능도 중요시된다.

연구가 심화됨에 따라 현저성와 관련된 새로운 개념도 나타났다. 그 중

---

6 예문의 통사적 구조는 글쓴이가 보충한 내용이다.

비교적 중요한 것은 이차적 현저(二次显赫)와 내부적/외부적 확장(内部/外部扩张)이다.

이차적 현저(二次显赫)는 夏俐萍(2013)에서 제시된 개념이다. 夏俐萍(2013)은 이양방언(益阳方言)의 현저 형식 '阿'를 연구했다.[7] '阿'의 핵심 기능은 NP 앞에 붙어 총칭적 지시(类指) 또는 특정 지시(定指)를 하는 것이다. 통사적 위치 때문에 '阿'는 화제 표지, 소유 표지, 단정 표지 등 확장 기능을 갖게 되고 이양방언의 현저 형식이 되었다. 夏俐萍(2013: 73)은 범방언적인 고찰을 통해 '阿'가 이양방언의 통용 분류사(通用量词) '只[tsa]'에서 유래되었다는 결론을 내렸다. 분류사 '只[tsa]'와 지시 표기 '阿'는 모두 이양방언의 현저 형식이이서 夏俐萍(2013: 75)는 '阿'의 발달 과정이 이차적 현저의 결과라고 주장하였다.

내부적/외부적 확장(内部/外部扩张)은 方迪(2018)에서 제시된 개념이다. 현저 범주의 기능 확장을 세분하였다. 그 논문은 중국어 '동사+추향동사 구조(动趋式)'의 기능 확장을 연구했다. 논문에서 움직임의 경로나 방향을 표현하는 것이 '동사+추향동사 구조'의 핵심 기능으로 간주되었다. 의미 확장 과정에서 우선 '站出来, 坐进去' 등이 주목되었다. 이 항목들의 의미 코딩(语义编码) 방식은 전형적인 '走进来, 拿进'과 다르고 언어의 도상성 원칙도 위반한다.[8] 그러나 여전히 '추향' 의미를 나타낸다. 원래 의미 안에서의 이런 구조적인 확장은 方迪(2018: 233-234)에서 내부적 확장(内部扩张)이라고 정의되었다. 그리고 '동사+추향동사 구조'가 핵심 의미를 넘어 결과,

---

7 이양방언은 중국 후난성(湖南省) 북부 이양시(益阳市)에서 쓰이는 방언이고 중국어 7대방언 중의 상방언(湘方言)에 속한다.

8 전형적인 '동사+추향동사' 구조는 '走进来, 拿进'처럼 '움직임 동사+경로/방향 동사로 구성되고 도상성 원리에도 부합된다. '站出来, 坐进去' 등 구조는 '움직임이 완료 이후의 상태+경로/방향 동사'로 구성되고 도상성 원리에 어긋난다. 이러한 확장 양상의 형성 원인은 方迪(2018: 234)를 참고할 수 있다.

동작상, 관용어 등을 나타내는 것은 외부적 확장(外部扩张) 현상으로 분류되었다.

현저성은 언어학자들에게 새로운 개념이고 그의 내용도 계속 보완되고 있다. 그러므로 대부분 현저성 연구는 아직도 어느 한 범주의 확장 양상과 현저성 분석에 머무르고 있다. 범주 간의 상호 작용을 고찰하는 성과는 많지 않다. 앞에 언급한 雍茜(2017) 외에 刘丹青(2018-1)과 白鸽(2018) 등 몇 편밖에 없다. 刘丹青(2018-1)은 중국티베트어족의 현저 범주인 음절이 품사, 통사 현저 범주에 준 영향을 고찰하였고 白鸽(2018)은 범언어적인 시각으로 원형명사(光杆名词), 복수 표지(复数标记)와 불특정한 지시(不定指) 표지의 현저성을 분석하고 이들의 상호 작용 양상을 살펴봤다. 앞으로 현저성을 기초로 한 범범주적 연구와 함축적 보편성 연구가 초점이 될 것이다.

나. 입고(入库), 출고(出库) 그리고 현저 범주의 강화와 약화

한 언어의 수단 목록은 끝없이 변하고 있다. 목록에 저장하게 된 과정은 '입고'라고 하고 목록에서 사라지게 된 과정은 '출고'라고 한다. 입고 여부는 형식과 의미 두 가지 측면에서 판정할 수 있다. 형식적 시각으로 보면 느슨한 구조가 실제 언어생활에서 응고되고 문법적인 요소가 되면 입고로 간주될 수 있다. 의미적 시각으로 보면 한 언어에서 어떤 의미가 전문적인 음운, 형태 또는 통사 수단으로 표현되고 우회적으로 나타나지 않으면 입고로 볼 수 있다. 张金圈(2020)과 顾骁晨(2018)은 각각 형식 범주와 의미 범주의 입고 과정을 고찰하였다. 张金圈(2020)은 중국 인터넷 신조어를 연구했다. 그 논문은 신형 구조(构式)의 출현, 입고 과정 및 의미 확장 양상을 고찰하였다. 顾骁晨(2018)은 캄타이어족(侗台语族) 제어의 정도부사를 연구했다. 그 논문에 따르면 캄타이어족 제어에서 정도부사는 미묘한 의미 차이를 나타낼 수 있다. 절대 정도부사의 의미는 '강함, 약함'과 '과잉' 등 세 가지로 세분되는데 해당 의미를 표현하는 부사의 수량은 '강함>과잉>약함' 순으로 나타났다. 상대 정도부사에서 최상급을 나타내는 부사는 비교급을 나타내는 것보다 많다. 그러므로 顾骁晨(2018: 43)은 캄타이어족에서 대량(大量) 의미 범주의 입고 능력이 강하다고 주장하였다. 출고는 언어 수단의 사라짐을 가리킨다. 중국어 북방방언에서 입성(入声)의 소멸은 출고의 사례로 볼 수 있다. 선행연구에서 출고 과정을 고찰하는 성과는 아직 많지 않다.

수단과 범주의 현저성도 계속 변하고 있다. 현저 범주의 강화와 약화는 언어목록유형론의 초창기부터 주목되는 연구 주제이다. 일부 현서 범주는 확장력뿐만 아니라 강한 흡인력도 보인다. 이런 현상은 현저성 강화의 결과이다. 현저성의 강화도 형식과 의미 두 측면으로 살펴볼 수 있다. 강화가 형식적 측면에서 일어나면 한 언어에서 특정한 형태, 통사적 위치가 유난히 현저하고 많은 의미가 그 위치에 의해 표현된다. 강화가 의미적 측면에서 일어나면 한 언어에서 특정한 의미 범주가 표현 수단이 유난히 많다. 强星娜(2011)과 刘丹青(2019)는 각각 형식과 의미에 입각하여 현저 범주의 강화를 고찰하였다.

强星娜(2011)은 중국어 방언의 과거가정(过去虚拟) 표지를 연구했다. 그의 논문에 따르면 서북방언에서 문말 어기사(句末语气词)의 기능이 크게 발달되어 있고 과거가정 의미를 나타낼 수 있다.

(3) 선무현: 这场雨要早下上几天<u>时价</u>。

(4) 자현: 这场雨要早下上几天<u>价</u>。

(5) 칭젠현: 这场雨要早下上几天<u>噾</u>。

　　이 비가 며칠 일찍 왔으면 좋겠다.

(6) 관중지역: 我夜来再没去<u>些</u>。[9]

　　나 어제 안 갔으면 좋겠다.

위 예문에서 나타난 '时价, 价, 嘮'과 '些'는 모두 과거가정을 나타내는 표지이다. 중국어 방언에 과거가정이 문법화된 조건 표지나 발화동사로 표현되는 사례가 많지만 서북방언에서 이 기능은 현저 범주인 문말 어기사로 '흡인'되었다.

刘丹青(2019)는 통리(同里) 방언에서 조건 범주의 표현 수단을 고찰하였다.[10] 그 논문에 의하면 이 방언에서 조건 범주는 전치연사 '假使', 화제표지 '末, 呢', 추향보어 '起来', 후치연사 '嘅闲话', 접미사 '者' 등 서른한 가지 표현 수단이 있고 미묘한 의미, 화용적 차이가 있다. 한 문장 안에서 두 개 이상의 조건 표지가 나타나는 경우까지 계산하면 최대 여든여섯 가지의 조합이 가능하다.

(7) ①<u>假使</u>天落雨, 箚间房子就会漏水。

　　비가 오면 이 방은 물이 샌다.

(8) ①<u>假使</u>俤买②<u>起来</u>③<u>嘅闲话</u>④<u>末</u>, 伷吾帶一只。[11]

　　네가 사면 나한테도 하나 사 줘.

전치연사 '假使'를 쓰는 예문 (7)은 가장 전형적이고 간단한 조건문이다. 이와 반대로 예문 (8)에서 조건 의미는 전치연사, 추향보어, 후치연사와 화

---

9 예문 (3)-(6)은 强星娜(2018: 160)에서 재인용한 것이다. 선무현(神木县), 자현(佳县), 칭젠현(清涧县)과 관중지역(关中地区)은 모두 산시성(陕西省)에 있다.
10 통리(同里)는 장쑤성(江苏省)에 있다. 거기 방언은 북부 오방언(北部吴方言)에 속한다.
11 예문 (7, 8)은 각각 刘丹青(2019: 7)과 刘丹青(2019: 14)에서 인용한 것이다.

제표지 등 네 가지 수단으로 나타나서 가장 복잡한 상황을 대표한다. 이에 따라 刘丹青(2019: 16)은 통리방언에서 조건 범주는 흡인력이 강한 현저 범주라고 주장하였다.

1960년대 미국 사회학자 Merton이 '마태 효과(马太效应)'를 처음 제시했다. 성경 마태복음에서 유래된 이 개념은 '빈익빈 부익부'로 요약할 수 있는데 심리학, 교육학과 경제학 등 여러 분야에서 널리 쓰이고 있다. 한 범주가 목록(库藏)에서 현저 범주가 되면 쉽게 약화되고 않고 오히려 기능 확장과 범주 강화를 계속 한다는 것은 마태 효과의 언어학적 예이다. 이에 대해 일부 학자는 슈퍼현저 범주(超级显赫范畴)라는 개념도 제시했다.

그러나 범주의 현저성이 떨어지는 상황도 가끔 있는데 이때 언어 간의 접촉이 주요 원인이다. 周晨磊(2017)은 현저 범주 약화를 연구하는 대표적인 성과이다. 그 논문은 칭하이성(青海省) 저우툰(周屯) 방언의 연동구조(连动式)와 파구문(把字句)를 주로 고찰하였다. 저우툰은 소수민족 지역에 있는 중국어 서북관화(西北官话) 방언섬이어서 거기서 쓰이는 중국어는 티벳어와 몽골어의 영향을 받는다. 저우툰 방언에서 중국어 현저 범주인 연동구조와 파구문이 많이 약화되었다.

(9) 苹果落着下来了。

사과가 떨어졌다.

(10) 镇上到了时饭吃。

읍내에 가서 밥을 먹는다.

예문 (9, 10)은 각각 중국어의 비대칭 연동구조, 대칭 연동구조와 대응된다.[12] 저우툰방언에 전형적인 연동구조가 없고 비대칭 연동 의미를 표현할 때 앞 동사에 동작상 표지 '着,了'를 붙여 부사어로 만든다. 대칭 연동 의미는 '时'와 같은 후치연사에 의해 표현되고 다른 형식으로 우회하게 표현해야 하는 경우도 있다. 周晨磊(2017: 56)은 함축적 보편성과 언어 접촉의 시각으로 연동구조의 약화 경로를 검증하였다.

(11) 你把你坐。

너는 앉아라.

(12) 你把你慢慢儿吃。

너는 천천히 먹어라.

(13) 你把你的事情做。[13]

너는 네 일을 해라.

저우툰방언에서 파구문은 예문 (11-13)처럼 명령 기능만 있고 기본 구조는 '你把你V' 한 가지이다. 현저 범주인 표준 중국어 파구문에서 명령은 오히려 전형적이지 않은 기능이고 '你把你V' 구조도 문법성이 낮다. 周晨磊(2017: 59-60)에 따르면 서북관화에서 파구문은 표준 중국어보다 의미 기능이 더 많고 현저성도 더 강하다. 명령과 '你把你V'는 파구문의 지역적 기능 확장에서 나타난 주변 현상이다. 오랫동안 티벳어와 몽골어의 양향을 받아서 저우툰방언의 기분 어순이 SOV로 바뀌었다. OV 어순과의 경쟁 끝에 파구문은 현저성이 많이 약화되었고 OV로 표현하기 어려운 명령 기능만 남게 되었다. 따라서 원래의 주변 기능은 지금의 핵심 기능이 되었다고

---

12 대칭 연동구조에서 앞뒤 동사의 선택 제약은 비교적 자유롭다. 비대칭 연동구조에서 동사 중의 하나는 선택 제약이 자유롭고 나머지 하나는 특정한 의미장(예를 들면: 방향 의미장)에서만 선택할 수 있다. 이때 전자는 주요 동사(主要动词)라고 하고 후자는 부차적 동사(次要动词)라고 한다. '完成工作回家休息'는 대칭 연동구조의 예이고 '跑出去, 掉下来' 등은 비대칭 연동구조이다.

13 예문 (9-13)은 각각 周晨磊(2017: 50, 52, 57)에서 인용한 것이다.

할 수 있다. 저우툰방언에서 파구문은 이차적 현저를 거친 후 약화되었다고 할 수 있다. 이 과정은 연동구조의 약화보다 더 복잡하다.

언어 수단의 입고, 출고 그리고 현저 범주의 강화, 약화는 동적인 과정이다. 이에 대한 연구는 통시적 시각과 범언어적 비교 시각이 필요하다. 이 분야의 성과는 아직 많지 않아서 보완할 공간이 많다.

다. 최대가치 발휘(物尽其用) 원칙과 수단의 분열(裂变)

刘丹青(2014: 388-389)는 언어의 경제성을 통합적 경제성(组合经济性)과 계열적 경제성(聚合经济性)으로 세분하였다. 같은 내용을 표현할 때 일반적으로 짧고 간단한 형식이 더 선호되는데 이 현상은 통합적 경제성의 결과이다. 인간이 언어 수단을 머리 속에 저장할 때 학습, 기억과 사용의 부담을 최소화하려는 경향이 있는데 이것은 계열적 경제성의 결과이다. 언어목록유형론의 최대가치 발휘 원칙은 계열적 경제성과 연관되고 두 가지 측면에서 효과를 발휘한다.

가. 목록에 있는 언어 수단을 충분히 이용한다. 목록의 규모를 줄이기 위해 기능이 중복된 수단이 있으면 그 중 하나를 없애거나 새로운 기능을 부여한다.

나. 활성화하기 쉽고 접근성이 좋은 현저 범주를 충분히 이용하고 인지적 부담을 덜어 준다.

먼저 (가) 상황을 보자.

기능이 중복된 수단에서 하나를 없애는 예는 세계 언어의 논항 구조이다. 자동사의 주어(S), 타동사의 목적어(P)와 타동사의 주어(A)를 조합하려면 이론적으로 SP-A, SA-P, S-AP, S-P-A와 SPA 다섯 가지 상황이 가능하다.

Whaley(2010: 205-206)에 따르면 S-P-A식 언어는 아주 드물고 S-AP과 SPA식 언어는 없다. 대부분 언어는 SP-A 또는 SA-P, 즉 능격-절대격 또는 주격-목적격 언어이다. 타동사 주어(A)와 타동사 목적어(P)의 구분이 가장 중요하기 때문이다. S-A-P는 언어 수단의 최대가치를 발휘하지 못하는 과잉 구분이어서 실제 언어에서 극히 적다.

기능이 중복된 수단에서 하나를 선택하여 새로운 기능을 부여하는 경우는 刘丹青(2017-1)에서 논의된 바가 있다. 진종(晋中)방언의 지시사는 표준 중국어와 달리 '这-那-兀' 삼분 체계이고 각각 '근칭-중칭-원칭' 의미를 가진다.[14] 刘丹青(2017-1: 5)에 따르면 '这-那' 체계였던 진종방언은 '这-兀' 체계인 중원관화(中原官话)와 접촉하면서 원칭 지시사 중복 현상이 생겼다. 그 후 기능이 재분배되었고 '那'는 중칭 지시의 수단이 되었다.

(나) 상황의 예가 매우 많은데 앞에서 언급한 한국어 명사구와 이양방언 지시표지 '阿', 서북관화 파구문 등은 모두 (나) 상황에 해당된다. 기능 확장 과정에서 의미의 변화는 하나의 연속체를 구성하는데 이때 '다의미 다기능(多义多能)' 현상이 일어난다.[15] 吴建明(2018-2: 75)에서 아래와 같은 예문을 제시했다.

(14) 那本书我们不小心给弄丢了。

　　　그 책은 우리가 실수로 잃어버렸다.

(15) 百货大楼价格比你们低。

　　　백화점은 가격이 너희보다 싸다.

---

14 진종(晋中)은 산시성(山西省)에 있다. 거기는 북방방언구(北方方言区)에서 진방언(晋方言)과 중원관화(中原官话)의 접경지대이다.

15 '다의미 다기능' 현상은 일부 연구 성과에서 '비독립적 의항(义项非独立)' 현상으로도 부른다. 이 논문은 이해의 편의를 위해 '다의미 다기능'이라는 명칭을 쓰기로 한다.

위 예문에서 밑줄친 '那本书'와 '百货大楼'는 문장의 화제이다. 이 두 문장은 '화제(话题)-평언(述题)' 구조인 동시에 각각 피동과 비교의 뜻도 나타내고 있다. 이러한 다의미 다기능 현상은 현저 범주의 연구에서 많이 확인되었고 '최대가치 발휘'의 예이기도 한다. 기존 연구는 다의미 형식이 한 문맥에서 한 가지 의미만 표현할 수 있다는 관점이 많다. 이와 달리 언어목록 유형론은 최대가치 발휘 원칙에 따라 의미와 기능의 연속적인 변화 과정에 초점을 둔다.

현저 범주의 기능이 지나치게 확장하면 오히려 인지적 부담을 초래한다. 이때 확장 추세는 '분열(裂变)'이라는 기제에 의해 차단된다. 刘丹青(2017-2: 1)에 따르면 한 언어 수단이 두 개 이상의 수단으로 분화되고 모어 사용자의 심리에서 더 이상 같은 것으로 간주되지 않으면 그 언어 수단이 분열되었다고 할 수 있다. 현저 범주 분열에 대한 연구는 刘丹青(2015-1)과 刘丹青(2017-2) 등이다. 刘丹青(2015-1)은 통시적인 자료로 오 방언 처소표지 '许'의 분열 과정을 고찰하였다. '许'의 기능은 처소표지에서 후치사, 동작상 표지, 어기사 등으로 확장되었지만 음운적 변화 때문에 모어 화자가 더 이상 이들 형식을 같은 것이라고 생각하지 않는다. 따라서 별개의 언어 수단으로 분열하였다고 볼 수 있다. 刘丹青(2017-2)는 중국어 연동 구조(连动式)를 연구했는데 역사 언어 자료와 방언 자료를 바탕으로 '동사+결과' 구조(动结式)와 '동사+추향동사' 구조(动趋式)가 연동 구조 분열의 결과라고 주장하였다.

언어 수단 분열의 기제, 분열 과정에서 음운, 통사, 의미 요소의 상호 작용 양상은 가치 있는 연구 주제이지만 아직 성과가 많지 않다. 지금 수단 분열 연구는 직면해야 하는 문제가 두 개 있다. 첫째, '분열'의 판정 기준을 마련해야 한다. 기존의 연구 성과는 모어 화자의 어감이나 직관으로 분열 여부를 판단하는 경우가 많다. 이를 해결하는 정성적(定性的) 또는 심리언어학적 방법론이 필요하다. 둘째, 분열은 통시적인 과정이고 언어내적, 외적 요소가 공통적으로 작용한 결과이다. 거시적인 측면에서 공시와 통시, 내부와 외부를 총괄적으로 고찰해야 하고 미시적 측면에서 분열 과정 각 단계의 음운, 통사, 의미적 특징 등을 자세하게 분석, 대조해야 한다. 따라서 난이도가 매우 높다.

라. 기생범주(寄生范畴)와 비대칭 대응(扭曲对应)

언어에서 일부분 범주는 전문적인 형식이 없고 다른 범주의 표현 수단에 의해 부차적으로 나타난다. 예를 들면, 중국어에서 생명도 범주는 전문적인 문법적 표현 수단이 없고 수범주에서 간접적으로 표현된다.[16] 중국어는 영어처럼 굴절 수단으로 단수·복수 대립을 나타내지 못하지만 복수 후치사 '们'이 있다. 명사, 대명사와 결합할 때 '们'은 생명도 제약을 받는다. Croft(1990)에서 제시된 생명도 등급은 아래와 같다.

1, 2인칭대명사 > 3인칭대명사 > 고유명사 > 인간을 가리키는 보통명사 >
비인간 생물을 가리키는 보통명사 > 비생물 보통명사

'们'의 결합 대상은 1, 2인칭대명사부터 인간을 가리키는 보통명사까지의 범위 안에서 분포되어 있다. 문학 작품에서 귀여워한다는 의미를 표현하기 위해 '蝴蝶们, 小羊们'처럼 '동물명사+们' 용례도 가끔 쓰지만 식물, 미생물 그리고 비생물 명사 뒤에는 '们'을 붙이지 못한다. 이런 상황에서 생명도처럼 다른 범주를 통해야 표현될 수 있는 범주는 기생범주(寄生范畴)라고 하

---

16 3인칭대명사가 '他, 她, 它'로 구분되지만 이것은 문자적 차이이고 발음은 모두 'tā'이다. 신체 부위 단어에도 생명도에 따라 '手'와 '爪' 같은 차이가 있지만 이런 현상은 어휘적 현상이고 보편성도 가지지 않는다.

고 수범주처럼 기생범주를 용납하는 범주는 숙주범주(宿主范畴)라고 한다. 비슷한 언어 수단 사이에 미묘한 의미, 화용적 차이가 있는 경우가 많은데 이때 기생범주의 존재 여부는 원인 중의 하나이다.

　기생범주를 연구하는 성과는 刘丹青(2018-2)와 冯铮(2019) 등이다. 刘丹青(2018-2)는 기생범주 개념을 처음 제시한 논문이다. 그 논문은 의미적 시각으로 중국어에 존재하는 '생명도-수범주, 현실/비현실-방식류 부사, 시제와 동작상-시간 명사/개사' 등 세 가지 기생-숙주 관계를 고찰하였다. 冯铮(2019)는 형식적 시각으로 한중 중동 범주(中动范畴)의 기생 양상을 연구했다. 그 논문에 의하면 한국어와 중국어에 중동은 전문적인 문법 수단이 없고 다른 범주에 기생한다. 중국어에서 중동은 'NP+V着/起来+수식적 성분' 또는 'NP+조동사+VP' 구조로 표현되고 한국어에서 중동은 '상태동사+피동접사'로 표현된다. 이 세 가지 구조로 표현되는 중간구문 예문은 아래와 같다.

　　(16)　这件衣服洗起来很麻烦。(NP+V着/起来+수식적 성분)

　　　　　이 옷은 빨래하기가 까다롭다.

　　(17)　这个问题可以解决。(NP+助动词+VP)

　　　　　이 문제는 해결될 수 있다.

　　(18)　캐릭터 상품 잘 팔린다. (상태동사+피동접사)[17]

　여기서 유의해야 하는 점이 하나 있다. 기생범주와 숙주범주는 층위가 같아야 한다. 다시 말하면 의미 범주는 다른 의미 범주에 기생하고 형식 범주는 다른 형식 범주에 기생한다. 어떤 의미가 특정한 형식에 의해 표현

---

17 예문 (16-18)은 각각 冯铮(2019: 43, 113, 115)에서 인용한 것이다.

된다는 것은 기생-숙주 관계로 간주되지 않고 단순한 기호-의미 대응관계이다.

언어 수단 목록에 들어가지 못하는 범주는 반드시 현저성이 없다는 것이 아니다. 다른 범주에 기생하여 나타날 수 있으면 그 범주는 모어 화자의 언어 심리에서 어느 정도 감지된다. 따라서 목록 외 범주도 현저성 강약 차이가 있다. 대부분 기존 연구는 현저성이 강한 범주만 살펴봤는데 기생 범주에 대한 고찰은 보완할 여지가 많다.

기생범주는 숙주범주보다 안정성이 낮고 변화가 잦다. 기생범주가 변하면 숙주범주 각 구성원 간의 기능 분포도 같이 변한다. 刘丹青(2018-2: 646-647)에서 중국어 방식류 부사의 예를 통해 기생범주로 인한 숙주범주 기능 변화를 설명하였다. 그 논문에 따르면 '又'와 '再'에 원래 각각 현실과 비현실 범주가 기생되고 있었다.

(19) 가. 过了几天, 他又来了。　　　나. *过了几天, 他再来了。
　　　며칠 지나고 그 사람이 또 왔다.

(20) 가. 我想再看一遍那部电影。　　나. *我想又看一遍那部电影。[18]
　　　나는 그 영화를 다시 한 번 보고 싶다.

위 예문은 '又와 현실', '再와 비현실'의 일대일 관계를 잘 나타내고 있다. 그러나 최근 들어 해외 중국어, 광동 방언 등과의 언어 접촉으로 인해 '再'의 기능은 점점 현실 범주로 확장하고 있다. 刘丹青(2018-2: 647)의 예문은 다음과 같다.

---

18 예문 (19-20)은 글쓴이가 刘丹青(2018-2)의 관점에 따라 스스로 만든 예문이다.

(21) 早间新闻节目近日<u>再</u>添新人。

요즘 아침 뉴스 방송에서 새로운 앵커가 또 등장하였다.

(22) 英国前首相夫妇<u>再</u>购置了一套豪宅。

영국 전임 수상 부부는 호화주택 한 채를 또 샀다.

기생범주로 인한 숙주범주 기능 변화는 일반적으로 한 구성원의 기능 유지와 다른 한 구성원의 기능 확장으로 나타난다. 이 양상은 [그림1]로 요약할 수 있다.

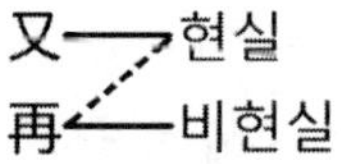

又———현실
再———비현실

[그림 1] 중국어 방식류 부사 '又, 再'와 현실/비현실 범주의 대응 양상

위 그림에서 실선으로 연결된 기능은 '又'와 '再'의 원래 기능이고 점선으로 연결된 기능은 '再'의 확장 기능이다. 일대일 양상이 깨진 이런 양상은 '비대칭 대응(扭曲对应)'이라고 한다. 숙주범주 구성원 사이에서 비대칭 대응 현상을 흔히 발견할 수 있지만 이 현상을 일으키는 기제는 아직 명확하지 않다. 비대칭 대응의 원인을 밝히는 것이 향후 언어목록유형론 연구의 과제가 될 수 있다.

언어목록유형론은 제시된 지 10년이 된 새로운 언어학 이론이어서 이론체계가 아직 보완 중이고 여러 가지 새 개념 새 기제도 계속 나오고 있다. 앞으로 언어목록유형론은 더 건전한 이론 체계를 갖추게 되고 언어유형론의 중요한 하위 분야가 될 것이다. 이를 기초로 한 연구 성과도 풍부해질 것이다.

2) 연구 현황

2011년에 刘丹青은 〈언어목록유형론 구상(语言库藏类型学构想)〉이라는 논문을 통해 이 이론을 처음 제시했다. 그 후 이 이론은 학자들의 주목을 받았고 이와 관련된 논문도 많이 나왔다. 중국 CNKI와 한국 RISS에서 '语言库藏类型学/언어목록유형론'을 키워드로 검색하여 총 76편의 논문을 찾았다. 언어목록유형론은 중국 학계에서 새롭게 제시된 이론이어서 한국 학계에 아직 잘 알려지지 않는 상태이다. 수집된 논문에서 한국 논문은 장회견(2017) 한 편뿐이고 나머지 75편은 모두 중국 논문이다.

언어묵목유형론이 제시되었던 2011년부터 2015년까지 연구 성과는 증가세를 보였다. 2016년에 소폭의 하락이 있었지만 그 후 이론 체계의 성숙과 풍부해짐에 따라 증가세가 다시 회복되고 매년 10편 이상의 성과가 출판되었다. 새로운 이론이어서 중국 학계에서 언어목록유형론 체계에 대한 소개, 보완 그리고 다른 이론과의 비교가 깊이 있게 진행되고 있고 각 언어학 영역에서 언어목록유형론을 이용한 연구도 활발히 이루어지고 있다. 2020년 상반기는 객관적 원인으로 중국에서 학술지 출판이 많이 줄어들었고 8월 현재까지 언어목록유형론 논문 두 편만 나왔다. 앞으로 이 분야의 논문 수량은 예전 수준으로 회복될 전망이다.

수집된 논문을 일반학술지 논문, 등재지/CSSCI 등재논문, 석사 학위논문과 박사 학위논문 등 네 가지로 나눠서 통계하면 일반 학술지 논문 9편, 등재지논문 51편, 석박사 논문 16편이다.

중국 언어학계에서 크게 주목받는 선구적인 이론으로서 언어목록유형론과 관련된 연구에서 70% 정도의 성과는 등재학술지 및 CSSCI 등재학술지에 등재되었다. 이 외에 覃东生(2012), 冯莉(2014)와 장회견(2017)을 비롯한 학위논문에도 언어목록유형론 이론이 도입되었다.

(1) 논문의 연구 형식과 대상 언어

언어학 연구는 형식과 시각에 따라 공시-통시, 단일-대조-범언어 등 기준으로 세분될 수 있다. 이 부분에서 먼저 이들 기준에 따라 언어목록유형론 기존 성과의 연구 형식 및 연구 대상 언어를 통계하겠다. 이를 기초로 한국어와 관련된 논문의 연구 영역, 연구 주제를 간단히 살펴보겠다.

수집된 논문에서 공시적인 성과는 57편으로 75%를 차지하고 통시적 연구는 4편, 공시와 통시를 결합한 연구는 10편이다. 이들 논문은 공시적인 측면에서 현저범주의 기능 확장과 현저 범주 간의 상호관계 등을 연구했다. 高亚楠(2014-1, 2)는 현저범주인 중국어 동사와 양사가 동량사(动量词) 탄생 과정에서 어떤 영향을 줬는지를 고찰하였는데 통시적 연구의 대표적인 성과이다. 이 외에 吴建明(2013-2), 完权(2014) 등은 고대 중국어와 방언, 외국어 등을 범언어적으로 연구하여 공시, 통시적 연구 형식을 융합시켰다.

연구 시각을 보면 단일 언어 연구는 35편이고 범언어/방언적 연구는 25편, 그리고 대조연구는 11편이다. 强星娜(2011), 覃东生(2012)와 刘丹青(2017-1) 등은 여러 가지 중국어 방언과 소수민족 언어를 종합적으로 고찰하였는데 이런 연구 시각은 범언어적 연구에서 새롭고 창의적이다.

연구 대상 언어를 보면 중국어와 중국어 방언에 관한 성과가 25편으로 가장 많다. 이 외에 특정한 범주가 각 언어에서 현저한지, 어떤 범주와 연관되는지 등을 연구하기 위해 세 가지 이상의 언어를 함께 고찰하는 논문도 12편이 있다. 대표적인 성과는 雍茜(2017)과 于秀金(2017) 등이다. 이 외, 외국어-중국어 대조 성과는 모두 9편이 있는데 그 중 영어와 중국어 대조는 7편이고 한중 대조는 2편이다. 각각 장회견(2017)과 冯铮(2019)이다.

다언어 연구에서 가장 많이 나타난 언어는 영어이다. 이들 연구는 세계 언어의 공통적인 현저범주와 현저범주 간의 공통적인 상호작용 관계를 탐색하기 위해 여러 가지 언어 자료를 인용, 분석하였다. 표본 다양성을 확보하는 장점이 있지만 언어마다 용례 몇 개만 제시하고 그 언어에 대해 깊이 들어가지 못하는 아쉬움도 있다. 다언어 연구에서 두 번 이상 고찰된 언어들은 영어를 비롯하여 러시아어, 프랑스어, 독일어, 이탈리아어, 일본어, 한국어, 힌디어, 포르투갈어, 히브리어, 인도네시아어 등이 비슷한 횟수로 나타났다.

외국어-중국어 대조연구와 다언어 연구에서 한국어와 관련된 논문이 다섯 편이 있다. 刘丹青(2017-1)이 주로 통사와 의미 영역을 다루었고, 장회견(2017)에서 화제 표현 수단과 명사구문, 원형명사(光杆名词) 등 대상을 고찰하였다. 白鸽(2018)은 '세계 언어에서 원형명사의 의미 기능 유형과 나타날 수 있는 통사적 위치'를 논의하였고, 冯铮(2019)는 '한중 중동범주의 표현 수단과 기생 양상'을 다루었다. 董丽梅(2019)는 '세계 언어에서 호격의 표현 수단'을 논의하였다.

기존 연구 성과에서 보면 한국어는 여러 언어를 고찰하는 과정에서 잠깐 언급된 경우가 많고 따로 연구된 것은 없었다. 그리고 연구 영역이 단일하다는 현상도 있다. 언어목록유형론 시각으로 하는 한중 대조와 한국어 본체 연구는 향후 연구의 중요한 과제가 될 수 있다고 본다.

(2) 논문의 연구 영역

이 부분에서 언어목록유형론에 대한 소개, 분석 논문 2편을 소개하겠다. 이를 바탕으로 언어학 연구 영역을 음운, 형태, 통사, 의미와 화용 등 다섯 개의 하위 분야로 세분하여 각 분야에서 언어목록 유형론의 적용 현황을 살펴보겠다. 마지막으로 언어목록유형론과 기타 이론의 융합도 간략하게 언급하고자 한다.

가. 언어목록유형론에 대한 소개와 평가

2011년 刘丹青이 '언어목록유형론'을 처음 제시한 후 매년 이와 관련된 논문을 발표하였다. 이 논문들에서 刘丹青은 구체적 언어 현상을 연구하면서 언어목록유형론의 체계를 보완하고 새 개념, 새 주장을 학계에 알렸다. 대표적인 논문은 刘丹青(2011, 2012-1, 2014) 등이다.

언어목록유형론이 제시된 후 그 이론의 특징, 개념, 다른 이론과의 연관성 등을 소개하고 직면할 도전을 제시하는 논문이 5편 나왔다. 각각 尚新(2012), 叶爱(2017), 方寅(2017), 吴建明(2018-2)와 成军(2019)이다. 그 중 尚新(2012)는 전통 언어유형론, 현대 언어유형론과 언어목록유형론 간의 관계를 밝히고 대조언어학 연구에서 언어목록유형론이 할 수 있는 역할을 분석하였다. 叶爱(2017)은 2013년과 2014년 중국 유형론 연구를 회고, 평가하는 논문인데 언어목록유형론의 출현을 긍정적으로 평가하고 관련 성과를 소개했다. 方寅(2017)은 언어목록유형론과 구문문법(构式语法), 범주화 간의 연관성을 밝혔다. 吴建明(2018-2)와 成军(2019)는 신구조주의(新结构主义) 연구에서 언어목록유형론의 적용 가능성 그리고 언어목록유형론이 직면할 도전 등을 논의했다.

나. 언어목록유형론과 음운론 연구

언어목록유형론 시각에서 진행된 음운론 연구는 모두 6편이 있고 두 가지로 나눌 수 있다. 하나는 음운 형식에 입각하여 그 형식의 기능 등을 고찰하는 연구이고 또 하나는 현저한 의미 범주를 표현하는 수단에서 음운적 수단을 찾는 연구이다.

형식에 입각한 음운론 연구는 주로 '현저 범주의 기능 확장 연구' 및 '현저 범주와 다른 범주의 상호작용 연구' 두 가지로 세분된다. 전자의 예는 吴越(2019)와 孙克敏(2020)이다. 吴越(2019)는 루이안(瑞安) 방언에서 현저범주인 경성(轻声)의 기능 확장 양상을 연구했다.[19] 그 논문에 따르면 루이안 방언은 경성의 위치 교체를 통해 동사 중첩 구조에서 동작량(动作量)의 크기를 나타낼 수 있고 '수사+분류사' 구조에서 경성의 사용 여부를 통해 주관량(主观量)의 크기를 표현할 수 있다. 孙克敏(2020)은 유표성 정도, 안정성 정도와 폐쇄 정도 등 세 가지 측면에서 티벳어에서 음절이 현저범주임을 논증하였다. '현저 범주와 다른 범주 간의 상호작용' 연구는 刘丹青(2018-1)과 陶锦(2019)를 예로 들 수 있다. 이 두 논문은 중국티베트어족(汉藏语系)에서 현저 범주인 음절과 통사, 어휘 범주 간의 상호작용 양상을 고찰하였다. 이 외에 刘丹青(2015-1)은 북부 오방언에서 음운적 수단의 분열(裂变) 과정을 살펴봤다.

현저한 의미 범주를 표현하는 수단에서 음운적 수단을 찾는 연구는 刘丹青(2013-1) 한 편만 발견하였다. 그 논문은 중국어 각 방언에서 소유관계의 표현 수단을 정리, 분류하는 논문인데 모음 교체, 음소 첨가 등 음운적 수단을 제시, 분석하였다.

다. 언어목록유형론과 형태론 연구

형태론 부분의 성과도 형식 측면에 입각한 것과 의미 측면에 입각한 것으로 나눠서 살펴보겠다.

형식에 입각하여 의미를 보는 성과는 주로 두 개의 주제가 있다. 하나는 형태소의 기능 확장이고 또 하나는 특정한 품사의 탄생 과정에서 현저 범주가 준 영향이다. 전자의 예는 刘丹青(2013-2)와 夏俐萍(2015)이고 후자의 예는 高亚楠(2014-1, 2)이다. 刘丹青(2013-2)는 푸미어(普米语)에서 방향성 동사 접두사의 기능 확장 양상을 연구했다.[20] 그 논문에 따르면 푸미

---

19 루이안(瑞安)은 저장성(浙江省) 남부에 있는 도시이고 거기 방언은 남부 오방언에 속한다.

어 방향성 동사 접두사는 모두 여섯 개가 있고 방향 외에 결과, 명령, 화용적 긍정, 부정 등 의미도 표현할 수 있다. 夏俐萍(2015)는 이양방언의 지소적(小称) 접미사 '唧'가 파생접사에서 준굴절접사, 접어가 된 과정을 살펴보고 이에 동반된 의미, 화용 기능 확장도 연구했다. 高亚楠(2014-1, 2)는 중국어 현저 범주인 동사와 양사(量词)가 동량사(动量词)의 탄생 과정에서 어떤 영향을 줬는지를 통시적으로 살펴본 연구 성과이다.

특정한 의미를 표현할 때 각 언어에서 부각된(凸显) 형태적 수단이 무엇인지를 연구한 성과는 冯莉(2014)이다. 그 논문은 영어와 중국어 색깔 형용사, 중첩 형용사와 복합 형용사의 내부적 구조 및 결합 제약을 고찰하였다. 미세한 색깔 차이를 영어와 중국어 단어에서 각각 어떤 형태적 수단으로 표현되는지, 복잡한 형용사를 만들 때 선호, 부각되는 형태적 수단이 무엇인지 등을 연구했다.

라. 언어목록유형론과 통사론 연구

영역별로 보면 언어목록유형론 연구 성과에서 통사적 연구가 가장 많다. 수집된 통사적 연구 성과 57편에서 대부분은 형식에 입각하여 기능 확장을 연구하는 논문이다. 대표적인 예는 吴建明(2013-1)과 唐正大(2018)이다. 吴建明(2013-1)와 푸셴벙언(莆仙方言) 인칭 소유구조(人称领属结构)를 고찰하였다.[21] 吴建明(2013-1: 287)에 따르면 화제-평언 구조와 이중목적어구문은 중국어에서 현저성이 강하다. 이 두 구조는 강세를 보여서 의미 기능이 소유 범주로 확장하였다. 그러므로 아래와 같은 예문은 중국어에서 자

---

20 푸미어는 중국 윈난성(云南省) 서부에 사는 푸미족(普米族) 사람들이 쓰는 언어이다. 중국티베트어족(汉藏语系) 티베트버마어파(藏缅语族)에 속한다.

21 푸셴벙언(莆仙方言)은 중국 푸젠성(福建省) 중부 해안지역에서 쓰이는 방언이고 중국어 7대방언 중의 민방언(闽方言)에 속한다.

연스럽게 쓸 수 있다.

(1) <u>他</u>眼睛疼。

그는 눈이 아프다.

(2) <u>王冕</u>死了<u>父亲</u>。

왕몐은 아버지가 죽었다.

(3) 我吃了<u>他</u>三个苹果。

나는 그의 사과를 세 개 먹었다.

위 예문에서 (1, 2)는 화제-평언 구조가 소유범주로 확장한 예이고 (3)은 이중목적어구문이 소유범주로 확장한 예이다. 그 중 화제-평언 구조는 푸센방언의 소유 의미 표현에도 영향을 주었다.

(4) <u>汝脚车</u>是旧兮。[22]

너의 자전거는 헌 것이다.

唐正大(2018)은 중국어 명사구 내부의 화제성 수식어를 연구했다. 그 논문은 '狗灵敏的嗅觉, 山下沁人心脾的香味'에서 나타난 '狗'와 '香味'를 화제성 수식어(话题性修饰语)로 정의했다. 이를 기초로 '화제성 수식어+명사구' 구조는 현저성이 강한 '화제-평언' 구조의 기능 확장 결과임을 주장하고 증명하였다.

周晨磊(2016)을 비롯한 일부분 논문은 언어목록유형론을 이용하여 보기 드문 통사적 현상의 출현 원인을 분석하였다. 그 논문은 일부분 중국어 방

---

22 예문 (1-4)는 吳建明(2013-2: 282, 287)에서 인용한 것이다.

언에서 피동문의 동작주(施事)가 반드시 나타나야 한다는 현상을 연구하고 언어 수단 목록에서 피동 표지의 유래가 이 현상에 영향을 주었다고 했다.

이 외에 刘丹(2015)는 현저성의 시각으로 중국어 신형 구조(新型构式)의 통사적 특징을 분석하였고 刘丹青(2017-2)는 중국어 연동구조에서 '동사+보어, 동사+추향동사' 구조가 분열되었다는 현상을 연구했다.

통사적 영역에서 의미에 입각하여 통사적 특징을 보는 논문이 많지 않은데 强星娜(2011)이 대표적인 예이다. 그 논문은 중국어 각 방언에서 과거 가정(过去虚拟)을 표현하는 수단과 통사적 위치를 연구했다. 强星娜(2011: 161)은 한 언어/방언에서 현저성이 강한 통사적 위치에서 더 많은 의미가 표현된다고 주장하였다.

마. 언어목록유형론과 의미론 연구

언어목록유형론 연구 성과에서 의미론을 다루는 논문은 50편이 있다. 그 중 형식에 입각하여 의미를 보는 연구가 상대적으로 적고 대부분은 의미에 입각하여 기능 확장과 표현 형식 등을 고찰하는 연구이다.

형식에 입각하여 의미를 연구하는 논문은 盛益民(2019)를 예로 들 수 있다. 그 논문은 수많은 중국어 방언 자료에서 의문 형태소의 목록(疑问语素的库藏)을 작성하였다. 盛益民(2019: 68-72)은 중국어 방언에서 의문 형태소의 수량은 적으면 세 개, 많으면 일곱 개가 있다고 주장하고 각 형태소 간의 의미 관련도를 연구했다.[23] 결과를 보면 범방언적으로 의문 형태소의 의미는 '사람-선택-처소, 원인-행위-사물-유형, 성상(性状)-방식, 시간-수량-방식' 등 네 가지 연관 관계를 이루고 있다. 그 중 '처소-선택, 사물-유형'과

---

23 우한(武汉) 방언에서 의문 형태소는 '哪, 么, 几' 등 세 개로 가장 적고 베이징(北京) 방언에서 의문 형태소는 '哪, 谁, 什么, 怎么, 多少, 几, 嘛' 등 일곱 개로 가장 많다. 대부분 중국어 방언은 4~6개의 의문 형태소를 가지고 있다.

'수량·정도'는 필연적으로 연관되고 같은 의문 형태소로 의문사를 구성한다.

의미에 입각하여 기능 확장과 표현 형식 등을 고찰하는 연구는 수량이 많고 주제도 다양하다. 전자의 예는 张亚明(2015)과 王埔程(2016)이고 후자의 예는 刘丹青(2019)이다. 张亚明(2015)는 후베이(湖北) 셴타오(仙桃) 방언에서 완료상 표지인 '哒'의 기능 확장 양상을 연구했고 王埔程(2016)은 산시(山西) 원수이(文水) 방언에서 지소적 범주(小称范畴)가 현저 범주임을 증명하였다.[24] 刘丹青(2019)는 통리(同里)방언에서 현저 범주인 조건 범주의 서른한 가지 표현 수단을 연구하고 현저한 의미 범주가 언어 수단에 대해 강한 흡인력이 있다고 주장한다.

일부분 의미 범주는 세계 대부분 언어에서 전문적인 형식으로 표현된다. 이와 반대로 다른 범주의 형식을 차용하거나 형식이 없어서 우회적으로 표현되어야 하는 의미 범주가 있다. 각 언어에서 범주의 입고 능력(入库能力)이 달라서 이런 현상이 나타난다. 범언어적으로 보면 의미 범주의 입고 능력 강약은 함축적 보편성으로 도출될 수 있는데 이와 관련된 연구는 刘丹青(2014), 白鸽(2015)와 顾骁晨(2017)이다. 刘丹青(2014)와 白鸽(2015)는 각각 다른 시각에서 한정적 지시(定指)에 관한 입고 능력 등급을 제시하였다. 顾骁晨(2017)은 캄타이어족(侗台语族) 제어 부사에서 정도 의미 범주의 입고 능력을 고찰하였다.

기능 확장 과정에서 일부분 범주는 각 언어에서 보기 드문 영역으로 확장되었다. 예를 들면, 覃东生(2012: 65-67)에 따르면 광시(广西) 객가어(客家语)에 형태소가 된 취사선택 표지(取舍选择标记) ətə가 있다. 이 표지는 동사 어간 또는 복합문 끝에 붙어 '양자택일'이라는 의미를 나타낼 수 있다.

---

24 셴타오(仙桃) 방언은 서남관화(西南官话)에 속하고 원수이(文水) 방언은 북방방언 중의 진방언(晋方言)에 속한다.

(5) 嗰眼屋你係买əɬə, 还係租əɬə？

이 집은 네가 산 거야? 임대한 거야?

(6) 哋冇想捞小张去看电影, 哋捞你去əɬə。[25]

나는 샤오장과 영화를 보고 싶다 않다. 너와 보고 싶다.

이런 형태화된 양자택일 표지는 다른 언어/방언에서 찾기 힘든데 무슨 범주의 확장 결과인지, 어떤 문법화 과정을 거쳤는지 등은 연구 과제가 되었다.

전체적으로 보면 의미와 통사는 언어목록유형론 연구에서 주제가 가장 다양하고 성과도 가장 많은 영역이다.

바. 언어목록유형론과 화용론 연구

언어목록유형론에 입각한 화용론 연구는 상대적으로 적고 주로 두 가지로 나눌 수 있다. 하나는 중국어 현저 범주인 '화제'를 연구하는 것이고 또하나는 범주 확장 과정에서 나타난 화용적 기능을 고찰하는 것이다. 전자의 예는 刘丹青(2012-2)와 陆丙甫(2015)이고 후자의 예는 吳建明(2013-1)과 完权(2014)이다.

刘丹青(2012-2)는 화제(话题)-평언(述题) 구조와 중국어 비교구문 간의 구조적 공통성을 연구하는 논문인데 화제-평언 구조는 현저성이 강해서 비교구문 영역으로 확장되었다고 주장하였다. 陆丙甫(2015)는 중국어 문장에서 주어와 목적어의 화제성을 강조하고 상태보어(状态补语)는 초점 역할을 하는 경우가 많아서 중국어의 현저 범주임을 주장하였다.

吳建明(2013-1)과 完权(2014)는 각각 중국어 방언에서 소유 범주 구조와

---

25 예문 (5, 6)은 覃东生(2012: 66-67)에서 인용한 것이다. 객가어는 중국어 방언 중의 하나이다.

부사 의문문의 기능을 연구했다. 吳建明(2013-1)은 푸셴방언 인칭 소유구조에서 단수 대명사가 멸시와 혐오, 복수 대명사가 존경과 친근 등 화용적 의미를 나타내는 현상을 연구하였다. 完权(2014)는 중국어 방언에서 부사 의문문으로 나타난 부탁, 감탄, 추측 등 의미를 살펴봤다.

사. 언어목록유형론과 다른 이론의 융합 연구

최근 몇 년 동안 언어목록유형론과 다른 언어학 이론의 융합적 연구가 나타나기 시작하였다. 그리고 제2언어습득과 번역 연구에도 언어목록유형론 시각이 도입되었다.

언어학 영역에서는 언어목록유형론과 인지언어학, 문법화 그리고 의미지도의 융합이 보였다. 方迪(2018)은 인지언어학의 시각으로 중국어 '동사+추향동사' 구조에서 도상성을 위반하는 상황을 살펴보고 이것은 현저 범주 내부적 확장의 결과임을 주장하였다. 문화법 이론과 언어목록유형론을 함께 도입하는 논문은 张金圈(2020)을 예로 들 수 있다. 그 논문은 중국어 신형 구조인 '형용사+得+不要不要的'의 문법화 원인 그리고 입고 과정을 연구했다. 孙文访(2018)은 서른 개의 언어 및 방언을 대상으로 '有(have)' 의미 범주의 개념공간을 구축하고 의미지도를 만들었다. 의미지도를 통해 각 언어/방언에서 해당 범주의 현저성 강약과 확장 양상이 더 직관적으로 드러났다.

언어목록유형론과 제2언어습득 이론의 결합은 李뮨(2014), 谷峪(2018) 과 陶锦(2019) 등 논문에서 찾을 수 있다. 이 논문들은 학습자 모국어와 목표언어의 현저 범주가 외국어 학습에 어떤 영향을 줬는지를 연구했다. 논문에서 오류분석 이론과 중간언어 이론을 사용하였는데 李뮨(2014)는 '중간언어에서의 현저 범주'라는 개념을 처음으로 제시했다. 이 개념은 유형론과 습득 연구에 매우 창의적인 개념이다. 이 논문들은 주로 영어 학습과 중국어 학습에 초점을 두었는데 한국어와 관련된 연구가 없어서 아쉬운 점이다.

번역 연구에 언어목록유형론을 접목시키는 연구는 戴燃(2017)이다. 그 논문은 중국어 현저범주인 화제-평언 구조가 영어에서 어떻게 번역되었는지를 살펴보고 영어에서 중국어 화제 성분의 범범주적 대응 양상을 분석하였다.

언어목록유형론의 발전에 따라 앞으로 더 많은 영역에서 이 이론이 적용될 것이다.

(3) 언어목록 유형론의 선망과 도전

刘丹青(2012-1: 303)에서 언어목록유형론 연구의 세 가지 목표를 아래와 같이 제시했다.

첫째, 특정한 언어의 수단 목록, 특히 문법적 수단의 목록을 작성하고 이를 기초로 범언어적인 대조 연구를 한다. 세계 언어에서 각 범주의 입고 능력을 파악하고 입고 능력에 관한 보편성 등급을 제시한다.

둘째, 범주의 현저성을 평가한다. 문법화와 의미지도 이론을 참고하여 원형 기능을 출발점으로 확장, 주변 기능을 고찰한다. 이를 바탕으로 범주 간의 상호작용을 연구하고 현저 범주의 확장 경로 및 현저 범주의 유형론적 공통성을 제시한다.

셋째, 위 두 단계의 기초 위에 범언어적, 범범주적인 형식-의미 관계를 설명할 수 있는 새 이론을 제시한다.

기존의 대부분 성과는 아직도 '현저 범주 찾기와 기술하기' 단계에 처해 있고 연구 대상 언어도 중국어, 중국어 방언과 소수민족언어에 집중되어 있다. 그리고 연구 영역을 보면 통사와 의미가 70% 정도를 차지한다. 언어학 연구는 '기술의 충분성(描写的充分性)'과 '해석의 충분성(解释的充分性)'

을 동시에 요구하는데 언어목록유형론은 아직 초창기에 있어서 언어 사실을 기술하는 측면에도 보완할 공간이 많다.

언어목록유형론은 현저성 차이를 밝히는 기초에서 함축적 보편성을 제시하려고 한다. 그러나 전체적으로 보면 이는 언어학 이론의 최종적인 목표가 아니라 단계적인 목표로 삼아야 한다. 成军(2019: 152)에 따르면 현저성으로 인한 유형론적 차이를 밝힌 후 그 차이가 생긴 근본적인 원인을 제시해야 한다. 이것은 언어학과 인류학, 심리학, 인지과학 등의 협력이 필요하다. 기존의 연구 성과를 보면 현저성으로 인한 함축적 보편성까지 제시한 논문이 있지만 현저성 차이 원인을 탐색하는 논문은 아직 없다.

언어목록유형론이 제시된 지 십 년이 되었다. 그 동안 새로운 이론으로서 주목을 많이 받았고 이를 도입한 연구도 점점 많아지고 있다. 앞으로 이 분야의 이론 체계가 더 성숙되고 연구 성과가 더 많이 나타나기를 바란다.

4.2. 언어목록 유형론과 형태론 연구

언어목록유형론과 명사 분류사

최근 몇 년 동안 중국 각 방언 지역에서 한국어 학습자가 많아지고 있다. 필자가 소속된 상해외대 한국어학과에서 50% 정도의 학부생은 상하이 주변지역 출신이다. 이 부분은 상하이 현지 상황에 입각하여 상하이 방언, 표준 중국어와 한국어에서 명사 분류사의 의미적 기능을 살펴보고 해당 언어/방언의 수단 목록에서 명사 분류사의 현저정 정도를 파악하겠다. 이를 통해 언어유형론 연구 및 방언 지역 학습자를 위한 맞춤형 한국어 교육 방안

마련에 참고자료를 제공하고자 한다.[26]

1) 선행연구

지난 몇 십 년 동안 한중 학계는 분류사에 관한 연구 성과를 많이 축적해 왔다. 분류사 연구 성과는 크게 현대 분류사 연구 성과와 고대 분류사 연구 성과로 나눌 수 있다. 현대 분류사 연구는 분류사 체계 연구, 분류사 명사 구 어순 연구, 분류사 기능 연구 등 하위 분야로 다시 세분된다. 분류사 체계 연구는 곽추문(1996), 우형식(2000), 李知恩(2011) 등을 예로 들 수 있고 刘晓红(2011)과 박정구(2012) 등은 분류사 명사구 어순에 관한 성과 이다. 이 외에 김은희(2016) 등은 특정한 분류사 구조의 통사, 의미적 특징 을 고찰하였다. 李宇明(1999)와 유정정(2014)는 주관량(主观量)을 나타내 는 분류사의 의미적 기능에 초점을 두었고 安丰存, 程工(2014)는 분류사의 통사적 기능을 연구했다. 고대 분류사 연구 성과에서 김선효(2005), 증상 홍, 백수진(2016), 李建平(2016) 등은 분류사의 통시적 변천 과정을 연구했 고 석주연(2011), 배영환(2015) 등은 특정한 시대의 분류사 사용 양상을 살 펴보았다. 이 외에 중국 방언과 소수민족 언어 학계에서도 분류사 연구를 진행하였는데 施其生(1996)과 钱乃荣(1998) 등 성과가 있다.

방언 지역에서 온 학습자들에게 한국어 수량 표현의 구조와 한중 명사 분류사의 대응 양상은 습득 과정에서의 어려운 부분이다. 그러나 선행연구 를 보면 한중 명사 분류사 체계를 대조, 연구하는 논문이 많지 않고 방언까 지 고찰하는 성과는 거의 없었다. 따라서 이 연구 주제는 아직 보완해야

---

26 오방언(吴方言)은 중국어 7대방언 중의 하나이고 다시 남부 오방언과 북부 오방언으로 나눌 수 있다. 북부 오방언의 하나인 상하이 방언은 음운, 어휘, 문법 등 측면에서 표준 중국어와 일정한 차이가 있다.

할 공간이 많다.

2) 연구 범위의 확정

분류사의 하위 분류에 대해 아직 정론이 없다. Craig(1994)에서 분류사는 명사류, 수 분류사, 명사 분류사, 속격적 분류사와 동사적 분류사 등 다섯 가지로 분류된다. Aikhenvald(2000)에서 분류사는 명사 분류사, 수 분류사, 소유 분류사, 관계 분류사, 동사적 분류사, 처소격 분류사와 지시적 분류사 등 일곱 가지로 분류된다.[27] 그 중 '명사 분류사'의 지칭 대상이 약간 애매하다. 우형식(2000: 44)에 따르면 전형적인 명사 분류사는 중앙 아메리카와 오스트레일리아 일부 언어에만 존재하고 명사 앞에 나타나서 해당 명사의 부류를 표시하는 기능을 한다. 그러나 명사 분류사는 명사의 수량 구조를 이루는 수 분류사를 지칭하기도 한다. 이 부분에서 논의되는 명사 분류사는 후자에 해당된다.[28] 김선효(2005: 115-116)는 문법화 정도에 따라 명사 분류사를 세 가지로 나누었다. 제1유형은 전형적인 분류사이고 제2유형은 명사적 쓰임이 잔존하는 분류사이다. 제3유형은 수사·명사 구조의 명사이다. 이와 비슷하게 黄伯荣, 廖序东(2011: 17)은 명량사(名量词)를 전용(专用)과 차용(借用)으로 세분하였다. 이 부분은 '个, 只, 条, 张/개, 마리, 장' 등 전형적인 명사 분류사만 연구 대상으로 하고 이들은 김선효(2005: 115)의 제1유형, 黄伯荣, 廖序东(2011: 17)의 전용 명량사(专用名量词)에 해당된다. 동사 분류사, 차용 명사 분류사와 도량형(度量衡) 분류사

---

27 Craig(1994)와 Aikhenvald(2000)의 분류사 하위 분류는 각각 우형식(2000: 43)과 김선효(2005: 108)에서 재인용된 것이다.

28 동작 수량을 나타내는 '遍, 回, 번' 등과 구분하기 위해서 '수 분류사' 대신 '명사 분류사'라는 용어를 사용하기로 한다.

를 연구 범위에서 제외하기로 한다.[29]

3) 상하이 방언 명사 분류사의 의미 기능과 현저성

명사 분류사의 주요 기능이 무엇인지에 대해 학자들이 견해가 많다. 임홍빈(1979: 188-189)는 분류사의 주요 기능이 개체화라고 주장하고 우형식(2000: 62)는 부류화가 분류사의 주요 기능이라고 주장한다. 이러한 논쟁은 중국 학계에서도 일어났다. 宗守云(2014: 121)에 따르면 개체화와 부류화 외에 일부 중국 학자는 쌍음절화(双音节化), 명확화(明确化) 등 관점도 내세웠다. 이에 대해 刘丹青(2012: 294)는 절충적인 견해를 제시했다. 그에 의하면 분류사는 단일 의미 범주가 아니라 계량, 분류와 개체화 등 다양한 기능을 가지는 범주이다. 张旭(2018: 177)도 분류사의 의미 기능 연속체를 제시했다. 이 부분에서 글쓴이는 刘丹青(2012: 294)와 张旭(2018: 177)의 관점에 따라 계량, 분류와 개체화 등을 모두 분류사의 기본적 기능으로 본다.

기본적 기능을 할 때 상하이 방언 명사 분류사는 객관량과 주관량을 모두 표현할 수 있다. 먼저 객관량을 표현하는 경우를 보자.

객관량을 나타낼 때 상하이 방언 명사 분류사는 '수사+분류사+명사'와 '지시사+분류사+명사' 등 두 가지 구조로 나타낼 수 있다. 앞에서 수사나 원칭 지시사 '诶'가 나타나는 경우에 명사 분류사의 사용은 필수적이다. 그러나 근칭 지시사 '辨'가 선행하는 경우에 분류사의 생략이 가능하다.[30]

    (1) 가. 三<u>本</u>书   两<u>个</u>人   나. *三书   *两人

---

29 박정구(2012: 391-392)에 의하면 '尺, 斤, 升' 등 도량 단위는 모든 언어에서 존재하므로 '只, 颗, 匹' 등 분류사와 구별되어야 한다.

30 상하이 방언 단어의 한자 표기는 钱乃荣(2008) 및 다른 오방언 연구 성과를 참고했다.

	책 세 권	사람 두 명			책 셋	사람 둘
다.	瓣<u>本</u>书	<u>该个</u>人	라.	瓣书	*该人	
	이 책	저 사람		이 책	저 사람	

이 외에 상하이 방언 명사 분류사는 중복의 방식으로 '전체, 모두'라는 주관적 수량을 나타낼 수 있다.[31]

(2) 阿拉班级额学生, <u>个个</u>成绩优秀。

　　우리 반의 학생들은 모두 성적이 우수하다.

　　근칭 지시사가 선행하는 경우를 제외하면 객관량을 나타낼 때 상하이 방언에서 명사 분류사가 꼭 사용되어야 한다. 게다가 명사 분류사의 기능을 대체할 수 있는 다른 언어 수단이 없다. 이 외에 명사 분류사는 자체의 중복으로 주관적인 '모두'의 의미를 나타낼 수 있다. 언어목록유형론의 관점으로 보면 상하이 방언의 명사 분류사는 기본적인 기능을 할 때 부각(凸显) 정도가 높은 편이다.

　　기본적 기능 외에 상하이 방언 명사 분류사는 수많은 확장 기능도 있다. 우선 상하이 방언에서 '분류사+명사' 구조는 수사 없이 문장의 주어, 목적어 등 위치에서 나타날 수 있다. 이때 분류사는 통사적 위치 때문에 관사와

---

31 李宇明(1999: 91)에 따르면 주관량을 나타낼 때 수량 표현의 중복은 분류사의 중복, 수사의 중복과 '수사+분류사' 구조의 중복으로 세분될 수 있다. '수사+분류사' 구조는 다시 '一+분류사+분류사', '一+분류사+一+분류사' 등 많은 하위 분류로 세분된다. 편폭 때문에 이 부분에서 분류사 중복으로 표현되는 주관량만 고찰하기로 하고 '수사+분류사' 구조로 나타내는 주관량은 후속 과제로 한다.
유정정(2014: 87)에 따르면 '분류사+분류사' 구조의 인지 과정에 대해 통합형과 분산형 두 가지 관점이 있다. 인지 초점이 어디에 있는지 논쟁의 여지가 있지만 이 구조가 최종적으로 나타내는 의미가 '전체, 모두'이다.

비슷한 성격을 가지게 된다.[32]

    (3) 가. <u>本书</u>是朋友送给我额。

            이/그/저 책은 친구가 나한테 준 것이다.

        나. 我特别欢喜<u>只猫</u>。

            나는 이/그/저 고양이를 아주 좋아한다.

        다. 听到脚步声，我回头一看，<u>个男的</u>跟牢我。

            발자국 소리가 들려서 되돌아봤는데 한 남자가 나를 따라오고 있었다.

        라. 昨天伊送了<u>我件礼物</u>。

            어제 그는 나한테 선물 하나 주었다.

예문 (3가)와 (3나)에서 '분류사+명사' 구조는 각각 문장의 주어, 목적어 위치에서 한정 지시 의미를 나타낸다. 예문 (1)에서 볼 수 있듯이 상하이 방언의 지시 체계는 근칭과 원칭으로 나뉜 이분적 체계이다. 그러나 분류사가 한정적 의미를 나타낼 때 거리 중립적 성격을 띤다. 예문 (3다)와 (3

---

32 '분류사+명사' 구조에서 분류사의 성격에 대해 세 가지 견해가 있다. 石毓智(2002: 122)는 이때 분류사는 통사적 위치 때문에 지시사 기능을 한다고 주장하고 陈玉洁(2007: 525)는 이때 분류사의 성격이 관사와 근접하다고 주장한다. 盛益民(2017: 185)에 따르면 '분류사+명사' 구조에서 분류사는 방언에 따라 '준관사형(准冠词型)'과 '준지시사형(准指示词型)' 두 가지 하위 분류로 나눌 수 있다.
상하이 방언에서 '분류사+명사' 구조는 '지시사+분류사+명사' 구조와 거리적 대응관계를 이루지 못한다. 즉 아래와 같은 문장은 비문이다.

(i) *只苹果大，迭只苹果小。
   이 사과는 크고 저 사과는 작다.

쑤저우 방언을 비롯한 일부 방언에서 위와 같은 문장이 문법적이지만 상하이 방언에서 거리적 대조의 의미를 나타내려면 '분류사+명사'를 사용할 수 없고 지시사가 꼭 나타나야 한다. 따라서 상하이 방언 '분류사+명사' 구조에서 분류사의 성격이 관사와 비슷하다.

라)에서 '분류사+명사' 구조는 통사적 위치와 상관없이 비한정 지시 의미를 나타낸다. 두 분류사가 모두 한정 혹은 비한정 지시 기능을 할 때 상하이 방언에서 병렬 구조를 이룰 수 있다.

(4) 가. 俚拿台电脑帮只写字台搬到隔壁房间去。

이/그/저 컴퓨터와 이/그/저 책상을 옆 방으로 옮겨라.

나. 伊勒屋里养了只猫帮只狗。[33]

그는 집에서 고양이 한 마리와 개 한 마리를 키우고 있다.

'분류사+명사' 구조의 독립적인 사용은 중국 남부 방언에서 흔히 발견할 수 있는 현상이다. 그러나 방언에 따라 통사-의미적 제약이 다르다. 安丰存, 赵磊(2016: 57)은 십여 개의 중국 방언을 조사한 후 아래와 같은 함축적 보편성을 제시했다.

① '분류사+명사' 구조가 주어 위치에서 나타날 수 있으면 반드시 목적어 위치에서 나타날 수 있다.

② '분류사+명사' 구조가 한정적 의미를 나타낼 수 있으면 반드시 비한정적 의미를 나타낼 수 있다.

음운적 특성 때문에 '지시사/一+분류사+명사' 구조에서 지시사와 '一'는 동사 앞에서보다 동사 뒤에서 나타날 때 탈락하기가 더 쉽다.[34] 따라서 동

---

33 예문 (4가)에서 '俚'은 상하이 방언의 단수 2인칭이고 '帮'은 표준 중국어 개사 '和'에 해당된다. 상하이 방언에 '把'가 따로 없고 파구문(把字句)를 만들 때 동사 '拿'를 표지로 한다. 예문 (4나)에서 '伊'는 상하이 방언의 단수 3인칭이고 '勒'는 표준 중국어 존재동사 '在'에 해당된다.
34 지시사와 수사 '一'의 탈락과 관련된 내용은 王健(2013: 388)을 참고했다.

사 뒤는 '분류사+명사' 구조의 무표적인 출현 위치이다. 대부분 경우에 문장 주어 위치에서 특정한 구정보가 나타나고 목적어 위치에서 불특정한 신정보가 나타난다. 따라서 목적어 위치에서 명사와 같이 나타나는 분류사는 그 자리의 통사-의미적 특성 때문에 비한정적 의미를 갖게 되었다. 그 후 일부 방언에서 '명사+분류사' 구조는 추론, 일반화 등 기제를 통해 문법화가 계속되고 의미도 더 희미해졌다. 그러나 다른 방언에서 이 구조의 문법화는 초기 단계에 그쳤다. 그러므로 방언에 따라 통사-의미적 제약이 다르게 나타난다. 예문 (3가-라)를 보면 상하이 방언에서 '분류사+명사' 구조는 보다 깊은 문법화 단계에 처해 있고 분류사는 한정/비한정 대상 지시 측면에서 다른 방언의 분류사보다 강세 정도가 더 높고 현저성도 디 강하다.

문장 목적어 위치에서 '분류사+명사' 구조의 명사가 탈락되는 경우도 있다. 이때 단독적으로 나타나는 명사 분류사는 그에 의해 부류화된 명사를 지시한다. 지시된 명사는 보통 [-특정성], [+단수]의 의미 자질을 가지고 문장의 목적어 위치에서만 나타난다.

(5) 鯽鱼看上去老新鲜额, 我也想买条。

　　이 생선 아주 싱싱해 보인다. 나도 한 마리 사고 싶다.

상하이 방언의 명사 분류사는 소유주와 명사 사이에 나타나 소유 관계를 표현하는 기능도 있다. 이때의 양상이 좀 복잡한데 다시 몇 가지 상황으로 세분하여 살펴볼 수 있다. 우선 전형적인 '소유주+분류사+명사' 구조를 보자.

(6) 가. 我台电脑比侬台便宜。

　　　내 컴퓨터는 네 컴퓨터보다 가격이 싸다.

　　나. 办公室扇门侬关了伐?

너 사무실 문 닫았냐?

위 예문을 보면 명사 분류사 '台'와 '扇'은 실제로 조사 '的'와 비슷한 기능을 하고 소유 의미 또는 전체-부분 의미를 나타낸다. 선행 명사의 생명도는 이 구조의 문법성에 영향을 주지 않는다. 그리고 문맥에 따라 소유물을 확인할 수 있는 경우에 예문 (6가)의 '倷台'처럼 '소유주+분류사' 구조만으로도 소유 명사구의 뜻을 나타낼 수 있다.

나아가 상하이 방언 명사 분류사는 관계절 표지로서의 기능도 할 수 있다. 이때 두가지 구조가 가능하고 분류사의 실질적인 의미가 진일보 약화되었다.

(7) 가. <u>开门把钥匙</u>寻不着了。

    문 여는 열쇠가 없어졌다.

   나. <u>伊住间</u>比<u>我住间</u>大。

    그가 사는 방은 내가 사는 방보다 크다.

예문 (7가)에서 '开门把钥匙'은 온전한 구조를 가진 관계절이다. 여기서 '把'는 분류사로서의 본래 기능이 거의 사라지고 관계절 '开门'과 핵심 명사인 '钥匙' 간의 의미 관계를 건립하는 기능만 남아 있다. 예문 (7나)에서 밑줄친 '伊住间'과 '我住间'에서 수식된 명사가 결여되어 있다. 이처럼 분류사나 문맥을 통해 수식되는 명사가 무엇인지를 알 수 있는 경우에 명사가 나타나지 않아도 문법적인 관계절을 형성할 수 있다. 이에 따라 상하이 방언 명사 분류사의 문법화 경로는 대체로 아래와 같다.

분류사 → 관사형 표지 → 구조 조사

전형적인 분류사에서 관사형 표지로 문법화 되는 과정에서 추론과 일반화 두 가지 기제가 작용하였고 그 중 추론 현상이 먼저 나타났다. 이성하(2006: 247)에 따르면 추론이 수반된 문법화는 세 개의 단계로 나누어진다. 첫 단계에서 한 어휘소가 본래의 의미만을 가지고 있다. 다음 단계에서 본래의 의미 외에 다른 의미가 암시되어 있다. 청자는 암시된 의미를 그 언어 형태의 의미와 관련이 있는 것으로 파악하게 되고 그런 일이 반복된다. 마지막 단계에서 암시된 의미가 마침내 실제 의미의 일부가 되어 버린다. 비한정 지시는 상하이 방언 명사 분류사의 본래 기능이 아니라 지시사가 탈락된 후 통사적 위치 때문에 얻게 된 암시적 의미이다. 이런 암시는 청자에 의해 반복되어서 명사 분류사는 일단 비한성 시시 기능을 갖게 되있다. 일반화란 어휘소의 의미가 점점 특수성을 잃어 일반적인 의미를 갖게 되는 의미 변화 과정을 가리킨다.[35] 비한정 대상 지시 기능을 갖게 된 후 상하이 방언 명사 분류사는 일반화 기제에 의해 한정 지시 기능도 갖게 되고 중립적인 준관사(准冠词)가 되었다.

관사형 표지에서 구조 조사로 문법화 되는 과정에서 유추 기제가 작용하였다. Dik(1978)에 따르면 유추는 기능상의 특징이 같은 문장 성분이 문장 구조상의 같은 위치에 배치되는 데 사용하는 심리적인 언어 전략이다.[36] 명사 또는 명사구 앞에 관사가 나타나는 무표적인 위치이지만 陈玉洁(2007: 528)에 의하면 관사가 수식어와 핵심 명사 사이에 나타나는 경우도 있다. 문법화 제2단계에서 상하이 방언 명사 분류사는 이미 관사의 성격을 갖게 되었는데 제3단계에서 유추 기제에 의해 관사처럼 수식어와 핵심 명사 사이에 구조 조사로서의 기능을 하게 되었다. 그러므로 전형적인 명사 분류

---

35 일반화의 정의는 이성하(2006: 258)를 참고했다.
36 Dik(1978)의 유추 정의는 이성하(2006: 230)에서 재인용된 것이다.

사에서 구조 조사까지 상하이 방언 명사 분류사는 세 개의 문법화 단계를 거치고 그 과정에서 추론, 일반화와 유추 등 기제가 작용하였다.

상하이 방언에서 '个'는 특별한 명사 분류사이다. 이른바 '만능 분류사'인 '个'는 다른 명사 분류사보다 더 많이 쓰이고 문법화도 더 깊이 진행되었다. '个'는 상하이 방언에서 지시사와 어기조사(语气助词)로서의 기능이 있는데 이때 음운적 변화가 수반된다. 우선 '个'는 '个+분류사+명사' 구조에서 한정 지시사 기능을 할 수 있다. 이 경우에 음운적으로 유성화 현상이 일어나서 보통 '舸'로 표기된다.

(8) (공간적 거리 차이가 있는 경우에 손가락으로 가리키며)

舸只台子, 舸只矮凳, 还有舸只箱子, 统统搬到隔壁房间去。

이 식탁, 이 의자 그리고 이 상자 다 옆 방으로 옮겨라.

이를 기초로 '舸'는 근칭 지시사로 문법화 되고 있다. 상하이 방언의 근 칭 지시사는 원래 '迭'였지만 최근 몇 십 년 동안 '舸'와 '迭'의 경쟁이 계속 되고 있다. 지금 일부 노인들이 '迭'를 계속 쓰지만 청년, 중년층은 대부분 '舸'를 근칭 지시사로 쓴다. 근칭 지시사가 명사 분류사에서 유래되었기 때 문에 예문 (1)에서 볼 수 있듯이 상하이 방언에서 근칭 지시사와 명사 사이 의 분류사가 생략될 수 있다.

(9) 舸(本)书比诶本书有意思。

이 책은 저 책보다 재미있다.

'个'는 문장 끝에 나타나서 긍정, 확인, 경고 등 의미를 표현할 수 있다. 어기조사로서의 '个'는 음운적으로 약화되어 보통 '额'라고 표기된다. 표준 중국어에서 이 기능은 조사 '的'가 한다. 중립/근칭 지시사와 어기조사로 향하는 문법화는 각각 관사형 표지와 구조 조사를 기초로 유추된 결과라고 판단된다.

(10) 乱掼垃圾是勿对额。
　　　쓰레기를 함부로 버리는 것은 맞지 않다.

　이 외에 상하이 방언에서 '眼'도 특별한 명사 분류사이다. '眼'는 지시사 '箉/诶' 및 수사 '一'와 결합할 수 있다. '一+眼+명사'구조는 주관적 소량(小量)과 성상, 상태를 나타내고 이때 수사 '一'의 생략이 가능하다. '지시사+眼+명사' 구조는 문맥에 따라 해당 명사의 주관적 소량과 대량(大量)을 모두 표현할 수 있다. '箉/诶+眼' 구조는 복수 의미를 표현할 수 있고 '眼'이 문장 목적어 위치에서 단독적으로 나타나면 그에 의해 분류화된 복수, 비한정 명사를 지시할 수 있다. '眼'은 다른 분류사처럼 자체의 중복으로 '모두, 전체'라는 주관량을 나타내지 못한다.

(11) 가. 回来额路上我买了(一)眼水果。
　　　　　돌아오는 길에 나는 과일 좀 샀다.
　　　나. 我最近有(一)眼不舒服.
　　　　　나는 요즘 좀 아프다.
　　　다. 箉眼辰光完全勿够。[37]
　　　　　이 시간은 완전히 부족하다.
　　　라. 诶眼旧家具统统卖脱了。

---

[37] '辰光'은 '时间, 시간'에 해당되는 상하이 방언 단어이다.

그 헌가구들 모두 팔렸다.

마. <u>箇眼/该眼</u>侪是我画额图画。

이것/그것/저것들은 다 내가 그린 그림이다.

바. 矮凳不够, 侬去其他教室<u>拿眼</u>过来。

의자가 모자라니까 다른 교실에 가서 좀 가져 와라.

'수사+분류사+명사'와 '지시사+분류사+명사' 구조에서 근칭 지시사 '箇'의 경우를 제외하면 명사 분류사의 사용은 거의 강제적으로 요구된다. 그리고 이런 구조에서 분류사의 기본적인 기능을 대체할 수 있는 다른 수단이 없다. 따라서 언어목록유형론의 시각에서 상하이 방언 명사 분류사는 부각(凸显) 정도가 상대적으로 높다. 명사 분류사는 문법화 때문에 원래 의미 범주를 넘어 한정/비한정 지시, 불특정한 단수 명사 지시, 관계절 표지 등 새로운 의미 기능을 갖게 되었다. 그 중 '个'는 사용 빈도가 높아서 문법화가 더 깊이 진행되고 근칭 지시, 말투 표현 등 기능도 하게 되었다. 이를 통해 상하이 방언 명사 분류사는 언어 수단으로서의 강세(强势)를 보인다. 그러므로 상하이 방언의 언어 수단 목록(语言库藏)에서 명사 분류사는 현저성(显赫度)이 높은 편이다.

4) 표준 중국어 명사 분류사의 의미 기능과 현저성

상하이 방언에 비해 표준 중국어 명사 분류사의 기능은 수축된 모습이다. 계량, 분류, 개체화 등 기본적 기능 외에 목적어 위치에서의 비한정 지시 기능만 있고 사용할 때 제약도 많이 받는다.

'수사+분류사+명사' 구조로 명사의 부류와 객관적 수량을 나타낼 때 표준 중국어에서 분류사의 사용은 필수적이다. '俩, 仨'와 같은 표현은 명사와 직접적으로 결합할 수 있지만 呂叔湘(1980: 327)에 따르면 이것들은 수사와 분류사의 통합된 표현이다. 표준 중국어 명사 분류사는 중복의 방식으로 '전체, 모두'라는 주관적 수량도 표현할 수 있다.

(12) 가. 三间教室　　　五个学生　　　나. *三教室　　 *五学生

　　　　교실 세 개　　학생 다섯 명　　　　교실 세 개　　학생 다섯 명

　　 다. 这间教室　　　那个学生　　　라. 这教室　　　 那学生

　　　　이 교실　　　저 학생　　　　　　이 교실　　　저 학생

(13) 我们班的学生, <u>个个</u>成绩优秀。

　　　우리 반 학생들은 모두 성직이 우수하다.

'지시사+분류사+명사' 구조에서 명사 분류사의 출현 여부는 수의적이다. 따라서 기본적 기능을 할 때 표준 중국어 명사 분류사의 부각(凸显) 정도는 상대적으로 낮다.

　문장에서 비한정 지시 의미를 나타내는 것은 표준 중국어 명사 분류사의 확장된 기능이다. 이때 표준 중국어 명사 분류사는 상하이 방언 명사 분류사보다 통사적 제약을 더 많이 받는다.

(14) 가. 昨天我收到<u>封信</u>。　　　나. 昨天我收到<u>一封</u>信。

　　　　어제 나는 편지 한 통을 받았다.

　　 다. *<u>个朋友</u>给了我这些书。　　라. <u>一个</u>朋友给了我这些书。

　　　　한 친구는 나에게 이 책들을 주었다.

　　 마. *他在家里养了<u>只猫</u>和<u>条狗</u>。　바. 他在家里养了<u>一只</u>猫和<u>一条</u>狗。

　　　　그는 집에서 고양이 한 마리와 개 한 마리를 키우고 있다.

표준 중국어에서 '분류사+명사' 구조는 문장 목적어 위치에서만 나타날 수 있고 한정 지시 기능이 없다. 그리고 목적어 위치에서 비한정 지시를 해도 병렬 구조를 이루지 못한다. 安丰存, 赵磊(2016: 60)에 따르면 중국어 북방 방언은 역사적으로 알타이 언어의 영향을 받아서 '주제화'라는 특징이 있다. 따라서 북방 방언을 기초로 만들어진 표준 중국어도 주제화 경향이 있다. 주어 위치에서 단독적으로 나타나는 명사는 [+한정성] 의미 자질을 가져서 '분류사+명사' 구조의 출현 위치는 목적어에 한정되고 [-한정성] 의미만 나타낼 수 있게 되었다. 의미 기능과 통사 기능 두 가지 측면에서 표준 중국어 '분류사+명사' 구조는 모두 제약을 받는다.

표준 중국어 명사 분류사에서 '点'와 '些'는 특별하다. '点'은 수사 '一, 半' 및 지시사 '这, 那'와 결합해서 주관적 소량을 나타낼 수 있다. '수사+点' 구조는 [-가산성] 명사와 더 자연스럽게 결합한다. '些'는 '一/这/那+些+명사' 구조에서 명사 복수를 나타낸다. 이때 반드시 소량을 나타내지 않는다. '点' 와 '些'는 '有+(一)+点/些+동사/형용사'의 구조로 상태나 성상(性状)을 나태낼 수 있고 문장 목적어 위치에서 단독적으로 나타나서 그들에 의해 부류화된 명사를 지시할 수 있다. '些'는 '这/那' 뒤에 붙으면 지시사의 복수 의미가 나타난다. 이것은 '点'가 없는 기능이다. 이 두 분류사는 다른 표준 중국어 명사 분류사처럼 자체의 중복으로 '전체, 모두'라는 의미를 표현하지 못한다.

(15) 가. 他收集了(一)点资料。

그는 자료를 좀 수집하였다.

나. 这点小事我自己解决就好了。

이 사소한 일들은 내가 스스로 해결하면 된다.

다. 这台机器有(一)些问题。

이 기계는 문제가 좀 있다.

라. <u>那些礼物</u>全是给你的。

그 선물들은 모두 너에게 준 것이다.

마. 那里<u>有点/些</u>危险。

저기는 좀 위험하다.

바. 他<u>有点/些</u>生气。

그는 좀 화났다.

사. 这桔子很好, 你也<u>买些/买点</u>吧。

이 귤이 좋으니까 너도 좀 사라.

아. <u>这些/*这点</u>全是他的绘画作品。

이것들은 다 그의 그림 작품이다.

계량, 부류와 개체화 등 의미를 표현할 때 표준 중국어에서 분류사가 필수적으로 요구된다. 그리고 명사 분류사는 목적어 위치에서 비한정 지시라는 확장 기능을 할 수 있다. '지시사+분류사+명사' 구조에서 분류사의 출현 여부가 수의적이어서 기본적 기능을 할 때 표준 중국어 명사 분류사의 부각(凸显) 정도는 상하이 방언 명사 분류사보다 조금 낮다. 표준 중국어와 상하이 방언 명사 분류사의 의미 확장 양상을 비교하면 표준 중국어 명사 분류사의 강세(强势) 정도가 낮다는 사실을 알 수 있다. 그러므로 표준 중국어의 언어 수단 목록에서 명사 분류사는 현저성(显赫度)이 상대적으로 낮은 언어 수단이다.

5) 한국어 명사 분류사의 의미 기능과 현저성

한국어 명사 분류사는 명사에 대한 계량, 부류화 등 기본적 기능만 가진다. 기본적기능을 할 때 '수사+분류사+명사' 구조만 가능하고 '지시사+분류사+명사' 구조가 없다. 객관량을 표현할 때 명사 분류사를 대체할 수 있는 다른 언어 수단이 있고 예문 (16나)처럼 조사 '의'를 필수로 추가되는 경우도 있다.

(16) 가. 학생 두 명　　　나. 두 명의 학생　　　다. 학생 둘
　　　라. 이 사과　　　　마. *이 개 사과

　한국어 명사 분류사는 '분류사+분류사'와 '분류사+분류사+이' 두 가지 구조로 주관량을 나타낼 수 있다.[38] 이때 상하이 방언, 표준 중국어 분류사의 중복처럼 주로 '전체, 모두'라는 주관적 의미를 표현한다. 일부분 분류사만이 두 구조에 들어갈 수 있다. 郭秋雯(2003: 140)에 따르면 중복이 가능한 명사 분류사는 서른다섯 개가 있고 한국어 전체 명사 분류사의 약 24%만 차지한다. 원형과 중복형의 뜻이 다른 분류사, 명사 성격을 가진 분류사를 제외하면 수량이 더 적다. 이 점에서 상하이 방언, 표준 중국어와 다르다.

(17) 가. 동네 곳곳의 닭들이.....
　　　나. 도로는 곳곳이 패어나가 난장판이었고...
　　　다. *나무를 그루그루 심었다.
　　　라. *책을 권권이 읽었다.

기본적 기능을 할 때 다른 대체 수단이 있고 모든 명사 분류사가 자체의

---

38 이 외에 '한+분류사+한+분류사' 구조로도 주관적 수량을 나타낼 수 있지만 이것은 단순한 분류사의 중복이 아니라 수량 표현의 중복이다. 후속 연구에서 살펴보기로 한다.

중복으로 주관량을 나타내지 못하므로 언어목록유형론의 시각으로 보면 한국어의 언어 수단 목록에서 명사 분류사는 부각(凸显) 정도가 상대적으로 낮다. 그리고 다른 영역으로의 의미 확장 경향이 거의 보이지 않으므로 강세(强势) 정도도 낮은 편이다.

상하이 방언, 표준 중국어와 한국어에서 명사 분류사의 의미 기능을 문법화 경로에 따라 하나의 의미지도로 정리하면 [그림 1-3]과 같다. 의미지도를 보면 이 세 가지 언어/방언에서 명사 분류사의 현저성도 더 직관적으로 나타난다.

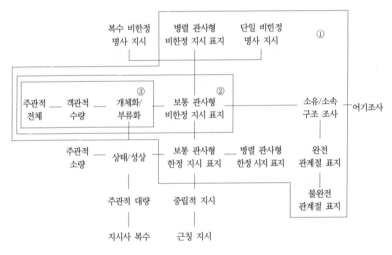

[그림 1] 상하이 방언 일반 명사 분류사(①), 표준 중국어 일반 명사 분류사(②)와 한국어 명사 분류사(③)의 의미지도

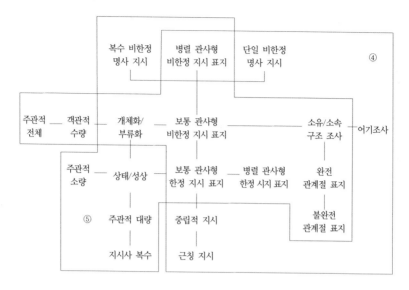

[그림 2] 상하이 방언 분류사 '个'(④)와 '眼'(⑤)의 의미지도

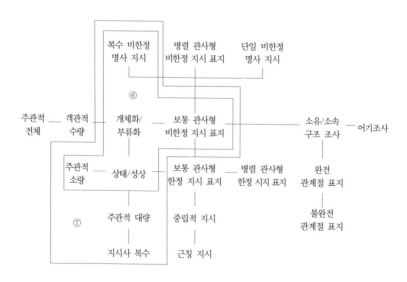

[그림 3] 표준 중국어 명사 분류사 '点'(⑥)과 '些'(⑦)의 의미지도

명사 분류사의 현저성은 하나의 연속체이다. 刘丹青(2017: 289-291)에 따르면 따이까다이어족(壮侗语族)의 일부 언어에서 수사와 명사 사이에 분류사가 강제적으로 나타난다. 지시사와 명사가 결합할 때도 분류사가 필수로 요구된다. 좡어(壮语) 등 언어에서 명사 분류사는 단독적으로 문장의 주어나 서술어가 될 수 있고 대명사 기능을 할 수 있다. 그리고 명사 분류사는 형용사의 수식을 직접 받을 수 있다.

(18) ki   pit nei,   pou   tu.

  복수표지 오리 근칭 지시사, 명(인간 분류사) 마리(동물 분류사)

  이 오리들을, 한 사람이 한 마리씩 가져가라.

(19) tu   pi

  마리   뚱뚱하다

  뚱뚱한 동물

(20) ko   hen

  그루/포기 노랗다

  노란 식물

위 예문은 刘丹青(2017: 289)에서 인용한 좡어 문장이다. 예문 (18)에서 명사 분류사 'pou(명)'은 주어 기능을 하고 '한 사람'이라는 뜻을 나타낸다. 그리고 '마리'와 대응되는 'tu'는 서술어 기능을 하고 '한 마리씩 가져간다'는 뜻이다. 예문 (19-20)에서 좡어 명사 분류사는 형용사의 수식을 직접적으로 받아서 그 분류사로 지시된 명사 대상을 가리킨다.

광동 방언에서 명사 분류사는 형용사와 결합하고 문장에서 수식어, 보어, 주어 등 문장 성분을 할 수 있다. 그리고 분류사 '啲'는 명사 앞에서 나타나 [+한정성] 지시 표지(有定标记)가 될 수 있고 총칭적(类指的) 의미도 나타낼 수 있다. 施其生(1996: 113)과 施其生(2009: 489)에서 인용한 예문은 다음과 같다.

(21) 林老师捉到一只好大只嘅水鱼。

임 선생님은 아주 큰 거북이 한 마리를 잡았다.

(22) 大粒唔好咩?

(과일 같은 것) 큰 것 안 좋아?

(23) 做晒啲作业先界玩。

이 숙제들을 다 해야 놀 수 있다.

(24) 啲女人都中意买衫。

여자는 옷 사기를 좋아한다.

예문 (21-22)에서 '형용사+명사 분류사' 구조인 '大只, 大粒'는 각각 목적어의 수식어와 문장의 주어 기능을 했다. 예문 (23-24)에서 명사 분류사 '啲'는 각각 한정성 지시와 총칭적 지시의 표지이다.

위 예문을 통해 좡어와 광동 방언에서 명사 분류사는 현저성이 강한 범주이고 기능 확장 추세가 상하이 방언보다 훨씬 강하다는 사실을 알 수 있다. 그러나 세계언어구조지도(WALS)에 따르면 명사 분류사가 전혀 없는 언어는 세계 언어의 약 65%를 차지한다.[39]

의미지도를 보면 상하이 방언 명사 분류사, 특히 범용(泛用)적인 '个'는 문법화가 깊이 진행되고 원래 범주를 넘는 의미 확장 경향이 강하다. 언어 수단 목록에서 현저성이 높은 편이지만 좡어, 광동 방언 등 전형적인 분류

---

39 WALS는 사백 개의 세계 언어를 조사했는데 그 중 이백육십 가지의 언어는 명사 분류사가 없다. 명사 분류사가 강제적으로 사용되는 언어는 일흔여덟 가지가 있고 수의적으로 사용되는 언어는 예순두 가지가 있다.

사 언어에 비해 현저성이 상대적으로 낮다. 경우에 따라 표준 중국어 명사 분류사는 '지시사+분류사+명사' 구조에서 생략될 수 있다. 그리고 문법화는 상하이 방언에 비해 덜 진행되었고 비한정 지시 기능을 할 때 통사·의미적 제약이 있다. 따라서 현저성 정도는 상하이 방언보다 낮다. 사물이나 사람의 수량을 나타낼 때 한국어에서 명사 분류사는 반드시 쓰이지 않고 문법화나 범주를 넘는 의미 기능 확장도 아직 보이지 않는다. 그러므로 한국어의 언어 수단 목록에서 분류사는 현저성이 낮은 수단이다. 이 세 가지 언어/방언의 수단 목록(庫藏)에서 분류사 현저성(显赫度)은 아래와 같이 배열될 수 있다.

상하이 방언>표준 중국어>한국어

6) 결론

이 부분은 언어목록유형론의 시각으로 상하이 방언, 표준 중국어와 한국어에서 명사 분류사의 의미적 기능을 고찰하고 현저성 차이를 살펴봤다. 상하이 방언의 언어 수단 목록에서 명사 분류사는 현저성이 높고 확장된 기능도 많다. 표준 중국어 명사 분류사는 '지시사+분류사+명사' 구조에서 생략될 수 있다. 기본적 기능 외에 명사 비한정 지시 기능만 있고 '분류사+명사' 구조는 문장 주어 자리에 나타나지 못한다. 상하이 방언 분류사 '眼'과 표준 중국어 분류사 '些'는 지시사 뒤에 붙어 복수를 나타낼 수 있지만 의미 기능이 단일하고 기능 확장도 제약된다. 한국어 명사 분류사는 수량을 나타낼 때 강제적으로 사용되지 않고 기능 확장도 강하지 않다. 전체적으로 보면 명사 분류사의 현저성은 '상하이 방언>표준 중국어>한국어' 순서로 나타난다.

언어목록유형론과 복수 표지

중국어와 한국어에 수범주가 있는지에 대해 그 동안 학계에서 의견이 많았다. 吕叔湘(1949, 1980) 등 전통적인 관점에 따르면 중국어는 수범주가 없다. 이유는 두 가지이다. 첫째, 영어 '-s'와 같은 굴절적인 수표지가 없다. 둘째, 복수를 나타내는 '们'이 있지만 모든 명사, 대명사 뒤에 보편적으로 쓰이지 못하고 붙이면 오히려 비문이 생길 경우도 있다. 이와 달리 张斌, 胡裕树(1989) 등은 중국어에 수범주가 있다고 주장한다.[40] '们'과 '-s'는 문법적 특징이 다르지만 복수 의미를 나타내는 공통점이 있는 것이 중요한 이유이다. 2000년대에 들어 중국어 수범주에 관한 논의가 많아졌고 연구 시각도 다양해졌다. 张黎(2003: 31)에서 '화용적인 수(语用数)'라는 개념을 제시하고 중국어 수범주는 화용론 층위에 있다는 주장을 내세웠다. 吳长安(2006: 96-98)은 중국어에 수범주가 있다고 주장하고 수범주의 표현 수단을 형태적 수단, 일치적 수단과 화용적 수단으로 체계화하였다. 그 논문에서 '们'뿐만 아니라 명사, 분류사의 중첩, 부사어, 서술어의 일치관계 등은 모두 중국어에서 수범주를 나타내는 수단으로 간주되었다.

한국어의 경우도 중국어와 비슷하다. 고영근, 구본관(2018: 82)에 따르면 한국어는 인도, 유럽어들과 달리 단수와 복수를 나타내는 수 표현이 문법 범주로 발달하지 않은 언어이다. 유현경(2019: 241)도 한국어 체언이 인구어와 달리 수 개념을 나타내는 문법 범주를 갖지 않는다고 했다. 그 이유는 주로 '-들, -희, -네'와 체언의 결합이 규칙적이지 않기 때문이다.

彭晓辉(2008: 13-14)에 의하면 모든 문법 범주는 형식과 의미 두 가지

---

40 吕叔湘(1949, 1980)과 张斌, 胡裕树(1989)에서의 내용은 彭晓辉(2008: 10-11)에서 재인용한 것이다.

측면이 있다. 한 언어에서 수범주의 유무를 판정하려면 수적(數的) 의미 차이가 문법적 대립을 통해 표현될 수 있는지를 봐야 한다. 중국어는 '们' 그리고 어순, 허사(虛詞) 등을 통해 단수-복수 대립을 표현할 수 있다. 한국어는 복수 표지 '-들, -희, -네' 외에 수사나 수관형사가 포함된 구, 수량을 표시하는 부사나 형용사로도 단수-복수 대립을 표현할 수 있다. 그 중 '们'과 '-들, -희'는 이미 전문적인 복수 표지로 문법화되었다. 그러므로 광의적으로 보면 중국어와 한국어는 문법적인 수범주와 단수-복수 대립 현상이 있고 '们, -들'을 비롯한 표지는 한중 수범주의 표현 수단 목록에 저장되어 있다. 이는 복수 표지 기능 대조의 전제가 된다.

기존의 언어유형론 연구는 명사 분류사와 복수 표지가 한 언어에서 공존하지 못한다는 관점이 있었다. 그러나 중국어 상하이 방언, 표준 중국어와 한국어는 모두 이 관점의 반례이다.

이 절은 언어목록유형론의 시각으로 상술한 세 가지 언어/방언의 복수 표지 의미 기능 현저성을 분석하겠다. 그 다음에 명사 분류사 현저성과 결합하여 한 언어/방언에 명사 분류사와 복수 표지가 모두 있을 때 기능 분포 측면에서 어떠한 상호 작용이 있는지를 고찰하겠다. 이를 바탕으로 두 언어 수단의 현저성과 관련된 함축적 보편성을 도출하고자 한다.

1) 선행연구와 연구범위의 확정

중국어 복수에 관한 연구는 오래 전부터 시작되었다. 최근 들어 중국 학계의 복수 표지 연구는 주로 두 개의 초점이 있다. 하나는 복수 표지 '们'과 명사 분류사의 공기 제약 원인을 탐색하는 것이고 또 하나는 표준 중국어 복수 표지와 방언 복수 표지를 대조하는 것이다. 李艳惠, 石毓智(2000)은 전자의 예이고 彭晓辉(2008)은 후자의 예이다.

한국 학계의 복수 표지 연구는 주로 '-들'을 대상으로 진행되었는데 정혜(2011)과 김수정(2012) 등 성과가 있다. 최근 들어 한국 학계는 배분적 복수(分配性复数)와 연합적 복수(联系性复数)에 대한 관심도 높아지고 있는데 대표적인 성과는 임동훈(2012)와 사례(2015)이다. 이 외에 고영근(2012)는 경남 진주 방언의 복수 체계를 고찰하였고 정상희(2016) 등은 복수 표지의 화용적 기능을 살펴보았다. 김충실(2014)는 언어유형론의 생명도 이론으로 한중 복수 표지와 명사, 대명사의 결합 양상을 살펴보고 범언어적인 고찰을 통해 복수 표지의 화용적 기능도 연구했다.

명사 분류사와 복수 표지가 모두 존재하는 언어에서 이 두 가지 수단의 상호 작용 양상을 다루는 성과는 刘丹青(2011)과 염초(2013) 등 몇 편밖에 없었고 유형론적 시각에서 진행된 범언어적인 연구도 상대적으로 적었다. 이 부분은 아직 보완해야 할 공간이 많다.

이 절에서 주로 상하이 방언 복수 표지 '拉'와 표준 중국어 복수 표지 '们' 그리고 한국어 복수 표지 '-들, 희, 네'를 연구 대상으로 한다. 이 외에 지시 대명사의 복수를 나타낼 수 있는 상하이 방언 분류사 '眼'과 표준 중국어 분류사 '些'도 같이 살펴보고자 한다. 사례(2015: 273) 등 연구에서 '쪽,측' 등 의존명사도 한국어 복수 표지로 분류되었지만 이는 보편적으로 받아들이지 않는 관점이어서 이 절의 연구 범위에 포함시키지 않기로 한다.

2) 상하이 방언 복수 표지의 의미 기능과 현저성

李知恩(2011: 90)에 따르면 복수 범주는 의미에 따라 집합적 복수(集合性复数), 연합적 복수(联系性复数)와 배분적 복수(分配性复数) 등 세 개의 하위 분류로 세분될 수 있다. 'A+복수 표지=A1+A2+A3+A4'이면 집합성 복수이다. 예를 들면 '학생들'이라는 표현은 수많은 '학생'으로 구성된 집합을 표시하고 집합적 복수로 볼 수 있다. 여러 구성원이 있는 집합에서 대표적인 구성원 하나를 뽑아 복수 표지를 붙이면 연합적 복수이다. 예를 들면 '我们'은 '我'를 비롯한 두 명 이상의 사람을 가리킨다. 배분적 복수는 한 집합에 속하는 하나 하나의 개체를 가리킨다.

상하이 방언 복수 표지 '拉'는 연합적 복수 의미만 나타낼 수 있다. '拉'와 선행 명사가 결합할 때 생명도 제약이 있다. Croft(2009: 152)에서 제시된 확장 생명도 등급(扩展生命度等级)은 아래와 같다.

1, 2인칭 대명사>3인칭 대명사>고유명사>보통 인간명사>비인간 유정 보통명사>무정명사

연합적 복수 표지 '拉'는 1, 2인칭대명사부터 고유명사까지의 선행 대상과 결합할 수 있다. 상하이 방언의 1, 2, 3인칭 대명사는 각각 我, 侬과 伊인데 이들의 복수는 阿拉, 倻, 伊拉이다. 陈实(2012: 18)에 따르면 '我'의 최초 발음이 [ŋa]였고 그 후 [ʔŋo], [ɦu], [ʔa] 등으로 변하였다. 상하이 방언 1인칭 복수 대명사 '阿拉'는 [ŋa]로 발음된 '我' 뒤에 복수 표지 '拉'가 붙어 형성된 것으로 판단된다. 2인칭 복수 대명사도 음성적 변화의 결과인데 盛益民(2013: 209)는 2인칭 단수 대명사 '侬'과 복수 표지 '拉' 사이에 음성적 축약(合音)이 일어나서 2인칭 복수 대명사가 '倻'로 나타났다고 주장한다. 이러한 음성적 축약 현상은 북부 오방언에서 많이 확인되었다. 그러므로 상하이 방언에서 1, 2,3인칭 복수는 모두 '拉'를 통해 표현된다고 할 수 있다. '拉'는 고유명사와 결합해서 서로 연관성이 있는 한 무리의 사람을 지시할 수 있다.[41]

---

41 钱乃荣(1997) 등 논저에 따르면 복수 표지 '拉'는 보통 인간명사와 결합해서 집합적 복수

(1) 가. <u>小王拉</u>刚刚回去。

　　샤오왕네는 방금 돌아갔다.

　　나. <u>姨妈拉</u>今天有事勿来了。

　　이모네는 오늘 일이 있어서 안 온다.

이 외에 상하이 방언에서 '拉'는 몇 가지 확장 의미 현상도 있다. 우선 '拉'는 인간을 가리키는 호칭, 고유명사 뒤에 붙어 '그 사람의 집'이라는 뜻을 나타낼 수 있다. 그리고 인간명사, 고유명사 혹은 인칭대명사 등의 사이에 나타나서 두 대상 간의 친족, 소속 관계를 표현할 수 있다.

(2) 가. 我每年春节额辰光到<u>外公拉</u>去。

　　나는 매년 설날 때 외할아버지 집에 간다.

　　나. 刚刚<u>小李拉</u>娘打电话给我。

　　아까 샤오리의 어머니는 나한테 전화를 했다.

　　다. <u>伊拉</u>老师批评伊了。

　　그의 선생님이 그를 혼냈다.

张惠英(2001), 潘悟云(2010) 등에 의하면 상하이, 닝보(宁波) 방언의 복수 표지 '赖, 辣'와 우시(无锡), 쿤산(昆山) 방언의 복수 표지 '里'는 어원이 같다고 추정된다. 그 어원은 처소, 거주지 의미를 나타내는 '里'자이다. 그리고 盛益民(2013: 210)은 창싱(长兴) 방언에서 '拉'는 일반 처소 후치사로 쓰일 수 있다고 한다.[42] 이들의 관점에 따르면 연합적 복수 표지 '拉'의 문

의미를 나타낼 수 있다. 그러나 제시된 예문이 약간 어색하고 陈实(2012: 11-12)도 이러한 용법이 실제 생활에서 많이 확인되지 못했다고 했다. 이 절은 陈实(2012)와 의견을 같이하고 복수 표지 '拉'와 보통 인간명사의 결합 현상을 살펴보지 않기로 한다.

법화 경로는 아래와 같이 추정할 수 있다.

(처소 의미를 나타내는 명사 → 처소 의미를 나타내는 후치사 →)'집' 의미를
나타내는 후치사 → 연합적 복수 표지 → 친족/소속 관계 구조 조사

처소 의미를 나타내는 명사에서 처소 의미를 나타내는 후치사로 문법화
될 때 언어 형태의 구조적인 경계가 다시 설정되어서 재분석 기제가 작용
하였다고 볼 수 있다. 그 후 선행 명사의 의미 자질 때문에 처소 의미 후치
사로서의 '拉'는 '집'이라는 의미가 추론되었다. '집' 의미를 나타내는 후치사
에서 연합적 복수 표지로 문법화 되는 과정에서 환유와 일반화가 중요한
기제이다. 이성하(2006: 231-232)에 따르면 환유는 한 대상과 연속성을 가
진 대상을 지칭하는 데 쓰이는 언어 전략이고 그 연속성은 경험상의 연속
성, 부분-전체 연속성과 발화상의 연속성 등 세 가지로 나눌 수 있다. 집에
있는 사람과 집은 부분-전체 관계를 이루어서 후치사로서의 '拉'는 환유 기
제를 통해 가족 의미를 나타내는 연합적 복수 표지가 된다. 그 후에 일반화
기제가 작용해서 가족 관계가 아닌 한 무리의 사람들도 '拉'로 복수 의미를
나타낼 수 있게 되었다. 연합적 복수 표지에서 친족/소속 관계 구조 조사로
의 문법화는 통사적 위치에 따른 화용적 추론의 결과라고 본다.

상하이 방언에서 집합적과 배분적 복수 의미를 나타내는 전용적인 표지
가 없다. 집합적 복수는 명사의 무표기 형식으로 나타낼 수 있고 지시사
'箾'와 '诶' 뒤에 명사 분류사 '眼'을 붙이는 방식으로도 표현할 수 있다. 이
때 '箾眼, 诶眼'는 [+생명도] 대상과 [-생명도] 대상을 모두 지시할 수 있다.

---

42 張惠英(2001)과 潘悟云(2010)의 내용은 陈实(2012: 17-18)에서 재인용된 것이다. 여기서
   언급된 상하이, 닝보, 우시, 쿤산, 창싱 방언은 모두 북부 오방언에 속한다.

배분적 복수를 나타내는 수단은 없다.

(3) 가. 放学之后学生俉回去了。

방과 후 학생들이 다 돌아갔다.

나. 瓣眼俉是阿拉班级额学生。

이들은 모두 우리 반 학생이다.

다. 瓣眼俉是我买额书。[43]

이것들은 다 내가 산 책이다.

집합적 복수와 배분적 복수를 나타내는 전문적인 수단이 없고 연합적 복수를 나타낼 때 생명도 제약을 받아서 언어목록유형론의 시각으로 보면 상하이 방언에서 복수 표지는 부각(凸显) 정도가 낮은 언어 수단이다. '拉'는 친족/소속 관계를 나타내는 구조 조사로의 확장 기능만 있어서 강세(强势) 정도도 높지 않다. 그러므로 전체적으로 보면 상하이 방언에서 복수 표지의 현저성(显赫度)은 낮은 편이다.

3) 표준 중국어 복수 표지의 의미 기능과 현저성

'们'은 표준 중국어에서 가장 많이 쓰이는 복수 표지이다. 생명도 등급에 따라 '们'의 선행 대상은 1, 2인칭대명사부터 보통 인간명사까지의 범위 안에서 분포되어 있다. 그리고 문학 작품에서 개, 나비 등 생명도가 높은 동물 명사와 인간 고유명사도 '们'과 결합할 수 있다. 이 경우에 '们'에 의해 표현된 복수는 집합적 복수와 연합적 복수이다.

---

43 예문 (20가-다)에서 나온 '俉'는 '都, 全/모두, 다'에 해당되는 상하이 방언 부사이다.

(4) 가. <u>学生们</u>都回家了, <u>我们</u>也快回家吧。

학생들이 다 돌아갔으니까 우리도 빨리 돌아가자.

나. 在花的芳香里, <u>蝴蝶们</u>自由而轻盈地飞舞。

꽃의 향기 속에서 나비들이 자유롭고 부드럽게 날고 있다.

다. 楚王庄的<u>狗们</u>都已睡熟, 村子里一片静谧。

추왕좡의 개들은 모두 잠들었다. 온 마을은 조용하였다.

라. <u>雷铁柱们</u>打了一天的夯。

레이티에주들은 하루 종일 달구질을 했다.

무정명사는 '们'과 직접 결합하지 못한다. 그러나 '它们'은 무정명사의 집합적, 연합적 복수를 표현할 수 있다. 예문 (5가, 나)는 북경대학교 CCL 말뭉치에서 추출된 문장인데 '它们'은 각각 집합적 복수와 연합적 복수 의미를 나타낸다.

(5) 가. 制约课程开展的因素有哪些？<u>它们</u>之间的关系怎么样？

강의 진행을 제약하는 요인이 무엇인가? 그들 간의 관계는 어떠한가?

나. 知识, 技能, 思想, 品德, <u>它们</u>不是先天存在于人身上的。

지식, 기능, 사상, 도덕, 이것들은 선천적으로 인간에게 부여되는 것이 아니다.

'们'은 단수 1인칭 대명사 '我' 뒤에 붙어 발화 객관성을 높이는 화용적인 기능도 있다. 이러한 화용적인 기능은 문어체 성격이 강하고 논설문, 연설문 등 특정한 문체에서 더 많이 확인된다. 발화자가 자기 자신의 관점을 밝힐 때 복수 표지로 독자, 청자를 포함시켜서 주장의 주관성을 낮출 수

있다.[44]

(6) 根据上面的事实, <u>我们</u>不但能说明论元移位现象……

위 사실을 근거하여 우리는 논항 이동 현상을 설명할 수 있을 뿐만 아니라…

명사 분류사 '些'는 지시사 '这/那'와 결합해서 집합적 복수 의미를 표현한다. 이 경우에 선행 대상은 생명도 제약이 없다.

(7) 가. <u>这些</u>都是我们班的学生。

이 사람들은 다 우리 반 학생이다.

나. <u>这些</u>都是我买的书。

이것들은 다 내가 산 책이다.

표준 중국어 복수 표지 '们'은 '명사/대명사+们'의 형식으로 [+생명도] 대상의 집합적, 연합적 복수를 나타내고 '它们'으로 [-생명도] 대상의 집합적, 연합적 복수를 나타낸다. 그리고 명사 분류사 '些'도 생명도 제약 없이 선행 대상의 집합적 복수를 표현할 수 있다. 배분적 복수를 나타내지 못하지만 상하이 방언과 비교하면 표준 중국어 복수 표지는 의미 기능이 많고 생명도 제약도 엄격하지 않다. 비록 의미 확장 현상이 없지만 현저성은 상하이 방언 복수 표지보다 높다.

4) 한국어 복수 표지의 의미 기능과 현저성

---

44 '们'의 화용적 기능에 대해 김충실(2014: 283)을 참고했다.

한국어 복수 표지는 주로 '-희, -네'와 '-들'이다. 그 중 '-희'는 비생산적이고 분포 범위가 가장 좁다. '-희'는 1, 2인칭대명사 뒤에 붙어 '저희, 너희' 두 가지 연합적 복수만 나타낼 수 있다. 1인칭 복수는 청자가 포함되는지에 따라 다시 배타성(排他性) 복수와 포괄성(包括性) 복수로 세분될 수 있는데 '저희'는 겸칭이기 때문에 '우리, 我们, 阿拉'와 달리 배타성 복수만 나타낸다. '-네'는 인간 명사와 단수 1인칭을 제외한 인칭대명사 뒤에 붙어 연합적 복수를 나타낸다.[45] 남기심, 고영근(2011: 89)에 따르면 '-네'는 무리나 집을 의미하는 접미사로 보는 것이 온당하다. 이에 비해 '-들'의 사용 범위가 넓고 의미 기능도 다양하다.

'-들'은 선행 대상 생명도 제약이 없다. 일부 무정명사, 의존명사와 '추억, 생각' 등 추상명사도 '-들'과 결합할 수 있다. 그리고 '-들'은 지시사 '이, 저' 뒤에 나타나서 집합성 복수를 표현할 수 있다.[46] 아래는 인터넷에서 수집된 예문이다.

(8) 가. 자동차 <u>회사들</u>은 왜 48V 시스템을 주장할까?

나. 부동산 계약할 때 <u>이것들</u>만 주의하면 된다.

다. 행복한 <u>추억들</u>이 남아 힘들 때마다 저를 위로해 줘요.

라. 진짜 중요한 것은 <u>저들의</u> 징계받는 것이 아니라…

'-들'은 1인칭 단수 대명사와 직접 결합하지 못하지만 1인칭 복수 대명사 뒤에 나타나서 '우리들, 저희들' 등 표현을 구성할 수 있다. 李知恩(2011: 96-97)에 따르면 '우리들'은 '우리'보다 개체의 의미가 더 부각되어서 배분

---

45 '너네'는 〈표준국어대사전〉에 수록되지 않지만 실제 생활에서 쓰인다.
46 '저들'은 〈표준국어대사전〉에 수록되지 않지만 2009년 고려대학교 민족문화연구원에서 편찬한 〈한국어대사전〉에서 찾을 수 있다. 그리고 실제 생활에서도 용례가 확인된다.

적 복수로 간주된다. 이 외에 '니들, 그들'은 '너, 그'를 비롯한 한 무리의 사람을 가리켜서 연합적 복수이다.[47] '-들'은 부사, 동사 또는 문장 뒤에도 나타날 수 있는데 남기심, 고영근(2011: 93)은 이러한 '-들'을 보조사로 분류될 수 있다고 지적했다. 이 경우에 '-들'은 사건 복수, 청자 복수 등 화용적 기능을 한다.

(9) 가. 공부들 열심히 해야 한다.

나. 어서들 오너라.

다. 어제 맛있는 것을 많이 먹었다들.

전체적으로 보면 한국어 복수 표지는 수량이 많고 집합적, 연합적과 배분적 복수 의미를 모두 나타낼 수 있다. 그러므로 부각(凸显) 정도가 높다. '-들'은 선행 대상 생명도에 대한 제약이 없고 화용적인 기능 확장이 있어서 강세(强势) 정도도 높은 편이다. 상하이 방언과 표준 중국어에 비해 한국어의 언어 수단 목록(库藏)에서 복수 표지는 현저성(显赫度)이 높은 수단이다.

상하이 방언, 표준 중국어와 한국어 복수 표지의 의미적 기능을 의미지도로 정리하면 [그림 1-3]과 같다. 이를 통해 현저성 강약도 직관적으로 볼 수 있다.

---

47 '니들'은 〈표준국어대사전〉에 수록되지 않지만 실제 생활에서 쓰이는 단어이다.

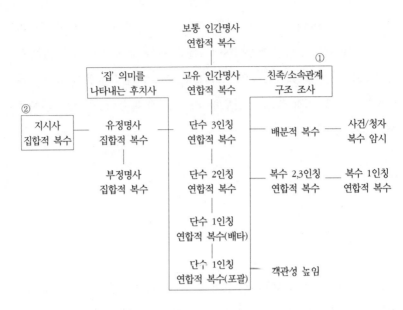

[그림 1] 상하이 방언 전용 복수 표지 '拉'(①)와 차용 복수 표지 '眼'(②)의 의미지도

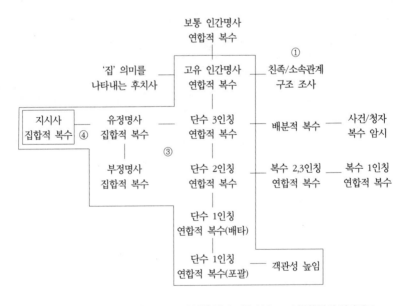

[그림 2] 표준 중국어 전용 복수 표지 '们'(③)와 차용 복수 표지 '些'(④)의 의미지도

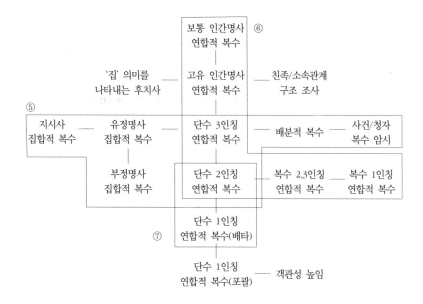

[그림 3] 한국어 복수 표지 '-들'(⑤). -네(⑥). -희(7)'의 의미지도

의미지도를 보면 복수 표지의 의미 기능 다양성은 '한국어>표준 중국어>상하이 방언' 순으로 나타난다. 그리고 전문적인 복수 표지에 비해 명사 분류사에서 차용된 복수 표지 '眼'과 '些'는 의미 기능이 매우 제한적이고 기능 확장 경향도 안 보인다. 이 세 가지 언어/방언의 수단 목록에서 복수 표지의 현저성은 아래와 같다.

한국어>표준 중국어>상하이 방언

명사 분류사 현저성은 '상하이 방언>표준 중국어>한국어'로 나타났는데 복수 표지의 현저성은 이와 정반대이다. 명사 분류사가 현저성이 강한 상하이 방언에서 복수 표지의 현저성이 낮다. 표준 중국어에서 명사 분류사와 복수 표지는 각각의 의미적 기능을 가지고 있고 기능 확장 추세가 모두 약하다. 따라서 현저성이 비슷하다. 한국어 명사 분류사는 부각, 강세 정도가 모두 낮지만 복수 표지의 현저성은 강하다.

5) 명사 분류사와 복수 표지의 범언어/방언적 상호 제약

위에서의 논의를 보면 언어 수단 목록(语言库藏)에서 명사 분류사의 현저성(显赫度)이 강할수록 복수 표지의 의미 기능과 분포 범위가 제약된다. 반대로 복수 표지의 현저성이 강할수록 명사 분류사의 기능 확장이 제약된다. 이 사실을 함축적 명제로 요약하면 아래와 같다.

한 언어의 수단 목록에서 명사 분류사의 현저성이 강하다는 것은 복수 표지의 제한적인 분포와 약한 의미 기능 확장을 함축한다.

함축적 명제 'p이면 q이다'를 연역하면 세 가지의 참인 상황을 얻을 수 있다. 각각 'p, q', '-p, -q'와 '-p, q'이다. 나머지 하나인 'p, -q'는 거짓이다. 다음 부분에서 실례를 찾아 위 명제의 논리성을 검증하겠다.

명사 분류사의 현저성이 강하고 복수 표지의 분포와 기능 확장이 제약되는 언어는 중국어 상하이 방언을 예로 들 수 있다. (p, q√)

명사 분류사의 현저성이 약하지만 복수 표지의 분포가 넓고 의미 기능도 다양한 언어는 한국어를 예로 들 수 있다.(-p, -q√)

명사 분류사의 현저성이 약하고 복수 표지의 사용도 제약되는 언어는 위에서 살펴본 세 가지 언어/방언에서 찾을 수 없지만 인도네시아어를 예로 들 수 있다. (-p, q√)

인도네시아어는 orang(명), buah(개), ekor(마리) 등 분류사가 있지만 명사에서 차용된 것이다. 그리고 명사와 분류사 외에 다른 확장된 기능이 없다. 복수를 나타낼 때 para, kaum, -an 등 표지가 있지만 분포 범위가 넓지 않다. 인도네시아어는 명사나 관형사의 중복으로 복수를 표현할 수 있다.[48]

(10) 가. pelajar 학생   나. pelajar-pelajar 학생들

      다. meja 책상   라. meja-meja 책상들

      마. anak kecil 어린 아이   바. anak kecil-kecil 어린 아이들[49]

명사 분류사와 복수 표지가 모두 필수로 사용되고 의미 확장 추세도 강하게 나타나는 언어는 논리적으로 존재하지 않고 언어 경제성 원칙에도 위반된다. (p, -q×)

정혜(2011: 298-299)는 '백 개의 유행곡들'과 같은 용례를 제시했지만 이때 어감이 자연스럽지 않고 복수 표지가 잉여적이라고 했다. 이 외에 임동훈(2012: 30)에 따르면 남부 드라비아 제어와 알곤킨 제어에서 분류사 언어에 속하지만 수 표지가 필수적으로 쓰이는 언어가 있다. 이에 대해 앞으로 좀 더 자세히 살펴봐야 하지만 이런 언어는 전세계 언어에서 아주 낮은 비례를 차지한다고 예상된다.

陆丙甫, 金立鑫(2015: 9)에 따르면 언어유형론 연구에서 도출된 함축적 보편성은 대부분 경우에 절대적인 법칙이 아니라 강한 경향성이다. 용례를 통해 위에서 제시된 함축적 보편성은 논리적이고 대부분 언어의 실제 상황에 부합된다고 확인할 수 있다. 그러므로 명사 분류사와 복수 표지의 존재 자체는 서로 배척하지 않는다. 한 언어의 수단 목록(庫藏)에서 명사 분류사와 복수 표지의 현저성(显赫度) 강약은 함축적 관계를 이룬다. 그리고 한

---

48 인도네시아어 분류사와 복수 표지에 관한 논의는 高华年(2001: 75)를 참고했다.

49 예(10바)에서 anak은 아이라는 뜻이고 kecil은 작다, 어리다는 뜻이다. 따라서 anak kecil-kecil의 구조는 '명사 관형사-관형사'이고 관형사의 중복으로 명사 복수를 나타내는 예이다.

언어 수단의 현저성은 범언어적인 연속체를 이룬다.

6) 결론

이 절은 언어목록유형론의 시각으로 상하이 방언, 표준 중국어와 한국어에서 복수 표지의 의미적 기능을 고찰하고 현저성 차이를 살펴봤다. 이를 바탕으로 한 언어/방언에 명사 분류사와 복수 표지가 모두 있을 때 이 두 언어 수단의 상호작용 양상을 분석하고 이와 관련된 함축적 보편성을 도출하였다.

상하이 방언에서 전문적인 복수 표지인 '拉'는 연합적 복수만 나타낼 수 있고 기능 확장 추세도 약하다. 표준 중국어 복수 표지 '们'은 집합적 복수와 연합적 복수를 모두 나타낼 수 있지만 다른 영역으로의 기능 확장이 확인되지 않는다. 이 외에 상하이 방언의 '眼'과 표준 중국어의 '些'는 명사 분류사에서 차용된 복수 표지인데 의미 기능이 단일하고 기능 확장이 제약된다는 공통점이 있다. 한국어 복수 표지는 '-들, -희, -네' 세 개가 있는데 그 중 '-들'은 사용 범위가 넓고 의미 기능도 다양하다. 전체적으로 보면 이 세 가지 언어/방언에서 복수 표지의 현저성은 '한국어>표준 중국어>상하이 방언' 순서로 나타나고 명사 분류사의 현저성 등급은 이와 반대된 순서로 나타난다. 그러므로 한 언어/방언의 수단 목록에서 명사 분류사의 강한 현저성은 복수 표지의 제약된 분포와 약한 기능 확장 추세를 함축한다고 할 수 있다.

일부 경우에 두 언어 범주의 존재 자체는 함축적 보편성을 이루지 않고 범주 간의 현저성 차이는 함축적 보편성이 나타나는 주요 원인이다. 범언어/방언적인 고찰을 통해 명사 분류사와 복수 표지 현저성에 관한 함축적 보편성이 확인, 증명되었다.

참고문헌

가키모토 안나(2012), 「일본어 조사 'に'의 생략에 대한 연구」, 『한국일본어학회 학술발표회 논문집』 2012, 46-52.

강보유(2002), 「중국 대학교에서의 한국어 교육과 교수법」, 『한국어 교육』 13-2, 1-19.

강보유(2004), 「시험 평가로부터 본 한국어 어휘-문법 교육」, 『한국(조선)어교육연구』 2004-2, 237-254.

강보유(2017), 「한국어 구문해석 방법론 구축」, 『국어국문학』 180, 45-78.

고석주(2011), 「조사 '에'의 의미 재고」, 『국어학』 61, 93-115.

고영근(2012), 「민족어 대명사의 복수표지와 그의 유형적 특징」, 『형태론』 14-2, 171-183.

고영근, 구본관(2018), 『우리말 문법론』, 집문당.

곽추문(1996), 「한국어 분류사 연구」, 성균관대 박사학위논문.

김미정(2017), 「몽골어권 학습자를 위한 한국어 발음 교육 자료 개발 방안 연구」, 세종대 석사학위논문.

김민수 등(2011), 『국어대사전』, 금성출판사.

김상기(2007), 「보편문법과 언어유형론」, 『언어과학연구』 43, 113-130.

김선정(2014), 「보편성에 따른 한국어와 태국어의 음운대조」, 『비교문화연구』 35, 293-314.

김선효(2005), 「국어의 분류사와 문법화」, 『한국어학』 27, 107-123.

김성수(2009), 「유형적 보편성을 통해 본 한국어 습득자의 관계절 사용 양상 연구」, 계명대 석사학위논문.

김수미(2017), 「한국어 학습자의 중간언어 변이 양상 연구」, 숙명여대 박사학위논문.

김수정(2010), 「복수 표지 '-들'의 실현 양상에 대한 유형론적 연구」, 영남대 석사학위논문.

김영실(2015), 『대조분석을 바탕으로 한 파구문 습득연구』, 하우.

김은일(2000), 「유생성의 문법」, 『현대문법연구』 20, 71-96.

김은주(2010), 「한국어 부사격 조사 '에', '에서', '로'의 교육 방안」, 동덕여대 석사학위논문.

김은희(2016), 「현대 중국어의 'V+个+X'구문의 특징 고찰」, 『한중인문학연구』 52, 207-228.

김창구(2010), 「외국어로서의 한국어 관계절 습득 연구」, 부경대 박사학위논문.

김현철·권순자(2017), 「의미지도 모형을 통한 부사 '也'의 의미 연구」, 『중국어문학논집』 104, 5-33.

김홍규 등(2009), 『한국어대사전』, 고려대학교 민족문화연구원.

남기심(2007), 『한국어 통사론』, 태학사.

남기심·고영근(2011), 『표준국어문법론』, 탑출판사.

도재학(2019), 「의미지도 방법론 개관」, 『개념과 소통』 24, 83-112.

만다흐바타르알탄체첵(2016), 「현대 한국어와 몽골어의 격조사 비교 연구: 목적격 조사와 부사격 조사를 중심으로」, 강원대 석사학위논문.

뭉흐치멕(2011), 「몽골인 한국어 초급 학습자를 위한 발음 지도 방안 연구」, 전남대 석사학위논문.

맹경흠(2016), 「현대 한국어 조사 '에'의 인지의미론」, 『한국학연구』 41, 325-366.

박애화(2014), 「중국어 'S把OV' 문장과 한국어 SOV 문장의 대응관계 분석」, 『동아인문학』 28, 153-170.

박윤정(2010), 「몽골인 한국어 학습자의 발음 교육 연구」, 배재대 석사학위논문.

박정구(2012), 「유형론적 관점에서 본 중국어 분류사 발전 및 그와 한국어의 관련성」, 『국어학』 63, 391-412.

박정구(2016), 「중국어의 상과 격 범주의 공시·통시적 변이 기제 연구: 의미지도 이론을 중심으로」, 한국연구재단.

박진호(2007), 「유형론적 관점에서 본 한국어 대명사 체계의 특징」, 『국어학』 50, 115-147.

박진호(2009), 「계사의 개념공간과 의미지도」, 『한국언어유형론연구회 창립기념

연구발 표회 자료집』.

박진호(2012), 「의미지도를 이용한 한국어 어휘요소와 문법요소의 의미 기술」, 『국어
　　학』 63, 459-519.

박진화(2003), 「한일 두 언어의 격조사 생략 표현에 대한 대조연구」, 경희대 석사학위
　　논문.

박초롱·김태경(2014), 「중국어 모어 화자의 한국어 종성 발음 오류에 관한 연구」,
　　『한국언어문화』 55, 5-30.

방향옥·강희숙(2010), 「중·한 복수접미사 '-們'과 '-들'의 대조 연구」, 『중국인문과
　　학』 44, 53-72.

배영환(2015), 「언간에 나타난 분류사의 분포와 의미 연구」, 『언어학연구』 36,
　　137-159.

백선기(1985), 「처격조사 '의'의 의미기능과 구성요소의 연구」, 『목원언어학』 5,
　　107-136.

사례(2015), 「한국어의 연합적 복수에 대한 연구」, 『국어학』 75, 271-297.

석주연(2011), 「조선 시대 의학서 언해류에 나타난 분류사의 종류와 기능」, 『우리말
　　글』 51, 29-49.

성창섭(2008), 「영어 등위접속의 제약」, 『언어과학』 15, 71-82.

신서인(2014), 「'이/가, 을/를'의 비전형적인 분포와 기능」, 『국어학』 69, 69-103.

신서인(2016), 「대격중출 구문에서의 '을/를'의 기능 연구: 타동성을 중심으로」, 『우리
　　말글』 68, 1-35.

신지영(2012), 「목적격조사 생략 현상에 대한 운율적 해석」, 『한국어학』 57, 331-355.

신창순(1976), 「국어 조사의 연구: 격조사의 의미 기술」, 『국어국문학』 71, 1-41.

안계은(2015), 「몽골인 학습자를 위한 한국어 발음 교육 방안 연구」, 계명대 석사학위
　　논문.

안기섭(2008), 「현대중국어 '自己'류 단어의 유형론적 특징」, 『중국인문과학』 38,
　　77-95.

양영희(2005), 「15세기 국어 '자갸' 기능에 대한 새로운 해석」, 『한글』 263, 33-62.

양영희(2005), 「중세국어 3인칭 대명사의 존재와 기능 검증」, 『우리말글』 33, 55-78.

어용델게르(2015), 「몽골인 학습자의 한국어 장애음 발음 교육 방안」, 공주대 석사학
　　위논문.

연세대학교 언어정보개발연구원(2006), 『한국어사전』, 두산동아.

연재훈(1995), 「기능-유형 문법에서의 분석과 설명」, 『언어학』 17, 203-230.

연재훈(1996), 「여격 주어 구문에 대한 범언어적 연구」, 『국어학』 28, 241-275.

염염(2011), 「중국인 학습자의 한국어 조사 사용 오류 분석」, 상명대 석사학위논문.

염초(2013), 「조한 명사 수량표현의 류형론적고찰」, 『중국조선어문』 187, 49-57.

왕충은(2012), 「한국어와 몽골어의 격조사 비교 연구」, 경북대 석사학위논문.

우형식(2000), 「한국어 분류사의 기능과 범위」, 『한글』 248, 49-84.

유수경(2014), 「의미지도 이론을 통한 중국어 '上'의 유형학적 고찰」, 한국연구재단.

유수경(2015), 「의미지도모델을 이용한 중국어 '来'의 기능 연구」, 한국연구재단.

유정정(2014), 「말뭉치기반 한중 분류사 대조연구」, 연세대 박사학위논문.

유현경(2007), 「'에게'와 생명도」, 『형태론』 9-2, 257-275.

유현경(2019), 『한국어 표준 문법』, 집문당.

윤재학(2009), 「번역에서의 개념공간과 의미지도 이론연구: 소유구문 영한번역의
　　경우」, 『번역학연구』 10-3, 161-192.

윤희수(2009), 「의미자질 [HUMAN]이 일부 어휘구조와 문장구조에 미치는 영향」,
　　『언어과학연구』 51, 157-174.

이갑(2017), 「한일유 격조사 비교연구: 주격 목적격 조사를 중심으로」, 『비교문화연
　　구』 46, 355-377.

이기문(1961, 1998), 『국어사개설』, 태학사.

이문화(2015), 「한국어 부사격 조사 '-에'와 '-에서'의 중국어 대응 양상 연구」, 『국제어
　　문』 65, 103-140.

이석주 · 이주행(1998), 『국어학개설』, 대한교과서출판사.

이성하(2006), 『문법화의 이해』, 한국문화사.

이소연(2012), 「중국인 한국어 학습자의 진행상 습득 연구」, 이화여대 석사학위논문.

이옥희(2014), 「국어 모음 변화의 사회적 변인 연구」, 『한국어학』 64, 88-116.

이은수(2014), 「중한 재귀대명사 비교 연구」, 『중국문학연구』 55, 153-178.

이익섭(1986), 『국어학개설』, 학연사.

이익섭(2005), 『한국어문법』, 서울대학교출판사.

이중진(2012), 「몽골인 학습자의 한국어 발음 교육 연구」, 전북대 박사학위논문.

이지은(2013-1), 「언어유형론의 새로운 접근: 의미지도 모형을 통한 범언어적 연구
(상)」, 『중국어문학논집』 79, 235-255.

이지은(2013-2), 「언어유형론의 새로운 접근: 의미지도 모형을 통한 범언어적 연구
(하)」, 『중국어문학논집』 81, 223-250.

이지은(2015), 「의미지도 모형을 통한 이중수사체계 연구」, 『중국어문학지』 51,
253-285.

이진호(2005), 『국어 음운론 강의』, 삼경문화사.

임동훈(2012), 「복수의 형식과 의미」, 『한국어 의미학』 39, 25-49.

임소정(2013), 「从语义地图模型看汉语介词与韩国语副词格助词」, 『중어중문학』 56,
643-669.

임은정(2015), 「한국어 조사 '를'의 중국어 대응 양상 연구」, 연세대 석사학위논문.

임홍빈(1972), 「NP-竝列의 {와/과}에 대하여」, 『논문집』 4, 141-164.

장기성(2012), 「독어에서 유표성과 병렬적 명사구의 어순제약」, 『언어과학연구』
61, 233-258.

장미라(2002), 「조사 '를'의 의미와 기능에 대하여」, 『고황논집』 30, 13-30.

장태진(2008), 「국어 병렬 어순의 기초적 유형과 어순삼각도의 제안」, 『국어학』
52, 85-125.

장한(2014), 「한국어 시간관계 연결어미와 중국어 시간관계 관련사어의 대조 연구」,
경희대 석사학위논문.

장회견(2017), 「한국어 명사적 표현의 현저성 정도에 대한 연구」, 서울대 박사학위논
문.

전만수(2009), 「영어 등위접속 어구의 도상적 순서」, 『인문학논총』 14, 89-105.

정상희(2016), 「복수 표현의 복수성과 화용적 의미」, 『한국어 의미학』 52, 31-59.

정수진(2011), 「인지언어학에 기초한 한국어 공간 개념 부사격 조사의 교육 내용
기술 방안 연구」, 『어문학』 112, 79-110.

정시원(2015), 「일본어 학습자의 한국어 '에'와 '에서' 의미 기능 습득 연구」, 이화여대 석사학위논문.

정연창(2003), 「한국어 재귀사 '자기'의 해석과 생략」, 『언어과학』 10-2, 137-154.

정혜(2011), 「한국어 복수표지 '들'에 관하여」, 『언어학연구』 19, 281-302.

정혜인(2017), 「중국어 연속동사 구문에 관한 의미지도 연구: 중국어 방언을 중심으로」, 한국연구재단.

정희정(1988), 「'에'를 중심으로 본 토씨의 의미: '에'와 '고, 를'의 의미비교」, 『국어학』 17, 153-175.

조선경(1997), 「한국어 조사 '의'와 일본어 조사 'の'의 대조연구」, 이화여대 석사학위논문.

조재형(2014), 「'-에'와 '-에서'의 기본의미 비교 고찰」, 『언어』 39-4, 1021-1041.

조재형(2016), 「후기 중세국어 시기의 부사격조사 '-에'와 서술어의 관계 고찰」, 『인문과학연구』 49, 173-200.

조재형·유해준(2015), 「'-에'와 서술어의 관계 고찰」, 『어문론집』 64, 115-144.

주향아(2013), 「'와/과' 등위 접속 명사구의 형성과 어순에 관한 연구」, 『한국어의미학연구』 42, 223-245.

증상홍·백수진(2016), 「双, 一双的性质和功能之历时考察」, 『한중인문학연구』 51, 283-304.

진관초·장령훼(2014), 「한국어 조사 '를'과 중국어 전치사 '把'에 대한 대조적 고찰」, 『한말연구학회 발표집』.

진염민(2013), 「중국인 학습자 '-는데1', '-다가', '-도록2' 사용 양상과 오류 분석」, 『동남어문논집』 35, 385-406.

진화진(2018), 「중국어 형용사의 사동교체현상과 의미지도의 반사동, 상태변화 관련성 연구」, 한국연구재단.

채완(1985), 「병렬의 어순과 사고방식」, 『국어학』 14, 463-477.

채춘옥(2018), 「'头' 의미지도 연구」, 『중국연구』 76, 163-193.

최인경(1999), 「유표성 이론과 영어 음성 지도」, 조선대 석사학위논문.

한경숙(2004), 「몽골인 학생을 대상으로 한 한국어 발음 교육 방안 연구」, 춘천교대 석사학위논문.

한송화(2013), 「재귀대명사 '자기'의 의미와 기능 연구」, 『외국어로서의 한국어교육』 38, 279-303.

한연이(2014), 「몽골인 학습자의 한국어 단모음 습득 연구」, 한국외대 석사학위논문.

허용(2005), 『외국어로서의 한국어교육학 개론』, 박이정.

허용(2010-1), 「음성적 유표성 위계와 보편적 모음과의 상관관계 연구」, 『이중언어학』 42, 305-328.

허용(2010-2), 「자음의 보편성과 음성적 유표성의 상관관계 연구」, 『언어와 문화』 6-3, 333-351.

허용(2010-3), 「자음 체계 대조 연구: 한국어, 영어, 일본어, 중국어를 대상으로」, 『언어과학연구』 55, 305-332.

허용·김선정(2013), 『대조언어학』, 소통.

홍윤표(1978), 「방향성 표시의 격」, 『국어학』 6, 111-132.

홍종선·고광주(1999), 「'-를' 논항의 의미역 체계 연구」, 『한글』 243, 141-176.

황영철(2003), 「조선어의 재귀대명사에 대하여」, 『중국조선어문』 127, 16-22.

황정숙(2008), 「한국어 부사격 조사 '에, 에서, 에게, 로'에 대응하는 중국어 표현 연구」, 충남대 석사학위논문.

Banzragch Oyungerel(2012), 「몽골인 한국어 초급 학습자를 위한 한국어 발음 교육 방안 연구」, 이화여대 석사학위논문.

Sh. Bolormaa(2014), 「몽골인 초급 학습자를 위한 한국어 단모음 발음 교육 방안 연구」, 동국대 석사학위논문.

Song, J, J. (2011), 김기혁 역, 『언어유형론: 형태론과 통사론』, 보고사.

Whaley, L. J.(2010), 김기혁 역, 『언어유형론』, 소통.

Aikhenvald, A. Y.(2000), *Classifiers*, Oxford: Oxford University Press.

Anderson, J.(1987), The Markedness Differential Hypothesis and Syllable Structure Difficulty, *Interlanguage phonology: The acquisition of a second language sound system*, New York: Newbury House, 279-291.

Anderson, L.(1982), The 'perfect' as a universal and as a language particular category, *Tense-Aspect: Between Semantics and Pragmatics*, Amsterdam/Philadelphia: John Benjamins, 227-264.

Benson, B.(1988), Universal Preference for the Open Syllable as an Independent Process in Interlanguage Phonology, *Language Learning* 38-2, 221-235.

Carlisle, R.(1991), The Influence of Environment on Vowel Epenthesis in Spanish/English Interphonology, *Applied Linguistics* 12-1, 76-95.

Comrie, B.(1981), *Language Universals and Linguistic Typology*, Chicago: University of Chicago Press.

Corbett, G. G.(2000), *Number*, Cambridge: Cambridge University Press.

Craig, C. G.(1994), Classifier Languages, *The Encyclopedia of Language and Linguistics*, Oxford/London: Pergamon Press, 565-569.

Croft, W.(1990), *Typology and Universals*, Cambridge: Cambridge University Press.

Crothers, J. (1978). Typology and universals of vowel systems. *Universals Of Human Languages* 2, 93-152.

Cysouw, M.(2007), Building semantic maps: The case of person marking, *New Challenges in Typology*, Berlin: Mouton, 225-248.

de Haan, F.(2004), On Representing Semantic Maps, Ms. University of Arizona.

Dik, S. C.(1978), *Functional Grammar*, Amsterdam/New York/Oxford: North-Holland Publishing Company.

Dixon, G.(1994), *Ergativity*, Cambridge: Cambridge University Press.

Eckman, F. R.(1977), Markedness and the Contrastive Analysis Hypothesis, *Language Learning Journal* 27-2, 315-330.

Eckman, F. R.(1991), The Structural Conformity Hypothesis and the Acquisition of Consonant Clusters in the Interlanguage of ESL Learners, *Studies in Second Language Acquisition* 13-1, 23-41.

Haspelmath, M.(2003), The geometry of grammatical meaning: Semantic maps and cross-linguistic comparison, *The New Psychology of Language* 2, New

York: Erlbaum, 211-243.

Hopper, P. and Thompson, S.A. (1980), Transitivity in Grammar and Discourse. *Language* 56, Washington, DC: Linguistic Society of America, 251-299.

Langacker, R. W.(1993), Reference-point Construction, *Cognitive Linguistics* 4-1, Berlin: Walter de Gruyter, 1-38.

Maddieson, I.(1984), *Patterns of Sounds*, Cambridge: Cambridge University Press.

Silverstein, M.(1976), Hierarchy of Features and Ergativity, *Grammatical Categories in Australian Languages*, New York: Humanities Press, 112-171.

Sweet, H.(1913), *Collected Papers*, Oxford: Oxford University Press.

Taylor, J. R.(1989), *Linguistic Categorization: Prototypes in Linguistic Theory*, Oxford: Clarendon Press.

van der Auwera, J. & Plungian, V. A. (1998), Modality's Semantic Map, *Linguistic Typology* 2, Berlin: Mouton, 79-124.

Yamamoto, M.(1998), *Animacy and Reference*, Amsterdam/Philadelphia: John Benjamins.

Zhang, M. (2013), The revised semantic map of oblique markers and its implications for comparative and diachronic studies of Chinese Syntax, Seattle: The LFK Society Young Scholars Symposium.

Comrie, B.(2011), 沈家煊, 罗天华 译, 『语言共性与语言类型』, 北京: 北京大学出版社.

Croft, W.(2009), 龚群虎 译, 『语言类型学和语言共性』, 上海: 复旦大学出版社.

Jakobson, R.(2012), 钱军 译, 「类型学研究及其对历史比较语言学的贡献」, 『雅柯布森文集』, 长沙: 湖南教育出版社, 72-83.

安丰存·程工(2014), 「生成语法视角下汉语量词句法功能研究」, 『解放军外国语学院学报』2014-3, 51-58.

安丰存·赵磊(2016), 「现代汉语"量名"结构类型学分析」, 『汉语学习』2016-3, 53-63.

白鸽(2015), 「定指标记与类指义的表达」, 『外国语』38-4, 21-36.

白鸽(2018), 「光杆名词短语类指功能的跨语言考察」, 『外语教学与研究』 50-3,

342-355.

白莲花(2011), 「韩汉语语序类型对比研究」, 上海外国语大学博士学位论文.

白萨(2016), 「中蒙两国蒙古语差异研究」, 黑龙江大学博士学位论文.

包文姝·郭芮(2012), 「基于原型范畴理论的英汉反义形容词标记性对比研究」, 『贵州大学学报』175, 146-149.

蔡金亭(2001), 「Jakobson的语言标记理论」, 『外语学刊』105, 78-84.

蔡雅思(2010), 「N1(的)N2'构式研究」, 南昌大学硕士学位论文.

蔡雨, 彭家法(2018), 「汉语多位数词特点」, 『皖西学院学报』34-4, 93-98.

曹凤霞(2012), 「古代汉语标记被动式研究」, 吉林大学博士学位论文.

曹晋(2012), 「语义地图理论及方法」, 『语文研究』2012-2, 3-6.

曹文(2012), 「国际音标表的变化」, 『民族语文』2012-5, 8-19.

曹依民(2014), 「名词短语竞争与关系从句生成」, 上海外国语大学博士学位论文.

曹玉雪(2009), 「现代汉语'V+N'及相关格式的多义结构研究」, 上海师范大学硕士学位论文.

陈凡凡(2005), 「标记假说与汉语二语习得中的母语迁移现象及习得难度」, 『第八届国际汉语教学讨论会论文选』, 521-530.

陈力(2002), 「'被'和'让'表被动的句法语义对立及其功能解释」, 南开大学硕士学位论文.

陈前瑞(2010), 「南方方言'有'字句的多功能性分析」, 『语言教学与研究』2010-4, 47-55.

陈实(2012), 「上海话类复数标记"拉"及吴方言类复数标记研究」, 上海师范大学硕士学位论文.

陈双莲(2007), 「英语与蒙古语中元音的对比以及元音和辅音之间的发音关系」, 『内蒙古民族大学学报』33-6, 32-34.

陈玉洁(2007), 「量名结构与量词的定语标记功能」, 『中国语文』321, 516-530.

陈玉洁(2014), 「商水方言中liao55和le0的功能」, 『"语言的描写与解释"国际学术研讨会论文集』, 12-17.

陈振宁(2017), 「旁指, 他称与人称」, 『语言研究辑刊』19, 95-115.

陈振宇, 陈振宁(2015), 「通过地图分析揭示语法学中的隐性规律: 加权最少边地图」,

『中国语文』2015-5, 428-438.

程工(1994),「汉语"自己"一词的代词性」,『现代外语』1994-3, 7-11.

程工(1999),「汉语"自己"一词的性质」,『当代语言学』1999-2, 3-5.

成军(2019),「当代语言类型学的视角转换」,『西南大学学报』45-6, 145-153.

成祖堰, 刘文红(2016),「英汉双及物构式的几个类型特征」,『外语与外语研究』2016-4, 79-86.

崔健(2009),「韩汉复数表达对比三题」,『语言教学与研究』2009-6, 44-46.

崔山佳(2013),「汉语被动句主语的生命度历时考察」,『宁波大学学报』2013-5, 58-64.

崔希亮(1995),「把字句的若干句法语义问题」,『世界汉语教学』1995-3, 12-21.

戴燃(2017),「汉语语域式话题汉英翻译策略的库藏类型学研究」,『语言研究辑刊』18, 63-78.

邓楠楠(2007),「现代汉语"形+(X)+宾"结构研究」, 上海师范大学硕士学位论文.

董丽梅(2019),「汉藏语言句末语气助词承担呼语标记功能的类型学考察」,『黑龙江民族丛刊』169, 141-151.

董秀芳(2002),「古汉语中的"自"和"己"—现代汉语"自己"特殊性的来源」,『古汉语研究』2002-1, 69-75.

杜道流, 何升高(1998),「制约同现宾补次序的因素」,『淮北煤师院学报』1998-4, 3-5.

杜丹, 吴春相(2019),「从分裂施格现象看汉语存现句的类型特征」,『解放军外国语学院学报』2019-4, 23-32.

范晓(1983),「关于形容词带宾语的问题」,『汉语学习』23, 1-10.

范晓蕾(2014),「以'许可—认识可能'之缺失论语义地图的形式和功能之细分」,『世界汉语教学』2014-1, 18-36.

范晓蕾(2017),「语义地图的解析度及表征方式: 以能力义语义地图为例」,『世界汉语教学』2017-2, 194-214.

方迪(2018),「现代汉语动趋式的显赫性及扩张效应」,『世界汉语教学』32-2, 229-240.

方寅, 段业辉(2015),「单音节三叠式的分布, 功能及意义」,『汉语学习』2015-1, 23-29.

方寅, 周春丽(2017),「语言库藏描写的理论支撑」,『河北民族师范学院学报』37-4, 50-56.

飞龙·高光来·闫学亮·魏宏喜(2014),「传统蒙古文与西里尔蒙古文相互转换方法的研究」,『计算机工程与应用』23, 206-211.

冯莉(2014),「类型学视野中的汉英形容词对比研究」, 黑龙江大学博士学位论文.

冯丽萍(2011),「从普遍语法到浮现理论」,『社会科学家』165, 157-160.

冯铮(2019),「现代汉语中动范畴研究」, 上海外国语大学博士学位论文.

盖淑华(2002),「标记理论在语言习得中的作用」,『四川外语学院学报』104, 86-88.

高华年(2001),「印度尼西亚语的名词结构」,『暨南大学华文学院学报』2001-1, 68-76.

高莉萍(2005),「生命度对汉语句法语义的制约和影响」, 天津大学硕士学位论文.

高亚楠(2014),「现代汉语动态量词研究」, 东北师范大学博士学位论文.

高亚楠, 吴长安(2014),「从显赫词类的扩张性看量词'趟'的语法化历程」,『古汉语研究』103, 41-46.

葛娜娜(2018),「领属范畴的类型学研究」, 上海外国语大学博士学位论文.

巩湘红·常晨光(2011),「标记性研究的系统功能语言学视角」,『湖南师范大学学报』329, 123-127.

谷峰(2010),「先秦汉语情态副词研究」, 南开大学博士学位论文.

谷峰(2019),「上古汉语'主+实+谓'中'实'的功能」,『中国语文』2019-2, 169-181.

谷峪(2018),「构式语法视角下中国学习者对运动事件的英语构式编码研究」, 东北师范大学博士学位论文.

顾骁晨(2017),「侗台语程度副词的类型学研究」, 暨南大学硕士学位论文.

郭秋雯(2003),「韩语分类词的重叠」,『韩国学论文集』2003-2, 139-150.

郭锐(2011),「形容词的类型学和汉语形容词的语法地位」,『国际中国语言学学会第19届学术年会论文集』.

郭锐(2012),「概念空间和语义地图: 语言变异和演变的限制和路径」,『对外汉语研究』2012, 96-130.

郭印, 张艳(2014),「英汉致使交替事件的语义特征分析」,『中国海洋大学学报』2014-6, 116-122.

郭中(2018),「论汉语小称范畴的显赫性及其类型学意义」,『中国语文』383, 163-176.

国际语音学会(2008), 江荻 译,『国际语音学会手册』, 上海: 上海教育出版社.

韩笑, 冯丽萍(2016), 「汉语句法实现中的生命度效应及其产生原因」, 『云南师范大学学报』 2016-6, 75-89.

韩鑫(2019), 「不及物致使式中的施受关系」, 西南交通大学硕士学位论文.

郝彦(2009), 「'V你的N'歧义的形式化考察」, 江西师范大学硕士学位论文.

侯晓丹(2017), 「语义图模型视角下的汉韩语不定表达对比: 以'任何'和'amu'为例」, 『汉语学习』 2017-1, 56-69.

黄伯荣, 廖序东(2011), 『现代汉语』, 北京: 高等教育出版社.

黄莹, 陈建平(2018), 「同义构式的行为特征范畴化突显」, 『西安外国语大学学报』 2018-2, 40-45.

何明珠(2011), 「英语无灵主语句的隐喻性与生命性认知探源」, 『外国语文』 2011-5, 39-43.

洪琳(2002), 「汉英被动句对比研究」, 辽宁师范大学硕士学位论文.

呼和(2009), 『蒙古语实验语音学』, 沈阳: 辽宁民族出版社.

胡文静(2017), 「动作动词与感知动词同名词组合在生命度定位与摆度的比较研究」, 暨南大学硕士学位论文.

胡雪婵(2011), 「非被动关系"被"字句的消隐与出现」, 东北师范大学硕士学位论文

黄成龙(2013), 「羌语中的生命度等级序列」, 『汉藏语学报』, 25-43.

黄蕊(2017), 「'给'字双宾结构生命度的定位与摆度」, 暨南大学硕士学位论文.

黄涛(2016), 「闽东罗源方言描写语法」, 福建师范大学博士学位论文.

黄燕旋(2015), 「揭阳方言的复指型处置句」, 『语言研究辑刊』 15, 177-190.

吉洁(2014), 「英语中的生命度等级研究」, 北京外国语大学博士学位论文.

吉洁, 梁茂成(2015), 「学习者英语议论文中主语生命度研究」, 『外语电化教学』 2015-2, 52-58.

计琼(2015), 「现代汉语反身代词研究」, 吉林大学硕士学位论文.

贾贻东(2004), 「从认知观看标记理论」, 『山东外语教学』 103, 52-55.

姜静(2019), 「彝语山苏话的存在类动词」, 『民族语文』 2019-5, 45-57.

蒋灵卉(2018), 「生命度与生命度等级」, 『语言文字周报』 2018-2-28.

焦艳(2016), 「现代汉语中'有'字句的生命度研究」, 暨南大学硕士学位论文.

金立鑫(2006), 「语言类型学——当代语言学中的一门显学」, 『外国语』165, 33-41.

金立鑫(2009), 「解决汉语补语问题的一个可行性方案」, 『中国语文』2009-5, 387-398.

金立鑫(2017), 「普通话句法中的'通语'」, 『东方语言学』2017-1, 11-17.

金立鑫(2019), 「汉语语序的类型学特征」, 『解放军外国语学院学报』2019-4, 1-13.

金莲花(2007), 「韩汉语被动句对比研究」, 东北师范大学硕士学位论文.

金明花(2019), 「汉语'强/弱'与韩语'강하다/약하다'对比」, 延边大学硕士学位论文.

金明艳(2013), 「韩汉存现句对比研究」, 吉林大学博士学位论文.

金贤姬(2014), 「汉韩语言认知视点的对比研究」, 北京大学博士学位论文.

金英实(2010), 「把字句和述宾句与韩国语'O를(宾格)+VP'句的异同」, 『解放军外国语学院学报』33-3, 49-53.

景高娃, 夏俐萍(2020), 「汉语方言去除义标记的多功能性研究」, 『语言科学』2020-3, 46-54.

孔蕾, 文秋芳, 秦洪武(2018), 「事件语义与语用标记词汇化的跨语言考察」, 『外语与外语教学』303, 65-77.

寇帆(2013), 「病, 坏的组配异同及留学生习得的偏误分析」, 华中师范大学硕士学位论文.

李彩红(2016), 「类型学视野下的沙田客家话分类词研究」, 『钦州学院学报』2016-11, 29-34.

李彩红(2017), 「类型学视野下广西壮语方言和汉语方言分类词接触研究」, 广西大学硕士学位论文.

李春风(2012), 「邦朵拉祜语参考语法」, 中央民族大学博士学位论文.

李花子(2015), 「韩国语'이다'和汉语'是'的对比研究」, 上海外国语大学博士学位论文.

李建平, 张显成(2016), 「汉语量词语法化动因研究」, 『西南大学学报』42-5, 148-159.

李金满(2015), 「汉语二语关系从句产出研究」, 『当代外语研究』2015-2, 34-39.

李晶, 石锋(2008), 「二语习得汉法中介语元音系统建构次序的实验研究」, 『暨南学报』2008-3, 110-114.

李静波(2017), 「致使动词的语义地图」, 『东北亚外语研究』16, 28-33.

李劲荣(2013), 「汉语里的另一种类指成分」, 『中国语文』2013-3, 238-250.

李玲(2007),「哈萨克语直接宾语研究」, 中央民族大学硕士学位论文.

李倩(2018),「英汉空间范畴的对比研究」, 曲阜师范大学硕士学位论文.

李汝亚(2017),「空论元儿童语言习得研究」,『外语教学与研究』2017-2, 163-176.

李淑珍(2003),「'V的'的语义指称及其制约因素」, 苏州大学硕士学位论文.

李淑珍(2008),「论N对句式'V+的+是+N'歧义的影响和制约」,『科学之友』 2008-11, 76-77.

李卫荣(2008),「英语s-属格名词与中心词之间的生命度等级认知研究」, 南京理工大学硕士学位论文.

李翔, 黄成龙(2020),「福贡傈僳语的施受标记」,『中央民族大学学报』2020-2, 155-162.

李小凡(2015),『汉语多功能语法形式的语义地图研究』, 北京: 商务印书馆.

李彦(2009),「关于日中被动句的对比研究」, 重庆大学硕士学位论文.

李艳惠, 石毓智(2000),「汉语量词系统的建立与复数标记"们"的发展」,『当代语言学』2-1, 27-36.

李宇明(1999),「一V…数量结构及其主观大量问题」,『汉语学习』1999-4, 1-5.

李宇明(2017),「显赫范畴的理论意义和应用价值」, 首尔大学中文系特邀讲座发表文.

李昱(2014), 「汉语双及物构式二语习得中的语言变异现象研究」, 『世界汉语教学』28-1, 88-102.

李昱(2015),「语言共性和个性在汉语双宾语构式二语习得中的体现」,『语言教学与研究』2015-1, 10-21.

李泽然(2005),「哈尼语的宾语助词」,『语言研究』2005-3, 118-123.

李占炳(2017),「语序类型」,『语言文字周报』2017-12-27.

李知恩(2011),「量词的跨语言研究」, 北京大学博士学位论文.

梁远(2012),『现代越南语法』, 广州: 世界图书出版公司.

林华勇, 吴雪钰(2013),「语义地图模型与多功能词'到'的习得顺序」,『语言教学与研究』2013-5, 10-18.

林青(2018),「维吾尔语间接传信的显赫性及其类型学意义」,『语言研究辑刊』 20, 256-278.

林焘, 王理嘉(2013),『语音学教程』, 北京: 北京大学出版社.

林旭巧(2007),「从动词'给'看日语的授受表现」, 湖南大学硕士学位论文.

林忠(2013),「介词结构漂移的语用动能解释」,『中国社会科学院研究生院学报』196, 114-119.

刘成章(2005),「'使'字句的句法语义研究」, 东北师范大学硕士学位论文.

刘春(2014),「以英语为母语的汉语学习者'被'字隐现偏误研究」, 湖南大学硕士学位论文.

刘丹(2015),「当代汉语新兴构式动态语法研究」, 哈尔滨师范大学博士学位论文.

刘丹青(2011),「语言库藏类型学构想」,『当代语言学』13-4, 289-303.

刘丹青(2012-1),「汉语的若干显赫范畴: 语言库藏类型学视角」,『世界汉语教学』26-3, 291-305.

刘丹青(2012-2),「汉语差比句和话题结构的同构性: 显赫范畴的扩张力一例」,『语言研究』32-4, 1-12.

刘丹青(2013-1),「汉语方言领属结构的语法库藏类型」,『语言研究辑刊』10, 141-160.

刘丹青(2013-2),「显赫范畴的典型范例: 普米语的趋向范畴」,『民族语文』2013-3, 5-17.

刘丹青(2014),「论语言库藏的物尽其用原则」,『中国语文』362, 387-401.

刘丹青(2015-1),「语言库藏的裂变: 吴语"许"的音义语法分化」,『语言学论丛』51, 1-32.

刘丹青(2015-2),「汉语及亲邻语言连动式的句法地位和显赫度」,『民族语文』2015-3, 3-22.

刘丹青(2015-3),「吴语和西北方言受事前置语序的类型比较」,『方言』2015-2, 97-110.

刘丹青(2016),「汉语中的非话题主语」,『中国语文』372, 259-275.

刘丹青(2017-1),「汉语指代词的若干库藏类型学特征」,『语言研究辑刊』18, 1-24.

刘丹青(2017-2),「汉语动补式和连动式的库藏裂变」,『语言教学与研究』184, 1-16.

刘丹青(2018-1),「汉藏语言的音节显赫及其词汇语法表征」,『民族语文』2018-2, 3-21.

刘丹青(2018-2),「寄生范畴: 源于语法库藏限制条件的语义范畴」,『中国语文』387, 643-656.

刘丹青(2019),「"如果"的31种(或86种)对应形式」,『方言』2019-1, 6-17.

刘贯鹏(2010),「使字句致使强度研究」, 湖南大学硕士学位论文.

刘广宇(2007), 「主宾型与先行词生命度对关系从句加工难度的研究」, 广西师范大学硕士学位论文.

刘海波(2019), 「从致使表达的角度看近代汉语致使义处置式的来源和发展」, 『荆楚学刊』 2019-4, 36-43.

刘晶(2019), 「"左, 右"跨文化表意的显赫范畴研究」, 『吉林广播电视大学学报』 215, 22-24.

刘文祥(2008), 『简明日汉词典』, 北京: 商务印书馆.

刘晓红(2011), 「指量名结构的语序及分布的类型学考察」, 上海师范大学硕士学位论文.

刘倖倖(2015), 「名词生命度与汉语名动结构」, 上海师范大学硕士学位论文.

刘雪蕾, 吴建明(2019), 「汉语第一人称'我/我们'的功能库藏」, 『外国语言文学』 2019-3, 288-300.

刘云(2001), 「施受关系自动识别中的语义句法问题」, 『全国第六届计算语言学联合学术会议论文集』, 31-36.

刘云, 李晋霞(2002), 「'V双N1'的N2'格式转化为粘合式偏正结构的制约因素」, 『世界汉语教学』 2002-2, 21-27.

刘云英(2016), 「把字句的生命度及其内部语义关系分析」, 暨南大学硕士学位论文.

刘正光, 任远, 钟丹凤(2018), 「领属关系的生命度制约」, 『外国语』 2018-4, 30-43.

柳丹丹(2010), 「被字结构做定语现象研究」, 湖南师范大学硕士学位论文.

龙涛, 李清桓(2007), 「生命义名词的语义特征分析」, 『湖南科技大学学报』 2007-4, 103-109.

龙涛, 杨逢彬(2008), 「从'三斤鱼'的歧义现象看个体名词与度量词的相互搭配(二)」, 『武汉大学学报』 2008-4, 496-500.

卢加伟(2015), 「浅析把字句宾语的论元角色」, 『长春理工大学学报』 28-7, 111-115.

卢笑予(2013), 「临海方言非谓语前置词的语法多功能性分析」, 『现代语文』 2013-5, 72-77.

陆丙甫(2001), 「从宾语标记的分布看语言类型学的功能分析」, 『当代语言学』 2001-4, 253-263.

陆丙甫(2009), 「也谈有无标记的歧解及解决之道」, 『当代语言学』 2009-3, 260-266.

陆丙甫, 金立鑫(2015), 『语言类型学教程』, 北京: 北京大学出版社.

陆丙甫, 应学凤, 张国华(2015), 「状态补语是汉语的显赫句法成分」, 『中国语文』366, 195-205.

鹿荣(2010), 「原型供用句句法可逆的语义制约」, 『北方论丛』 2010-5, 56-60.

罗常培, 王均(2004), 『普通语音学纲要』, 北京: 商务印刷馆.

罗天华(2007), 「SOV语言宾格标记的考察」, 『民族语文』 2007-4, 21-29.

罗艺雪(2015), 「从'带来'看现代汉语小句及物性的动态变化」, 『世界汉语教学』2015-4, 462-477.

吕叔湘(1949), 「说"们"」, 『国文月刊』1949-4.

吕叔湘(1980, 1999), 『现代汉语八百词』, 北京: 商务印书馆.

吕叔湘(1982), 「关于'您们'」, 『中国语文』1982-4.

麦耘(2012), 「语音体系与国际音标及其对应」, 『民族语文』2012-5, 33-43.

毛燕(2009), 「方位短语'X里'的转指用法及其动因初探」, 『语文学刊』2009-9, 102-103.

毛燕芳(2018), 「壮泰语偏正结构的语序类型比较研究」, 广西民族大学硕士学位论文.

南圣淑(2007), 「把字句在韩国语中的对应形式研究」, 北京语言大学硕士学位论文.

倪涛(2018), 「汉英状态变化事件的形义类型研究」, 华中师范大学博士学位论文.

倪涛(2020), 「参与者的生命度与状态变化事件的句法配置」, 『外国语文』 2020-1, 117-123.

宁欣, 张超, 张慧丽(2017), 「蒙自方言的量词分布与生命度制约」, 『红河学院学报』 2017-4, 57-60.

潘国英(2000), 「'V的N'偏正短语中'V'与'N'搭配上的语义限制」, 『湖州师范学院学报』 2000-5, 8-13.

潘秋平, 张敏(2017), 「语义地图模型与汉语多功能语法形式研究」, 『当代语言学』19-4, 510-545.

潘悟云(2010), 「汉语复数词尾考源」, 『量与复数的研究』, 北京: 商务印书馆.

彭家法, 孙超(2017), 「现代汉语不及物动词带旁格宾语结构的句法生成」, 『安徽电气工程职业技术学院学报』22-2, 48-55.

彭家法, 王琴琴(2017), 「汉语全称量化词的句法和库藏特点」, 『武陵学刊』 42-5, 118-128.

彭晓辉(2008), 「汉语方言复数标记系统研究」, 湖南师范大学博士学位论文.

彭晓辉(2009), 「现代汉语方言复数标记研究述评」, 『湘潭大学学报』2009-3, 229-238.

朴志炫(2014), 「汉韩双及物结构对比」, 北京大学硕士学位论文.

钱乃荣(1997), 『上海话语法』, 上海: 上海人民出版社.

钱乃荣(1998), 「吴语中的"个"和"介"」, 语言研究1998-2, 78-89.

钱乃荣(2008), 『上海话大词典』, 上海: 上海辞书出版社.

强星娜(2011), 「上海话过去虚拟标记"蛮好"」, 『中国语文』341, 155-163.

覃东生(2012), 「对广西三个区域性语法现象的考察」, 河北师范大学博士学位论文.

清格尔泰(1991), 『现代蒙古语语法书』, 呼和浩特: 内蒙古人民出版社.

清格尔泰, 精确扎布(1959), 「关于蒙古语辅音」, 『内蒙古大学学报』1959, 55-73.

屈承熹(2006), 『汉语篇章语法』, 北京 北京语言大学出版社.

瞿霭堂(2012), 「国际音标漫议」, 『民族语文』2012-5, 20-27.

渠默熙, 曹秀玲(2018), 「基于小说语体的现代汉语伴随义类动词考察」, 『浙江工商大学学报』2018-2, 19-28.

全东元(2007), 「汉语代名词研究」, 山东大学硕士学位论文.

冉启斌(2012-1), 「元音,辅音的类型学研究与汉语的元音,辅音」, 『汉语语音新探』, 北京: 中国社会科学出版社, 246-269,

冉启斌(2012-2), 「音节,声调的类型学研究与汉语的音节,声调」, 『汉语语音新探』, 北京: 中国社会科学出版社. 270-215.

饶敏(2017), 「贵琼语的存在动词研究」, 『重庆工商大学学报』2017-2, 86-92.

任凌峰(2008), 「汉语关系从句加工过程的实验研究」, 北京语言大学硕士学位论文.

尚新(2012), 「语言类型学视野与语言对比研究」, 『外语教学与研究』2013-1, 130-139.

邵娜(2019), 「饮食动词的语义功能及语义地图研究」, 延边大学硕士学位论文.

沈家煊(1997), 「类型学中的标记模式」, 『外语教学与研究』235, 1-10.

沈家煊(1999), 『不对称和标记论』, 南昌: 江西教育出版社.

沈家煊(2015), 『不对称和标记论』, 北京: 商务印书馆.

盛文忠(2009),「汉日语语气副词句中位置对比研究」,『华西语文学刊』2009, 60-70.

盛益民(2010),「绍兴柯桥话多功能虚词'作'的语义演变」,『语言科学』2010-2, 197-207.

盛益民(2013),「吴语人称代词复数标记来源的类型学考察」,『语言学论丛』 2013-2, 211-233.

盛益民(2017), 「汉语方言定指"量名"结构的类型差异与共性表现」, 『当代语言学』 19-2, 181-206.

盛益民(2019),「词形构造、语素库藏与语义关联」,『常熟理工学院学报』2019-1, 64-75.

施春宏(2010),「从句式群看'把'字句及相关句式的语法意义」,『世界汉语教学』2010-3, 291-309.

施家炜(2006), 「国内汉语第二语言习得研究二十年」, 『语言教学与研究』 2006-1, 15-26.

施其生(1996),「广州方言的"量+名"组合」,『方言』1996-2, 113-118.

施其生(2009),「广州方言的"形+量"组合」,『语言科学』2009-5, 487-492.

石艳华(2011),「影响先行词认知状态的因素」,『现代语文』2011-3, 64-67.

石毓智(2002),「量词,指示代词和结构助词的关系」,『方言』2002-2, 117-126.

史金生, 胡晓萍(1991),「'把+NP_受+VP'的语义再分析」,『解放军外国语学院学报』 1991-1, 65-74.

宋苗境(2008),「从《老乞大》中看'们'的使用和发展」,『长沙师专学报』2008-1, 71-75.

宋文辉, 白雪(2015),「河北正定方言滹沱河以南片的指示词」,『河北师范大学学报』 2015-6, 77-83.

宋文辉(2018), 「现代汉语致使状态补语结构中受使者的特征」, 『宁夏大学学报』 2018-3, 1-5.

宋文军(1992),『现代日汉大辞典』, 北京: 商务印书馆.

宋亚云(2007),「《左传》反宾为主句考察」,『汉语学报』2007-2, 24-30.

苏晶晶(2015),「双项NP主谓谓语句主语生命度类型」, 苏州大学硕士学位论文.

苏日娜(2018),「蒙古语方言的音节组合类型变化」,『呼伦贝尔学院学报』26-4, 5-8.

孙竞, 袁毓林(2020),「名量词前形容词的语义作用与出现条件分析」,『语言研究辑刊』 25, 1-14.

孙克敏, 刘丹青(2020), 「藏语音节凸显的库藏类型学考察」, 『民族语文』2020-2, 44-52.

孙敏(2017), 「生命度及认知视角下的隐喻性无灵主语句研究」, 天津工业大学硕士学位论文.

孙文访(2012), 「基于语言类型学的第二语言习得研究」, 『语言教学与研究』194, 1-8.

孙文访(2018), 「"有(have)"的概念空间及语义图」, 『中国语文』382, 15-36.

孙晓雪(2019), 「量词与复数表达的类型学研究」, 浙江大学硕士学位论文.

孙钰婷(2018), 「杭州方言受事话题与动词重叠的关联性考察」, 浙江大学硕士学位论文.

谭茜君(2014), 「生命度对句法结构的影响」, 湖南大学硕士学位论文.

唐承贤(2005), 「标记理论在第二语言习得中的应用」, 『语言与翻译』82, 61-65.

唐均(2015), 「指人名词人称分裂的语言共性研究」, 『语言学研究』2015-1, 9-21.

唐贤清, 王巧明(2019), 「语义图视角下广西车田苗族'是'的多功能性研究」, 『湖南大学学报』2019-5, 81-86.

唐正大(2018), 「汉语名词性短语内部的话题性修饰语」, 『当代语言学』20-2, 159-178.

唐正大(2019), 「关中方言论元配置模式中的状语和谐与把字句显赫」, 『方言』2019-1, 102-113.

陶锦(2019), 「对母语为英语的留学生的汉语框式介词教学研究」, 烟台大学硕士学位论文.

田静(2006), 「藏缅语宾语比较研究」, 中央民族大学博士学位论文.

田智(2005), 「汉语与羌语三种语序对比研究」, 中央民族大学硕士学位论文.

童芳华(2019), 「中国南方民族语言的生命度认知范畴」, 『中央民族大学学报』2019-2, 134-142.

童燕(2007), 「'使'字句和'把'字句异同分」, 上海外国语大学硕士学位论文.

汪威(2019), 「生命范畴下的汉语话题链研究」, 『云南师范大学学报』2019-3, 39-46.

王保锋, 王蓓(2015), 「龙溪羌语施事者标记le的实验研究」, 『民族语文』2015-4, 49-59.

王芳, 吴芙芸(2016), 「汉语非典型后置关系从句的分布态势」, 『语言科学』2016-6, 599-611.

王跟国(2014), 「藏缅语受动助词分布的类型特征」, 『民族语文』2014-1, 42-47.

王红卫(2018), 「语义地图模型的新发展」, 『外语学刊』2018-6, 59-63.

王红生(2019), 「动词'看'的待况语缀化」, 『集美大学学报』2019-3, 105-112.

王红卫, 孟留军(2019), 「基于语料库的汉语双及物构式的多因素研究」, 『淮北师范大学学报』2019-6, 87-90.

王健(2013), 「类型学视野下的汉语方言"量名"结构研究」, 『语言科学』2013-4, 383-393.

王津京(2018), 「从生命度角度看现代汉蒙语言复数标记的差异」, 『语文学刊』2018-4, 99-103.

王静(2013), 「语篇中两小句组合的话题关系试析」, 『汉语学习』2013-5, 57-64.

王静(2014), 「汉英被动句的比较研究」, 云南师范大学硕士学位论文.

王菊阳(2018), 「不定量词'点'与'些'的对比及教学设计」, 陕西师范大学硕士学位论文.

王珏(2003), 「生命范畴概说」, 『华东师范大学学报』2003-1, 113-119.

王珏(2004), 『汉语生命范畴初论』, 上海: 华东师范大学出版社.

王立非(2002), 「语言标记性的诠释与扩展」, 『福建外语』74, 1-10.

王立杰(2009), 「汉语"把"字句在韩语中的对应关系研究」, 『天津商业大学学报』2009-2, 69-72.

王琳琳(2018), 「语法和语义角色对汉语指代消解影响的对比研究」, 『现代外语』2018-6, 756-767.

王鲁男(2007), 「标记性与二语习得」, 『四川外语学院学报』138, 82-88.

王鲁男(2010), 「标记性在语际迁移中作用的反思」, 『外语学刊』156, 98-100.

王倩(2014), 「汉语零型回指的认知机制研究」, 浙江大学博士学位论文.

王倩倩(2012), 「名量合成词的构词特点及语体特点」, 北京大学硕士学位论文.

王琴琴(2017), 「对外汉语教学中两类全称量化词研究」, 安徽大学硕士学位论文.

王融(2019), 「型类学视野下的英汉施格结构对比」, 浙江师范大学硕士学位论文.

王瑞晶(2010), 「语义地图: 理论简介与发展史述评」, 『语言学论丛』42.

王思嘉(2004), 「日本留学生加工四种汉语句式的句法策略和语义策略」, 北京语言大学硕士学位论文.

王晓华(2011), 「现代日汉情态对比研究」, 上海外国语大学博士学位论文.

王颖(2008),「现代汉语交互动词研究」, 上海师范大学硕士学位论文.

王勇 · 周迎芳(2011),「二语习得研究与语言类型学」,『中国外语』61, 49-55.

王堉程(2016),「从语言库藏类型学视角看文水方言中的小称范畴」,『语文教学通讯』2016-6, 57-59.

王运璇(2018),「方位复合词与显赫范畴」,『红河学院学报』16-3, 87-91.

王中祥, 金立鑫(2017),「动结式的四分系统及其施格特征考察」,『新疆大学学报』2017-1, 140-145.

旺文社(2001),『日汉双解学习词典』, 北京: 外语教学与研究出版社.

温爱华(2016),「现代汉语被字句中普通名词N1的几个特点」,『汉字文化』 2016-5, 54-56.

温爱华(2019),「两种专有名词的生命度及其对句法的影响」,『江西科技师范大学学报』2019-1, 31-37.

翁姗姗, 李小凡(2010),「从语义地图看现代汉语'掉'类词的语义关联和虚化轨迹」,『第五届汉语方言语法国际学术研讨会论文集』, 94-114.

翁斯曼(2016),「基于语义地图的汉英言说类动词对比研究」, 湖南大学硕士学位论文.

乌云赛娜(2009),「施事受事关系格局对'把/被'句选择的影响」, 北京语言大学硕士学位论文.

吴福祥(2011),「多功能语素与语义图模型」,『语言研究』2011-1, 25-42.

吴福祥(2014),「语义图与语法化」,『世界汉语教学』2014-1, 3-17.

吴福祥, 张定(2011),「语义图模型: 语言类型学的新视角」,『当代语言学』 2011-4, 336-350.

吴芙芸(2011),「基于经验还是基于工作记忆来自汉语新闻语料库中关系从句生命度格局的证据」,『语言科学』2011-4, 396-408.

吴建明(2013-1),「莆仙话的人称领属语」,『语言研究辑刊』10, 280-290.

吴建明(2013-2),「人称"聚合结构"理论的汉语视角」,『当代语言学』15-4, 393-404.

吴建明(2018-1),「语言类型学与走向"新描写主义"的语法研究」,『当代语言学』20-4, 525-536.

吴建明(2018-2),「语言类型学的前沿探索」,『语言教学与研究』190, 70-80.

吴军群, 潘震(2015),「TIME-away构式的选择限制与认知理据探析」,『天津外国语大学学报』2015-1, 1-7.

吴敏(2016),「'打+NP'的生命度定位与摆度研究」, 暨南大学硕士学位论文.

吴秀菊(2017),「湘西苗语勾良话的语义角色分析」,『凯里学院学报』2017-1, 89-96.

吴毓耕(2015),「留学生习得'使'字句时的常见偏误分析」, 吉林大学硕士学位论文.

吴越(2019),「吴语浙江瑞安话的轻声辨义现象及其显赫性」,『语文研究』153, 59-65.

吴知垠(2016),「现代汉语'让'字句研究」, 上海师范大学硕士学位论文.

完权(2014),「副词问句的语用功能」,『汉语学习』2014-2, 11-19.

习晓明(2005),「标记模式与蕴含共性」,『贵州师范大学学报』135, 109-112.

夏俐萍(2013), 益阳方言"阿"的多功能用法探析」,『中国语文』352, 64-76.

夏俐萍, 严艳群(2015),「湘赣语小称标记"唧"的主观化及形态演变」,『方言』2015-3, 262-273.

向课书, 常辉(2020),「高水平二语者加工英语与格转换结构的多因素研究」,『现代外语』2020-2, 188-199.

肖雅文(2015),「评价类动词的指称化研究」,『课外语文』2015-5, 179.

谢敏灵(2013),「英语母语者汉语结果补语结构习得研究」, 北京大学硕士学位论文.

新英汉词典编写组(1975),『新英汉词典』, 上海: 上海人民出版社.

徐峰(2002),「给予'动词的语义和语用研究」,『华东师范大学学报』2002-2, 78-87.

徐婷丽(2017),「国内藏缅语族辅音类型研究」, 上海师范大学硕士学位论文.

许菊(2004),「标记性与母语迁移」,『解放军外国语学院学报』158, 47-52.

许丽庆(2019),「平顺方言代词研究」, 山西大学硕士学位论文.

许敏(2015),「'吃+NP'组合的生命度定位与摆度研究」, 暨南大学硕士学位论文.

许秋莲(2007),「衡东新塘方言量名结构研究」, 湖南师范大学硕士学位论文.

许曦明, 杨成虎(2011),『语音学与音系学导论』, 上海: 上海交通大学出版社.

许余龙, 孙珊珊, 段嫚娟(2013),「名词短语可及性与篇章回指」,『现代外语』2013-1, 1-9.

熊仁芳(2019),「由被字句的日译看汉日被动句的异同」,『高等日语教育』2019-3, 122-138.

杨安红(2004)，「'NP1有NP2'句式新探」，『东方论坛』2004-4，114-116.

杨海明(2007)，「生命度与汉语句法的若干问题研究」，暨南大学博士学位论文.

杨海明(2016)，「汉语事件表达的喻指化路径与交际动因」，『当代修辞学』 2016-3，
76-86.

杨海明，康婵媛(2017)，「生命度定位与摆度对词类功能扩张的影响」，『中国语文』
2017-6，553-563.

杨石乔(2009)，「英汉第一人称指示语复数的语用功能」，『哈尔滨学院学报』 2009-5，
103-106.

杨素悦(2018)，「生命度对韩汉并列NP语序的制约」，『韩国语教学与研究』 2018-3，
29-35.

杨素悦(2019)，「基于语义地图的韩国语格助词语义功能研究」，上海外国语大学博士学
位论文.

杨永龙(2014)，「青海民和甘沟话的多功能格标记'哈'」，『方言』2014-3，230-241.

姚凤霞(2017)，「韩国语使动句研究」，上海外国语大学硕士学位论文.

姚桂林(2019)，「阿尔泰语系核心成分与从属成分标记的类型学考察」，『北方民族大学
学报』2019-4，149-157.

姚肖莺(2005)，「汉语三种致使句的致使性等级考察」，北京语言大学硕士学位论文.

姚益龙(2007)，「'VP+NP1+的+NP2'结构歧义的研究」，首都师范大学硕士学位论文.

延俊荣(2003)，「给予句研究」，复旦大学博士学位论文.

严敏芬(2004)，「认知语用参数下的人称指示语研究」，『江西师范大学学报』 2004-5，
114-117.

严敏芬，周倩倩(2015)，「基于 Logistic 回归模型的中国英语学习者双及物构式选择研
究」，『浙江外国语学院学报』2015-5，41-53.

颜力涛(2015)，「汉语'物对人'与'物对物'模式被字句的理想认知模式问题」，『社会科学
论坛』2015-1，42-48.

叶爱，金立鑫(2017)，「2013-2014年中国语言类型学研究综述」，『东北亚外语研究』16，
13-18.

叶晓锋(2011)，「汉语方言语音的类型学研究」，复旦大学博士学位论文.

叶子(2019), 「点加权语义地图」, 上海外国语大学硕士学位论文.

尹洪山(2005), 「语言类型学视角下的二语习得顺序研究」, 『山东教育学院学报』111, 63-65.

雍茜(2017), 「违实标记与违实义的生成」, 『外语教学与研究』49-2, 227-239.

余小庆(2015), 「浅谈'把'字句与无标记受事主语句的转换」, 『萍乡学院学报』2015-2, 60-63.

于秀金(2016), 「汉语(非)现实范畴的显赫性与扩张性」, 『外语教学与研究』 2016-5, 680-692.

于秀金(2017), 「跨语言时−体−情态的范畴化, 显赫性及扩张性」, 『中国语文』381, 670-692.

于秀金, 金立鑫(2019), 「认知类型学: 跨语言差异与共性的认知阐释」, 『外语教学』 2019-4, 13-19.

曾小荣, 马博森(2015), 「国外指称对象的认知本体研究现状与展望」, 『新疆师范大学学报』2015-5, 130-134.

张爱玲(2008), 「江淮方言'捣他'的主观化」, 『淮阴工学院学报』2008-6, 27-31.

张安生(2013), 「甘青河湟方言名词的格范畴」, 『中国语文』2013-4, 291-307.

张斌, 胡裕树(1989), 『汉语语法研究』, 北京: 商务印书馆.

张柏然(2006), 『新时代英汉大词典』, 北京: 商务印书馆.

张伯江(2007), 「施事和受事的语义语用特征及其在句式中的实现」, 复旦大学博士学位论文.

张伯江, 方梅(1996), 『汉语功能语法研究』, 南昌: 江西教育出版社.

张大英(2004), 「英汉音节对比研究」, 中国海洋大学硕士学位论文.

张丹萍(2011), 「庐江黄屯方言里的两种含'把'结构」, 华东师范大学硕士学位论文.

张国宪(1997), 「'V_双+N_双'短语的理解因素」, 『中国语文』1997-3, 176-186.

张寒冰(2019), 「生命度等级与英语无灵主语句研究」, 『金陵科技学院学报』 2019-2, 89-92.

张涵蕾(2015), 「'把'字句中'把'的隐现分析」, 『现代语文』2015-7, 52-58.

张恒(2007), 「开封话的'给'和给字句」, 河南大学硕士学位论文.

张欢(2010),「现代汉语名词的复数表达形式及其标记问题」, 南昌大学硕士学位论文.

张惠英(2001),『汉语方言代词研究』, 北京: 语文出版社.

张娇(2017),「《儒林外史》'把'字句和'将'字句研究」, 南京师范大学硕士学位论文.

张金圈(2020),「副词"不要"的拟声化重叠及其深度去范畴化」,『汉语学习』 2020-2, 76-85.

张黎(2003),「汉语名词数范畴的表现方式」,『汉语学习』 2003-5, 28-32.

张亮(2017),「"有X"的功能演化及相关现象专题研究」, 上海师范大学博士学位论文

张玲(2013),「维吾尔语宾格标记隐现成因的类型学分析」,『民族语文』2013-6, 49-54.

张敏(2010),「语义地图模型: 原理, 操作及在汉语多功能语法形式研究中的作用」,『语言学论丛42』.

张铭涧(2012),「二语习得研究的类型学视角」,『青岛大学师范学院学报』116, 113-118.

张四红, 余成林(2017),「尔苏语的存在类和领有类动词及其类型学启示」,『民族语文』 2017-3, 53-67.

张文庭(2012),「现代汉语非量名词研究」, 上海师范大学硕士学位论文.

张旭(2018),「英语"类量词"研究」,『外语教学与研究』50-2, 173-185.

张亚明(2015),「湖北仙桃话的助词"哒"」,『语文学刊』2015-3, 39-41.

赵金色(2010),「把字句句法-语义研究」,『内蒙古大学学报』42-2, 144-148.

赵立霞, 刘振前(2016),「生命度与事件结构对动词反致使化的语义制约」,『当代外语研究』2016-2, 5-10.

赵瑞兰(2007),「汉语名词生命度初论」, 华南师范大学硕士学位论文.

郑国锋(2018),「英汉语位移运动事件中的移动体」,『西安外国语大学学报』 2018-3, 1-6.

郑占国(2014),「语言类型标记性假说与中介语语音系习得」,『语言教学与研究』 210, 29-36.

郑占国, 边雅(2016),「标记差异性假说视角下英语词重读的实证研究」,『成都师范学院学报』32-11, 37-41.

郑占国, 边雅(2017),「语言类型标记理论视角下英语专业学生句子重读习得研究」,『外语电化教学』174, 51-57.

郑占国, 孙颖葱(2017),「类型标记理论视角下英语语调习得研究」,『成都师范学院学报』33-8, 47-54.

钟书能(2008), 「生命度构建语言意义的核心因素」, 『北京第二外国语学院学报』2008-4, 24-31.

钟小勇(2015-1),「修饰成分与数量结构话语指称性分析」,『世界汉语教学』2015-2, 184-195.

钟小勇(2015-2),「量词与数量结构的话语指称性分析」,『汉语学习』2015-3, 43-50.

钟小勇(2015-3),「存现宾语话语指称性分析」,『语言研究』2015-4, 28-34.

钟小勇(2017),「叙事体中把字句宾语的话语功能分析」,『语言科学』2017-3, 7-13.

周晨磊(2016),「从汉语方言被动句施事必现看形式库藏对语义范畴的制约」,『语言研究』36-1, 59-66.

周晨磊(2017),「显赫范畴的弱化: 语言接触视角」,『语言研究辑刊』18, 47-62.

周聪(2016),「生命度定位与摆度的机制与动因研究」, 暨南大学硕士学位论文.

周易(2004),「标记理论研究」, 黑龙江大学英语语言文学专业硕士论文.

周有斌(2005),「也说元代指物名词后加们的由来」,『淮北煤师院学报』2005-3, 18-19.

周作明(2007),「东晋南朝道教上清派经典行为词新质研究」, 四川大学博士学位论文.

朱永平(2004),「第二语言习得难度的预测及教学策略」,『语言教学与研究』148, 46-55.

宗守云(2011),「量词范畴化的途径和动因」,『上海师范大学学报』40-3, 109-116.

宗守云(2014), 「量词的范畴化功能及其等级序列」,『上海师大学学报』2014-1, 120-128.

左能(2017),「中级汉语学习者"把"字句和双宾句的句法启动效应实验研究」, 安徽大学硕士学位论文.

찾아보기

우리가 언어 유형론에 관심을 가지고 공부하기 시작한 것은 10년 전부터 였다. 당시 金立鑫의 언어 유형론의 강의가 상해외대 언어연구소 대학원 커리큘럼에 설정됨과 동시에 학교에서 공개 강의가 시작되었다. 덕분에 한 국어 학과 학생들도 청강하게 되면서 관심을 갖게 되었다. 처음에 3~4명 (엄련화 박사, 국금성 박사, 백련화 박사-그 당시는 박사생) 학생들이 우리 집 부근의 작고 아담한 커피숍의 한 방에 둘러 앉아 공부를 히면서 가슴이 뛰었던 순간을 아직도 생생하게 기억한다. Comrie(1981), Croft(1990)과 Whaley(2010), 송재정(Song Jaejung) 등 언어 유형론에 관한 책을 가지고 열띤 토론을 하면서 언어 유형론에 눈을 뜨기 시작하였고 그때부터 한국어 와 연관시켜 생각하기에 이르렀다. 10여 년 동안 언어유형론을 공부하면서 陆丙甫, 金立鑫 선생님들이 곁에 계셔서 항상 든든했다. 陆丙甫 교수님은 논문을 보내 드리면 두 번 세 번 메일로 답장을 써 주시고 수정을 해 주셨 다. 그리고는 나의 졸저 〈중한문법 대조 연구〉의 중국어 번역문을 보고 싶 다면서 격려를 아끼지 않았다. 그리고 언어유형론 분야에서 유명한 학자인 金立鑫 교수님과 한 학교에서 그의 강의를 들을 수 있었던 것은 우리의 행 운이었다. 작은 발견에도 "참 재미있는 주제"라면서 격려해 주신 金立鑫 교 수님의 덕에 "생명도와 격조사 생략"이라는 논문을 쓰게 되었고 오늘 이 책 을 쓰기에까지 이르렀다.

책의 마무리를 하면서 돌아보니 아직도 엉성하고 성긴 부분이 여기저기 보인다. 제1부 생명도와 한국어 문법연구에서 아직까지 생명도 이론은 그 자체의 개념의 똑똑하지 못한 점과 생명도 한계를 어디까지 봐야 할 것인지 등등 이론기초가 튼튼하지 못한 한계를 갖고 있지만 글을 쓰는 과정에서 간과해 버린 부분도 있었다. 제2부 의미지도와 한국어문법연구에서도 마찬가지다. 의미지도 이론은 인간은 공통적인 개념공간을 갖고 있다고 가설하는데 질의를 받게 된다. 왜냐하면 같지 않은 언어는 현실 세계에 대한 개념화 과정에서 사용되는 변수, 그리고 표현되는 수단 및 은유화는 같지 않기 때문에 의미 있는 비교를 할 수 없다는 한계점도 보아 냈지만 우리는 글에서 이런 점을 지적을 하지 않고 논의하였다. 제3부에서도 유표성 이론이 제2언어습득이론에서 대조분석가설이나 오류분석에 비해 설득력이 있다고 하지만 어떤 이론이라도 완벽하지 않은 것처럼 유표성 이론에도 한계가 있을 것인데 우리는 아직 이 이론의 한계를 보아내지 못하고 있고 실증연구로 검증도 못하고 있다. 제4부에서 언어목록 유형론을 처음으로 한국어 연구에 접목시켰다는 점에서 우리는 큰 자부심은 느낀다. 하지만 아직까지 검증 받지 못한 개념이나 이론들에 대해 논문에서 실증연구는 언급도 하지 못했다. 부족하지만 우리의 책이 후학들의 연구에 밑거름이 될 수 있을 것이라고 스스로 위안을 해 본다.

코로나 19 사태로 인해 한 사람은 한국에서, 한사람은 상해에서, 모두 힘들었지만 우리는 항상 온라인에서 때로는 새벽까지 문제를 논의하고 메일로 의견을 주고받으면서 원고를 토론하였다. 코로나 19사태가 만들어 낸 untact 현실 때문에 학자님들을 모시고 다양한 의견을 나누고 지도를 받을 수 없었다는 아쉬움이 있었지만 앞으로 마주하게 될 untact시대를 향해 첫 도전을 했다고 스스로 위안을 한다. 언어유형학을 함께 공부하면서 서로 격려해준 사랑하는 후배 엄련화 박사 그리고 국금성 박사, 백련화 박사, 그리고 들고 온 원고를 3번, 4번, 심지어 7번까지 다시 써오라고 하여도 눈 한번 찡그리지 않고 열심히 수정하면서 따라준 사랑하는 제자 서중운 교수, 나령평, 손운, 서흔여, 한몽동, 오옥결, 역락문, 양소월, 소홍 그리고 이 책의 저자 악일비, 이들과 맺었던 사제관계는 내 인생을 풍성하게 만들어주었다.

언어학을 배우면서 가르친 지 어언간 40년이 거의 되어온다. 그런데 이제 뭘 좀 알 것 같은데 벌써 은퇴를 눈앞에 두고 있다. 참으로 감개무량하다. 요즘 사람들은 정년은 끝이 아니라 또 다른 시작이라는 인식이 보편화되어 있다. 나 역시 끝이라는 슬픈 표현보다는 정년은 환승역에 도착한 것이라고 생각하고 싶다. 이제부터 나는 내 인생의 모든 경험과 지식, 그리고 인맥을 종합하여 새로운 시작을 하는 기회라고 생각하고 어떤 책의 제목처럼 죽을 때까지 재미있게 살고 싶다.

그리고 내 인생의 절빈 이상을 상해외국어대학교 동방어대학에서 지내면서 가족 같이 의지해 온 동방어대학의 영도들에게 감사의 마음을 전한다. 형제 같은 정으로 학문의 여정을 함께 하고 계신 상해외대 동방어대학의 한국어학과 교수들에게도 고마운 마음을 전하며 출간의 기쁨을 함께 나누고자 한다. 그들과 함께 했던 시간은 앞으로도 영원히 우리를 한 울타리로 묶어 줄 것이다.

마지막으로 이 책을 집필하게끔 물심양면으로 도와주신 한국 전주 〈아름다운 집〉의 양용석 선생님과 황애자 사모님, 그리고 창신대학교 강병도 설립자님께 고마운 마음을 전한다.

한국 전주 완산 〈아름다운 집〉에서

이 책은 저의 첫 저작입니다. 모두 첫 저작은 첫 출산에 비교합니다. 저는 미혼이라 그것이 어떤 것인지 잘 모르지만 분명 저는 지금 너무 감격스럽습니다. 그런데 교수님께서 막상 후기를 쓰라고 하니 무엇을 어떻게 싸야 할지 언어가 창백해집니다. 쓰고 지우고 또 쓰고 벌써 네 번째로 다시 씁니다.

우선 이 책의 내용에 기여해 준 천여 명의 논문 저자들에게 깊은 감사를 드립니다. 그들의 학문적 연구 성과는 저의 학문적 성장에 큰 도움을 주었습니다.

첫 논문을 쓸 때가 생각납니다. 지도교수님께서 한번 또 한번 피드백을 주면서 다시 쓰라고 할 때는 정말 막막했습니다. 그런데 교수님께서는 일곱 번째로 다시 쓰라고 하면서도 항상 해맑게 웃으시면서 다시 써오라고 하는데 정말 불가항력이었습니다. 그렇게 고치고 또 고치는 중에 저의 글도 점점 익어갔고 저의 인내심과 끈질긴 성격도 점점 성숙되어 갔습니다. 교수님은 저도 모르는 제 장점을 알려 주시면서 학문하려면 그렇게 꼼꼼하고 진지해야 한다고 격려해 주셨고 저 자신도 모르는 결점, 숫기가 없고 감성지수가 낮다면서 그런 성격으로 어떻게 사회생활을 할 수 있겠냐 하면서 걱정을 해 주시고 고칠 수 있도록 용기를 주었습니다. 덕분에 저는 또 다른 저 자신과 만날 수 있었고 주변 사람들과 어울리고 그들을 위해 봉사하는 것도 배우게 되었습니다. 항상 다른 교수님들의 강의를 추천해 주신 덕분에 金立鑫 교수님을 비롯한 학계의 훌륭한 석학들을 만날 수 있었습니다. 그리고 교수님의 추천으로 국비유학과 국제학술회의에 참가할 수 있었고 구본관 교수님, 강보유 교수님 등 유명한 학자들로부터 귀중한 지도를 받았습니다. 또 지도교수 추천으로 한국의 국가 교육 연구 프로젝트에 참여하게 되어 경제적 지원도 받았습니다. 이분들은 제가 상상했던 것보다 더 멀리 날아갈 수 있도록 저에게 용기를 주셨습니다.

그리고 제가 학문의 길로 들어서게 된 데는 또 한 분을 잊을 수 없습니다. 지금은 동양어 대학 학장이신 고륙양 교수님은 학부 졸업 때 저의 논문 지도교수셨습니다. 그때 진로를 찾지 못해서 한 동안 방황을 했는데 교수님은 제 논문을 보고 "틀이 잡혀 있다. 잠재력이 있다."고 말씀해 주셨습니다. 엉성한 논문에 격려의 마음으로 하신 말씀인 줄 알면서도 결국 그 당시에 저는 그 말씀에 사신감을 얻어서 대학원에 진학하기로 했습니다.

박식하신 김기석 교수님의 강의를 통해 언어학뿐만 아니라 동서양 역사, 철학과 각국의 언어 정책에 대해서도 많은 것을 배웠습니다. 역사를 연구하시는 이춘호 교수님과 문학을 연구하시는 김영규 교수님 덕분에 한국에 대한 더 깊은 인식을 갖게 되었고 한국어 연구도 더 흥미롭게 할 수 있게 되었습니다.

저의 선배인 서중운 교수님과 양소열 교수님, 동창인 장염과 요봉하, 그리고 후배인 오옥결, 구양민혜, 수홍과 임천천은 제 학교생활을 완벽한 기쁨으로 채워 주었습니다. 좋은 학술 정보를 공유하고 강좌를 들으러 다른 학교로 같이 멀리 가곤 했습니다. 논문 쓰면서 힘들어할 때, 진로 선택 때문에 망설일 때 함께 상담해 주고 고민해 주기도 했습니다. 서중운 교수님은 저에게 대학교에서의 취직 정보를 제공해 주셨고 양소열 교수님은 제가 필요하면 자기가 면접을 위해 준비했던 교안을 저에게 공유하겠다고 하셨습니다. 이렇게 좋은 선후배와 동창들 덕분에 저는 학창시절을 즐겁고 보람 있게 보낼 수 있었습니다.

저의 부모님께도 감사의 마음을 전하고 싶습니다. 아버지 직장의 부도로 집안 형편이 어렵게 되었는데 외아들인 제가 서른 살 가까이까지 취직하지 않고 쭉 공부를 해서 너무 죄송스러웠습니다. 어찌 보면 저는 이기적이고 고집이 센 사람인지도 모릅니다. 이렇게 하는 것이 정말 맞는지 방황할 때가 참 많았는데 박사까지 공부하고 싶다는 제 말에 아무 걱정 말고 가고 싶으면 가라고 하셨습니다. 부모님의 사심 없는 지원이 없었다면 오늘의 제가 없었을 겁니다. 정말 죄송하고 고맙다는 말씀드리고 싶습니다.

　저는 학부, 석사, 박사 등 학창시절은 모두 상해외대에서 보냈습니다. 그동안 상해외국어대학교는 저에게 많은 영예를 주었습니다. 학부, 석사, 박사 과정에 단계마다 모두 국가장학금을 주었고 우수학생의 명예도 여러 번 주었습니다. 그리고 전국 한국어학과 박사 논문 경시에서도 1등상을 받았습니다. 추억을 떠올릴 때마다 가슴이 뭉클해집니다. 학교에서 많은 것을 배웠고 이제는 사회로 나가야 할 때가 되었습니다. 제 학창시절의 마침표인 이 책을 모교인 상해외국어대학교, 그리고 저에게 도움을 주셨던 모든 분께 바칩니다.

저자소개

김충실(金忠实)

중국 흑룡강(黑龙江)성 벌리현(勃利县)에서 태어나 1981년 길림성 연변대학을 졸업하고 1997년 상해사범대학교 중문학부 대외한어과(석사)를 졸업하였다. 2009년에 부산외국어대학교 한국어교육박사를 졸업하고 현재까지 박사지도교수로 상해외국어대학에서 근무하고 있다. 연구분야는 중한문법대조와 한국어 교육이다.

전자우편: kimzhsh@126.com

저서와 논문

저서로는 《中韩语法对比研究》(釜山外国语大学 出版部, 2006), 《韩国语口语教程》(上海外语教育出版社, 2015), 《'를'구문 교수방법 연구》(박이정출판사, 2010), 《韩国语速成教程》(人民出版社, 2005), 《生活汉语》(教材, 主编 人民教育出版社, 2012) 등 교재 및 참고서 30여 권.

논문으로는 "중한목적어구문 습득에서 모국어간섭현상"(《中国语教育与研究》, KCI, 2017), "중국에서 한중 언어 대조연구현황과 전망"(《中国语教育与研究》, KCI, 2019), "국내 한국어 무크의 발전방향성 연구-한국어 무크 구축 및 사용현황 조사를 바탕으로"(《语言与文化》, KCI, 2019), "Eckman假说与韩汉语音标记差异的类型学分析"(《东疆学刊》, CSSCI, 2019), "中韩相对量表达范畴的隐喻对比"(《东疆学刊》, CSSCI, 2016), "생명도와 한국어 어순"(《한국어 교육연구》, 2017) 등 60여 편 논문.

악일비(岳逸飞)

1991년 중국 상하이에서 태어나 상해외국어대학교 한국어학과 학부, 석사과정을 거쳐 박사과정 재학중이다. 국비유학생으로 1년 동안 서울대학교 사범대학 국어교육학과에서 공부했다. 연구 분야는 한국어 언어학이고 한중언어대조와 한국어교육에 관심을 가지고 있다. 주목하는 이론은 언어유형론과 인지언어학이다.

전자우편: vincentyue79@sina.com

논문으로는 "의외성 표지의 문법화 현상에 대한 범언어적인 고찰"(KCI, 2019), "'如果'와 '-(으)면, -거든' 가정조건문 개념영역 대조연구"(KC I, 2019), "유형론 시각에서의 명사 분류사 및 복수 표지 의미 기능 대조연구"(KCI, 2019), "생명도 시각에서의 한, 중, 일, 베트남어 고빈도 재귀대명사 의미지도 연구"(KCI, 2018), "표기이론과 중한 목적어 구문 습득에서의 모국어 간섭현상"(KCI, 2017) 등 10여 편.

수상

2012년, 2016년, 2019년 중국교육부 국가장학금수상, 2018년 상해외국어대학교 우수학생, 2019년 중국지역 한국어학과 석박사생 논문경시 1등상